Antispéciste

Aymeric Caron

Antispéciste

Réconcilier l'humain, l'animal, la nature

Don Quichotte éditions

www.donquichotte-editions.com

© Don Quichotte éditions, une marque des éditions du Seuil, 2016

ISBN : 978-2-35949-498-3

À Cornelis Blumentritt, mon grand-père,
À tous ceux qui croient en l'animal, et en l'homme.

Avant-propos

Je n'aime pas les animaux.

Je les respecte, tout simplement.

L'amour est un sentiment parfois irrationnel, une inclination subjective, une expression trop passionnelle pour être tout à fait sensée. Mais si je ne mange pas d'animaux, si je refuse de consommer des produits issus de leur souffrance, si je m'oppose à leur détention et si je milite pour la fin de la chasse et de la corrida, ce n'est pas en raison d'une sensibilité exacerbée à leur égard. Seule une exigence de cohérence et de justice motive mon refus de tuer et de faire souffrir un animal.

Avant de sauter dans un lac pour sauver un homme en train de se noyer, vous ne vous demandez pas si vous aimez cette personne. Le médecin et le pompier n'ont pas non plus besoin d'aimer les individus auxquels ils viennent en aide : ils agissent en fonction de leur conscience et de leur sens des responsabilités. Il n'y a pas d'affect dans leur comportement.

La raison n'empêche pas la compassion, au contraire, on peut même être sûr qu'elle l'encourage. Mais la compassion que j'éprouve pour tous les animaux est proportionnelle à celle que j'éprouve pour l'espèce humaine.

Je suis *antispéciste*.

C'est-à-dire que je considère qu'il n'y a aucune justification à discriminer un être en raison de l'espèce à laquelle il appartient.

Autant le préciser tout de suite : l'*antispécisme* n'est pas juste un cri de défense en faveur des animaux maltraités. Il est un combat social pour l'égalité, qui présente la particularité de dépasser le simple cas des humains. L'antispécisme est donc en réalité un nouvel humanisme, qui reconnaît notre parenté avec les autres espèces animales et qui en tire les conséquences. La proposition peut paraître audacieuse. Mais elle ne fait que suivre une évolution logique.

L'humanité a toujours progressé en étendant sa sphère de considération morale à des groupes d'individus jusque-là considérés comme des humains de rang inférieur : des peuples que l'on a d'abord qualifiés de « barbares » ou de « sauvages », des populations que l'on a réduites en esclavage, ou des catégories discriminées comme les femmes et les homosexuels. La révolution qui nous ouvre aujourd'hui les bras consiste à élargir encore notre cercle de compassion afin d'accorder aux animaux non humains notre considération morale, et ainsi en finir avec un anthropocentrisme démodé.

Nous devons admettre enfin que nous, *Homo sapiens*, ne pouvons continuer à élaborer nos décisions selon nos seules envies égoïstes. Les animaux non humains sont mus par le même « vouloir-vivre » que nous. Rien ne nous autorise à les priver sans raison de leur existence et à leur infliger des souffrances parfaitement évitables. L'éthique animale, qui étudie nos responsabilités morales vis-à-vis des animaux en tant qu'individus, conclut que nous sommes tenus d'accorder à tous les êtres vivants sensibles des garanties minimales. Il ne s'agit pas de décréter que tous les animaux sont les égaux des hommes. Cela n'aurait aucun sens. Mais nos différences avec les autres espèces ne peuvent plus justifier le refus de leur accorder à tous des droits minimaux. Lesquels ? Le débat est ouvert. Selon moi, quatre droits fondamentaux s'imposent : nous ne devons plus manger les animaux, ni les enfermer, ni les torturer, ni en faire le commerce.

L'antispécisme n'est pas une croyance ou une mythologie : il est la conséquence éthique de ce que nous ont appris dernièrement la paléoanthropologie, la biologie moléculaire, l'éthologie ou les neurosciences. L'antispécisme est intimement lié à une connaissance plus juste du vivant et de l'univers. Et cette connaissance nouvelle nous crée des obligations dont les conséquences dépassent largement la seule sphère des droits des animaux. L'*antispécisme* n'est que l'un des volets d'une révolution morale et politique qui concerne en premier lieu les humains. Une révolution dont le programme pourrait être : « lien, cohérence et responsabilité ».

Car *il n'y a rien sans lien.* Le lien qui unit les humains entre eux – le couple, la famille, les amis, le club, la société, la communauté – le lien qui nous unit à nos cousins animaux, le lien qui nous unit aux plantes, au ciel et aux mers, le lien qui nous unit à ces étoiles où nous sommes nés. Sans reconnaître ces fils essentiels et sans en tenir compte dans notre gestion du monde, nous allons droit à une catastrophe dont le changement climatique n'est qu'un avant-goût mineur.

La cohérence est le ciment indispensable à toute société et à tout individu. Une justice qui condamnerait un chauffard à deux ans de prison et qui en laisserait un autre en liberté alors qu'il a commis le même délit ne serait pas crédible et pas respectée. Or, si l'on prend le temps d'analyser l'ensemble de nos comportements dans leur complexité, c'est-à-dire en étudiant réellement les conséquences à moyen et long terme de nos actes privés et collectifs, on ne peut qu'être choqué par l'incohérence effarante qu'ils révèlent. S'insurger contre le réchauffement climatique mais continuer à manger de la viande, alors que l'élevage est l'un des principaux responsables des émissions de gaz à effet de serre ; cajoler un chien comme un membre de sa famille mais être indifférent au sort des vaches ; dénoncer la montée du terrorisme mais soutenir des pays qui l'entretiennent ; promouvoir la paix dans le monde mais exporter en 2015 le chiffre record de 16 milliards d'euros de matériel militaire ; fonder une politique économique sur la production et la consommation mais appauvrir ceux qui sont censés acheter ; interdire le cannabis mais laisser en vente libre l'alcool (près de 50 000 morts par an en France) et le tabac (plus de 70 000 morts)... On peut identifier plusieurs causes à cette irrationalité généralisée . le manque de réflexion, la satisfaction des intérêts immédiats de quelques-uns et le poids des lobbies qui parasite l'intérêt général.

La cohérence découle des raisonnements mathématiques, philosophiques et pratiques qui organisent les choses. Sans cohérence, nous nous offrons à une folie obscurantiste qui mène à la barbarie. Or voilà précisément où nous en sommes aujourd'hui : prisonniers d'un monde sans logique qui impose sa barbarie. La crise profonde dans laquelle nous sommes englués est due au fait que nous avons voté il y a bien longtemps la déchéance de la rationalité.

Le souci de responsabilité nous oblige à réfléchir aux implications de chacun de nos actes. C'est vrai pour notre attitude vis-à-vis des animaux, mais aussi vis-à-vis de nos congénères ou vis-à-vis de la planète. Il convient de ne prendre aucune décision sans avoir anticipé au mieux ses conséquences. Or la société nous a déresponsabilisés en tous points, en nous écartant des processus de décision puis en nous faisant croire que nous étions condamnés à certaines options. Cet état d'esprit est idéal pour empêcher toute rébellion : tels des animaux que nous sommes, élevés en troupeau, nous nous laissons faire. Nous avons intégré l'idée selon laquelle nous ne pouvons rien changer aux malheurs du monde, et que personne n'en est véritablement responsable. Mais ces deux certitudes sont fausses. Tout individu influe, même de manière infime, sur l'état du monde. Par exemple, celui qui mange une tranche de jambon est bien celui qui a tué l'animal, même s'il ne tenait pas le couteau lui-même. Avoir délégué l'élevage et l'abattage à d'autres que lui-même ne change rien au fait qu'en tant que consommateur, il est le commanditaire du crime. Et, contrairement à ce que veulent faire croire les militants de l'immobilisme, notre monde est en mutation permanente. Le mouvement est ce qui caractérise la vie. C'est pourquoi rien n'est immuable ou inéluctable, à part la mort. Notre société n'est qu'une société de passage, dont nous attendons paisiblement l'effondrement en faisant semblant de ne pas nous en apercevoir. Notre société productiviste libérale est en train d'agoniser. Elle sera prochainement remplacée par un autre monde. À nous de choisir lequel. Le chemin de l'écologie est le plus sage. Mais de quelle écologie parle-t-on ?

L'écologie politique telle qu'elle s'incarne depuis trente ans en France a cessé de penser et de réfléchir à elle-même. Incapable de se mettre à jour et otage d'ambitions personnelles, elle est devenue l'ombre de ce qu'elle aurait pu être. Elle se contente d'effleurer quelques problématiques sans proposer de modèle nouveau. Elle est ce que le philosophe norvégien Arne Næss appelle une *écologie superficielle*, en opposition à une *écologie profonde* qui n'est défendue par presque personne pour l'instant en France.

L'écologie superficielle est culpabilisante, castratrice, et finalement inefficace : elle propose de continuer dans la même logique productiviste, mais en limitant certains de ses excès. Je propose pour ma part de la nommer *écologie molle* puisqu'elle exige simplement de faire un peu moins : un peu moins consommer, un peu moins polluer, un peu moins gâcher. Elle parle de réchauffement climatique, de biodiversité et d'un monde à laisser en bon état aux générations futures, mais elle ne propose aucun espoir puisqu'elle se contente d'essayer de ralentir la chute, sans l'empêcher – c'est le principe du *développement durable*. Et surtout, elle ne remet aucunement en cause la priorité donnée à l'espèce humaine. L'environnement doit être préservé pour notre propre bénéfice, et non parce que la nature a une valeur intrinsèque. Nous devons respecter ce qui nous entoure pour nous sauver nous-mêmes. C'est pourquoi cette écologie-là ne rejette pas le principe de l'exploitation animale, dans la mesure où les animaux sont toujours considérés comme des objets à notre service. Et si certains des écologistes prônent une diminution de la consommation de viande, c'est uniquement à cause de la pollution que sa production entraîne. En réalité, cette écologie n'est qu'une *écologie de mathématiciens*, qui gère la nature en faisant des comptes d'apothicaire : nous nous autorisons telle quantité de CO_2, nous devons préserver tel nombre d'ours, etc.

L'écologie en laquelle je crois s'inspire de l'écologie profonde mais y intègre les droits des animaux. Je l'appelle *écologie essentielle*. Elle est une écologie *métaphysique* qui accorde une *valeur intrinsèque* à la nature et aux êtres qui la composent. Elle interroge la place de l'homme dans l'univers, incite au développement d'une humanité renouvelée, apaisée, mélange d'échanges harmonieux et d'accomplissement de soi. Elle est une écologie du respect de la vie qui veut vivre. En ce sens l'écologie essentielle est le plus révolutionnaire des champs idéologiques, lequel doit aujourd'hui trouver son incarnation dans un schéma politique ambitieux que j'appelle *biodémocratie*. Cette écologie nouvelle est en réalité un long chemin de pensée qui s'étend de Plutarque à Arne Næss en passant par Montaigne, Charles Darwin, l'anarchiste Pierre Kropotkine, son ami Élisée Reclus, Henry David Thoreau, Arthur Schopenhauer, Gandhi, René Dumont, André Gorz, Edgar Morin, Michel Serres, Peter Singer, Tom Regan, Gary Francione et beaucoup d'autres. Tous ont montré la voie d'une philosophie de l'empathie, de l'entraide, de l'humilité et de la résistance, dont le respect pour les animaux n'est que l'un des volets.

Tous ensemble ils ont écrit les pages d'un projet qui bouleverse la philosophie, le droit et la politique. En repensant la place de l'homme parmi toutes les autres entités vivantes avec lesquelles nous cohabitons sur cette planète, l'antispécisme est la réponse la plus rationnelle à toutes les révélations scientifiques des dernières décennies sur le vivant. Il est le point de départ d'une nouvelle révolution copernicienne qui va écrire le prochain chapitre de l'humanité.

Everest

La nuit avait été agitée sur ma paillasse infestée de puces, mais elle m'avait permis de m'acclimater au manque d'oxygène. L'un de mes compagnons de voyage, moins chanceux, m'avait réveillé en panique, suffoquant et souffrant d'un puissant mal de tête. Je l'avais surveillé jusqu'au petit matin, où il s'était enfin endormi. Je fus le premier debout. Il devait être 6 heures.

Le monastère de Rongbuk est le plus haut du monde. Il trône à 5 000 mètres d'altitude, au pied de l'Everest. Le camp de base pour l'ascension du versant nord-est se situe à quelques kilomètres seulement. Le bâtiment a été construit il y a plus d'un siècle et n'est plus habité aujourd'hui que par plusieurs dizaines de moines bouddhistes. Mais il est fréquenté par les touristes. Il y a vingt ans, j'ai été l'un d'eux. J'avais arpenté le Tibet pendant une semaine avant de grimper jusqu'à ce monastère qui ouvre sur le toit du monde, au creux des montagnes himalayennes. À mon arrivée au cœur de ce berceau de pierre, les nuages m'avaient toutefois empêché d'admirer le plus autoritaire des sommets. La nuit avait passé, et j'espérais que le roi serait désormais visible à ses visiteurs.

Je sortis du dortoir, fis quelques mètres et, en me retournant, je l'aperçus enfin, parfaitement dégagé, tranquille sur son trône. Me narguait-il ? J'aurais pu le croire dans un excès d'égocentrisme. Non, il était là, tout simplement, observant le monde avec sagesse. Je fixai la cime la plus haute du monde. 8 848 mètres. Un chiffre mythique que l'on apprend à l'école. Mais là il ne s'agissait plus d'une abstraction qui permet de récolter un point à un examen de géo. C'était une bête tranquille qui offrait ses flancs blanchis à la lumière du soleil. Il me semblait que j'aurais pu la toucher en m'approchant un peu. Si près et pourtant hors d'atteinte. Le champion était là pour moi seul, étendu dans un calme absolu. Aucune voix, aucun son, aucune perturbation. Que nous sommes-nous dit exactement à cet instant ? Il m'a raconté son histoire, débutée il y a 120 millions d'années. L'Inde qui se détache de son continent, le Gondwana, pour devenir une île. La lente dérive, à raison de 10 centimètres par an. 7 000 kilomètres plus tard, il y a 50 millions d'années, la collision avec l'Asie. De ce choc allait émerger la chaîne de l'Himalaya. Aujourd'hui encore, l'Everest bouge de plusieurs centimètres par an, et continue à grandir : 3 centimètres gagnés en dix ans. Qui niera encore que la Terre est vivante ?

Le géant m'a parlé de moi aussi : il m'a expliqué combien je suis insignifiant, me rappelant que je ne suis qu'une poussière comparé à lui, mais il a ajouté que je suis grand également puisque je suis venu jusqu'à lui. Humilité et audace.

Faut-il avoir rencontré l'Everest pour éprouver ce qu'est la Terre et le lien qui nous unit ? Certes non. Fort heureusement de multiples occasions nous permettent des bribes de communion avec cette matrice que l'on oublie trop souvent. Un rivage, un sous-bois, un lac, une forêt, un désert... Mais il est vrai que les montagnes, dominatrices majestueuses, nous parlent mieux que n'importe lequel des éléments de la nature. Car elles n'appartiennent pas réellement à la Terre, mais aux Cieux. Leur parole vient de plus loin.

La montagne nous rapetisse autant qu'elle nous fait grandir. Le philosophe Arne Næss était un alpiniste confirmé qui a puisé son inspiration dans l'air sauvage des sommets. « [...] Par elle-même, explique-t-il, la modestie est une vertu de peu de prix si elle ne s'enracine pas dans des sentiments plus profonds, et si elle n'est pas la conséquence d'une compréhension de nous-mêmes comme une simple partie de la nature. Le fait est que plus nous nous sentons petits par rapport à la montagne, et plus nous parvenons à participer à sa grandeur. Ne me demandez pas pourquoi il en va ainsi car je l'ignore[1]. »

1. Toutes les références des ouvrages évoqués ou cités, et toutes les sources, sont regroupées en fin d'ouvrage, pages 463 et suivantes.

L'animal que je suis donc

Le lion est mort ce soir

Cecil coulait des jours paisibles dans le parc national Hwange au Zimbabwe. En juillet 2015, il a été assassiné par un riche dentiste du Minnesota, Walter Palmer, qui s'est offert la tête de l'animal pour 55 000 dollars remis à des intermédiaires locaux. Le lion a été traqué quarante heures durant. D'abord blessé par une flèche, il a été achevé au fusil. Puis dépecé et décapité. Cela aurait pu n'être qu'un braconnage de plus, un safari parmi tant d'autres qui se déroulent chaque année en Afrique. Après tout, des lions sont tués par centaines chaque année par des touristes-chasseurs, dans l'indifférence générale. Mais non. L'affaire « Cecil le lion » a créé une vague d'indignation sans précédent aux États-Unis et dans de nombreux autres pays. Grands titres dans tous les journaux du monde, mobilisation internationale, déluge de réactions dans les médias sociaux, indignation de stars hollywoodiennes... Une pétition pour demander « justice pour Cecil le lion » recueille rapidement plusieurs centaines de milliers de signatures – plus de 1 million aujourd'hui. Walter Palmer devient en quelques jours l'homme le plus détesté de la planète. Insulté, menacé, Palmer est obligé de fermer provisoirement son cabinet dentaire et de rester caché. Dans son célèbre talk-show, l'humoriste américain Jimmy Kimmel lui adresse même un message : « Pourquoi est-ce que vous tuez des lions ? Je suis curieux de savoir comment un être humain peut trouver ça divertissant. Est-ce si difficile pour vous d'avoir une érection que vous devez éprouver le besoin de tuer des choses ? Si c'est le cas, il y a des pilules pour ça. » Kimmel met le doigt sur l'interrogation essentielle : quel genre de plaisir peut-on bien ressentir en tuant gratuitement un animal qui ne menace personne et ne demande qu'à vivre peinard ? Quel genre de fierté psychotique peut-on retirer d'une photo où l'on pose à côté d'un cadavre ? Quelle jouissance névrotique explique la collection de trophées de chasse ? Quels mécanismes de pensée particulièrement tordus permettent de jouir de la vue d'une tête accrochée à un mur ? Et surtout : qu'est-ce qui légitime qu'un humain ôte la vie sans autre raison que celle d'une jouissance suspecte ?

La colère collective sans précédent suscitée par la mort de ce lion – dont pourtant personne ou presque ne connaissait jusqu'alors l'existence – illustre le changement moral qui s'opère peu à peu dans la société occidentale : nous commençons à nous élever collectivement contre la bêtise et l'ignorance qui nous autorisent encore à maltraiter les animaux. Et l'idée de prendre la vie d'un animal gratuitement, par pur plaisir sadique, ne passe plus. Ernest Hemingway et son apologie romantique du safari sont aujourd'hui ringards. En 1934, l'écrivain, amoureux de la chasse, avait lui aussi posé, tout sourire, à côté de la carcasse d'un lion fraîchement abattu. Le cliché évoque curieusement celui du tueur de caries exhibant son dernier blanchiment au-dessus du cadavre encore chaud de Cecil. Lorsque je regarde ces deux photographies tellement semblables, ce ne sont pas les faces ébahies de ces nigauds impuissants qui s'imposent à moi, mais bien plutôt le visage triste et fermé du félin qui a cessé de vivre. Le contraste entre la joie de l'assassin et la douleur éteinte de la victime, injustement privée de ce monde, est insupportable. Cela, de plus en plus de personnes le ressentent et le comprennent. Le retentissement inédit qui a suivi la mort de Cecil le lion n'a rien de fortuit. Il démontre l'évolution en cours dans les esprits : pour les millions de gens choqués par son geste, Palmer ne s'est pas contenté d'éliminer le représentant d'une espèce, et donc de nuire à la biodiversité, il a délibérément tué un individu, à savoir un être sensible doté de sa propre personnalité et de sa propre histoire. Il est le meurtrier non pas d'*un* lion, mais de *ce* lion, dénommé Cecil, âgé de treize ans, et membre d'une famille qui comprend notamment un frère, Jéricho, et des lionceaux.

Quelques semaines après l'émoi causé par la mort de Cecil, un autre animal s'invite dans l'actualité : le dauphin. Cette fois, il s'agit d'un sujet récurrent. Les médias dénoncent un nouveau massacre de globicéphales (ou « baleines pilotes ») aux Îles Féroé, au cours d'une cérémonie barbare nommée *grind*. Celle-ci consiste à rabattre dans une baie un groupe de dauphins en migration, à l'aide de bateaux. Sur la plage, des centaines de personnes patientent, armées de crochets et de couteaux. Lorsque les dauphins ont été ramenés sur le rivage, en eaux peu profondes, les hommes se précipitent sur eux, enfoncent les crochets reliés à une corde dans l'évent – l'orifice respiratoire – des animaux, les tirent sur le sable, et les ouvrent comme des oranges en leur sectionnant la moelle épinière. Ce jour-là, 250 globicéphales sont tués. Officiellement, il s'agit d'une chasse destinée à nourrir la population. Pourtant, de nos jours, la viande de ces cétacés n'est presque plus consommée, à cause de sa toxicité : les taux de mercure et autres polluants issus des industries sont trop élevés, et cette viande a des conséquences observables sur la santé de ceux qui l'ingurgitent. Donc les animaux sont exterminés pour rien, si ce n'est pour le plaisir de tuer en communauté et de permettre à de jeunes pêcheurs d'éprouver leur virilité. Les images de ces massacres, auxquels sont conviés les enfants, sont insoutenables : les dauphins attirés sur le rivage sont charcutés sans ménagement tandis que leurs plaies béantes rougissent les eaux. Il n'y a aucune pitié : mâles, femelles et bébés sont exterminés sans distinction. Les animaux, avant d'être tués, se laissent piéger et assistent impuissants à la mise à mort de leurs proches. Compte tenu du degré d'intelligence, de sensibilité et de sociabilité des dauphins, ces conditions d'abattage sont particulièrement barbares. « Les globicéphales forment une société matriarcale ; je ne peux même pas imaginer la peur et la panique de ces mères au moment où leurs petits étaient mutilés devant elles », témoigne Peter Hammarstedt après avoir assisté à l'un de ces *grinds* au nom de Sea Shepherd, l'association qui lutte depuis des années pour faire cesser cette pratique. « L'un des dauphins avait cinq ou six entailles à la tête, poursuit-il. Les insulaires l'ont utilisé comme une vulgaire planche à découper. Sa mort a été lente et très douloureuse. Certains sont charcutés pendant plus de quatre minutes avant de mourir. »

Comme dans le cas de Cecil le lion, ce qui choque profondément l'opinion ici, c'est la conscience que nous avons affaire à des animaux doués d'intelligence, de sensibilité, de personnalité et qui éprouvent des émotions proches des nôtres (il est impossible de dire si elles sont identiques). Nous pouvons ressentir la souffrance d'un dauphin soumis à un tel traitement, car nous sommes capables de nous mettre à sa place, et donc de faire preuve d'empathie. Notre affection pour le dauphin est plus grande encore que pour le lion, car il s'agit d'un animal parfaitement inoffensif, réputé pour sa proximité naturelle avec l'homme et sa capacité à l'échange. En conséquence, de nombreux pays ont décidé ces dernières années d'interdire la captivité de cétacés, parmi lesquels l'Inde, qui a même accordé en 2013 au dauphin le statut de « personne non humaine ». Lorsque 250 globicéphales sont massacrés pendant un seul *grind*, ce sont 250 crimes qui sont commis, 250 vies qui sont supprimées. Et cela, nous commençons enfin à le percevoir.

Même si le globicéphale noir est classé « espèce protégée », les *grinds* continuent au nom de la tradition culturelle. Le même argument est utilisé par le Japon dans la baie de Taiji, où chaque année des milliers de dauphins sont assassinés. Ces séances d'extermination collective permettent surtout de capturer quelques spécimens qui sont revendus dressés aux delphinariums du monde entier, pour 150 000 dollars par animal. Les autres finiront en steak. Derrière l'exploitation ou le meurtre d'un animal, au-delà de l'ignorance et de la cruauté, il y a toujours la recherche d'un bénéfice financier et l'idée indigne que l'animal est une chose dont la valeur marchande est plus importante que la valeur intrinsèque.

Pourquoi m'attarder ainsi longuement sur la mort de Cecil le lion ou sur celle de centaines de dauphins aux Féroé ou au Japon ? Parce que ces exemples récents prouvent que nous, humains, savons nous insurger et nous mobiliser pour nos cousins non humains. Une bonne partie d'entre nous est révoltée devant la carcasse de Cecil et juge insoutenables les images de ces dauphins charcutés vivants dans une mer de sang. La flèche qui a transpercé les muscles de Cecil nous a frappés au cœur, et les lames qui découpent la chair des cétacés s'enfoncent dans notre peau. Nous sentons les couteaux qui sectionnent nos nerfs. La détresse de ces animaux est la nôtre. Nous ne voyons pas les cadavres d'anonymes représentants de l'espèce « dauphin » et de l'espèce « lion ». Non, nous nous émouvons devant des mamans et des bébés massacrés, nous rendons hommage à un chef de tribu assassiné. Nos consciences ne peuvent demeurer indifférentes car nous comprenons, même de manière diffuse, que ces actes sont une faute morale impardonnable.

Les autorités féringiennes justifient les massacres de dauphins en évoquant dans un communiqué « un droit du peuple féringien à utiliser ses ressources na-turelles ». Quant au gouverneur de la préfecture de Wakayama, dans laquelle se trouve Taiji, il rétorque aux détracteurs : « Tous les jours, on tue des vaches et des cochons pour les manger. Ce ne serait donc cruel que pour les dauphins ? » Ces deux arguments sont particulièrement intéressants parce qu'ils résument bien les deux axes de réflexion qui doivent être les nôtres : premièrement, a-t-on encore le droit de considérer des êtres vivants sensibles comme de simples « ressources » ? Deuxièmement, comment justifier que le sort de certains animaux nous émeuve plus que d'autres ? Les vaches et les cochons, mais aussi les poules, les lapins, les moutons et tant d'autres, méritent-ils ce que nous leur faisons subir ? Sans le savoir, Yoshinobu Nisaka, le gouverneur de Wakayama, pose l'une des questions du *spécisme* : pourquoi infliger à certains animaux ce qu'on évite d'infliger à d'autres ?

Qu'est-ce que le spécisme ?

Un mal doit être baptisé pour être efficacement combattu. Le mot *racisme* n'est apparu qu'au xxᵉ siècle. Pourtant, il désigne une attitude qui a sans doute toujours existé. De la même manière, le *spécisme* domine nos comportements depuis longtemps, mais il fallait un substantif pour qu'il soit porté à la conscience de tous. Cela oblige désormais chacun à se déterminer par rapport à lui.

En effet, vous êtes ou *spéciste*, ou *antispéciste*. Il n'y a pas de neutralité possible puisque ce sont nos actes qui nous placent dans l'une ou l'autre des catégories. La société occidentale, par exemple, est presque entièrement spéciste. Mais il y a en son sein une petite minorité grandissante qui s'oppose au dogme en vigueur. Ses représentants se nomment, logiquement, antispécistes. Le titre de ce livre ne laisse aucun doute à ce sujet : je fais partie de ceux-là.

Le spécisme (on dit parfois *espécisme*) désigne toute attitude de discrimination envers un animal en raison de son appartenance à une espèce donnée. Il s'exprime à deux niveaux : d'une part le spéciste établit que la souffrance des animaux non humains importe moins que la souffrance des humains et, d'autre part, il crée des catégorisations injustifiées parmi les espèces en les répartissant entre animaux de compagnie, animaux de boucherie, animaux de loisirs, animaux sauvages, animaux nuisibles, espèces protégées, espèces à éradiquer, etc. Au nom de ces différences de statut, le spéciste s'autorise des traitements différenciés à l'égard des espèces, alors même que celles-ci présentent les mêmes facultés cognitives, les mêmes besoins physiologiques et la même capacité à ressentir la souffrance et le plaisir.

Des exemples concrets : au nom du spécisme, on mange les cochons, les vaches et les moutons, mais on cajole les chiens et les chats. Au nom du spécisme on se désintéresse du sort des pigeons et des poulets, pas assez majestueux à nos yeux, mais on admire les aigles, les goélands ou les lions. On méprise les rats, les chauves-souris et les loups, auxquels on prête les pires méfaits, mais on affectionne les pandas et tous les animaux « mignons ». Au nom du spécisme, on met en cage des éléphants, des gorilles et des oiseaux alors qu'ils n'ont rien à faire derrière des barreaux, et qu'ils ont autant besoin de leur liberté de mouvement que les humains. Au nom du spécisme, on ignore ou on minore les besoins spécifiques des autres espèces, afin de mieux asseoir notre supériorité pour leur faire subir tout ce qui nous arrange sans le moindre état d'âme.

Si vous recevez un coup de poing dans la tronche (un bourre-pif en pleine paix, aurait dit Audiard), vous risquez d'avoir mal. Si quelqu'un donne le même coup de poing à un mouton ou à une poule, l'animal aura mal également. Le spéciste considérera que dans le second cas, c'est moins grave, puisque la douleur ne concerne pas un humain. Il minimisera la conséquence de ce coup en expliquant que de toute façon l'animal ne « ressent pas comme nous ». Ce qui, en soi, est d'ailleurs exact. Le même coup, porté à la même intensité, blessera sans doute moins un bœuf de 700 kilos qu'un homme qui pèse dix fois moins. Mais tout dépend de l'endroit où est porté le coup. Et on peut être sûr que si l'animal visé n'est pas un bœuf et qu'il ne pèse que quelques kilos, il souffrira immanquablement du coup reçu puisqu'il possède un système nerveux comparable au nôtre.

Le mot spécisme a été inventé en 1970 par le psychologue britannique Richard Ryder (« *speciesism* ») et a été repris cinq ans plus tard par le philosophe australien Peter Singer dans *Animal Liberation,* un livre devenu une référence pour tous ceux qui réfléchissent au statut moral et juridique de l'animal. Singer écrivait alors que « le spécisme est un préjugé ou une attitude de parti pris en faveur des intérêts des membres de sa propre espèce et à l'encontre des intérêts des membres des autres espèces ». La définition a depuis été élargie, comme nous venons de le voir.

Le *spécisme* a été nommé ainsi par analogie avec le *racisme* et le *sexisme.* Dans les trois cas, le principe est le même : on maltraite certains individus en s'appuyant sur des catégorisations qui ne soutiennent pas l'examen de la raison. Les Noirs ou les Indiens ont été réduits en esclavage à cause de leur couleur de peau, les femmes ont été privées des mêmes droits que les hommes à cause de leur sexe, et aujourd'hui certains animaux sont maltraités et tués en raison de leur appartenance à l'espèce « poule », « porc », « loup » ou « vison ».

Qu'il n'y ait pas d'incompréhension : l'antispécisme ne nie pas les différences entre les espèces. Il est entendu qu'un humain n'est pas l'identique d'un chien qui n'est pas lui-même l'identique d'un lézard qui n'est pas lui-même l'identique d'une fourmi et ainsi de suite. Chaque espèce se caractérise par des propriétés physiques et psychologiques et donc par des besoins qui lui sont propres. Ce qui est indispensable à l'une ne l'est pas forcément à l'autre. En revanche, les espèces partagent des caractéristiques (capacité à souffrir, besoin de liberté, besoins sociaux...) et rien ne justifie que nous prenions en compte ces critères pour certaines d'entre elles et pas pour d'autres.

Comme dans le cas du racisme et du sexisme, le processus consiste à créer des barrières artificielles pour dénigrer les sujets concernés : les Noirs ont été vendus comme des objets au prétexte qu'ils auraient appartenu à une race inférieure, les femmes n'ont pas eu le droit de travailler ou de voter au prétexte qu'elles auraient manqué de jugement, et aujourd'hui les animaux non humains sont exploités, maltraités et tués au prétexte que leur sensibilité serait quasi nulle et leurs besoins physiologiques, psychologiques et sociaux presque inexistants. En réalité, nous nous autorisons ces violences parce que ces animaux n'appartiennent pas à notre espèce. Le reste, ce ne sont que des excuses. « Les racistes, écrit Peter Singer, violent le principe d'égalité en donnant un plus grand poids aux intérêts des membres de leur propre race quand un conflit existe entre ces intérêts et ceux de membres d'une autre race. Les sexistes violent le principe d'égalité en privilégiant les intérêts des membres de leur propre sexe. De façon similaire, les spécistes permettent aux intérêts des membres de leur propre espèce de prévaloir sur des intérêts supérieurs de membres d'autres espèces. Le schéma est le même dans chaque cas. »

Un exemple flagrant de spécisme : le porc

Comme nous venons de le voir, le spécisme nous amène aussi à adopter des attitudes irrationnelles et injustes à l'égard de différentes espèces aux caractéristiques physiologiques et mentales similaires. Pour certaines d'entre elles nous créons les conditions du confort et du bien-être, tandis que d'autres n'ont pas le droit au moindre égard. Le cas le plus emblématique, évoqué rapidement dans les lignes précédentes, concerne notre attitude à l'égard des chiens et des cochons. En Occident, les chiens sont des animaux de compagnie qui habitent avec les humains, partent en vacances avec eux, sont emmenés chez le vétérinaire au moindre bobo, bénéficient d'assurances particulières, et sont protégés des violences par la loi : si vous maltraitez un chien dans la rue, le propriétaire de l'animal peut porter plainte contre vous et vous faire arrêter. Et puis, et ce n'est pas le moins important, les chiens chez nous ne sont pas élevés pour terminer en steaks hachés ou en saucisses. Essayez de servir une tranche de chien à vos invités, je ne suis pas sûr qu'ils aient envie de revenir manger chez vous, ni même de continuer à vous fréquenter. Leur réaction sera de vous traiter de barbare ou de fou. Chez nous on ne mange pas de chien, c'est inhumain, dégueulasse, c'est comme ça. En revanche, faites ce que vous voulez d'un cochon, personne ne vous en tiendra rigueur.

Près de 1,5 milliard de porcs sont tués chaque année dans le monde, dont 25 millions en France. La très grande majorité d'entre eux sont élevés dans des conditions abominables, sans jamais voir le jour ou fouler la terre. Pourtant, le chien et le cochon ont de nombreuses similitudes : le cochon, qui répond à son prénom s'il est apprivoisé, peut se montrer aussi affectueux qu'un chien. Les porcs sont des animaux sociaux, qui peuvent également devenir membres à part entière d'une famille humaine, même s'ils présentent le désavantage d'être bien plus encombrants et moins facilement trans-portables ! Parlons maintenant de l'intelligence : Aurélia Warin, éthologue spécialisée dans les animaux d'élevage, explique que les porcs ont des capacités cognitives supé-rieures à celles du chien et de certains singes. Le cochon fait partie des espèces qui reconnaissent leur image dans un miroir, ce qui prouve qu'ils ont la conscience d'eux-mêmes. Une expérience a prouvé également qu'ils savent manipuler un joystick d'ordinateur, pour obtenir de la nourriture en récompense, avec plus de facilité que le chien. En raison de ces importantes capacités cognitives et sociales, le cochon est très sensible à ce qu'il expérimente et, selon Aurélia Warin, on observe chez les truies qui vivent deux ou trois ans avant d'être tuées des tendances à la dépression. Autre élément crucial : d'un simple point de vue biologique, le cochon est plus proche de l'homme que le chien. Ses organes ressemblent très fortement aux nôtres, à tel point que des valves cardiaques de porc sont déjà greffées chez l'homme en attendant de pouvoir également effectuer des transplantations d'organes (foie, cœur, poumons, reins...).

Comment dès lors justifier que nous réservions aux chiens un traitement de faveur, en tenant compte de leur sensibilité et de leurs besoins, et que nous méprisions totalement les cochons en les traitant comme de simples objets de consommation qui ne nécessitent aucune considération particulière ? Pourquoi accorder aux uns ce que nous refusons aux autres ? Cette discrimination pourrait se résumer par cette question : pourquoi un éleveur qui envoie des porcs à l'abattoir pleure-t-il la mort de son chien ? C'est du spécisme, et cela n'a pas plus de fondement moral et logique que le racisme et le sexisme. Un jour, nous réaliserons que les meurtres de masse toujours plus importants que nous commettons contre les cochons représentent l'une des plus grandes barbaries de notre histoire. Nous en avons d'ailleurs honteusement le pressentiment. Comment expliquer sinon que sur les paquets de jambon ne figure jamais la photo d'un porc ? Parce qu'il faut oublier et passer sous silence cet acte indigne qui consiste à martyriser et à exécuter des animaux qui méritent la même attention que nos amis les chiens.

Les luttes contre le racisme, le sexisme et l'homophobie consistent à proclamer le « tous égaux, car tous humains ». Se battre pour les droits des Noirs, des femmes et des homosexuels consiste à réclamer leur intégration dans le cadre d'une « humanité entière ». L'antispécisme, quant à lui, milite pour l'intégration de tous les êtres vivants sensibles dans une même famille de considération morale. Vu sous un autre angle, cela signifie que l'antispécisme revendique l'appartenance de l'espèce humaine à une communauté beaucoup plus large qu'elle-même, celle des animaux. Il s'agit de notre communauté initiale, dont nous ne sommes jamais sortis, malgré nos tentatives désespérées pour le faire croire et l'obstination à renier nos origines. Nous ne sommes que les jeunes visiteurs d'un zoo égaré au milieu de nulle part.

Dézoom du zoo

Quelle que soit l'heure, mon appartement chante. Le matin, l'après-midi, la nuit… En permanence, un disque tourne sur la platine. Il n'y a pas de chien chez moi, car j'estime que l'espace dont je dispose est trop petit pour qu'il puisse s'y épanouir un minimum, mais j'ai adopté des milliers de CD que je câline amoureusement. Ils sont très joueurs. Ils adorent me fausser compagnie. Je pensais en avoir laissé un dans le salon, je le retrouve trois jours plus tard dans la chambre. Parfois ils se pressent, se piétinent au pied de la chaîne, je leur marche dessus et ils boitent, fendus. Ils réclament accords et à cris que je les sorte et que je leur fasse faire un tour – et même plusieurs. Je suis musicalement lunatique. J'ai des phases. Phase Springsteen. Phase Led Zep et Robert Plant. Phase Neil Young. Phase Leonard Cohen. Phase Journey. Phase Toto. Phase Fleetwood Mac. Phase Archive. Phase Michel Berger et chanson française. Phase Pink Floyd. Phase Eagles. Phase Bach. Phase Nina Simone. Chacun de ces cycles dure entre deux jours et quelques mois. Pendant l'écriture de ce livre, je suis porté par une vague hard rock, blues rock et rock sudiste. Lynyrd Skynyrd, Led Zeppelin, AC/DC, Free, Creedence Clearwater Revival, Ten Years After, Deep Purple, Van Halen, Rainbow, Yngwie Malmsteen, Bad Company, Styx, ainsi que par tous les standards du hard rock mélodique des années quatre-vingt et quatre-vingt-dix comme Giant, Giuffria, FM, Tesla, Winger, Nightranger, Danger Danger ou le très sous-estimé Foreigner… Il y a quelques semaines, un disque de rock progressif s'est néanmoins glissé au milieu des guitares électriques et des lourdes batteries : *Dimensionaut*, du groupe Sound of Contact. Alors que je tapotais sur mon ordinateur, un refrain s'est soudain échappé de mes tours Bowers & Wilkins : « *No matter how hard we try, we still can't deny, we're a pale blue dot* » (« Malgré tous nos efforts, nous ne pouvons pas nier que nous ne sommes qu'un point bleu pâle »).

Ce point bleu pâle, c'est celui identifié par le plus grand dézoom photographique jamais effectué pour immortaliser notre planète : 6 milliards de kilomètres. Le cliché a été réalisé par la sonde spatiale Voyager 1 en 1990. En elle-même, la photo, de piètre qualité, n'a aucun intérêt scientifique, elle ne révèle aucune donnée nouvelle. Si le cliché a marqué les esprits, c'est à cause de ce qu'il nous oblige à observer, à savoir notre insignifiance. Car à 6 milliards de kilomètres de distance, notre planète n'est plus qu'un pixel perdu dans l'immensité, un détail à peine perceptible, un *pale blue dot*, pour reprendre l'expression de l'astronome Carl Sagan, qui en fera le titre de l'un de ses livres :

> *Regardez encore ce point. C'est ici. C'est notre foyer. C'est nous. La Terre est une toute petite scène dans une vaste arène cosmique. Songez aux fleuves de sang déversés par tous ces généraux et ces empereurs afin que nimbés de triomphe et de gloire, ils puissent devenir les maîtres temporaires d'une fraction d'un point. Songez aux cruautés sans fin imposées par les habitants d'un recoin de ce pixel sur d'indistincts habitants d'un autre recoin. Comme ils peinent à s'entendre, comme ils sont prompts à s'entre-tuer, comme leurs haines sont ferventes. Nos postures, notre propre importance imaginée, l'illusion que nous avons quelque position privilégiée dans l'univers, sont mis en question par ce point de lumière pâle. Notre planète est une infime tache*

solitaire enveloppée par la grande nuit cosmique. [...] On a dit que l'astronomie incite à l'humilité et fortifie le caractère. Il n'y a peut-être pas de meilleure démonstration de la folie des idées humaines que cette lointaine image de notre monde minuscule. Pour moi, cela souligne notre responsabilité de cohabiter plus fraternellement les uns avec les autres, et de préserver et chérir le point bleu pâle, la seule maison que nous ayons jamais connue.

Carl Sagan, *A Pale Blue Dot : A Vision of the Human Future in Space* (1994)

Un minimum de recul nous oblige donc à admettre cette réalité : les 40 000 kilomètres de circonférence de notre caillou sont bien peu de chose en comparaison de l'immensité de l'univers. Il n'est même pas exagéré d'affirmer que nous sommes à peine plus que rien. Pour bien le comprendre, transformons cette page en un immense planétarium. Imaginez la surface plane de cette feuille qui se bombe, jusqu'à former une demi-sphère. Allongez-vous et plongez dans la démesure.

Éloignons-nous de la Terre. Mars apparaît d'un côté, Venus de l'autre. À côté de Vénus, nous observons Mercure et en reculant encore, nous apercevons l'étoile la plus proche de nous, située à 150 millions de kilomètres de la Terre : le Soleil. Élargissons le champ de vision : une deuxième étoile apparaît, nettement plus loin. Il s'agit de Proxima du Centaure, située à plus de 40 milliards de kilomètres, soit plus de quatre années-lumière. Il faudrait plusieurs dizaines de milliers d'années à l'un de nos vaisseaux spatiaux pour s'y rendre. Illuminons maintenant complètement le décor pour visualiser notre système solaire, la Voie lactée : tous ces points, partout, sont au nombre de 200 milliards. Ce sont autant d'étoiles, semblables à notre Soleil. Et il ne s'agit là que d'une seule galaxie. Élargissons encore notre champ de vision et baignons-nous dans la totalité de l'univers. Le voyage est vertigineux : ce sont plusieurs centaines de milliards de galaxies qui scintillent. Soit au total 100 000 milliards de milliards (10^{23}) d'étoiles dans notre « Univers observable », ce qui signifie qu'il y a sans doute plus d'étoiles dans l'univers que de grains de sable sur terre. J'aime cette comparaison expliquée par l'astrophysicien Jean-Pierre Luminet, qui permet de faire d'une après-midi à la plage une expérience ontologique savoureuse : « Il y a à peu près autant de grains de sable dans un mètre cube que d'étoiles dans une galaxie, et autant de mètres cubes de sable sur Terre que de galaxies dans l'Univers observable. Et ce nombre astronomique de 10^{23} correspond aussi en gros au nombre de molécules dans un verre d'eau. »

Il est par ailleurs assez fascinant de réaliser que lorsque nous observons le ciel depuis notre modeste Terre, on ne voit pas le présent mais le passé. En effet, les étoiles dont nous percevons la luminosité sont situées à des centaines ou des milliers d'années-lumière (la lumière met une seconde pour parcourir 300 000 kilomètres, donc une année-lumière équivaut à 10 000 milliards de kilomètres). Si une étoile est située à 1 000 années-lumière, sa lumière met mille ans pour nous parvenir. Ainsi, l'étoile Polaire est à 430 années-lumière. Ce qui signifie que lorsque nous l'observons, nous la voyons telle qu'elle était lorsque sa lumière a été envoyée aux alentours de 1580, au moment du règne de Henri III, donc quelques années seulement après la Saint-Barthélemy. Et lorsqu'on regarde notre Soleil, on le voit tel qu'il était en réalité huit minutes auparavant. Ce qui signifie encore, comme me l'a fait remarquer Alain Cirou, le directeur général de l'Association française d'astronomie, que des extraterrestres qui nous écoutent en vivant sur une planète située à 75 années-lumière de la terre entendent en ce moment l'appel du général de Gaulle !

Pourtant cette immensité qui nous entoure nous échappe complètement au quotidien. Elle est totalement évacuée de nos esprits. L'univers cosmique n'existe pas pour la plupart d'entre nous : il est remplacé par un univers personnel, lequel se limite à quelques kilomètres carrés entre notre domicile, notre travail, notre salle de sport et l'école de nos enfants... Les créatures qui importent dans ce monde subjectif sont extrêmement peu nombreuses : il s'agit de la famille proche et de quelques amis. Notre attention est accaparée par des soucis logistiques (être convenablement logé, gagner de l'argent, obtenir un avancement professionnel, éduquer les enfants...) ou relationnels (trouver l'âme sœur, gérer les amitiés, les relations professionnelles, les susceptibilités des uns et des autres, à commencer par la nôtre...). Nous accordons ainsi une importance démesurée à des détails dont nous nous persuadons qu'ils déterminent notre existence, en occultant que tout cela, finalement, est assez dérisoire.

Des géants minuscules

Nous dérivons sur un îlot microscopique, naufragés d'un destin dont nous ne contrôlons pas grand-chose. Nous savons seulement que nous venons à peine de naître et que nous sommes voués à disparaître. Le « nous » que j'évoque ici désigne l'espèce humaine, une espèce qui s'éveille tout juste à la vie et dont l'extinction est déjà programmée. D'ici là, peut-être aurons-nous trouvé les chemins de l'immortalité. Mais nous n'y sommes pas pour l'instant. Et là encore, une explication s'impose.

Le Big Bang, c'est-à-dire le début de l'univers, a eu lieu il y a 13,8 milliards d'années. Le Soleil et la Terre sont apparus bien après, il y a 4,5 milliards d'années. On sait que le Soleil vivra encore à peu près autant avant de s'éteindre. Or sans Soleil, pas de vie sur notre planète. Mais la vie sur Terre aura disparu bien avant que le Soleil ne s'éteigne, puisque la Terre occupe aujourd'hui la zone habitable dans l'entourage du Soleil, c'est-à-dire une zone ni trop chaude ni trop froide. Dans 1,75 milliard d'années (peut-être davantage selon certaines prévisions), la planète bleue devrait être dans la « zone chaude » du Soleil et ne sera donc plus viable. Et peut-être même que, d'ici là, les formes de vie évoluées que nous connaissons auront déjà disparu. Les humains auront peut-être déjà succombé. Ils auront peut-être aussi été exterminés par une nouvelle espèce apparue sur Terre ou, pourquoi pas, venue d'une autre planète. Rien ne nous permet d'écarter ces scénarios, d'autant que toutes les espèces qui naissent sur Terre finissent un jour par disparaître. Mais qui sait s'ils n'auront pas migré vers d'autres planètes qu'ils auront colonisées ; notre espèce pourrait alors se perpétuer ailleurs dans l'univers. Si ce n'est pas le cas, si nos descendants ne réalisent pas cette prouesse technique, alors tout ce que nous aurons créé jusque-là, tous les plus beaux romans, les symphonies, les œuvres d'art, les monuments, mais aussi toutes nos inventions techniques, des plus dérisoires aux plus avancées, n'auront servi à rien, si ce n'est à passer le temps. Étant donné que toutes les étoiles de l'univers sont appelées à mourir un jour, tout comme notre Soleil, étant donné par ailleurs que certains scientifiques prédisent la disparition de l'univers lui-même, il est tout de même permis d'être relativement pessimiste quant à l'issue générale du jeu auquel nous avons été provisoirement conviés à participer.

Mais reprenons notre récit de la formation de notre monde. La Terre, donc, a vu le jour il y a 4,5 milliards d'années. La vie y est apparue il y a environ 3,8 milliards d'années. Il s'agissait alors d'organismes monocellulaires, les procaryotes. La vie animale a explosé à partir de – 540 millions d'années et du cambrien. La vie est sortie de l'eau il y a 450 millions d'années et on fait remonter les premiers mammifères à 200 millions d'années. Les australopithèques sont apparus il y a 5 ou 6 millions d'années. Les premiers représentants du genre *Homo* sont nés il y a 3 millions d'années. L'*Homo sapiens* a vu le jour il y a seulement 200 000 ou 150 000 ans. L'agriculture, qui a marqué le début de la domination de l'homme sur la nature, remonte à 12 000 ans. Donc, si l'on met toutes ces dates en perspective, on s'aperçoit immédiatement que l'espèce humaine a émergé du vivant il y a quelques instants à peine.

Il suffit pour s'en convaincre encore mieux de se plonger dans le calendrier cosmique établi par Carl Sagan. Ce dernier a eu l'idée de rapporter l'histoire de l'univers, de sa naissance à aujourd'hui, à l'échelle d'une seule année. Tout démarre donc le 1er janvier avec le Big Bang, et nous sommes actuellement le 31 décembre à minuit. En se référant à cette échelle de temps, notre système solaire n'est apparu que le 9 septembre, et la Terre le 14 septembre. La vie voit le jour le 25 septembre, sous forme de bactéries. Les poissons débarquent le 17 décembre, les premières plantes terrestres le 20, les animaux le 21, les reptiles le 23, les dinosaures le 25, les nouveaux mammifères le 26, les oiseaux, les fleurs et les fruits le 28. Le 30 décembre, c'est la fin du crétacé, la disparition des dinosaures, l'apparition des primates et le retour à la mer des mammifères. Les premiers humains font leur apparition le 31 décembre à 22 h 30. L'*Homo sapiens* naît le 31 décembre à 23 h 56 et l'agriculture est inventée à 23 h 59 et 35 secondes. Tout ce qui constitue le récit de l'humanité dans les livres d'histoire, tout ce qui compose notre mémoire collective, nos rois, nos batailles, nos inventions, nos œuvres d'art : tout tient dans les dix dernières secondes du calendrier cosmique.

On peut encore dire les choses ainsi : les 12 000 dernières années (celles qui correspondent au développement de l'homme moderne depuis l'agriculture) représentent 0,00008 % de la durée d'existence de l'univers. Un clignement d'œil.

Cette mise en perspective permet de comprendre que les humains ne sont sur cette planète que les invités de dernière minute, et que la vie de chaque individu, malgré les attentes, les espoirs, les souffrances et les douleurs qui lui confèrent une sensation d'éternité, ne dure en réalité pas plus qu'une nanoseconde. On naît, on s'agite un peu, et l'on meurt. Nous ne sommes que des témoins fugaces de l'univers, dont nous sommes autorisés à contempler une microscopique partie, ignares de tout le reste. Il faut nous envisager comme de simples ritournelles : des petites mélodies qui passent, plus ou moins harmonieuses, populaires ou détestées, mais en réalité souvent ignorées. Les plus chanceuses de ces chansons traîneront encore un peu dans la tête des gens même quand elles seront passées de mode, mais elles finiront bien un jour par s'envoler définitivement.

Pourquoi participe-t-on pendant un temps aussi restreint à une aventure qui nous dépasse ? Pourquoi nous ? À quoi bon cette capacité à expérimenter et à interroger notre présence au cosmos ? Pourquoi être obligés de quitter la vie, après avoir été forcés d'y paraître ? Et, au bout du bout, « pourquoi y a-t-il quelque chose plutôt que rien ? », pour reprendre la formule de Leibniz. La philosophie et la religion se cassent les dents depuis des millénaires sur ces questions basiques qui portent en elles ce paradoxe : elles sont indispensables à notre condition d'humain mais, si elles prennent trop de place dans notre quotidien, elles nous empêchent de vivre. La solution choisie par beaucoup est donc simple : les éliminer complètement de l'esprit. Le capitalisme, qui fait de la consommation le Dieu universel, a choisi cette voie. Le capitalisme moderne est la philosophie de l'abrutissement par le besoin. En créant des appétits inutiles, en les imposant comme des normes de société, le néolibéralisme maintient les humains dans une position d'accros décérébrés, persuadés que leur salut repose dans l'acquisition d'une nouvelle voiture, d'un nouveau frigo, de chaussures de marque, de consoles de jeux ou de produits ménagers et alimentaires complètement inutiles. Cela nous évite de trop angoisser sur l'essentiel, à savoir que nous sommes des géants sur la Terre, mais moins que des poussières dans l'univers. Et que nous appartenons à une espèce qui se pense éternelle, alors qu'elle vient tout juste de voir le jour et qu'elle n'a pas pour l'instant inventé les conditions de sa survie.

Cette petitesse nous astreint à la modestie : aucun humain n'est réellement important, si ce n'est dans l'esprit et le cœur de ceux qui l'accompagnent avec bienveillance sur un bout du chemin. Rien de ce que nous faisons, aucun poste, aucune fonction, ne justifie une quelconque forme d'arrogance, d'autosatisfaction, et encore moins de mépris à l'égard d'un autre. Nous avons donc simplement le droit de nous étonner d'être là et l'obligation de remercier le destin chaque fois qu'il crée pour nous les conditions de la réussite. Je n'écrirai certainement pas qu'il faut aller jusqu'à s'émerveiller chaque jour de notre présence au monde. La vie est un hasard, pas forcément un cadeau. Elle est avant tout une suite d'épreuves, et on perd tous à la fin. Un constat sombre ? Non, réaliste. Ce constat est nécessaire car il oblige chacun d'entre nous à l'exigence avec lui-même : la seule échappatoire à l'indigence de notre condition se trouve dans l'observance rigoureuse d'une *morale au service du vivant* dont nous sommes tous, individuellement, des porte-parole. La cause du vivant est la plus noble car la plus universelle, mais aussi la plus introspective. Chacun de nos actes ou presque nous confronte au vivant et nous interroge sur notre philosophie à son sujet. Par *vivant*, j'entends bien sûr tout animal ou végétal, soumis à un processus de naissance, de conservation puis de mort. Mais il va de soi que l'eau, l'air, la terre et même les minéraux font partie du cycle de la vie et qu'ils doivent être pleinement intégrés à notre éthique.

Tous faits pareil :
des cellules, des molécules, des atomes

Vous avez sans doute déjà entendu dire que nous sommes des poussières d'étoiles. Contrairement à ce que l'on pourrait croire, il ne s'agit pas d'une interprétation mystico-poétique de la fragilité de l'existence ou de la dimension spirituelle des individus, mais d'une vérité de la physique.

Le corps humain adulte est composé, selon les estimations, de 10 000 à 100 000 milliards de cellules. La cellule est la base du vivant, la plus petite unité biologique capable de se reproduire seule. Il y a deux types de cellules : d'un côté les cellules sans noyau, les procaryotes (les bactéries), et de l'autre les cellules avec noyau, les eucaryotes. On distingue les organismes unicellulaires, comme les bactéries ou les levures, et les organismes multicellulaires, comme les animaux et les plantes. Les cellules contiennent les informations génétiques, puisqu'elles renferment dans leur noyau les chromosomes composés d'ADN. Des milliards de nos cellules meurent chaque jour et sont remplacées par des neuves. Ces cellules sont elles-mêmes composées de molécules, qui sont elles-mêmes composées d'atomes (H_2O par exemple pour l'eau : deux atomes d'hydrogène, un atome d'oxygène)[1].

1. Un atome est composé d'un noyau autour duquel gravitent des électrons. Le noyau est composé de nucléons, à savoir des protons et des neutrons. Ces protons et neutrons sont eux-mêmes composés de trois « quarks », ce qui signifie que les particules élémentaires sont quarks et les électrons. Ils sont au nombre de cent milliards de

Il y a une centaine d'atomes de types différents dans l'univers. Une partie d'entre eux rend possible la vie. La variété de leurs propriétés permet de créer tout ce qui nous entoure : les gaz, les liquides, les solides. Tout ce qui constitue le vivant sur Terre est essentiellement constitué des atomes C, H, O, N, à savoir carbone, hydrogène, oxygène et azote. Notre corps est ainsi constitué d'environ 5 milliards de milliards de milliards d'atomes : oxygène (65 %), carbone (18 %), hydrogène (10 %), azote (3 %), calcium (1, 6 %), mais aussi phosphore, potassium, soufre, sodium, magnésium, fer, iode, et encore un certain nombre d'autres petites choses... Or ces atomes se sont formés il y a des milliards d'années... dans les étoiles – des soleils comme le nôtre, mais souvent plus gros.

Une étoile, c'est d'abord un nuage de gaz, essentiellement de l'hydrogène qui va se contracter. L'hydrogène est l'élément le plus présent dans l'univers : 71 % de la masse de matière ordinaire, contre 27 % pour l'hélium. 98 % pour ces deux éléments nés dans les minutes qui ont suivi le Big Bang.

Sous l'effet des forces gravitationnelles, l'hydrogène est consommé par l'étoile comme un combustible : des réactions de fusion nucléaire dégagent de la chaleur et de la lumière et, surtout, donnent naissance à des atomes d'hélium. Quatre atomes d'hydrogène (quatre protons) donnent ainsi un atome d'hélium (deux protons et deux neutrons). Le Soleil, par exemple, convertit chaque seconde 700 millions de tonnes d'hydrogène en hélium. Puis, lorsque l'hydrogène est consommé, les phénomènes de fusion continuent et donnent naissance à des atomes lourds tels que le carbone, l'oxygène, l'azote, le silicium et le fer, soit les ingrédients indispensables à l'apparition de la vie sur Terre.

---

milliards de milliards dans le corps humain. Donc : le corps humain est composé de cellules ; les cellules sont composées de molécules ; les molécules sont composées d'atomes ; les atomes sont constitués d'électrons et d'un noyau ; ce noyau est constitué de neutrons et de protons ; ces neutrons et ces protons sont constitués de quarks.

Lorsque les étoiles meurent (toutes les étoiles sont appelées à disparaître), certaines d'entre elles explosent en supernovas et libèrent leurs atomes dans l'univers, où ils se combinent en molécules (eau, gaz carbonique) et en poussières. La gravité réunit ces mélanges de gaz et de poussière en « nuages moléculaires » qui vont former les planètes et les nouvelles étoiles. Voilà comment s'est créé notre système solaire : un nuage moléculaire a donné naissance, en se concentrant et en se réchauffant, à notre Soleil. Autour, les poussières se sont agglomérées en planétoïdes de quelques dizaines de kilomètres de diamètre. Ces planétoïdes sont entrés en collision les uns avec les autres, jusqu'à ce qu'ils constituent les planètes que l'on connaît depuis quelque 4 milliards d'années. La Terre, à l'origine, était une sphère de roche liquide et brûlante. Cette lave s'est refroidie en surface pour se transformer en une croûte terrestre. L'origine de l'eau qui recouvre la planète prête encore à discussion mais deux théories principales s'imposent, qui peuvent être complémentaires. La première hypothèse est que l'eau proviendrait des gaz qui ont formé l'atmosphère à la suite d'une intense activité volcanique. La vapeur d'eau de cette atmosphère aurait constitué les nuages, lesquels seraient à l'origine des océans par le biais de pluies torrentielles. L'autre hypothèse est que l'eau serait apparue sur Terre grâce à des bombardements de comètes et de météorites qui en contenaient. Quelle que soit son origine, une certitude : dans l'eau va apparaître la vie.

Voilà comment les atomes venus des étoiles se retrouvent dans la matière qui constitue notre planète. Dans les sols, les océans, les plantes. Mais aussi, et cela est particulièrement important, dans tous les individus. « Après la mort, explique Hubert Reeves, les atomes de notre corps retournent à la terre des cimetières. Ils peuvent être réutilisés dans l'élaboration d'autres êtres vivants, des plantes ou des animaux. Les atomes ne meurent pas. Ils sont continuellement recyclés dans un immense circuit qui implique la planète. » De quoi relativiser beaucoup de choses : tout à coup réduite à un tas d'atomes empruntés à d'autres et qu'il faudra rendre un jour, Scarlett Johansson est un peu moins sexy. Par ailleurs il est relativement inconfortable de porter les atomes de types – dont certains, peut-être, infréquentables – qu'on n'a jamais connus !

Ironie à part, cette réalité scientifique a une portée philosophique que la pensée orientale a intégrée mais que l'Occident nie encore largement : elle démontre l'unité essentielle de toutes les formes de vivant sur Terre. Minéraux, végétaux, animaux, mers, fleuves : tout est constitué de la même matière, venue du même endroit. Voilà qui met à mal la théorie tellement confortable d'un homme à part, extérieur à la nature. Les intuitions panthéistes, holiste ou moniste sont chacune particulièrement inspirées. Spinoza avait vu juste. De même, la réincarnation promise par les bouddhistes et les hindouistes n'est que la transcription romantique d'une règle naturelle confirmée par la science : les arbres, les fleuves, les insectes, les oiseaux, tous les animaux y compris les humains sont liés par le même principe constitutif et interactif. Chaque élément se nourrit de l'autre. Lorsque l'homme méprise une forme de vivant qui lui est extérieure, il s'attaque donc en réalité à une partie de lui-même. L'astrophysicien Trinh Xuan Thuan résume ainsi les choses :

> *[...] La cosmologie moderne a réenchanté le monde en redécouvrant l'ancienne alliance entre l'homme et le cosmos. L'astrophysique a en effet précisé à la fin des années soixante cette connexion cosmique en démontrant que tous les éléments chimiques lourds de la table périodique des éléments (plus lourds que l'hydrogène et l'hélium faits dans le Big Bang) ont été fabriqués dans les étoiles. [...] Si l'univers ne contenait que l'hydrogène et l'hélium formés dans les trois premières minutes de l'univers, nous ne serions pas là pour en parler.*

[...] Il n'y aurait pas eu la complexité nécessaire pour créer l'ADN de la vie ou les neurones qui constituent la base de notre pensée. L'univers serait vide et stérile. Aucune vie ni conscience ne seraient possibles. Pour que celles-ci puissent apparaître, les éléments lourds fabriqués par les étoiles étaient absolument indispensables. Nous sommes donc tous des poussières d'étoiles. Nous partageons tous la même généalogie cosmique. Nous sommes les frères des bêtes sauvages et les cousins des coquelicots des champs.
Trinh Xuan Thuan, interview (2013)

Tous les êtres vivants sur cette planète, des plantes aux animaux, sont composés à partir des mêmes éléments chimiques venus de l'espace. Ils partagent tous la même matière organique et possèdent tous de l'ADN. Soit. Mais quelle est la proximité réelle entre l'homme d'aujourd'hui et les autres animaux ?

Les animalosceptiques

Les humains sont des animaux. Il n'y a entre les autres espèces et nous-mêmes qu'une différence de degré, et non de nature.

Les animaux non humains partagent, dans des proportions variables, les mêmes caractéristiques que les humains : la conscience, la capacité de ressentir la douleur et d'éprouver des émotions telles que le plaisir, la tristesse, le chagrin, le manque, la joie, la souffrance, l'amour.

Les animaux non humains sont pourvus, dans des proportions variables, d'intelligence.

Les animaux non humains sont capables pour beaucoup d'entre eux d'empathie, de solidarité, voire de justice.

Les animaux non humains possèdent certaines capacités dont sont dépourvus les humains.

Les animaux non humains sensibles sont tous, comme nous, des individus avec un caractère propre. Aucun n'est pareil et ne ressemble plus à un autre que deux humains ne se ressemblent.

Il se trouve encore de nombreux esprits qui nient ces vérités scientifiques irréfutables et qui refusent de reconnaître les animaux non humains pour ce qu'ils sont vraiment.

Je les appelle les *animalosceptiques*, en référence aux climatosceptiques qui remettent en cause la réalité démontrée du changement climatique malgré les preuves irréfutables présentées par les spécialistes. Leur attitude est un encouragement à la poursuite d'une exploitation aveugle de la planète. Les animalosceptiques sont beaucoup plus nombreux aujourd'hui que les climatosceptiques. Ils sont même majoritaires parmi la population. Ils nient la richesse mentale des animaux non humains et favorisent ainsi la poursuite de leur exploitation. L'*animaloscepticisme* est un obscurantisme qu'il faut combattre pour permettre la fin de l'exploitation animale.

Les animalosceptiques, partie I :
la réponse de la génétique

La distinction opérée par le langage courant entre « humains » d'un côté et « animaux » de l'autre n'est plus pertinente puisque la science a prouvé que *nous sommes nous-mêmes des animaux*. Il convient donc de distinguer *humains* et *animaux non humains* en attendant d'inventer un nouveau mot pour cette deuxième catégorie. Précisons encore que l'homme ne *descend* pas du singe, comme il arrive encore de l'entendre : il *est* lui-même un primate qui appartient à la famille des grands singes (ou *hominoïdes*, c'est-à-dire les singes sans queue), laquelle comprend également deux espèces de chimpanzés (chimpanzé commun et chimpanzé pygmée ou bonobo), les orangs-outans et les gorilles. Et on adjoint généralement à cette famille les gibbons. Notre plus proche cousin, dans la chaîne du vivant, est le chimpanzé, avec qui nous partageons 98,5 % d'ADN et un dernier ancêtre commun il y a 6 millions d'années environ. D'ailleurs, selon le géographe et physiologiste américain Jared Diamond, l'humain est le « troisième chimpanzé ». Il précise que nous sommes génétiquement plus proches des deux espèces de chimpanzé que les deux espèces de gibbons ne le sont entre elles ou que le viréon à œil rouge et le viréon à œil blanc (le viréon est un oiseau).

Dire que nous avons tous été fabriqués à partir de la même matière ne suffit pas. Il faut encore bien comprendre que chaque espèce est reliée à toutes les autres par de lointains parents partagés. Le spécialiste de l'évolution Richard Dawkins résume ainsi les choses : « C'est la pure vérité que nous sommes cousins des chimpanzés, cousins un peu plus lointains des petits singes, et encore plus lointains des bananes et des navets. » Ce qui lui fait dire que le spécisme « n'a pas de base solide en biologie de l'évolution ».

Entre les premiers organismes vivants, constitués d'une seule cellule, et l'humain intelligent qui conduit une voiture, tapote sur Facebook, lit Kierkegaard et regarde *Secret Story*, il y a près de 4 milliards d'années d'évolution. Pour en arriver à vous, qui parcourez ces lignes, il a fallu l'apparition de la photosynthèse, l'apparition des organismes pluricellulaires (il y a 1 milliard d'années seulement), l'apparition des animaux protégés par une coquille ou une carapace (vers − 570 millions d'années), des premiers vrais poissons (il y a environ 400 millions d'années), des premières plantes terrestres (à peu près en même temps), des premiers vertébrés terrestres (il y a 360 millions d'années), des premières plantes à fleurs (probablement vers − 250 millions d'années), des premiers mammifères (il y a environ 200 millions d'années), des oiseaux (160 millions d'années), la disparition des dinosaures (il y a 65 millions d'années, à la fin du crétacé), l'apparition des mammifères actuels, puis des premiers singes il y a 35 millions d'années, l'apparition des premiers hommes (*habilis*, il y a 3 millions d'années). Les *sapiens* que nous sommes ont pointé leur nez il y a 200 000 ou 150 000 ans. Remarquez qu'il y a beaucoup d'approximations dans les datations (« environ », « vers ») car aucun humain n'ayant été là pour voir et raconter, les scientifiques font des évaluations qui sont sans cesse remises à jour, et les différents articles et livres consacrés au sujet ne sont jamais complètement d'accord entre eux, du moins sur les périodes les plus reculées. Mais tous s'accordent généralement sur les ordres d'apparition à l'écran.

Au XIXe siècle, le naturaliste allemand Ernst Haeckel a modélisé les liens de parenté entre les différentes espèces du vivant à travers un « arbre de la vie » qui est longtemps resté le modèle. À la base se trouvaient les cellules sans noyau, tandis que l'homme était placé tout au sommet. Les humains se sont donc vu octroyer la position d'espèce aboutie et supérieure de l'évolution, comme si toutes les autres n'avaient jamais été que des modèles préparatoires à la créature parfaite que nous incarnerions. La représentation classique du schéma de l'évolution qui montre nos ancêtres qui se redressent peu à peu en est l'expression. Aujourd'hui, les biologistes reconnaissent que cette présentation est erronée. Aucune espèce n'est le brouillon d'une autre. Le hasard décide des choses. Les espèces subissent des mutations, et les mutations avantageuses permettent aux organismes qui les subissent de s'imposer par rapport aux autres. De ce fait les espèces « évoluent » puis donnent naissance un jour à de nouvelles espèces, notamment lorsque deux groupes d'une même espèce sont séparés géographiquement et doivent s'adapter à des conditions différentes. Certes l'évolution est orientée vers une forme de progrès, mais pas vers le progrès de l'humanité. Affirmer par exemple que l'*Homo habilis* est *plus* évolué que l'australopithèque laisse penser que l'évolution a un but préétabli. Or elle n'en a pas. Non, l'australopithèque n'est pas un humain inachevé. Toute créature vivante est achevée, puisqu'elle répond à des conditions de survie précises dans un environnement donné. Chaque espèce est sa fin en soi, elle n'est pas le terrain d'entraînement d'une espèce parfaite à venir. L'*Homo sapiens* est donc achevé, mais il donnera bientôt naissance à un autre *Homo* aux caractéristiques différentes, à côté duquel nous paraîtrons sans doute frustres et peu intelligents. Peut-être cohabiterons-nous, peut-être cette espèce nous détruira-t-elle, peut-être qu'une autre espèce d'un tout autre genre fera son apparition et dominera la Terre comme nous le faisons aujourd'hui. Ce qui est sûr, c'est que ça va bouger, dans tous les sens du terme : les continents se déplacent et des géophysiciens prévoient que dans 250 millions d'années, en raison de la tectonique des plaques, tous les continents actuels pourraient à nouveau se regrouper, comme c'était déjà le cas 300 millions d'années en arrière. Toutes les terres étaient alors rassemblées en un supercontinent, la Pangée, qui s'est ensuite scindé en deux, entre la Laurasie au nord (l'Amérique du Nord, l'Europe et l'Asie) et le Gondwana au sud (tous les autres continents actuels). Lorsque les continents seront à nouveau réunis, les conditions climatiques n'auront plus rien à voir avec celles d'aujourd'hui. Quelle créature s'adaptera le mieux ?

Désormais, les *arbres phylogénétiques* (c'est ainsi que l'on qualifie les classifications d'espèces vivantes par parenté) abandonnent la notion hiérarchique. Le célèbre graphique de Hillis, par exemple, se présente sous forme de grand cercle et répertorie 3 000 espèces : celles-ci occupent le diamètre du cercle et sont reliées par un vaste réseau de traits (les derniers ancêtres communs) qui convergent vers le centre du cercle. 3 000 espèces, cela peut paraître beaucoup, mais c'est en réalité une infime quantité en comparaison des 10 millions d'espèces estimées sur la planète. Oui, 10 millions, peut-être même 15 ou 20 millions, à en croire par exemple le Fond mondial pour la nature (WWF). Il en est même qui postulent que la biodiversité pourrait en fait s'élever à 100 millions d'espèces ! En tout cas pour l'instant, on en connaît seulement moins de 2 millions. En 2011, une étude largement reprise a estimé à 8,7 millions le nombre d'espèces vivantes sur la planète, dont 6,5 millions qui évoluent sur la terre et 2,2 millions dans l'eau. Les auteurs de l'étude estiment que 7,77 millions des espèces sont animales. Les scientifiques considèrent par ailleurs qu'environ deux tiers des espèces vivantes sont des insectes. On dénombre par exemple 3 500 espèces de moustiques. L'homme, quant à lui, est l'un des 5 500 mammifères présents sur la planète. On compte encore 10 000 espèces d'oiseaux ou 20 000 espèces d'abeilles. Et dire que 99 % des espèces qui se sont succédé sur Terre ont aujourd'hui disparu !

Longtemps, pour juger de la proximité des espèces entre elles, on ne pouvait se fier qu'à la constitution des squelettes et à la forme des membres et des organes. Mais, à partir des années quatre-vingt, la biologie moléculaire a tout changé. L'exploitation de l'ADN, après la Seconde Guerre mondiale, a bouleversé les représentations. On pensait par exemple que le cochon était l'espèce vivante la plus proche de la baleine. On a récemment compris que le cousin le plus proche des baleines est en réalité l'hippopotame, avant le cochon puis les ruminants. On sait aujourd'hui que la baleine et le dauphin sont des mammifères terrestres qui sont retournés dans l'eau, et non des poissons qui auraient évolué d'une autre manière que les autres. Ce qui signifie que l'hippopotame avait un cousin qui a choisi de rejoindre la mer, après quoi il a complètement changé de physionomie. La baleine et le dauphin (qui est une petite baleine) ont pour ancêtre commun un mammifère terrestre nommé le pakicetus, un quadrupède à fourrure, de la taille d'un chien, qui a vécu il y a environ 50 millions d'années. De la même manière, les siréniens (lamantins et dugongs) sont proches des éléphants. La biologie moléculaire a également permis de distinguer le groupe des singes africains, qui comprend les chimpanzés, les gorilles, les bonobos et les hommes, et celui des singes asiatiques (les orangs-outans et les gibbons), ce qui signifie que les chimpanzés et les gorilles sont génétiquement plus proches de nous que des autres singes !

L'étude de l'évolution livre des secrets passionnants : pourquoi le serpent et le lézard ondulent-ils de manière latérale ? Parce qu'ils ont conservé le mouvement des poissons dont ils sont issus ! En revanche, le dauphin agite sa queue verticalement : un vestige de son passé de mammifère terrestre. Ses ancêtres se déplaçaient en courant grâce à une flexion verticale de la colonne vertébrale. Comme l'explique Richard Dawkins, « le dauphin "galope" dans la mer » !

Chaque espèce porte en elle la trace de celles qui l'ont précédée. Nos gènes témoignent donc de notre histoire commune avec les autres animaux. Certains de ces gènes sont inactifs ou ne s'activent qu'un moment : ainsi lorsque nous ne sommes qu'un embryon, une queue nous pousse au bout de quelques semaines et des fentes branchiales propres aux poissons apparaissent, puis ces singularités s'estompent (il nous reste tout de même le coccyx et le creux des joues). Un résultat fascinant de l'évolution concerne notre « troisième œil ». Quésaco ? Certains animaux, quelques lézards et quelques grenouilles, possèdent sur le sommet du crâne un récepteur sensible à la lumière. Celui-ci est composé comme un œil, avec un cristallin et une rétine. On l'appelle l'œil pinéal. Il est capable de percevoir la différence entre la nuit et le jour et de noter les variations de durée des jours en fonction des saisons. Ce troisième œil existe dans le cerveau humain : il s'agit de la glande pinéale, située au milieu du cerveau, qui sécrète la mélatonine à partir de la sérotonine et qui joue un rôle dans nos rythmes biologiques. Comme chez les lézards à trois yeux.

Une étude parue récemment dans la revue américaine *Science* affirme que tous les mammifères placentaires (ceux dont l'embryon se développe dans le ventre de la mère grâce au placenta) ont pour ancêtre commun un petit insectivore, une sorte de musaraigne, de la taille d'un rat, apparu quelques centaines de milliers d'années après la disparition des dinosaures. En outre, tous les vertébrés descendent des poissons à quatre nageoires. Nos os et nos dents sont une version minérale réactualisée des coquilles des mollusques (le calcium !). Les premiers animaux étaient des vers. Et les animaux sont nés des plantes.

On peut se prêter au jeu fascinant des ressemblances. D'abord il faut noter cette étonnante similitude entre mondes végétal et animal : les arbres déploient leurs branches dans l'air pour que les feuilles y puisent du gaz carbonique, et rejettent de l'oxygène. Le corps humain, lui, n'a plus de branches, mais des bronches. Et notre appareil respiratoire ressemble à un arbre à l'envers. Sauf que nous faisons l'inverse, en inspirant de l'oxygène et en rejetant du gaz carbonique. Simple correspondance poétique ?

Les ressemblances sont évidemment bien plus convaincantes dans le monde animal, où nous pouvons constater notre proximité avec les espèces les plus inattendues. Prenez la chauve-souris par exemple, ce charmant animal volant à la si mauvaise réputation. On le considère comme un oiseau peu sympathique et dangereux. On a tout faux. Pour s'en convaincre il suffit de regarder les images du Tolga Bat Hospital en Australie. Là-bas sont recueillies chaque année des centaines de chauves-souris : des bébés qui ont perdu leur mère, des chauves-souris blessées, malades ou victimes d'une paralysie transmise par une tique. Il faut observer ces minuscules créatures, emmitouflées dans des linges, accrochées à une tétine et posant leurs grands yeux interrogateurs sur le soigneur par lequel elles se laissent manipuler sans broncher : quelle différence avec des chiots ? Et puis, autre erreur commune, la chauve-souris n'est pas un oiseau, mais un mammifère. C'est la raison pour laquelle son corps n'est pas recouvert de plumes. Tous les oiseaux sont pourvus de plumes, même ceux qui ne volent pas, mais pas les mammifères. Pourquoi ? Simplement parce que l'ancêtre commun à tous les oiseaux avait des plumes (c'était un dinosaure à plumes), et que les mammifères, eux, n'ont pas cet ancêtre dans leur arbre généalogique. Donc aucun mammifère ne possède de plumes. Le squelette de la chauve-souris et le nôtre présentent des similitudes inattendues : son aile et notre main sont construites sur le même modèle, avec les cinq doigts qui se sont étendus pour devenir les « tiges articulées » qui soutiennent la membrane alaire. Et une chauve-souris possède des coudes, des genoux, tout comme nous. En parlant d'ailes, remarquez combien notre vocabulaire nous déroute parfois des réalités biologiques de la vie. On pourrait penser que les animaux et les insectes volants sont proches puisqu'ils ont des « ailes ». Or ce mot ne fait pas référence à la structure de l'organe mais à sa fonction : voler. Et une aile de chauve-souris et une aile de mouche n'ont, sur le plan structurel, aucun rapport. Comme Richard Dawkins l'explique dans *Le Plus Grand Spectacle du monde*, « les squelettes de tous les mammifères sont identiques, mais leurs os pris à part sont différents ». Ainsi, note-t-il, le crâne de tous les mammifères est composé d'un même ensemble de 28 os.

Le monde du vivant reste encore un grand mystère que nous commençons à peine à percer. Le cas de l'homme de Néandertal, par exemple, est compliqué : lui qui a vécu en même temps que l'*Homo sapiens*, avant de disparaître il y a 30 000 ans, doit-il vraiment être considéré comme une autre espèce, ou une variation de l'humain actuel ? Ce que l'on sait, c'est que les Européens et Asiatiques d'aujourd'hui ont hérité de 1 % à 3 % du génome de Néandertal, alors que les Africains n'en ont quasiment pas car leurs ancêtres n'ont pas croisé Néandertal. En tout, 20 % du génome de Néandertal a survécu aujourd'hui, disséminé de manière différente à travers les individus.

Le séquençage de l'ADN, qui n'en est qu'à ses débuts, va nous permettre d'en apprendre davantage dans les années qui viennent sur nous-mêmes et sur nos cousins animaux. Mais nous savons déjà qu'en plus de nos 98,5 % de gènes communs avec le chimpanzé, nous partageons 80 % de nos gènes avec la vache, 80 % également avec la souris, 70 % avec l'éponge de mer, et même 50 % de gènes avec la mouche drosophile.

L'être humain est donc le rejeton d'êtres unicellulaires, puis d'un premier animal qui était un simple ver aux fonctions minimales, et ensuite de poissons et d'autres mammifères. Nous sommes parents des arbres, des fruits, des insectes, des poules, des pigeons, des vaches et des cochons. Car nous avons forcément, répétons-le, un dernier ancêtre commun avec chacune de ces espèces. Richard Dawkins précise : « Au point où sont les choses, il apparaît que toutes les formes de vie connues peuvent être suivies à la trace jusqu'à un ancêtre unique qui vivait il y a plus de 3 milliards d'années. S'il y a eu d'autres origines de vie indépendantes de celle-là, elles n'ont pas laissé de descendants que nous ayons découverts. Et si de nouvelles formes de vie apparaissaient maintenant, elles seraient vite dévorées, probablement par des bactéries. » Il est essentiel de l'assumer, notre regard sur le monde en dépend. La préservation de l'environnement ne doit plus être envisagée comme la simple sauvegarde d'un monde qui nous est extérieur et dont nous avons besoin pour survivre. Il faut admettre comme une vérité inaliénable cette intuition des sagesses asiatiques que démontre aujourd'hui la science : nous sommes reliés à chaque parcelle de vivant. Et lorsque nous manquons de respect à une forme de vie, c'est à notre famille que l'on manque de respect. Un peu comme un type qui aurait réussi dans la vie, qui gagnerait beaucoup d'argent, installé dans un luxueux appartement du premier arrondissement de Paris, et qui renierait son père et sa mère sous prétexte qu'ils habitent un petit pavillon de banlieue. Le parvenu a ses entrées dans tous les milieux branchés, part en vacances dans de luxueux hôtels à l'autre bout du monde, conduit une décapotable. Mais il a honte de son enfance prolo, de la Clio de ses parents, de leurs vacances en mobile-home. Il n'assume pas d'où il vient. Or, si un jour il a un gros pépin, il retournera, la queue entre les jambes, dans le petit pavillon de banlieue. Et il sera heureux d'avoir cet endroit où se réfugier. Il ne faut jamais oublier d'où l'on vient, ni les parents qui nous ont permis d'être qui nous sommes.

Dans un article récent, une professeure à la School for Earth and Space Exploration, en Arizona, Evgenya Shkolnik, affirme que nous ne sommes pas seuls dans l'univers. Les probabilités indiquent qu'il existe bien des vies extraterrestres. Et elle pointe les bénéfices d'une telle prise de conscience : « En nous pensant seuls, nos perspectives demeurent étroites et individualisées.

Les animalosceptiques, partie II :
la réponse de l'éthologie

Si l'on interroge des gens au hasard dans la rue, que sauront-ils nous dire du monde du vivant ? Que savent-ils des millions d'espèces qui peuplent la planète ? Même les scientifiques n'en connaissent qu'une petite partie (moins de 2 millions d'espèces animales et végétales sont recensées sur 10 à 20 millions estimées). Sans exiger de chacun un savoir encyclopédique logiquement réservé à quelques spécialistes, il faut bien admettre que nous sommes très ignorants d'un monde animal et végétal dont nous sommes de plus en plus déconnectés. Même les espèces les plus familières échappent à notre attention. Nous ne savons ni leur histoire, ni leurs habitudes, ni leurs capacités. Nous ignorons leurs facultés et leur malice.

À propos des baleines et des dauphins, chacun sait que ce sont des animaux « gentils », « intelligents », « joueurs », « proches de l'homme », ce qui n'est déjà pas mal, mais reste superficiel. Nous avons vu dans les pages précédentes que les cétacés sont des mammifères dont les ancêtres vivaient sur terre et qui ont un jour décidé de retourner dans l'eau. Mais cela est souvent ignoré, tout comme le fait qu'il existe plus de 30 espèces de dauphins, que les jeunes baleines sont particulièrement joueuses, que le système d'écholocalisation des dauphins est l'ancêtre du sonar ou encore que le chant des baleines répond à des rituels raffinés...

Et les fourmis, avec lesquelles nous avons tous joué quand nous étions enfants ? Qui les connaît vraiment ?

Chacun peut dire que la fourmi vit en colonies, qu'elle est travailleuse, contrairement à la cigale (!), et qu'elle adore chourer les miettes des pique-niques. Mais à part ça ? Peu de gens se doutent qu'elle a inventé l'agriculture et l'élevage bien avant les hommes. Les fourmis cultivent sous terre des champignons et élèvent des pucerons, afin de recueillir leur miellat riche en acides aminés ou de le manger. Ces pucerons sont un peu pour les fourmis l'équivalent de nos vaches. Et leur vie sociale ? Il y a environ 100 millions d'années, elles ont inventé la division du travail, ce qui a permis d'augmenter la productivité du groupe. Mais elles ont aussi mis en place des règles de maintien de l'ordre, grâce à des fourmis policières qui tiennent à l'écart ou éliminent les fourmis égoïstes ou récalcitrantes. Des expériences ont même montré que les fourmis n'ont pas toutes un degré d'intelligence identique (les abeilles non plus d'ailleurs). Comment ne pas réduire ces insectes à de minuscules insignifiances si l'on ignore tout cela ?

Les pigeons : tellement détestés par la plupart des citadins. Leur exceptionnel sens de l'orientation est à peu près connu du grand public. Mais oserait-on encore les insulter et les maudire si l'on avait en mémoire tous les services qu'ils nous ont rendus pendant la guerre ? Oserait-on encore filer des coups de pied à des pigeons idiots en sachant que des expériences en laboratoire ont prouvé la grande intelligence de ces oiseaux qui savent compter et classer des objets par catégorie ?

Les chimpanzés rient, les chiens rient, les rats rient aussi... Qui le soupçonne ?

Dans leur ouvrage commun, *Les souris gloussent, les chauves-souris chantent*, Karen Shanor et Jagmeet Kanwal nous plongent dans l'univers passionnant de l'intelligence et de la sensibilité animales. Ils s'attardent notamment sur ces facultés propres à certaines espèces et dont sont dépourvus les humains : l'odorat hyperpuissant des chiens qui leur permet de retrouver des personnes disparues mais aussi de détecter un cancer en sentant l'haleine d'un individu, l'utilisation des impulsions sonores et des échos par les chauves-souris, les dauphins et les baleines pour se déplacer ou chasser, l'utilisation d'une boussole magnétique par les oiseaux migrateurs ou les tortues, la captation des champs électriques par certaines espèces, ou encore l'utilisation des champs vibratoires : des punaises vertes qui communiquent entre elles grâce à des vibrations émises via des feuilles et des tiges, ou des éléphants qui captent les signaux sismiques grâce à leur trompe et leurs pieds et qui leur permettent d'identifier un congénère à dix kilomètres.

Avons-nous tenté de réellement connaître les animaux qu'on égorge par millions tous les jours ?

Christine Nicol, professeur à l'université de Bristol, a pris le temps d'étudier les poules. Son diagnostic est sans appel : « Lorsqu'on y regarde de plus près, on remarque que les poulets sont loin d'être stupides. Ils apprennent remarquablement vite et font preuve d'une grande adaptabilité. Ils n'apprennent pas que par eux-mêmes, ils apprennent aussi les uns des autres, ce qui est une preuve d'intelligence. Par exemple si l'un d'entre eux découvre une nouvelle manière de trouver de la nourriture, l'un de ses congénères va se dire : "Tiens c'est intéressant", et il sera capable d'utiliser cette technique simplement après l'avoir observée. C'est ce qu'on appelle l'apprentissage social. Ils peuvent donc apprendre des choses relativement complexes. Ils sont loin d'être stupides. » Les éthologues ont découvert que les poules ont des capacités de communication proches de certains primates. Elles s'expriment grâce à un répertoire de cris variés, qui répondent à des situations précises. Elles savent prendre des décisions et agir en fonction d'une expérience personnelle. Elles peuvent également faire preuve de compassion envers un congénère en danger.

Les brebis pour leur part communiquent avec leurs petits au moyen de bêlements personnalisés : si, au sein d'un groupe, la mère appelle son petit, lui seul va répondre. Qui sait que, contrairement à la légende qui les présente comme stupides, les moutons sont intellectuellement considérés comme proches du cochon ? Dans la Nièvre, une ancienne éleveuse a créé avec son fils un refuge qui accueille 750 moutons sauvés de l'abattoir, appelé le Domaine des Douages. Sur son blog, Dominique Mauer décrit en détail la richesse de caractère des moutons et des brebis, leur intense vie sociale, ainsi que la solidarité dont ils font preuve au quotidien.

Que connaît-on vraiment des vaches, des cochons, des lapins, des moineaux, des canards, des mouettes, des loups, des renards, des écureuils ? Quelle est leur longévité naturelle ? Combien de fois mettent-ils bas ou pondent-ils dans une vie ? Sont-ils des animaux solitaires ou sociaux ? Sont-ils joueurs ? Sous quelles formes expriment-ils leur sociabilité ? Comment se comportent-ils avec leurs petits et leurs camarades ? Sont-ils intelligents ? Le psychiatre et éthologue Boris Cyrulnik explique que nous commençons seulement à comprendre la complexité de l'univers mental de chacune de ces espèces : « Les animaux et les hommes partagent beaucoup plus de choses que ce qu'on croyait. On partage le cerveau des émotions, on partage le cerveau de certaines représentations, l'anticipation du temps, la mémoire de l'odeur, la mémoire de l'espace, on partage avec les animaux beaucoup plus de choses que ce qu'on croit. » Preuve que la science est en train de bouleverser tous les préjugés qui nous autorisent encore à maltraiter les animaux, un groupe de scientifiques a signé en 2012 à l'université de Cambridge, en présence de Stephen Hawking, une *Déclaration de conscience des animaux* qui affirme que « les humains ne sont pas les seuls à posséder les substrats neurologiques qui produisent la conscience. Les animaux non humains, soit tous les mammifères, les oiseaux, et de nombreuses autres créatures, comme les poulpes, possèdent aussi ces substrats neurologiques[1]. »

---

1. En annexe, p. 73, la Déclaration de Cambridge dans son intégralité.

L'absence de langage oral chez les animaux non humains a parfois été présentée comme une preuve de leur manque d'intelligence et de sensibilité. Double erreur. D'une part, il y a un langage oral chez de nombreux animaux, mais nous ne le comprenons pas. D'autre part, nous oublions que le langage des émotions se passe souvent de mots. La primatologue Jane Goodall fait remarquer qu'en de nombreuses circonstances les humains se rapprochent de leurs cousins grands singes pour revenir à des modes de communication silencieux : quand ils passent la main dans le dos d'un ami, quand ils se prennent dans les bras, quand ils frappent dans les mains...

Les découvertes des éthologues (ceux qui étudient le comportement animal) passent souvent en arrière-plan. Comme si cela n'intéressait finalement pas grand monde. Comment respecter des êtres auxquels on est indifférent et dont on ne connaît rien ? Pour pouvoir tuer son ennemi, il faut surtout ne rien savoir de lui. Ce n'est pas un hasard si les comportements des animaux d'élevage sont très peu étudiés, et si parmi ces animaux le cochon suscite le moins d'attention : il est de tous le plus proche de l'homme. Mieux vaut donc ne pas trop en savoir sur les souffrances physiques et psychologiques qu'il endure. Comment, sinon, continuer de l'exploiter et de le manger sans honte ?

En revanche, nous sommes à peu près tous calés en matière de chats et de chiens. Normal. Eux, ils nous intéressent. Eux, nous les regardons. Nous essayons de communiquer avec eux. Nous les considérons, tout simplement. Tout ça parce que nous avons choisi d'en faire nos compagnons privilégiés. Quiconque a cohabité avec un chien ou un chat est capable de vous décrire avec moult détails et anecdotes les manifestations de leur intelligence et de leur sensibilité. Toute personne qui partage le quotidien d'un *canis lupus familiaris* vous racontera les moments de complicité avec son animal, et même les conversations, souvent drôles parce que rythmées d'incompréhension mutuelle. Je ne me lasse d'ailleurs pas d'être surpris par ce troublant déséquilibre : comment expliquer qu'un chien soit capable de comprendre plusieurs mots de la langue de son « maître » (le nom qu'on lui a donné, ainsi que divers ordres tels que *venir, partir, aller chercher tel objet, aller se coucher...*), tandis que le maître, lui, n'entrave presque rien au vocabulaire oral et gestuel du chien ? Certes, il parvient à deviner quand l'animal souhaite sortir ou quand il a faim, mais c'est uniquement parce que celui-ci sait quels signaux envoyer pour se faire remarquer (se tenir près de la porte en pleurant, ou tourner autour de la gamelle). On pourrait rétorquer que le chien émet beaucoup moins de signaux que l'humain et qu'il n'est pas, contrairement à nous, un être de communication. Ce n'est que partiellement vrai. La vérité est que son langage passe par une gamme d'aboiements ou de grognements que nous ne déchiffrons pas, et par des attitudes corporelles ou des expressions qui restent obscures pour la plupart des propriétaires de chiens. Mais nous sommes sans doute fautifs. Richard Dawkins raconte que les chiens domestiques lisent mieux les expressions sur le visage humain que les loups. L'explication : au fil de la cohabitation, de génération en génération, les chiens – qui furent les premiers animaux domestiqués par l'homme – ont appris à comprendre et à mimer les expressions humaines liées à la joie, la colère, la honte ou l'affection. Nous n'avons pas suffisamment rendu la politesse. Il nous aurait fallu apprendre à traduire davantage les signes qu'ils nous envoient avec la queue, les oreilles, la posture, le regard ou les sons. Néanmoins, nous comprenons suffisamment les chiens pour être obligés d'admettre qu'ils éprouvent de la joie et de la peine, qu'ils souffrent, qu'ils ont des envies, qu'ils aiment et qu'ils détestent, qu'ils savent ce que sont l'affection et le chagrin.

Le chien est d'ailleurs un modèle intéressant pour tout esprit sceptique qui oserait encore douter aujourd'hui de l'existence chez les animaux non humains de l'empathie, c'est-à-dire cette faculté à se mettre à la place d'un autre et à imaginer ce qu'il ressent. Les exemples répertoriés de chiens qui viennent en aide à un congénère en difficulté sont légion.

– *Oui, peut-être, mais quid de l'empathie d'un animal pour le membre d'une autre espèce ?*

Là encore, le chien fait la démonstration la plus éclatante qu'elle existe bel et bien. Lorsqu'une relation de confiance entre un chien et un homme existe, il est fréquent que le chien console l'humain s'il se rend compte que celui-ci est accablé par la tristesse. Les chiens qui refusent d'abandonner leur maître décédé, en passant des jours entiers sur sa tombe, n'expriment-ils pas le lien profond qui peut unir ces deux êtres issus de deux espèces différentes ? Par ailleurs, la capacité que possèdent les chiens à imiter les expressions faciales humaines est une preuve irréfutable d'empathie.

– *Oui, d'accord, mais le chien est un animal à part. C'est pour ça qu'on l'a domestiqué.*

Non, l'empathie n'existe pas que chez les chiens. Elle est évidemment très développée chez nos plus proches cousins, les singes. L'éthologue néerlandais Frans de Waal a longuement décrit les relations riches et complexes qui unissent les primates, leur capacité à la querelle et à la réconciliation, et il a pu constater la réactivité à la souffrance de leurs compagnons. Il évoque une expérience où des singes refusent d'activer un mécanisme qui leur procure de la nourriture dès lors qu'ils se rendent compte qu'en le déclenchant celui-ci envoie des décharges électriques qui font souffrir un autre singe. L'empathie a été constatée chez de nombreuses espèces. Dans une expérience menée à l'université de Chicago, l'on voit que les rats libèrent un congénère avec lequel ils ont cohabité plusieurs jours lorsque celui-ci est emprisonné dans un tube étroit fermé par une trappe. Le tube est transparent, afin que la détresse de l'animal prisonnier puisse être perçue par celui qui est resté libre. Or, dès que ce dernier a compris le mécanisme d'ouverture de la porte, il l'actionne, alors même qu'aucune récompense ne l'attend. Plus surprenant, les chercheurs ont remarqué qu'en disposant à proximité une autre boîte avec du chocolat, le rat libre préfère s'occuper de son compagnon avant de profiter de la nourriture. On pourrait passer en revue toutes les espèces : Frans de Waal explique que l'empathie est présente chez tous les mammifères. Il cite le cas de dauphins qui soutiennent un compagnon blessé pour qu'il respire à la surface, ou d'éléphants qui aident l'un des leurs, aveugle. On pourrait également parler de cas recensés d'hippopotames venant au secours d'impalas attaqués par des crocodiles. Ou de ces dauphins, en Nouvelle-Zélande, qui ont protégé des nageurs de l'attaque d'un requin blanc en formant un cercle autour du groupe.

Selon Frans de Waal, l'empathie a existé bien avant l'apparition des primates. Elle est une capacité qui permet l'évolution, et elle a dû émerger lorsque des mères se sont mises à vouloir protéger leurs petits en danger. Il en conclut que l'empathie est davantage féminine que masculine. J'ignore si De Waal a raison sur ce dernier point, mais je suis en effet étonné de constater depuis plusieurs années que le public des manifestations en faveur des animaux est majoritairement féminin. En plus de l'empathie, nous pourrions aussi nous attarder sur le sens de l'équité qui a été confirmé chez plusieurs espèces.

En fait, pour comprendre un animal, il faut commencer par prendre le temps de l'observer. L'éthologie, c'est-à-dire l'étude des espèces animales, a connu un second souffle dans la deuxième partie du siècle dernier. Karl von Frisch, Konrad Lorenz, Nikolaas Tinbergen (tous trois Prix Nobel de physiologie ou médecine en 1973), Donald Griffin, Jane Goodall, Frans de Waal, Richard Dawkins ou Marc Bekoff ont, parmi d'autres, considérablement contribué à ouvrir nos yeux sur les autres espèces. Leurs travaux sont une mine d'informations indispensables, qui devraient être enseignées dans toutes les écoles. Je recommanderais au moins la lecture de deux ouvrages passionnants pour mieux comprendre l'intelligence, la sensibilité et la complexité de nos cousins animaux : *L'animal est-il une personne ?* du biologiste Yves Christen, et *Les Émotions des animaux*, de Marc Bekoff, qui tous deux regorgent d'anecdotes instructives. « Certains vont encore jusqu'à douter de l'existence des émotions animales », écrit Marc Bekoff. « Et parmi ceux qui en sont convaincus, beaucoup tendent à penser qu'elles sont moins importantes que les émotions humaines. C'est là, selon moi, un point de vue dépassé et irresponsable. » Quant au livre d'Yves Christen, j'en retiens ce passage qui m'a bouleversé et qui interrogera tous les animalosceptiques : « On devrait [...] relire ce qui arriva au chasseur William Harris (1807-1848) après qu'il eut tué son premier éléphant, une femelle, lorsqu'il revint la chercher le lendemain. Il trouva auprès d'elle son petit, désespéré, qui se précipita sur lui, l'enlaçant de sa trompe comme pour lui demander de l'aide. "Là, dit Harris, je ressentis un vrai regret de ce que j'avais fait et il me vint à l'idée que j'avais commis un meurtre." »

Annexe

Le champ des recherches sur la conscience évolue rapidement. Un grand nombre de nouvelles techniques et de stratégies de recherche sur les sujets humains et non humains ont été développées. Par conséquent, de plus en plus de données sont disponibles, ce qui nécessite une réévaluation régulière des conceptions régnantes dans ce domaine. Les études sur les animaux non humains ont montré que des circuits cérébraux homologues corrélés avec l'expérience et la perception conscientes peuvent être facilités et perturbés de manière sélective pour déterminer s'ils sont réellement indispensables à ces expériences. De plus, chez les humains, de nouvelles techniques non invasives sont disponibles pour examiner les corrélats de la conscience.

Les substrats cérébraux des émotions ne semblent pas restreints aux structures corticales. En réalité, les réseaux de neurones sous-corticaux excités lors d'états affectifs chez les humains sont également d'une importance critique pour l'apparition de comportements émotifs chez les animaux. L'excitation artificielle des mêmes régions cérébrales engendre les comportements et les ressentis correspondants chez les animaux humains et non humains. Partout où, dans le cerveau, on suscite des comportements émotifs instinctifs chez les animaux non humains, bon nombre des comportements qui s'ensuivent sont cohérents avec l'expérience de sentiments humains, y compris les états internes qui constituent des récompenses et des punitions. La stimulation profonde de ces systèmes chez les humains peut aussi engendrer des états affectifs similaires. Les systèmes associés à l'affect sont concentrés dans des régions sous-corticales dans lesquelles les homologies cérébrales sont nombreuses. Les jeunes animaux humains et non humains sans néocortex possèdent néanmoins ces fonctions mentales/cérébrales. De plus, les circuits neuronaux nécessaires aux états comportementaux/ électrophysiologies de vigilance, de sommeil et de prise de décision semblent être apparus dans l'évolution dès la multiplication des espèces d'invertébrés ; en effet, on les observe chez les insectes et les mollusques céphalopodes (par exemple les pieuvres).

Les oiseaux semblent représenter, par leur comportement, leur neurophysiologie et leur neuro-anatomie, un cas frappant d'évolution parallèle de la conscience. On a pu observer, de manière particulièrement spectaculaire, des preuves de niveaux de conscience quasi humains chez les perroquets gris du Gabon. Les réseaux cérébraux émotionnels et les microcircuits cognitifs des mammifères et des oiseaux semblent présenter beaucoup plus d'homologies qu'on ne le pensait jusqu'à présent. De plus, on a découvert que certaines espèces d'oiseaux présentaient des cycles de sommeil semblables à ceux des mammifères, y compris le sommeil paradoxal, et, comme cela a été démontré dans le cas des diamants mandarins, des schémas neurophysiologiques qu'on croyait impossibles sans un néocortex mammalien. Il a été démontré que les pies, en particulier, présentaient des similitudes frappantes avec les humains, les grands singes, les dauphins et les éléphants, lors d'études de reconnaissance de soi dans un miroir.

Des interventions pharmacologiques chez des animaux non humains à l'aide de composés connus pour affecter le comportement conscient chez les humains peuvent entraîner des perturbations similaires chez les animaux non humains. Chez les humains, il existe des données qui suggèrent que la conscience est corrélée à l'activité corticale, ce qui n'exclut pas d'éventuelles contributions issues du traitement sous-cortical ou cortical précoce, comme dans le cas de la conscience visuelle. Les preuves d'émotions provenant de réseaux sous-corticaux homologues chez les animaux humains et non humains nous amènent à conclure à l'existence de qualia primitifs partagés au cours de l'évolution.

Nous faisons la déclaration suivante : « L'absence de néocortex ne semble pas empêcher un organisme d'éprouver des états affectifs. Des données convergentes indiquent que les animaux non humains possèdent les substrats neuro-anatomiques, neurochimiques et neurophysiologiques des états conscients, ainsi que la capacité de se livrer à des comportements intentionnels. Par conséquent, la force des preuves nous amène à conclure que les humains ne sont pas seuls à posséder les substrats neurologiques de la conscience. Des animaux non humains, notamment l'ensemble des mammifères et des oiseaux ainsi que de nombreuses autres espèces telles que les pieuvres, possèdent également ces substrats neurologiques. »

La Déclaration de Cambridge sur la conscience a été rédigée par Philip Low et révisée par Jaak Panksepp, Diana Reiss, David Edelman, Bruno Van Swinderen, Philip Low et Christof Koch. La Déclaration a été proclamée publiquement à Cambridge (Royaume-Uni) le 7 juillet 2012 lors de la *Francis Crick Memorial Conference on Consciousness in Human and non Human Animals*, au Churchill College de l'université de Cambridge, par Low, Edelman, et Koch. La Déclaration a été signée par les participants à ce colloque le soir même, en présence de Stephen Hawking, dans la salle Balfour de l'hôtel du Vin, à Cambridge. La cérémonie de signature a été filmée par CBS, « 60 Minutes ».

Texte traduit par François Tharaud dans
Les Cahiers antispécistes, n°35, novembre 2012.

Le hasard de l'incarnation

Nous commettons deux erreurs principales : oublier que nous sommes mortels (nous évacuons cette idée 99 % du temps), et considérer que notre présence sur Terre est une chose qui coule de source. Or c'est tout le contraire. Non seulement nous ne vivons que le temps d'une microseconde, mais en plus l'existence de chacun d'entre nous relève de la pure anomalie. Nous ne sommes tous que des accidents absolument improbables. Même le plus malchanceux des Terriens a un jour gagné le plus incroyable des concours de circonstances pour obtenir le droit de saluer un instant la vie.

Un petit calcul rapide permet d'en prendre pleinement conscience. Sachant que nous sommes sortis vainqueurs d'une épreuve de demi-fond au cours de laquelle se sont affrontés des centaines de millions de spermatozoïdes, sachant que le couple qui nous a conçu s'est probablement uni des milliers de fois en dehors du moment qui nous a engendré, sachant qu'il y avait environ une chance sur 2 milliards que nos deux parents se rencontrent (en prenant une population de 7 milliards d'habitants que l'on divise en hommes et femmes et dont on évacue les plus jeunes et les plus vieux), on pourrait considérer dans un premier temps que la probabilité que nous naissions un jour était de un sur des centaines de milliards de milliards. Mais non, c'est encore beaucoup trop par rapport à la réalité. Il ne faut pas oublier que la chance que chacun de nos parents existe est elle aussi équivalente à une seule sur des centaines de milliards de milliards. Il ne faut pas oublier non plus que nos parents sont eux-mêmes nés après 7 000 générations d'*Homo sapiens* qui tous avaient la plus infinitésimale des probabilités de voir le jour, et qu'avant ces *Homo sapiens* nous avons eu comme ancêtres d'autres espèces d'*Homo* qui eux-mêmes... bref vous avez compris. D'un point de vue purement mathématique, la probabilité que nous existions est donc proche de zéro. Une chance sur des milliards de etc.

Vous souhaitez une estimation plus précise ? En 2011, un certain docteur Ali Binazir, diplômé de Harvard, a proposé un calcul dont la logique est cohérente et qui évalue la probabilité de notre naissance à une chance sur $10^{2\,685\,000}$. À titre de comparaison on estime le nombre d'atomes dans l'univers à 10^{80}.

Notre conscience n'a en tout cas pu s'allumer qu'au terme d'une interminable cascade d'aléas, jonchée de trillions d'obstacles. Pensez donc : si un seul de nos centaines de milliers d'ancêtres avait été tué avant de pouvoir se reproduire, c'en était fini de nous ! En mettant à plat ces statistiques, on comprend aisément que le cours normal des choses eût voulu que nous ne naissions pas. Chacun d'entre nous est une anomalie. Nous sommes là, alors que nous ne devrions pas y être. Nous ne sommes que des invités à qui le carton a été envoyé par mégarde. Et le plus drôle, c'est que nous nous comportons, individuellement et collectivement, comme si nous étions une nécessité, comme si notre vie était un dû, qu'elle était normale, alors que nous ne sommes qu'un hasard qui avait une chance proche de zéro de se réaliser.

Cette anormalité de notre présence au monde a des conséquences. Savoir que statistiquement nous devrions *ne pas être* plutôt qu'*être* nous oblige à inverser notre regard sur notre existence, et à vivre chacun de ses moments comme un privilège. Cette contingence infinie nous amène à réfléchir deux fois avant de râler lorsqu'on ne trouve pas de place de parking ou qu'on perd un point au tennis. Elle nous invite ensuite à relativiser les échecs, comme les succès. Rien n'est vraiment grave, sauf la mort, et rien ne fait de nous des êtres exceptionnels.

En écrivant ces mots, je songe aux flots de prétention déversés par l'humanité et je me demande si la vanité n'est pas, finalement, ce fameux « propre de l'homme » auquel nous tenons tant et qui nous fuit entre les doigts au fil des siècles.

Mais le rôle du hasard ne s'arrête pas à l'infinitésimale probabilité de nous avoir fait exister un jour. Il est déterminé également par la forme de notre incarnation.

Tout individu, humain ou non humain, est en effet un assemblage d'atomes animé par un esprit – que l'on peut aussi appeler « conscience » – qui est une action du cerveau. Ce qui définit chaque personne est d'abord cet esprit. L'enveloppe corporelle n'est que le vaisseau de l'âme, indispensable à son expression. L'esprit doit donc composer avec le corps qui l'accompagne et qu'il n'a pas choisi. Nous souhaiterions tous être soit plus grand, plus mince, moins poilu, avoir des yeux bleus, des cheveux bouclés, etc. Il y a un décalage entre le corps et l'esprit qui explique que nous pouvons ne pas aimer notre physique. Si réellement notre corps était une nécessité inhérente à notre être, alors notre conscience serait, spontanément, en accord parfait avec notre corps. Or ce n'est pas le cas. Notre esprit, notre âme, notre intelligence, ce qui fait que je suis moi et non un autre, est une entité immatérielle qui découvre à la naissance le véhicule qui lui a été attribué. Noir, blanc, français, américain, chinois, africain, intelligent, handicapé, petit, grand, gros, blond, brun... Le hasard décide.

Ce que l'on oublie souvent, c'est que le hasard aurait pu choisir d'incarner notre esprit en un corps non humain. La conscience, c'est-à-dire notre capacité à voir le monde et à l'éprouver, aurait pu nous être offerte dans le corps d'un cheval, d'un chien, d'une souris, d'un poisson, d'une mouche ou que sais-je encore. Seul un coup du sort nous a fait naître humain. Nous réalisons tous parfois l'expérience de pensée consistant à nous imaginer dans le corps d'une vedette ou d'une personne enviée : « Ah, si j'étais née Madonna, j'aurais eu une belle vie ! » Beaucoup plus rarement il nous arrive de croiser un rat dans la rue et de nous dire : « Ça pourrait être moi ! » Et pourtant... C'est la réalité. Moi qui écris ces lignes, je pourrais être vous, qui lisez mon texte, mais je pourrais encore être mon chat ou la souris qu'il va pourchasser. Je pourrais aussi être le cochon en train de se faire égorger ou la poule mutilée enfermée dans un hangar sans jamais voir la lumière du jour.

Les scientifiques estiment que pour chaque être humain qui vit sur la planète, on compte environ 200 millions d'insectes. Donc, si on ne parle que des insectes et non des autres animaux, il faut déjà considérer que nous avions 1 chance sur 200 millions de nous incarner en humain plutôt qu'en coccinelle ou en moustique. Or la chance de gagner au Loto (5 numéros avec le numéro chance) est de 1 sur 19 millions. Ce qui signifie que la probabilité que nous naissions dans l'enveloppe d'un humain plutôt que dans celle d'un insecte est 10 fois inférieure à celle de remporter le jackpot au Loto.

Sachant cela, l'esprit qui voit le jour dans le corps d'un humain en bonne santé, dans une famille sans problème, et qui n'est confronté à aucune difficulté matérielle, devrait faire de sa vie un engagement pour tous les autres êtres, humains et non humains, qui n'ont pas eu la même veine. Car il a remporté le gros lot. Un minimum d'humanité l'oblige à partager une partie de son gain, une partie si infime qu'il n'en sera pas lésé. Or, lorsque nous faisons preuve de compassion à l'égard d'un animal, en quoi cela nous lèse-t-il ? Nous conservons absolument tous les attributs propres à l'espèce dominante à laquelle nous appartenons, mais nous évitons simplement d'user de nos pouvoirs de manière tyrannique.

Une femme particulièrement belle ne devrait jamais tirer fierté de son avantage. En effet, même si elle entretient son physique avec de laborieuses séances de sudation en salle, elle n'a aucun mérite à être née jolie. De la même manière, lorsque nous considérons avec mépris un animal que nous trouvons stupide ou moche, lorsque nous nous permettons de le violenter, nous devons toujours nous rappeler que nous n'avons aucun mérite à être dans la position de l'animal dominant. Au contraire, face à la faiblesse d'un individu qui ne peut se défendre, nous devrions spontanément, au nom de notre chance, observer la plus grande mansuétude.

Il y a deux logiques différentes qui peuvent vous pousser à être généreux avec un SDF. La première est celle qui consiste à se donner bonne conscience : j'offre 10 euros afin de m'affirmer comme une bonne personne, aux yeux des autres et de moi-même. Un certain nombre de gens ont l'habitude de faire un don chaque année à une ONG en suivant cette logique, qui n'est d'ailleurs pas condamnable. L'autre approche de la générosité, qui me semble plus intéressante, consiste à donner 10 euros à ce même SDF par empathie, en imaginant le froid et la faim qu'il doit endurer, et en se disant que l'on pourrait être à sa place. Cette générosité-là est aussi une manière de rendre son dû à la chance qui vous a privilégié en vous évitant la mauvaise place. Eh bien il nous faut agir avec les animaux non humains de la même manière : il convient de les épargner en se disant que nous pourrions être eux.

De nombreux mystères entourent encore la conscience, à commencer par les conditions de son apparition. L'esprit est sans doute la chose la plus méconnue qui soit. D'où les nombreux fantasmes à son sujet, par exemple sur ce qu'il devient après la mort. La théorie bouddhiste de la réincarnation – ou métempsychose – ne repose pour l'instant sur aucun fondement scientifique. Je doute qu'un même esprit s'incarne tantôt dans un homme, dans une vache, un insecte, une plante, etc. La croyance en la réincarnation est donc une superstition ou une métaphore. En revanche, je revendique la théorie du *hasard de l'incarnation*, selon laquelle nous sommes nés humains par le plus grand des hasards, ce qui implique que nous aurions pu être la conscience de toute autre forme de vie dotée d'une intelligence. Je le crois profondément. Cette fourmi que j'allais écraser, ce pigeon à qui j'allais donner un coup de pied, cette vache que j'allais envoyer à l'abattoir, cela aurait pu être moi. J'aurais pu expérimenter le monde à travers leurs yeux, leurs muscles, et tous leurs capteurs sensoriels. En me réveillant dans le corps d'un spécimen de l'espèce dominante, j'ai simplement eu un gros coup de chance. Exactement comme le gamin qui naît dans une famille riche parisienne et non dans un bidonville de Manille.

Le hasard de l'incarnation a des implications philo-sophiques majeures. Contrairement à Pythagore, je ne refuse pas de maltraiter ou de manger un animal car je pourrais manger un de mes anciens amis. Je refuse de maltraiter cet animal car je pourrais être lui.

L'animal assassiné

industriels. Soit ils appartiennent à de grands groupes, soit ils dépendent de la publicité pour vivre. Souvent les deux. Puisque ce sont les enfants du néolibéralisme qui nourrissent aujourd'hui les médias, il est logique que ces derniers aient une marge de manœuvre limitée. Tout est conçu pour qu'il en soit ainsi, depuis le recrutement des journalistes, qui sont priés de ne pas remettre en cause les logiques idéologiques en place, jusqu'au choix des sujets traités. Un ami journaliste me racontait récemment que pendant la COP 21, dans une émission pour laquelle il travaille, il avait insisté pour présenter plusieurs sujets sur les enjeux de ce grand rassemblement contre le changement climatique : un seul lui avait été concédé. Parce que l'environnement, « c'est pas sexy ». De fait, combien compte-t-on de journalistes écolos ou antilibéraux parmi les éditorialistes ou les intervieweurs médiatisés ? Aucun. Tous ceux qui nous expliquent le monde à la télévision et à la radio pensent pareil, à quelques virgules près, si l'on excepte le groupe de commentateurs réactionnaires qui a envahi l'espace de débat depuis quelques années. Ces derniers, en effet, sont autorisés et même encouragés par une société du spectacle qui préfère le bruit au sens. Le combat pour informer est d'autant plus crucial que les groupes industriels investissent des sommes colossales pour un lobbying de propagande qui méprise la vérité. Un exemple. Un sondage réalisé en 2013 pour le *New York Times* montrait que les trois quarts des Américains sont méfiants vis-à-vis des OGM dans leur alimentation et que 93 % d'entre eux veulent être informés sur leur présence dans les aliments. Pourtant, lorsque les États procèdent à un référendum sur la nécessité d'imposer sur les emballages une signalisation de la présence d'OGM, la mesure est généralement repoussée. Cela s'est passé en Californie, dans l'État de Washington, le Colorado ou l'Oregon. Les lobbies pro-OGM disposent de moyens colossaux. Dans le Colorado par exemple, pendant la campagne du référendum, ils ont dépensé

16,7 millions de dollars contre 1 million de dollars mobilisés par les partisans d'une meilleure information. Et il en a été ainsi sur tous les scrutins. George Kimbrell est membre du Center for Food Safety, une association à but non lucratif qui a provoqué ces consultations. « Les élections américaines ne devraient pas pouvoir être achetées ainsi par les grosses sociétés, commente-t-il. Il est absolument stupéfiant de constater les efforts qu'elles ont déployés pour refuser à des familles un droit élémentaire à l'information. » Et que dire des études sur les OGM commandées par les industries elles-mêmes ?

La lutte contre le spécisme passe par la bataille de l'information. Il faut dire, raconter, décrire. À la fois l'intelligence et la sensibilité des animaux non humains, mais aussi le sort que nous leur infligeons réellement. En effet beaucoup de personnes continuent à manger de la viande ou à porter du cuir et de la fourrure parce qu'elles ignorent la souffrance endurée par les animaux. Tout est organisé en ce sens : les groupes industriels agroalimentaires et le lobby agricole, extrêmement puissants car liés aux sphères politique et médiatique, font tout pour dissimuler ou atténuer la vérité.

Les abattoirs, par exemple, sont cachés au public. Le temps où les bêtes étaient tuées en ville aux yeux de tous, sans ménagement il est vrai, est derrière nous. Désormais la mise à mort s'effectue à la chaîne dans des bâtiments excentrés, éloignés des témoins, comme une pratique honteuse dont on doit nier l'existence. Ces lieux d'exécution sont la honte de notre civilisation. Les caméras des journalistes y sont interdites, et ce n'est pas pour rien. Les seules images fiables qui nous en parviennent sont celles tournées clandestinement par des associations. Elles montrent des animaux égorgés sans étourdissement, des agonies interminables, la peur qui saisit certaines bêtes lorsqu'elles comprennent ce qui va leur arriver, et les coups qui leur sont parfois portés par un personnel conditionné à l'indifférence. Les vidéos révélées en 2015 et 2016 par l'association L 214 sur les pratiques odieuses dans l'abattoir

Annexe

L 214 ENQUÊTE SUR L'ABATTOIR DU VIGAN 2016

Il y a quelques mois, L 214 a révélé des images tournées à l'abattoir d'Alès, qui ont mis en lumière la cruauté de la mise à mort des animaux. Vous vous êtes probablement dit que c'était une exception.

[C]es images [...] ont été tournées dans un abattoir certifié bio, qui fonctionne en circuits courts et qui approvisionne des boucheries et commerçants locaux.

Ces nouvelles images de L 214 montrent la violence subie par les moutons, l'agonie des cochons, des vaches et des taureaux. Elles ont été tournées dans l'abattoir du Vigan, dans le Gard.

Les moutons refusent de rentrer dans le couloir, ils se rassemblent et cherchent à fuir. Mais ces animaux apeurés sont manipulés avec violence.

Ils sont poussés de force dans un dispositif automatique qui enserre les moutons pour les immobiliser et les conduire vers la mort.

Les porcelets subissent le même sort. Et les cochons adultes sont poussés à coups d'aiguillon électrique.

À l'abattoir du Vigan, tous les animaux sont théoriquement étourdis, par choc électrique pour les cochons et pour les moutons. Mais la pince électrique est défaillante. Le choc électrique devrait entraîner un état d'inconscience immédiat, ce qui n'est clairement pas le cas. L'application de la pince est excessivement longue, ce qui indique que le courant est probablement mal réglé.

La violence et parfois même le sadisme sont fréquents. Cet employé donne délibérément de très brèves décharges électriques aux moutons et s'amuse de leur réaction.

Les bovins sont piégés dans un box où ils reçoivent un coup de pistolet à tige perforante. Le box n'est pas adapté aux vaches et aux taureaux qui portent des cornes.

L'employé chargé de les assommer se trouve à l'avant du piège, les animaux reculent de peur. Les animaux sont comprimés, la tête inclinée, ce qui rend l'étourdissement hasardeux.

Des animaux montrent des signes de reprise de conscience. Suspendus à la chaîne d'abattage, ils se débattent et perdent la vie dans une détresse totale.

Les animaux mal étourdis devraient recevoir un étourdissement de secours. Ce n'est pas le cas à l'abattoir du Vigan.

Même dans un abattoir tourné vers le bio et le local, les animaux perdent la vie dans d'atroces souffrances. La viande heureuse, ça n'existe pas, il faut arrêter de fermer les yeux.

Vous pouvez interpeller vos députés et sénateurs et demander une commission d'enquête parlementaire sur les abattoirs, en nous rejoignant sur abattoir-made-in-france.com.

Retranscription du commentaire audio
qui accompagne les images produites par L 214.

Conte de fée du dimanche après-midi

Les publicités pour la viande entretiennent une vision faussée de l'élevage. Généralement elles nous présentent des poules, des cochons ou des bœufs dans la nature, heureux comme pas possible, semblant attendre une seule chose : qu'on leur permette de rapidement rejoindre nos assiettes, comme si cela allait être le nirvana de leur existence. Ou alors, ce qui arrive fréquemment aussi, il y a mensonge par omission : on exhibe une tranche de jambon, une famille joyeuse autour, un peu de campagne et hop, le tour est joué ! Mais il y a plus choquant. Parfois, la propagande pro-viande se glisse là où on ne l'attend pas : dans des documentaires, où il est remarquable de constater les circonlocutions du narrateur pour atténuer la cruelle réalité.

Un dimanche après-midi, je tombe ainsi en zappant sur un film consacré aux animaux de ferme diffusé sur une chaîne de grande audience. Pendant cinquante-deux minutes, nous suivons la naissance et les premiers mois d'un veau, d'un agneau, d'un poulain et d'une portée de porcelets. Le film a été tourné dans quatre fermes différentes, toutes situées en France au fin fond de campagnes enchanteresses. L'image est soignée, la lumière douce et, surtout, les commentaires sont murmurés par un acteur connu. Ce texte vaut son pesant d'or : il est une coulée de miel dans nos oreilles, destinée à nous convaincre que les éleveurs sont amoureux des animaux qu'ils dorlotent comme leurs enfants, et que ces animaux sont les êtres les plus chanceux de la Terre. Sous l'apparence d'un reportage, la télévision se livre à une ode à l'élevage, en en offrant une version idéalisée que n'aurait pas reniée Walt Disney.

Pour commencer, les conditions d'élevage sont idylliques. Les animaux semblent seuls au monde au milieu de paysages sublimes dans lesquels nous avons tous envie de partir en vacances. Le commentaire insiste : les bêtes goûtent « l'air libre », « le grand air et l'herbe des pâturages », « sous l'œil bienveillant des montagnes d'Auvergne, le troupeau prend ses quartiers de printemps à côté de la ferme. Les vaches, comme un goût de paradis, se régalent de l'herbe fraîche après cinq mois d'enfermement. »

Ensuite, les éleveurs donnent des noms à leurs animaux. « En Auvergne, quatre-vingts vaches de Salers. Elles ont un numéro mais l'éleveur, M. Fabre, appelle chacune d'entre elles par son prénom », précise le commentateur. La vache Urlande va donc donner naissance à un veau aussitôt prénommé Jojo. Au Pays basque nous faisons connaissance avec une truie nonchalante appelée Kaori, et dans le Jura l'éleveur nous présente la jument Uzette. L'homme a lui-même un nom évocateur : « L'éleveur s'appelle M. Parent et il n'y a pas plus joli nom pour un éleveur », déclame la voix off. Difficile de concevoir un message moins discret pour promouvoir l'image des éleveurs. Ce qui nous est expliqué ici, c'est qu'ils considèrent leurs animaux comme leurs enfants. Chaque scène est l'occasion de le suggérer ou de l'affirmer : « En l'absence de sa mère, il n'y a que la fibre maternelle de l'éleveur pour calmer Jojo », « à l'étable, [...] on est couvert de paille et d'attentions », « chacun a droit à sa caresse, à son petit mot. Une gardienne d'enfants ne s'y prendrait pas autrement. »

De fait, pendant une heure, on voit des hommes aux petits soins pour leurs bêtes. M. Fabre s'inquiète de la santé de sa vache sur le point de vêler (« Urlande a droit à toutes les attentions »). Alors il l'interroge : « Ça

te convient ? [...] Ça va mieux ? Tu es bien là, hein ? »
Au Pays basque, lorsque la truie Kaori va mettre bas,
on lui prépare aussitôt un abri constitué de fougères
qualifié de « maternité cinq étoiles » par le commentaire.
Tout au long du reportage, les éleveurs sont présentés
comme des bienfaiteurs entièrement dévoués au bien-
être de leurs animaux. Ainsi, lorsque la jument Uzette
rencontre des difficultés au moment de mettre bas,
l'éleveur arrive à la rescousse en utilisant une machine
à traction pour extraire le poulain qui sera finalement
libéré. Commentaire : « Le poulain s'appelle Espoir et
ce bel Espoir de 60 kilos n'aurait jamais vu le jour sans
l'aide mécanique et sans le dévouement de M. Parent. »
Entendez : heureusement qu'il y a des éleveurs pour
sauver de la mort certaine des animaux que la nature
seule aurait condamnés. Une séquence consacrée aux
agneaux est plus éloquente encore. Les petits moutons
– qui n'ont pas de prénom et sont simplement qualifiés
de « merveilles » – sont emmenés brouter au bout de
quelques mois sur les marais salés de la baie de Somme,
qui sont des zones herbagées recouvertes par la mer
lors des grandes marées. Soudain un agneau tombe à
l'eau : le berger, M. Moitrel, intervient. « Si M. Moitrel
tire l'oreille de ce jeune animal maladroit, c'est pour lui
sauver la vie », explique avec douceur la voix qui nous
guide. Un instant plus tard, un autre agneau s'embourbe.
Là encore, le berger le sort de la boue. Commentaire :
« Sans un œil attentif, et sans une âme charitable, il
serait condamné. [...] Tous les jours, M. Moitrel sauve des
agneaux d'un mauvais pas. Il est plus qu'un berger, il est un
ange gardien. » Là, la mauvaise foi atteint des sommets :
le berger passe ici pour un sauveteur altruiste. En réalité,
chaque bête a un prix puisqu'elle est destinée à être vendue
une fois engraissée, et chaque mort accidentelle est un
manque à gagner dans la comptabilité. Loin de moi l'idée
que l'éleveur et le berger n'auraient pas de cœur : je n'en
crois rien. Mais laisser entendre que la vigilance est
désintéressée s'apparente à un pur mensonge.

Pendant tout le film, les animaux sont humanisés : « Jojo est du genre espiègle », « Kaori admire le paysage de la vallée des Aldudes, puis elle s'endort en comptant ses futurs petits cochons, et elle rêve… Combien seront-ils : huit, dix ou douze ? », « Ce matin, Kaori s'est levée du pied gauche », « Ce matin, la truie est têtue comme une mule »… Le réalisateur prête aux animaux des pensées invérifiables afin de montrer combien ils nous ressemblent. Si le procédé est discutable, l'intérêt du film tient néanmoins dans ces instants saisis par la caméra, qui prouvent sans tricherie que les animaux de ferme ont du caractère, de l'intelligence, qu'ils nouent un lien social entre eux et que la mère et son petit sont unis par une relation maternelle comparable à celle d'une maman humaine avec son bébé. C'est particulièrement évident dans le cas de la vache Urlande et de son veau Jojo. Une scène montre les veaux, âgés de trois mois, qui attendent ensemble l'une des deux tétées du jour. Les vaches sont alignées à quelques mètres, séparées de leur progéniture par un battant métallique. Dès que celui-ci est ouvert, les veaux se précipitent vers un pis. Mais pas n'importe lequel : ils rejoignent tous leur mère et non pas une vache au hasard. Plus tard, lorsque les animaux sont autorisés à brouter à l'air libre, la maman guide le fiston à l'extérieur. Quelques temps après, quand le groupe des mères est définitivement séparé des petits, on voit et on entend les animaux pleurer de chagrin. Difficile après cela de nier que les animaux ont des sentiments.

Le film a également le mérite de nous montrer ce que font des vaches et des cochons lorsqu'ils ne sont pas cantonnés dans un hangar : la truie Kaori est une fouineuse qui retourne la terre et éprouve le besoin de refaire sa couche plusieurs fois par jour ; quant au veau Jojo, il gambade dans les champs tel un enfant dans une cour d'école. « La mise à l'herbe inondée de lumière est une cavalcade enchantée vers l'émancipation », commente avec emphase le comédien.

Mais ce récit merveilleux du bonheur qui irradie chaque étape de l'élevage se heurte au bout de trois quarts d'heure à un écueil. Car après quelques mois, les bébés si adorables dont nous suivons la croissance ont bien grandi et engraissé. Et là... ben... léger malaise pour expliquer la suite. Le commentaire, tout en douceur : « Jojo, qui pesait 40 kilos à la naissance, et qui tenait à peine sur ses jambes, entame désormais avec ses compagnons un nouveau cycle de l'existence. Un cycle qui les emmène dans le murmure de la nuit vers un destin personnel plus ou moins long. » À l'image, une nuit bleutée, légèrement étoilée et, en ombres chinoises, un troupeau. Métaphore picturale subtile. Mais quel est donc ce « destin personnel plus ou moins long » ? Et quel est ce « murmure de la nuit » ? Eh bien, il s'agit de l'abattoir. Toutefois, à aucun moment cela n'est clairement précisé. Car les veaux sont destinés à devenir de la viande, à l'instar des petits cochons et des agneaux. Et le sort d'un poulain est très aléatoire. Heureusement pour lui, le veau Jojo va avoir un coup de bol : « Jojo, ainsi en a décidé l'éleveur, M. Fabre, sera à l'âge adulte un taureau reproducteur. Y a-t-il meilleure activité que de conter fleurette ? Ah ben non ! Cette vie de reproducteur sera celle d'un autre veinard, le poulain Espoir, qui gambade dans sa prairie du Jura. » Les copains de Jojo, eux, ne vont pas aussi bien s'en tirer – on saluera le curieux hasard qui a permis au réalisateur de suivre l'un des rares veaux épargnés. Quel est le sort des autres animaux qui nous ont été présentés ? Le commentaire atteint un sommet d'hypocrisie. Écoutez plutôt : « En baie de Somme, l'année prochaine, les brebis occuperont les lieux avec d'autres agneaux et la vie repartira de plus belle. » Dans cet élevage, la mort n'existerait donc pas. Il n'y aurait que la vie, « qui repart de plus belle ». Sauf que cette dernière s'arrête net quelques semaines plus tard pour tous ces agneaux « merveilleux ». Le site Label-viande.com explique clairement que les agneaux de pré-salé de la baie de Somme ne vivent que quelques mois : « Les agneaux partent directement des mollières [les marais salés] pour l'abattage ou sont rentrés si besoin pour une période de finition d'un maximum de 42 jours avec un aliment spécifique respectant le cahier des charges de l'AOC. Les agneaux doivent de toute façon avoir passé au moins la moitié de leur vie sur les mollières et au minimum 75 jours. C'est un agneau saisonnier, commercialisé de juillet à février, âgé d'au moins 4,5 mois et au maximum de 12 mois, dont le poids est supérieur à 16 kilos. »

Le commentaire continue : « Au Pays basque, les petits cochons ont réveillé la truie Kaori en sursaut et ils n'ont pas fini de faire des bêtises. » Faux. Les petits cochons de Kaori vont vite cesser de « faire des bêtises », puisqu'ils seront transformés sous peu en jambon des Aldudes. Au bout de combien de mois ? Il suffit d'aller regarder sur le site de l'éleveur : « Ici, les porcs basques sont tapis dans les sous-bois bien protégés du soleil. Pendant 8 mois, le porc basque se nourrit de glands, de châtaignes, d'herbes, de racines et de céréales. »

Pourquoi tant de pudeur à dévoiler la vérité sur ce qui attend vraiment les animaux suivis dans le film ? Pourquoi ce romantique récit s'arrête-t-il exactement avant que les bêtes soient égorgées ? Et pourquoi ne nous montre-t-on pas cette séquence finale, comme on nous a plongés dans l'intimité des naissances ? Toute vérité n'est donc pas bonne à dire ? Évidemment, non. La mort de ces animaux, si doux, si proches de nous, dérange. Parce que nous savons, au fond de nous-mêmes, qu'elle est injuste. La plupart de ceux qui continuent à manger de la viande n'y parviennent qu'en se voilant les yeux et en refusant de considérer leur morceau de veau ou d'agneau pour ce qu'il est : un bout de chair volé à un animal sensible, drôle, joueur, aimant sa mère et zigouillé alors qu'il n'était qu'un gamin. En outre, l'abattage est une épreuve répugnante. Contrairement à ce que voudrait faire croire le monde de l'élevage, il n'y a pas d'abattage serein. Toutes les enquêtes réalisées montrent des animaux stressés et parfois maltraités, sur lesquels l'étourdissement (une insensibilisation avant l'égorgement, rendue obligatoire par la loi de 1964) n'est que très aléatoirement efficace, d'autant que les consignes de respect minimal des bêtes sont rarement observées. Sans oublier les très nombreux cas où les bovins et ovins ne sont pas étourdis du tout, afin de répondre aux normes rituelles, halal et casher. Dès lors, *cachons cette mort que l'on ne saurait voir* et laissons penser, pourquoi pas, que les animaux qu'on mange n'ont pas été tués du tout. Dans le monde merveilleux de Disney, c'est vrai, les animaux ont des prénoms, des personnalités et communiquent d'égal à égal avec les hommes – exactement comme dans ce film. Sauf qu'à la fin ils ne terminent pas suspendus à un crochet de boucherie.

Enfin, la conclusion du long-métrage dévoile sans ambiguïté l'intention réelle du réalisateur : « La morale de ce conte, on pourrait l'emprunter à Charles Perrault. L'auteur du *Chat botté* écrivait autrefois : "Le respect de la nature animale est chose utile à l'homme." Trois siècles plus tard, à n'en pas douter, les animaux de la ferme ont un attachement sincère pour ceux qui les élèvent passionnément. » Le mot « fin » apparaît et le générique démarre.

Voilà donc où ces cinquante-deux minutes devaient nous amener. Contrairement à l'illusion donnée par la narration, ce récit n'était pas celui du destin de quatre animaux de ferme, mais le portrait de leurs bienveillants propriétaires. Il faut être attentif à la tournure du dernier propos, loin d'être anodin, et fascinant d'ironie involontaire : elle laisse entendre que ces animaux, élevés pour être tués, afin de finir dans nos assiettes, sont reconnaissants envers ceux qui les nourrissent en attendant de les envoyer à l'abattoir. Ce film vise donc à déculpabiliser tous les mangeurs de viande en racontant le bonheur de vivre (et de mourir) des animaux d'élevage. Mieux : c'est parce que nous les mangeons qu'ils ont l'opportunité de profiter de cette vie de pacha. Sauf que, comme le reconnaît le commentaire lui-même, sans se rendre compte de l'aveu qu'il livre, toute cette histoire n'est qu'un conte.

Au fil du générique, on découvre sans surprise que le reportage a été réalisé avec le soutien du ministère de l'Agriculture, de la FNSEA, d'Interbev et d'Inaporc. Arrêtons-nous un instant sur ces partenaires particuliers.

La FNSEA (Fédération nationale des syndicats d'exploitants agricoles) soutient les éleveurs mais, surtout, elle cautionne l'agriculture intensive, largement majoritaire et de plus en plus décriée. Elle a donc sacrément besoin de redorer l'image de la viande en France, surtout après les nombreuses crises sanitaires des dernières années et après la montée en puissance de certaines associations dont l'excellent travail dénonce des conditions d'élevage indignes.

Interbev est l'association nationale interprofessionnelle du bétail et des viandes. Parmi ses objectifs, affichés en première page de son site Web, on trouve celui-ci : « Communiquer positif pour valoriser la filière et ses métiers, transmettre ses valeurs, créer de la proximité avec le consommateur et promouvoir l'accessibilité de son offre produit. » Parmi les objectifs de communication déclarés, il y en a un qui retient particulièrement mon attention : « Valoriser les viandes de bœuf, de veau, d'agneau et chevaline. » Tiens, tiens... Ne seraient-ce pas les animaux du reportage ? Soutiennent-ils ardemment les petits élevages bios ? Cela ne semble pas être leur priorité puisqu'ils affirment qu'il faut « innover pour améliorer la compétitivité à tous les niveaux et s'adapter aux mutations du marché ». Enfin, en première page du site, non pas le sauvetage d'un agneau en train de se noyer, mais un chiffre : 6,70. C'est le prix en euros d'un kilo d'agneau français à Rungis en février 2016. C'est moins bucolique, plus pragmatique.

Inaporc est l'interprofession nationale porcine qui rassemble tous les métiers de la filière en France (alimentation animale, élevage, abattage/découpe, transformation et distribution, etc.).

Le ministère de l'Agriculture milite quant à lui pour la consommation de viande. Quitte à affirmer publiquement des contrevérités. Exemple : le 2 janvier 2014, dans une réponse à la question écrite d'un sénateur sur les élevages intensifs, le ministère de l'Agriculture de Stéphane Le Foll affirme qu'« élever des animaux (bovins, volailles, moutons, porcs, poissons...) à des fins alimentaires est une nécessité ». Vraiment ? Le nombre de végétariens et de végétaliens en parfaite santé dans le monde prouve qu'il n'y a aucune nécessité de manger des animaux. Au contraire, les études montrent que la consommation de viande favorise certaines maladies, comme les maladies cardiovasculaires et les cancers. Cette position du gouvernement s'explique par des raisons politiques et économiques : ne pas fâcher les agriculteurs, ne pas mettre en péril un secteur économique prioritaire. La France est la première puissance agricole européenne, la première productrice de bovins et la deuxième productrice de lait de l'Union derrière l'Allemagne.

Un autre aspect de ce film laisse songeur. Contrairement à ce qui est fortement suggéré, aucun être vivant ne peut se réjouir d'être privé prématurément de la vie. Je m'étonne aussi du paradoxe suivant : si ces veaux, agneaux et porcelets sont tellement aimés de leurs propriétaires, comment ces derniers peuvent-ils les envoyer à la mort ? Quel parent accepterait de guillotiner l'un de ses fils contre de l'argent ? On sent bien l'embarras de la filière viande en ce début de XXIᵉ siècle où l'opinion est en train de basculer. Jusqu'à présent, elle se contentait de nier que les animaux d'élevage ont des besoins spécifiques et une sensibilité à prendre en compte. Désormais, elle voit bien que plus personne ne gobe ce genre de mensonge. Il lui faut donc changer de stratégie et présenter au public des éleveurs particulièrement attachés à leurs animaux, dont ils comprennent l'intelligence et les émotions. Oui mais, dès lors, la tuerie finale s'avère plus compliquée à justifier car elle est paradoxale.

De même, le plus grand reproche que l'on peut adresser à ce publi-reportage est d'omettre de préciser que les élevages choisis en exemple ne sont pas représentatifs des

Les animaux d'élevage #VDM

Le reportage sur l'élevage de conte de fée décrit dans les pages précédentes disait vrai sur un point en nous présentant Jojo, Urlande ou Kaori : chaque animal est unique, même dans l'élevage. Aucun cochon n'est l'identique d'un autre. Chacun a son caractère et sa personnalité. Chacun perçoit la vie de manière subjective. Tout comme nous, les humains. Tout comme votre chien ou votre chat. Pourtant l'élevage, dans la très grande majorité des cas, nie complètement la singularité des êtres qu'il prépare pour l'abattage. On élève une quantité de cochons, un nombre de kilos, un chiffre d'affaires.

À quoi ressemble en réalité l'existence de la plupart des cochons, veaux, vaches, moutons, poulets, lapins qui finissent en petits bouts sous cellophane, dans des sachets surgelés ou sur les étals des bouchers ? J'ai eu l'occasion de le raconter dans un précédent livre, *No Steak*. Je vais donc résumer mais surtout compléter ce que j'ai déjà écrit à propos de l'élevage industriel (dit *intensif*), qui est largement dominant : 80 % des animaux élevés en Europe pour notre consommation le sont dans des conditions concentrationnaires, sans liberté de mouvement et sans pouvoir exprimer les comportements propres à leur espèce tels que marcher, courir, fouiner, gratter le sol, ou étendre les ailes.

En France, 95 % des porcs sont élevés en bâtiments sur caillebotis, c'est-à-dire sur des grillages au travers desquels se déversent les excréments. Ils partagent des bâtiments surpeuplés où ils sont entassés les uns contre les autres, empêchés de réellement se mouvoir. La législation impose depuis peu que leur environnement leur procure des matériaux pour se distraire, du foin ou de la sciure. Peu d'élevages se conforment à cette règle. Alors souvent les cochons se mordillent et se mutilent entre eux car c'est leur seule occupation. Les porcelets subissent à leur naissance un traitement de choc : dents limées, queue coupée, et castration pour les mâles. Le tout à vif. Ils sont retirés à leur mère au bout de trois ou quatre semaines alors que le temps de sevrage naturel est de trois à quatre mois. Les truies sont des machines à produire : elles sont inséminées plus de deux fois par an (temps de gestation : trois mois, trois semaines et trois jours). Elles passent plusieurs mois par an dans des stalles individuelles et des cages de mise bas dans lesquelles elles ne peuvent même pas se retourner. Les porcelets sont tués au bout de six mois. Les truies reproductrices, appelées « coches », sont envoyées à l'abattoir à l'âge de trois ans.

Les vaches laitières, quelle que soit la taille de l'élevage, subissent un sort aussi peu enviable. Une vache destinée à produire du lait est inséminée à répétition afin de provoquer la production de lait (sans veau, pas de lait). L'objectif : la production maximale. Aujourd'hui, une vache produit en moyenne 8 500 litres de lait par an, soit trois fois plus qu'en 1950. Elle est juste une machine à produire toujours plus. Conséquence : les animaux sont souvent victimes d'inflammation des mamelles et finissent leur vie épuisés. Au bout de cinq, six ou sept ans, la vache est « réformée », c'est-à-dire qu'elle part à l'abattoir pour terminer en viande de steak. Surtout ne rien perdre. En France, la majorité des élevages de vaches laitières permettent un accès au pâturage ; 2 % de la production laitière répondent même aux critères bios. Mais la tendance actuelle est à la concentration des exploitations puisque le nombre d'élevages bovins est en baisse, tandis que la taille des cheptels augmente :

60 vaches en moyenne contre 40 à la fin des années quatre-vingt-dix. Surtout, les élevages gigantesques, comme on en trouve ailleurs en Europe ou aux États-Unis, commencent à se développer, à l'image de la « ferme des Mille Vaches » dans la Somme : dans ces fermes-usines, les vaches n'ont pas accès à l'extérieur ; elles restent enfermées toute leur vie.

Quant aux veaux, ils sont retirés à leur mère dans les heures ou les jours qui suivent leur naissance. La séparation est une épreuve pour les deux animaux. La mère meugle, cherche son petit. Pas étonnant, pour qui a vu le film sur la vie rêvée des animaux raconté précédemment : les scènes d'affection, d'attention et de tristesse entre la maman Urlande et le petit Jojo n'étaient pas truquées. Les veaux sont engraissés dans des hangars, sans voir le jour ni pouvoir bouger (souvenez-vous comme Jojo aimait trotter dans les champs) et sont envoyés à l'abattoir au bout de quelques mois. La très grande majorité des veaux en France sont issus de l'élevage industriel. À noter que le système est identique pour les chèvres élevées pour leur lait.

Les œufs à présent : 70 % des poules pondeuses sont élevées dans des cages dont elles ne sortent jamais, dans lesquelles elles ne peuvent presque pas déployer les ailes, installées dans de vastes bâtiments privés de lumière naturelle. Certains d'entre eux contiennent 80 000 poules. Afin que les poules ne se bouffent pas entre elles (elles deviennent un peu maboules dans ces conditions de non-vie), on leur sectionne le bec à la lame chauffante, sans anesthésie. Après tout, ce ne sont que des poules, donc on se fout que cela engendre de fortes souffrances. Surexploitées (elles pondent un œuf par jour, deux fois plus qu'il y a cinquante ans), les poules sont tuées au bout d'un an, alors qu'elles sont exténuées. Beaucoup d'entre elles souffrent d'ostéoporose et ont des os brisés. Précisons encore que dans les élevages de poussins destinés à devenir des poules pondeuses, les poussins mâles sont exterminés à la naissance, broyés ou gazés : oui, ils sont inutiles, puisqu'ils ne peuvent ni pondre ni devenir des poulets de chair, qui sont issus d'autres races de poules.

Les poulets de chair, justement. Alors que les poulets vivent facilement six ans, leur existence ne dépasse pas six semaines dans les élevages intensifs (80 % des élevages de poulets). Dès qu'ils naissent, ils sont déposés dans de grands poulaillers sans fenêtre où ils sont engraissés le plus rapidement possible, entassés les uns sur les autres – parfois plusieurs dizaines de milliers d'animaux. Leurs os ne supportent pas la croissance trop rapide de leur chair : ils connaissent des problèmes respiratoires, cardiaques et de locomotion.

On pense rarement au lapin. Pourtant, rien qu'en France, près de 40 millions de lapins sont élevés chaque année par l'industrie, et quasiment tous (99 %) vivent leur vie dans une cage grillagée, sans aucun espace de déplacement. Leurs conditions de détention sont si insupportables que près de 30 % d'entre eux meurent avant l'âge d'abattage, qui est de deux mois et demi – en incluant ceux qui ne survivent pas à la naissance ou sont tout de suite tués par les éleveurs car « indésirables ». Les images tournées clandestinement par les associations montrent des animaux souvent victimes d'infections et de nécroses. Tout le monde se fiche des lapins.

On ignore aussi trop souvent les poissons dont beaucoup oublient que ce sont des animaux, des vertébrés exactement, qui ressentent la douleur et éprouvent le stress. Ceux que nous mangeons sont issus pour moitié environ d'élevages intensifs dans des bassins ou des cages surpeuplés. Le saumon, par exemple, est un animal qui parcourt naturellement de longues distances. Or les saumons se retrouvent serrés dans d'immenses cages en mer qui peuvent contenir jusqu'à 50 000 poissons. Compressés, les saumons stressent, font nerveusement le tour de la cage, se blessent, développent des maladies et des parasites comme les poux de mer qui se nourrissent de la chair du poisson. En France, plusieurs millions de truites sont élevées dans des conditions similaires à l'intérieur de bacs d'eau fraîche.

Il faut évoquer également la fabrication du foie gras, ce produit que nous vante la tradition française, puisque la France a le triste honneur d'être le premier producteur mondial avec les trois quarts de la production. Le foie des canards femelles n'intéresse pas les éleveurs (trop de nerfs, et trop petit) ; seuls les canetons mâles sont préservés à la naissance. Les canetons femelles sont éliminés dans une broyeuse. Le gavage s'effectue plusieurs fois par jour, soit au moyen d'un tuyau de 20 à 30 centimètres enfoncé dans l'œsophage, soit par pompe hydraulique ou pneumatique. En France, jusqu'à présent, près des trois quarts des canards gavés étaient enfermés dans des cages individuelles grillagées dans lesquelles ils n'avaient pas la moindre liberté de mouvement. Les images fournies par l'association L 214 sont absolument répugnantes et montrent des canards dans un état de souffrance à laquelle il est impossible de rester insensible. Les taux de mortalité en période de gavage sont dix fois supérieurs aux taux enregistrés hors gavage dans l'élevage. Depuis peu, pour se conformer à la législation, les cages collectives ont théoriquement remplacé les cages individuelles. Mais Brigitte Gothière, de L 214, explique : « Pour les canards, ça change peu de chose : enfermés dans des cages sur du sol grillagé, ils sont maintenant plusieurs dans des cages trop petites pour leur nombre. Du coup, ils s'agressent entre eux. Au moment du gavage, autre problème : les animaux sont dans des positions ubuesques, le coup tordu coincé par la grille qui se rabat. » Contrairement aux affirmations des défenseurs du foie gras, le gavage effectué pour notre consommation ne correspond en rien à un processus naturel similaire à l'engraissement que s'impose l'animal avant une migration. Dans le cas du gavage, le foie grossit dix fois de volume, et le canard ou l'oie contracte une maladie appelée stéatose hépatique. Autre argument souvent entendu chez les producteurs : dans les élevages, les oiseaux aimeraient le gavage et le réclameraient. Un commerçant me l'a encore récemment affirmé sur un marché. Je conseille à tous ceux qui croient cela de regarder attentivement les vidéos tournées par L 214 ou encore ce film de l'association Peta (People for the Ethical Treatment of Animals), commentée par l'acteur britannique Roger Moore, où on voit les oies terrifiées fuir et se débattre pour éviter le tube de l'éleveur. Le gavage provoque des diarrhées, des halètements et des blessures. Un mot encore sur les élevages de canards reproducteurs, qui produisent les poussins qui seront ensuite gavés. Là-bas les canes sont inséminées de force tandis que les mâles sont maintenus dans des cages minuscules. L'association L 214 a filmé des canes épuisées, ne pouvant plus se déplacer, ainsi qu'un employé qui disloque le cou de l'une d'entre elles, jugée inutile.

La production de foie gras est interdite dans la majorité des pays de l'Union européenne, au nom de la loi qui interdit les mauvais traitements contre les animaux, et notamment l'alimentation forcée.

Ce n'est pas l'exception culturelle qui pousse la France à continuer la production et le commerce du foie gras. C'est l'exception d'humanité.

En attendant que la viande disparaisse de nos menus, ce qui arrivera un jour, il est évident qu'une avancée majeure pour le consommateur consisterait à imposer un étiquetage sur toutes les viandes et les produits d'origine animale afin d'indiquer les conditions dans lesquelles les animaux ont été élevés et abattus. Comme pour les œufs qui sont aujourd'hui divisés en quatre catégories qualitatives différentes, il suffirait de déterminer des codes, avec des chiffres, des lettres ou des couleurs, qui distingueraient les élevages les plus industriels des plus artisanaux. On pourrait aller encore bien plus loin (mais je doute que cette deuxième idée aboutisse rapidement) en copiant la méthode des photos de malades sur les paquets de cigarettes : il s'agirait d'imposer sur les emballages de viande des photos des animaux prises pendant l'élevage et juste après l'abattage. Après tout, on se contenterait de montrer la réalité. Si elle n'est pas honteuse, pourquoi la cacher ?

Carnage

Chaque année, nous tuons plus d'animaux qu'il n'y a jamais eu d'êtres humains « modernes » sur cette planète. Les scientifiques estiment qu'environ 100 milliards d'*Homo sapiens* se sont succédé sur Terre depuis 50 000 ans. Or, tous les ans, nous décimons 70 milliards de mammifères et d'oiseaux ainsi que 1 000 milliards d'animaux marins pour notre nourriture, auxquels il faut ajouter quelques 150 millions d'animaux pour leur fourrure, plus de 100 millions d'animaux pour les expériences (plus de 10 millions en Europe, et plus de 2 millions en France). Le trafic illégal d'animaux sauvages génère quant à lui un chiffre d'affaires annuel de près de 20 milliards de dollars, ce qui le place en quatrième position des marchés illégaux après la drogue, la contrefaçon et la traite des humains.

Il y a tant de milliards et de millions de vies froidement abattues à la chaîne que chacun de ces destins individuels annihilés en perd toute réalité. Nous sommes les auteurs d'un massacre de masse sans cesse renouvelé, un génocide ininterrompu. Génocide ? Il ne s'agit pas de comparer ce qui n'est pas comparable, mais simplement de tenir compte de la réalité étymologique d'un substantif. Le terme est formé à partir du mot latin *caedere* (abattre, tuer, massacrer) et du mot grec γένος, qui a plusieurs traductions, dont celle-ci, selon le fameux dictionnaire Bailly : « Tout être créé, toute réunion d'êtres créés, en part. d'êtres ayant une origine commune (dieux, hommes, animaux, choses), c.-à-d. race, genre, espèce. » Or nous massacrons bien des « réunions d'êtres créés », des « espèces », des « animaux ».

La fourrure et le cuir

Visons, renards, lapins, chinchillas, ratons laveurs, castors, zibelines, martres, phoques, agneaux, mais aussi chiens et chats : des centaines de millions d'animaux sont tués pour leur peau chaque année. L'industrie de la fourrure pèse plus de 40 milliards.

Les élevages de fourrure sont des lieux abominables, qui dépassent encore en cruauté les élevages de viande ; ils sont identiques dans le monde entier, à quelques différences près. Avez-vous déjà entendu parler de « bien-être » dans un élevage de fourrure ? Les animaux sont enfermés toute la journée dans des cages minuscules, qui leur empêchent tout mouvement. Ils sont tués soit par électrocution, au moyen d'une électrode dans l'anus et d'une autre dans la bouche, soit par gazage. Parfois, leur peau est arrachée alors qu'ils sont vivants.

Une vidéo postée par l'association One Voice montre la réalité d'un élevage industriel de visons dans une campagne française non identifiée : on y découvre des cages grillagées entassées par centaines sous des rangées d'auvents géants. Les cages, qui contiennent chacune un seul animal, ne dépassent pas un mètre de profondeur : le vison peine à s'y mouvoir tant l'espace est limité. Pourtant, nombre de ces animaux tournent en rond dans leur prison étriquée, rendus fous par la cruauté de leurs conditions de captivité. D'autant qu'un vison à l'état sauvage adore passer du temps dans l'eau, qui est son élément naturel. Cela se passe-t-il mieux dans d'autres pays européens ? Non, comme le prouve une longue enquête de l'Animal Right Alliance, qui dévoile des conditions de vie atroces dans les élevages suédois : plusieurs animaux par cage, morsures, blessures non soignées, cages non nettoyées... Allez sur Internet, regardez les photos de ces visons qui attendent d'être dépecés en s'accrochant au grillage de leur prison minuscule, comme s'ils portaient l'espoir qu'une âme moins barbare leur rende cette liberté dont jamais ils n'auraient dû être privés. Comme dans cet élevage du Doubs. Là encore des milliers de cages en ferraille minuscules, en enfilade, et dans chacune d'entre elles un petit vison blanc dressé sur ses pattes arrière qui s'agrippe à la porte de sa prison, ne rêvant que d'une chose : sortir de cet enfer.

Ce spectacle odieux est l'une des hontes les plus flagrantes du spécisme : les animaux concernés, en plus d'être tous intelligents, sociaux et sensibles, sont des animaux sauvages qui ont besoin de mouvement et de nature. Ils ne doivent leur calvaire qu'au doux pelage que le sort leur a offert. Ce même pelage que nous sommes si fiers de reproduire sur des peluches que l'on offre à nos enfants en s'attendrissant...

On trouve des élevages de ce type en Europe du Nord, en Europe de l'Est, aux États-Unis mais aussi en Chine, qui est le premier producteur mondial de fourrure : elle fournit 70 % des fourrures présentes sur le marché selon l'organisation One Voice, qui relaie les chiffres de l'Association chinoise de l'industrie du cuir. Des chiffres qui attestent que cette production est en augmentation : en 2014, la Chine a officiellement produit 60 millions de peaux de vison (+ 50 % sur un an), 13 millions de peaux de renard (+ 30 %) et 14 millions de peaux de raton laveur (+ 16,7 %). One Voice publie aussi des photos de chiens et de chats entassés dans des cages grillagées en attendant la mort. Des animaux d'élevage, mais aussi ramassés dans les rues ou cédés par les fourrières. Des chiens et des chats écorchés vifs en Chine, comme en Thaïlande, et dont les peaux sont envoyées dans le monde entier. En France, l'importation et la vente de fourrures de chiens et de chats sont interdites depuis 2006, mais continuent sous des faux noms tels que « loup d'Asie ».

Plus des trois quarts de la fourrure produite dans le monde proviennent de fermes d'élevage. Le reste est prélevé sur des animaux sauvages, dans des conditions tout aussi indignes. Ces animaux-là sont piégés. En plus de la souffrance liée à une privation soudaine de liberté, ils endurent la douleur des os brisés par le mécanisme du piège qui s'est refermé violemment, des tissus arrachés, et les heures, ou les jours, pendant lesquels ils restent prisonniers des mâchoires en acier avant d'être ramassés et envoyés vers l'enfer. Cette méthode provoque aussi de nombreuses « victimes collatérales » : quatre animaux sur cinq victimes de ces pièges ne sont pas ceux recherchés. Près de la moitié des bébés phoques sont encore conscients quand ils sont égorgés, alors même qu'ils ont été violemment frappés au préalable par des bâtons ou des *hakapiks*, c'est-à-dire des manches munis d'une pointe en fer spécialement destinée à leur fracasser le crâne.

Il faut encore préciser que le cuir n'est pas seulement un sous-produit de la viande. On a tendance à penser qu'en porter ne contribue pas à la souffrance animale dans une société carnivore puisque la peau serait récupérée sur des animaux qui auraient été tués de toute façon. Erreur. D'abord, le débouché des peaux fait partie de la logique globale de l'exploitation animale : sans le marché du cuir, le prix de la viande augmenterait. Acheter du cuir revient donc à soutenir l'industrie de la viande. Par ailleurs, une partie importante du cuir provient de pays en développement comme l'Inde et la Chine. En Inde, une enquête de Peta a révélé des pratiques particulièrement cruelles. Des vaches (souvent issues de l'industrie laitière) sont obligées de marcher des jours pour se rendre à l'abattoir, elles sont battues lorsqu'elles n'avancent plus à cause de l'épuisement, et leur fin est particulièrement cruelle : « Les employés brisent la queue des vaches et frottent du piment et du tabac dans leurs yeux, dans le but de les forcer à se lever et à avancer après qu'elles se sont effondrées d'épuisement sur le chemin de l'abattoir. Dans les abattoirs, les animaux se font systématiquement trancher la gorge, dépecer et démembrer alors qu'ils sont encore conscients. »

Un mot encore sur la laine. A priori, pas de raison de s'en passer puisque l'animal n'est pas tué. Mais là encore, la réalité n'est pas conforme à l'idée qu'on en a. Les enquêtes dans des élevages américains et australiens ont révélé que les moutons sont violentés car ils sont tondus par des travailleurs qui n'ont aucune notion du respect animal : coups à la tête, animaux jetés au sol ou piétinés, blessures avec la tondeuse… Les moutons sont les animaux les plus inoffensifs qui soient. Et pourtant, dans l'industrie de la laine, ils sont, comme dans toutes les industries animales, victimes des pires pratiques de maltraitance.

Les cirques et les zoos

Il n'est dans la nature d'aucun animal sauvage d'être dressé à faire des tours sous la menace d'un fouet ou sous les ordres d'un sifflet. Un lion ou un tigre n'a pas à se tenir sagement sur un cube ou à lever la patte lorsqu'on le lui ordonne, pas plus qu'il n'a à bondir dans des cerceaux. Un éléphant n'a pas à tourner en rond sur une piste minuscule, à s'asseoir sur un tabouret ou à se dresser sur ses pattes arrières au signal. Un singe n'a pas à faire le pitre pour amuser la galerie en montant sur un vélo. Un dauphin, une orque ou une otarie n'ont pas à s'incliner devant des spectateurs, ni à virevolter dans les airs en parfaite synchronisation, ni à trimballer un bonhomme ou un objet au bout de leur museau. Ça vous plairait, à vous, de devoir faire le guignol devant des chiens, des chats ou des singes ? « C'est tellement mignon ! » clameraient-ils tandis qu'ils assisteraient au spectacle de l'humiliation.

On dompte le féroce, on maîtrise le puissant, on instrumentalise l'intelligence. Aucun de ces animaux soumis à nos caprices n'a choisi ce qui lui arrive. Soyons objectifs : parmi les dresseurs, il est évident que certains, et même beaucoup sans doute, sont sincèrement attachés aux animaux qu'ils côtoient quotidiennement. Mais il arrive d'aimer mal. D'étouffer, de faire souffrir, d'oppresser. On aime mal lorsque jamais on ne se demande : « Mais que veut vraiment l'autre ? » On aime mal quand on ne permet pas à celui sur lequel on a jeté son dévolu de réaliser pleinement son être. On aime mal lorsque l'on ne pense qu'à soi et non à celui qu'on est censé aimer.

Les numéros de cirque ne sont pas conçus pour le plaisir des animaux, mais pour celui des humains qui s'en amusent. Je pourrais m'étendre longuement sur les enquêtes qui ont montré les conditions déplorables dans lesquelles sont détenus certains animaux de cirque, comme ces lions qui passent leurs journées dans des cages de quelques mètres carrés. L'association Peta rappelle : « Tous les animaux détenus dans les cirques ont des besoins spécifiques. Certains, comme les lions, ont besoin d'un climat chaud ; d'autres, comme les ours, d'un climat plus frais. Tous ont besoin d'espace, d'activités, de liens sociaux, d'eau et de nourriture en quantité suffisante. [...] Pendant la morte-saison, les animaux restent dans des box de transport, des étables, voire même dans des camions ou des remorques. » On pourrait évoquer la possibilité d'un cirque respectueux, de normes de bien-être à respecter et à améliorer. Or le débat ne se situe plus à cet endroit. Jamais un cirque ne sera un lieu d'épanouissement pour un animal sauvage.

Arrêtons-nous un instant sur le cas des orques qui deviennent agressives en captivité. Prisonnières, elles sont désespérées, stressées, en un mot malheureuses. Il faut pour comprendre la détresse de ces mammifères marins visionner le film *Blackfish* ou même une vidéo accessible sur YouTube qui montre l'attaque de l'orque Kasatka contre le dresseur Ken Peters en 2006 au SeaWorld San Diego. Pendant de longues minutes, au lieu d'exécuter le numéro attendu, à savoir pousser Ken par la plante des pieds et le projeter en l'air, Kasatka va saisir l'une de ses chevilles dans sa mâchoire, l'entraîner au fond du bassin plusieurs fois tout en le ramenant à la surface pour qu'il puisse respirer. Pendant près de dix minutes, l'orque va jouer avec son prisonnier en refusant de le lâcher. Les dresseurs comprendront plus tard ce qui a provoqué la colère de l'animal : les pleurs de son bébé Kalia dans un bassin attenant. Ils raconteront aussi que dans l'après-midi, Kasatka s'était emportée contre son bébé et qu'en arrivant dans le bassin destiné au show, elle avait continué de « parler » (par vocalises) à son enfant. Les cris qu'elle entendra pendant le numéro seront des cris de détresse. Et l'on comprend alors que Kasatka, qui a elle-même été violemment capturée à l'âge de un an en Islande, qui a été séparée de sa mère, se rebelle contre sa situation et contre ce que les hommes font subir à son propre bébé. Elle est en colère, et veut montrer au maître qu'il peut être l'esclave si elle le désire. Elle pourrait tuer Peters mais elle choisit de lui laisser la vie : il ne s'agit que d'un avertissement. Les orques sont extrêmement intelligentes, et savent très bien ce qu'elles font. En février 2016, Peta a révélé qu'un animal par mois était mort prématurément chez SeaWorld au cours des trois mois précédents. Les mammifères marins n'ont rien à fiche dans des cages en verre.

En février 2015, la ville de Lieusaint, en Seine-et-Marne, a décidé d'interdire les cirques avec animaux sauvages. Elle a justifié sa position en expliquant que « les spectacles de cirque contiennent des numéros imposant aux animaux des exercices contre nature », que « les conditions de détention et de dressage des animaux occasionnent à ces derniers des pathologies avérées » et que « les normes minimales ne peuvent pas être respectées par ces cirques du fait de la nature itinérante de ces établissements ». Lieusaint a suivi l'exemple de bon nombre de pays. Un mouvement est en marche dans le monde, qui atteste que les droits des animaux sauvages commencent à être sérieusement pris en compte, sauf évidemment en France où, une fois de plus, nous avons dix métros de retard. En juillet 2015, la Catalogne, après avoir banni la corrida en 2010, a voté l'interdiction des animaux sauvages dans ses cirques. Des interdictions similaires, complètes ou partielles, existent déjà dans près de trente pays, parmi lesquels l'Autriche, la Belgique, la Bolivie, la Bulgarie, Chypre, le Costa Rica, la Croatie, le Danemark, la Finlande, la Grèce, la Hongrie, l'Inde, Israël, la Lettonie, le Liban, Malte, le Mexique, les Pays-Bas, le Pérou, le Portugal, Singapour, la Slovénie et la Suède. Certains de ces pays interdisent même tout animal, sauvage ou non (les chiens et les chevaux par exemple).

Tout cirque qui emploie des animaux est hérité d'un autre âge. Il vient d'un temps où on ne connaissait pas encore l'intelligence et la capacité de souffrance de nos cousins. Désormais ces spectacles qui avilissent les animaux n'ont plus aucune raison d'être. Le vrai cirque est celui qui met en poésie les acrobates, à l'image du merveilleux Cirque du Soleil. Ce cirque-là, en plus d'épargner les animaux, propose une réflexion bien plus pertinente sur l'humain. Car le cirque animalier affirme la vision dépassée d'un humain supérieur qui dompte le vivant. Tandis que le cirque réinventé est un cirque qui au contraire cherche à exprimer l'harmonie de l'homme avec les éléments : l'eau, l'air, le feu et la terre. Il interroge l'humain sur ses propres limites et sur la manière de les dépasser. C'est le cirque du XXIe siècle. Les animaux non humains n'ont rien à y faire, pas plus que dans les zoos.

À quoi servent encore ces prisons où l'on emmène les enfants pour les divertir ? « Les zoos français ne contribuent pas de façon significative à la conservation des espèces et de la biodiversité et ne prennent pas suffisamment leur responsabilité sur la santé et le bien-être de tous leurs animaux », établissait en 2011 un rapport présenté au Parlement européen par plusieurs ONG. Cette étude s'ajoutait à celles portant sur d'autres pays européens et arrivant aux mêmes conclusions. Affirmer que les zoos sont des lieux éducatifs est un mensonge : qu'y apprend-on réellement sur les animaux enfermés dans des cages ou des enclos ? D'abord, les informations que l'on peut tirer des situations contraintes et a-naturelles dans lesquelles on place les animaux sont forcément partielles et faussées. Ensuite, le public n'a généralement que très peu d'indications sur les spécimens qu'il observe ou sur l'espèce dont ils sont issus. Les zoos sont simplement des lieux de promenade familiale où chacun se divertit en mangeant une glace devant le malheur d'animaux arrachés à leur destin. Certes, beaucoup d'entre eux sont aujourd'hui nés en captivité et n'ont pas connu le milieu sauvage où ils seraient censés évoluer. On peut donc considérer que leur douleur est en cela atténuée. Mais, d'une part, cela ne l'efface pas complètement puisque les besoins essentiels de ces animaux en termes d'espace, d'autonomie ou d'instincts sont niés. D'autre part, rien ne permet de justifier moralement la pratique de l'enfermement d'un être sensible naturellement attaché à sa liberté. Même si un esclave est né en captivité au lieu d'avoir été arraché à son village et à sa famille, sa condition n'en reste pas moins inacceptable. Par ailleurs, si réellement les zoos sont des lieux de bien-être animal, il faudra m'expliquer pourquoi, en 2014, au zoo de Copenhague, un girafon d'un an et demi en parfaite santé prénommé Marius a été exécuté ! La direction de l'établissement a justifié sa décision par la volonté d'éviter la consanguinité entre girafes. Le girafon n'avait pas, paraît-il, les bons gènes pour se reproduire, ni dans ce zoo ni dans un autre établissement partenaire. Le castrer ? « Cela n'aurait pas été bien pour lui », a répondu la direction. La réintroduction dans la nature ? « Trop compliqué. » Donc on zigouille. Ce genre de décision en dit long sur l'état d'esprit qui prévaut dans les zoos. Ce sont, quoi qu'on nous raconte, des lieux d'incarcération qui suivent des logiques commerciales. Celui qui aime les animaux et désire tout savoir d'eux peut passer ses soirées avec d'excellents livres d'éthologie ou devant de magnifiques reportages qui racontent la vie des animaux dans leur milieu naturel, en les suivant souvent sur plusieurs mois. Ils en apprendront bien plus qu'en déambulant dans les couloirs d'espaces pénitentiaires où les cellules sont remplies de condamnés à la perpétuité.

Les animaux sauvages

Entre 1970 et 2010, c'est-à-dire en quarante ans seulement, la population des vertébrés sur Terre a diminué de moitié. Oui, vous avez bien lu : deux fois moins de mammifères, d'oiseaux, de reptiles, d'amphibiens et de poissons. Selon les chiffres fournis par le WWF, les effectifs des espèces terrestres ont diminué de 39 %, des espèces d'eau douce de 76 %, et des espèces marines de 39 %. Et tout cela dans la quasi-indifférence générale. Cette information aurait dû créer un séisme, faire les gros titres de la presse pendant des semaines, susciter en toute urgence l'organisation de réunions internationales. Mais non. Un sujet dans les journaux par ci, par là. Des réactions rapides diffusées sur les chaînes info. Et puis on est rapidement passé à autre chose. On ne parle plus ici de la mort des animaux « fabriqués » pour notre consommation dans les élevages, mais bien de ceux qui sont censés s'épanouir dans la nature. Imaginez l'humanité en partie exterminée et soudain réduite de moitié : 3,5 milliards de morts. La plus grande tragédie de notre courte histoire.

— *Ah mais ce n'est pas la même chose...*

Et pourquoi donc ?

— *Parce qu'un serpent, un poisson, et même un ours, ce n'est pas un humain...*

Donc le génocide est moins grave ?

— *Euh... oui sans doute...*

Spécisme.

Depuis la naissance de la vie sur la planète, des espèces disparaissent, d'autres voient le jour. Ainsi va le cycle de la vie : chaque espèce a une durée de vie limitée à quelques millions d'années. 99 % des espèces vivantes qui sont apparues un jour sur Terre ont ainsi disparu. Sauf que, depuis un siècle, les activités humaines ont multiplié le taux naturel d'extinction des espèces de 100 à 1 000 fois : 130 000 espèces animales auraient disparu depuis le début de notre ère.

Sur la Liste rouge mondiale dressée par l'UICN (Union internationale pour la conservation de la nature), 25 % des mammifères, 41 % des amphibiens et 13 % des oiseaux sont actuellement menacés d'extinction. Selon une estimation récente publiée dans la revue scientifique *Nature*, 75 % des espèces actuellement vivantes pourraient être éradiquées d'ici 2200, ce qui constituerait la sixième extinction de masse dans l'histoire de la planète.

Les causes de ces disparitions sont essentiellement humaines : chasse, surpêche, perte ou dégradation de l'habitat liées à nos activités (déforestation, urbanisation, accroissement démographique, tourisme, extraction d'énergie), dérèglement climatique et évidemment commerce illicite... Bientôt, si nous n'inversons pas notre logique de destruction, il n'y aura plus sur Terre d'animaux sauvages, hormis ceux que nous aurons choisi de sauver pour nous donner bonne conscience.

Leur trafic est en expansion, notamment grâce à Internet où des centaines de sites proposent des animaux vivants, ou des bouts d'animaux, ou des produits dérivés. De plus en plus de rhinocéros sont assassinés pour les vertus supposées (mais bidon) de leurs cornes sur la santé sexuelle. Une corne de rhinocéros se marchande 60 000 euros le kilo, soit plus cher que l'or et autant que la cocaïne. Le crime organisé lorgne sur les animaux car les peines encourues sont beaucoup moins lourdes que dans les affaires de drogue. Quelques milliers de dollars d'amende pour un braconnier, quelques années de prison pour un trafiquant de cocaïne. Ces trafics sont tellement criminels qu'au moins 1 000 gardes ont été tués ces dix dernières années par des braconniers, pour qui la vie humaine importe aussi peu que la vie des animaux non humains. Selon le WWF et Interpol, des groupes armés d'opposition ou terroristes en Afrique pratiquent ces trafics pour se financer par exemple en Ouganda, au Soudan et en Somalie.

Il y a cent ans, on dénombrait 100 000 tigres en Asie. Il en reste moins de 3 200 à l'état sauvage aujourd'hui, soit une baisse de 97 %.

Plus de 20 000 éléphants sont exterminés chaque année en Afrique par des braconniers pour leur ivoire, alors que ce commerce est interdit depuis 1989. Il y a un siècle, il y avait 20 millions d'éléphants en Afrique, il n'y en a plus que 500 000 environ aujourd'hui, soit une baisse de 97,5 %. Il y a cent ans, on dénombrait 100 000 éléphants en Asie. Seulement 50 000 au plus aujourd'hui, soit une baisse de 50 %.

En un siècle, le nombre de lions en Afrique est passé de 200 000 à 40 000, voire beaucoup moins selon certaines estimations, soit une baisse minimale de 80 %. Le lion a presque totalement disparu en Afrique de l'Ouest.

Jusqu'au milieu des années soixante-dix, on a supprimé 50 000 léopards par an pour faire des manteaux. Il n'en reste plus que 200 000 environ aujourd'hui.

On estime à 100 millions le nombre de requins tués chaque année, principalement pour que leurs ailerons finissent dans des recettes de cuisine. La chasse aux ailerons est une atrocité : les requins sont ramenés sur le bateau, leurs ailerons sont coupés à vif puis les animaux sont rejetés vivants à la mer où ils vont agoniser.

Nous avons anéanti 95 % des grands requins blancs.

En trente ans, les populations d'oiseaux ont diminué de plus de 400 millions d'individus en Europe. En un siècle le nombre de chimpanzés est passé de 1 million dans les années soixante à 220 000 tout au plus, selon la primatologue Jane Goodall : « Si nous ne faisons rien, ils vont certainement disparaître, ou il ne leur restera que de petites poches où ils échapperont difficilement à la consanguinité ». Tous les grands singes sont menacés d'extinction. Le gorille de la rivière Cross et l'orang-outan de Sumatra sont par exemple « en danger critique », selon l'UICN, à cause de la déforestation et du commerce de viande de brousse.

Faut-il continuer la liste ?

La vivisection

En 2011 en Europe, 11,5 millions d'animaux ont été victimes de vivisection, dont plus de 2 millions en France. Les animaux qui ont le triste privilège d'attirer le plus les chercheurs sont les rongeurs : plus de 60 % des animaux utilisés dans les labos européens sont des souris, près de 14 % sont des rats, et plus de 3 % sont des lapins. Mais il ne faut pas oublier 6000 primates non humains et pas loin de 30000 chiens et chats sacrifiés par an.

L'association Peta mène une campagne pour qu'Air France cesse d'importer des singes en provenance de l'île Maurice. Une enquête menée par la National Anti-Vivisection Society (NAVS) a révélé des images terribles de macaques arrachés à la nature et maltraités dans des élevages où ils vivent dans des cages en attendant d'être envoyés dans des laboratoires dans le monde entier, notamment en Europe et aux États-Unis. Selon la NAVS, 1 000 singes de l'île Maurice ont ainsi été envoyés au Royaume-Uni en 2012. Ces singes sont utilisés dans des expériences douloureuses, comme des tests neurologiques pour lesquels on leur implante des électrodes sur le cerveau. One Voice détaille les domaines de recherche dans lesquels les macaques sont exploités dans le monde entier : recherche aérospatiale, recherche sur le sida et autres virus, thérapie génique, transplantations, maladie de Parkinson, maladie d'Alzheimer, études sur la douleur, la schizophrénie, recherche en pharmacologie, tests de produits chimiques...

Faut-il ou non supprimer l'expérimentation animale ? Dans tous les cas qui concernent les produits cosmétiques ou ménagers, la réponse est bien évidemment oui. Aucun rouge à lèvres ni liquide à vitres ne saurait justifier la souffrance d'un animal, provoquée par l'application de produits douloureux sur la peau nue ou dans les yeux. D'ailleurs les tests sur des animaux pour les cosmétiques sont désormais officiellement interdits en Europe.

Oui, mais la santé ? N'est-on pas obligé de tester les médicaments sur les animaux ? La réponse déontologique peut être négative : il est réaliste de considérer, d'un point de vue éthique, que l'humain n'a pas à faire souffrir d'autres espèces pour augmenter l'espérance de vie de ses congénères ou pour améliorer la prise en charge de ses maladies. Mais intéressons-nous d'abord à une question préalable essentielle : ces expérimentations servent-elles vraiment à quelque chose ?

Les effets secondaires des médicaments sont responsables de près de 20 000 morts et 150 000 hospitalisations par an en France. C'est la preuve que les modèles animaliers non humains ne sont pas suffisamment pertinents. Ce n'est pas surprenant : puisque les humains sont malgré tout différenciés des autres espèces, il est logique que, en dépit de leur proximité, ils ne réagissent pas tout à fait pareil aux substances chimiques. « Cela n'a pas de sens d'expérimenter sur des rats ou des chimpanzés pour lutter contre les maladies humaines, car les espèces réagissent toutes différemment », explique Claude Reiss, physicien retraité du CNRS et président de l'association Antidote Europe, qui milite pour la fin de l'expérimentation animale. À titre d'exemple, Antidote Europe précise sur son site : « L'arsenic est beaucoup plus toxique pour les humains que pour les moutons, que le formaldéhyde est plus cancérigène pour les rats que pour les souris, etc. [...] Les animaux ne sont pas de meilleurs modèles pour l'étude des maladies humaines et la recherche de thérapies. »

Notez l'extraordinaire paradoxe des partisans de l'expérimentation animale : ils justifient cette pratique en expliquant que ces tests sont indispensables et fiables. Ils acceptent donc l'idée que les humains et les non-humains comme les souris, les chiens et les singes sont des cousins de la même famille que nous, puisqu'ils sont censés réagir de la même manière aux produits qu'on leur injecte : même souffrance, même intolérance. Les pro-vivisection le pensent forcément, sinon tout le principe de leurs expériences sur les non-humains tombe à l'eau. Sauf que ! S'ils en sont convaincus, alors ce qu'ils font est odieux, puisqu'ils savent qu'ils font souffrir des non-humains comme ils feraient souffrir des hommes. Oui, mais ils peuvent considérer que la souffrance des non humains est moins grave que celle des humains, ce qui est purement spéciste. Pourquoi pas. Sauf que les chercheurs n'affirment pas tout à fait cela non plus, puisque désormais les expériences sur les grands singes n'ont plus lieu en Europe. Cette interdiction signifie que nous considérons qu'il est indigne de torturer certains animaux non humains, même si c'est pour faire avancer la recherche ! Mais dans ce cas pourquoi s'arrêter aux grands singes ??? Les autres primates eux, continuent à être utilisés dans les laboratoires. Souffrent-ils moins ?

Désormais les méthodes substitutives telles que les cultures de cellules *(in vitro)*, l'ingénierie cellulaire, les simulations sur ordinateur ou autres ont montré leur efficacité. Mais les méthodes de substitution n'ont pas encore été complètement développées. Il faut pour cela accorder davantage de budget à ce domaine. Avec un minimum de volonté politique, il est donc possible de se passer de l'expérimentation animale tout en faisant avancer la recherche. Arrêter les expériences sur tous les singes, mais aussi sur les rongeurs et les autres animaux, dont aucun ne mérite une telle vie de torture, est possible et nécessaire.

Schizophrénie

En France, on dénombre 63 millions d'animaux de compagnie, soit quasiment un animal par habitant : 12,7 millions de chats, 7,3 millions de chiens, 5,8 millions d'oiseaux, 34,2 millions de poissons et 2,8 millions de petits mammifères. Nous dépensons de plus en plus pour les soins de ces compagnons : 4,5 millions d'euros en 2010, soit moitié plus qu'en 1990. Ces animaux-là, on en prend soin, on les aime. On les enferme de temps en temps dans des cages et des bocaux, mais sans se rendre compte du mal qu'on leur inflige – car en réalité aucun oiseau, poisson ou petit mammifère n'est fait pour vivre privé de tout mouvement dans une minuscule prison de métal ou de verre.

Et puis il y a les autres. Ceux que nous mangeons. Ceux dont nous volons la chair, la peau, la fourrure, les boyaux. Ceux que nous torturons dans les laboratoires. Ceux que nous chassons. Ceux dont nous mettons la mort en scène dans des arènes. Ceux que nous séquestrons dans des zoos. Ceux avec lesquels nous agissons en tortionnaires indifférents.

Il y aurait donc sur Terre des espèces « bonnes à manger » ou « bonnes à exploiter » et d'autres qu'il convient de protéger. Nous agissons en tout cas comme s'il en était ainsi. Sauf que les choses ne sont pas si simples. Je me contenterai de résumer ici les plus flagrantes de nos schizophrénies.

Les chiens et les chats sont adorés en Occident au point qu'ils y sont soignés comme des enfants par la plupart des gens, mais ils sont toujours servis en repas dans un certain nombre de régions d'Asie et d'Afrique, où on peut les acheter sur des marchés à viande comme d'autres animaux de boucherie. Cela nous semble horrible, à nous Occidentaux, qui refuserions aujourd'hui de manger un steak de chien et de porter un manteau en peau de chat. Mais nous avons tendance à oublier que nous-mêmes n'avons pas toujours été tendres avec ceux qui sont aujourd'hui nos animaux de compagnie préférés. Qui se souvient que des boucheries canines ont existé en France et en Allemagne jusqu'au siècle dernier ? En Occident, les chiens, qui furent les premiers animaux domestiqués par l'homme – ils étaient à l'origine des loups – ont parfois été utilisés comme animaux de trait pour transporter des marchandises et même des personnes, et ce jusqu'au milieu du xxᵉ siècle. Surtout, des chiens meurent toujours actuellement dans des laboratoires de recherche. Pas des chiens méchants et asociaux, mais de dociles beagles, dont plusieurs milliers sont sacrifiés chaque année en France pour tester des médicaments. Ce point est d'autant plus troublant que le beagle est victime de sa docilité : s'il est utilisé pour la vivisection, c'est précisément parce qu'il est particulièrement gentil, donc manipulable.

Les chats quant à eux ont subi pendant longtemps de multiples sévices (cloués aux portes, brûlés, noyés), et n'ont commencé à entrer dans les maisons qu'à partir du xivᵉ siècle, et parce qu'on leur a alors trouvé une utilité : chasser les rats porteurs de la peste. Ils ne sont devenus des compagnons choyés qu'à partir du xviiᵉ siècle, et uniquement dans la bourgeoisie de l'époque. Pourtant, les Égyptiens, eux, ont vénéré cet animal il y a plusieurs milliers d'années.

Les vaches que nous méprisons en Occident sont sacrées en Inde. La vache en Inde est la *Gao Mata*, c'est-à-dire la « Vache-Mère » car elle donne son lait à tous, et d'ailleurs au cours de l'histoire cet animal a été particulièrement respecté par différentes religions et civilisations en Asie, Afrique ou Égypte antique. La situation des ruminants en Inde n'est d'ailleurs pas si idyllique qu'on pourrait le croire. D'abord beaucoup sont condamnés à errer dans les rues des villes, à la recherche de nourriture et à la merci des accidents de circulation. Certaines d'entre elles sont kidnappées et victimes de trafics. Elles finissent dans des abattoirs clandestins. L'Inde est un très grand exportateur de viande de buffle, au point qu'elle est aujourd'hui le premier exportateur mondial de bœuf (tout en étant le pays le plus végétarien du monde !). La viande de vache en Inde est consommée par la communauté musulmane, mais de nombreux États interdisent d'abattre les vaches. L'État du Madhya Pradesh, dans le centre du pays, a ainsi fait passer il y a quelques années une loi qui interdit de consommer la viande de vache et qui punit l'abattage d'une peine allant jusqu'à sept années de prison. L'Inde présente un intérêt particulier pour quiconque s'intéresse aux droits des animaux. Dans ce pays, on trouve de nombreux refuges pour les bêtes (même s'ils manquent de moyens) et, selon la Constitution, la « compassion à l'égard des êtres vivants [est] l'un des devoirs fondamentaux des citoyens ». Mais la réalité est hélas différente. Comme nous l'avons vu dans les pages précédentes, les vaches, ainsi que d'autres animaux, sont également tuées dans des conditions atroces pour l'industrie du cuir.

Parlons maintenant des chevaux. Voici un animal que nous qualifions volontiers de « noble » ou d'« élégant » et avec lequel nous avons développé une proximité particulière. Tout acte de maltraitance à son encontre indigne la majorité d'entre nous. L'hippophagie est d'ailleurs un tabou pour les Anglo-Saxons qui regardent avec dégoût ceux qui bouffent du canasson, tout comme nous, Français, regardons avec dégoût ceux qui bouffent du clébard. Mais comme les habitudes sont changeantes, les Français eux-mêmes ont depuis plusieurs décennies fortement diminué leur consommation de viande de cheval, preuve que cet animal a gagné ses galons dans nos cœurs. Pourtant, avant d'obtenir un statut privilégié, les chevaux en ont bavé pendant des siècles à cause de nous : ils ont été exploités, martyrisés, massacrés, pour accompagner nos conquêtes meurtrières, répondre à nos besoins agricoles et industriels ou simplement pour faciliter notre quotidien. Combien de millions de chevaux ont été tués sur des champs de bataille ? 700 000 d'entre eux ont été sacrifiés rien que pendant la Première Guerre mondiale. Nous les avons enfermés dans les mines, épuisés dans les rues et sur les routes, usés dans les champs. Un amoureux de la nature et des animaux me disait récemment qu'il aimait la voiture simplement parce qu'elle avait permis de faire cesser le calvaire de tant de chevaux de trait. Il citait sans le savoir Schopenhauer qui, en 1851, écrivait quasiment mot pour mot la même chose : « Le plus grand bienfait des chemins de fer est qu'ils épargnent à des millions de chevaux de trait une existence misérable. »

Nous accordons donc aujourd'hui notre plus profond respect aux chevaux. Néanmoins en France plus de 10 000 poulains finissent chaque année à la boucherie. Par exemple, sur les 220 chevaux boulonnais qui naissent tous les ans, plus de la moitié part à l'abattoir quelques mois après leur naissance pour finir dans des boucheries. Les chevaux de course qui ne sont plus performants terminent aussi à l'abattoir. La manière dont les chevaux y sont tués, en France et dans d'autres pays, est régulièrement dénoncée par les organisations de défense des animaux. Des enquêtes ont par ailleurs déjà mis en lumière le traitement ignoble réservé aux chevaux en fin de vie sur le continent américain, qui fournit 60 % de la viande chevaline importée en France. En 2007, les abattoirs de chevaux ont fermé aux États-Unis. Par cette décision, les Américains ont clairement signifié qu'il est pour eux inacceptable de tuer ces animaux qui sont les compagnons de notre histoire. Oui, mais du coup, les chevaux dont les propriétaires ne voulaient plus sont partis pour les abattoirs du Canada et du Mexique, afin que leur viande soit vendue dans le reste du monde, en Europe et en Asie ! C'est connu : quand on veut se débarrasser d'un problème, au lieu de le résoudre, il est plus simple de l'éloigner.

Les ogres

Nous ignorons quelle douleur nous infligeons aux animaux d'élevage. Souffrent-ils *modérément* ou *énormément* lorsqu'ils sont enfermés, entassés, privés de lumière, lorsqu'ils sont émasculés à vif, lorsque leurs becs sont coupés, lorsqu'ils sont égorgés ? La souffrance est une expérience subjective, même pour les humains. Nous ne possédons pas tous une capacité de résistance équivalente. Une violence identique exercée sur deux individus différents n'engendre pas forcément le même degré de douleur ressentie par l'un et l'autre. Par ailleurs, la réalité de la souffrance n'est jamais estimée que par le sujet qui la subit : il n'y a donc pas d'échelle objective précise en la matière. On peut néanmoins s'accorder sur une échelle générale : se faire planter un couteau dans la cuisse, par exemple, c'est douloureux pour tout le monde. De la même manière, compte tenu de la similitude des systèmes nerveux, on peut considérer que tout mammifère dont on tranche la gorge éprouve une douleur du même ordre. Les études scientifiques sérieuses ne laissent aucun doute en ce qui concerne les vaches, les cochons ou les moutons. Et en tout cas, l'argument souvent rabâché selon lequel « les animaux ne souffrent pas comme nous » ne tient pas la route un seul instant car il n'est étayé par aucune preuve. C'est une affirmation gratuite, sans aucun fondement. En revanche, l'observation scientifique a démontré chez les animaux maltraités la présence de signes qui attestent d'un inconfort et d'un refus : cris, agitation, évitement.

133

Ces signes extérieurs correspondent à la complexité physiologique de ces êtres qui, faut-il le rappeler, sont constitués comme des humains, à quelques détails près. La principale différence entre eux et nous réside dans le fait qu'ils ne peuvent pas parler de la même manière pour exprimer leur inconfort ou leur douleur. Il ne leur reste souvent que le regard pour tenter d'arracher notre pitié et demander que cesse leur calvaire.

Tous les animaux que nous exploitons éprouvent la souffrance. Les poulets victimes d'une fracture du bréchet changent de comportement après l'administration d'analgésiques. Jusque dans les années quatre-vingt, on imaginait que les poissons étaient insensibles à la douleur. On sait aujourd'hui que c'est inexact, grâce à différentes expériences, comme celle qui consiste à enduire d'acide les lèvres de truites : les animaux en sont perturbés et se frottent la bouche nerveusement contre le gravier de l'aquarium ou sur la paroi. Les crabes, les crevettes, les homards ressentent également la douleur comme l'attestent des expériences à base de produit irritant ou de chocs électriques.

La douleur et la souffrance sont ressenties avec certitude par tous les mammifères mais aussi tous les vertébrés, les céphalopodes et les crustacés. Pour les insectes il y a un doute, compte tenu du fait que certains semblent continuer à évoluer comme si de rien n'était lorsqu'ils ont une partie du corps en moins. Mais ce doute ne signifie pas qu'il n'y a ni gêne ni douleur, avec des mécanismes non identifiés pour l'instant. Toute espèce a intérêt à éprouver de la douleur, puisque celle-ci est un signal d'alarme qui explique que l'intégrité du corps est attaquée et qu'il faut immédiatement se protéger. Une espèce qui ne ressentirait rien du tout serait donc vouée à la destruction rapide ou à la stagnation la plus primaire.

Autre certitude concernant ces animaux que nous tuons : ils sont intelligents. À quel point ? Là encore, il est impossible de se prononcer de manière dogmatique. D'abord parce que longtemps nous avons refusé de nous poser la question. Nous avions décidé qu'ils étaient stupides, point barre. Nous commençons donc seulement à découvrir qu'il n'en est rien. Ensuite, l'intelligence est une notion très floue, même en ce qui concerne les humains. Les animaux d'élevage ne peuvent résoudre des équations compliquées et ils sont incapables d'écrire des poèmes. Ils ont en revanche des capacités cognitives suffisamment développées pour avoir conscience de ce qu'ils vivent, pour fonder des projets – même brefs – pour prendre des décisions, pour répondre à des ordres, pour en donner à leurs congénères, pour se soumettre à une organisation hiérarchique et sociale, pour avoir de l'humour, pour angoisser, pour s'amuser ou éprouver des désirs, si limités soient-ils comparés aux nôtres. « Toutes les études comportementales et neurobiologiques ont montré systématiquement […] que les animaux partagent les émotions primaires, ces réactions instinctives que nous appelons peur, colère, surprise, tristesse, dégoût et joie », écrit l'éthologue Marc Bekoff. Nous avons vu aussi que l'empathie est présente au moins chez tous les mammifères.

Toutes les caractéristiques ici énoncées prouvent que les animaux sont des individus qui ont chacun une existence et un caractère particuliers. Dans un élevage de 100 000 poules, il y a 100 000 individus. Ils se ressemblent, puisqu'ils sont tous de la même espèce et qu'ils sont placés dans le même environnement. L'éleveur voit ces poules comme une masse indifférenciée. Mais celles-ci sont toutes particulières. Quiconque se donne la peine de les regarder peut s'en apercevoir. On ne mange pas *du* bœuf, *du* poulet, *du* porc, on ne porte pas *du* renard. On mange la partie d'*un* bœuf bien précis, qui a existé, a éprouvé, et a eu peur avant d'être exécuté. On mange *un* poulet, celui-là et pas un autre, on mange le flanc d'*un* porc qui aurait pu vivre encore quinze ans, on porte la peau qui a été arrachée à *un* renard qui a passé sa courte vie dans une cage et qui est mort électrocuté avec une électrode dans le rectum.

Certains animaux ont passé avec succès le test du miroir inventé par l'Américain Gordon Gallup dans les années soixante-dix. L'idée est la suivante : on habitue un animal à la présence d'un miroir. Puis on peint une marque colorée sur son front pour observer sa réaction. Si l'animal montre qu'il a compris la présence inhabituelle de la tache (parce qu'il essaye de la toucher par exemple), alors les scientifiques considèrent que l'individu a la conscience de lui-même puisqu'il réalise qu'il observe son propre reflet dans la glace. Les bonobos, les chimpanzés, les dauphins, les éléphants, les orangs-outans, les orques, les pies et les corbeaux ont réussi ce test. Le cochon quant à lui passe avec succès une variante de l'épreuve qui prouve qu'il a bien compris ce qu'est un miroir et la manière dont sa propre image s'y réfléchit. Lorsque le test est raté par un animal, cela ne signifie pas pour autant que celui-ci n'est pas doté de cette « conscience de soi » : le chien, par exemple, s'appuie davantage sur son odorat que sur sa vue et se désintéresse donc de ce qui se passe dans la glace. Sans odeur, une image n'est pas censée l'attirer particulièrement.

Et les humains ? Vous, qui lisez ce livre, bien sûr, vous vous reconnaissez dans une glace le matin, sauf si votre soirée a été trop arrosée. Mais quand vous aviez un an, vous auriez échoué au test du miroir. Un enfant humain ne reconnaît pas son image dans un miroir avant dix-huit mois ou deux ans. Il n'a pas la conscience de lui-même en tant qu'être indépendant et responsable de ses actes.

Un tout jeune enfant ne sait pas plus résoudre une équation qu'un cochon. Ses projets sont extrêmement limités. Il ne parle pas et ne dispose pas d'un langage clair lui permettant d'exprimer sa douleur. Un jeune enfant est vulnérable, incapable de se défendre par lui-même.

Un enfant de moins de deux ans n'a donc pas plus de capacités cognitives que nos animaux d'élevage.

En outre, les animaux que nous mangeons ne sont encore que de tout jeunes enfants : les cochons sont tués à six mois alors qu'ils pourraient vivre quinze ans, les veaux sont abattus à cinq mois contre une espérance de vie de vingt ans, les canards gavés sont égorgés au bout de quatre-vingts jours alors qu'ils avaient au moins cinq ou six ans devant eux, les poulets de chair au bout de quarante jours contre une dizaine d'années d'existence...

Donc les animaux que nous mangeons sont aussi intelligents, si ce n'est plus, que nos bébés. Et ils sont aussi jeunes.

Les carnivores sont des ogres.

Pour la fin
de l'exploitation animale

Tous responsables,
donc tous coupables

Dieu n'a jamais fait partie de mes figures tutélaires. Il n'a jamais été pour moi qu'une abstraction, une figure littéraire, le héros rassurant d'une saga plutôt sympathique mais profondément irréaliste. Le Dieu de la Bible n'a jamais compté dans ma vie. Et le protestantisme dont j'ai hérité de ma mère, néerlandaise, n'a jamais été qu'un cadre moral déconnecté de toute référence à la chrétienté. Mon père, bercé par les chansons de Brassens et la pensée de Jaurès, m'a quant à lui appris à me méfier de toute autorité. En revanche, très tôt, j'ai acquis la certitude que notre présence sur Terre, fruit de la plus incroyable des improbabilités, nous confère des devoirs particuliers. On ne peut pas faire n'importe quoi simplement parce que ça nous arrange, nous procure du plaisir, ou nous simplifie la vie. On ne peut pas traverser ce monde en mercenaires nombrilistes, portant en étendard cette devise : *tout pour ma gueule*. Cela s'appelle la responsabilité. Entre responsabilité et culpabilité se noue souvent une liaison trouble qui handicape nombre d'entre nous. Se sentir coupable de tout est une erreur, mais ne se sentir coupable de rien est une lâcheté.

Chacun des actes de notre vie, chacun de nos choix, même les plus mineurs, engendrent des conséquences. Entre le moment où l'on se lève le matin et celui où l'on se couche le soir, nos gestes, nos décisions et nos hésitations provoquent des centaines de micro-événements qui génèrent des réactions. Traverser une rue, prendre le bus, dialoguer avec un collègue, aller au cinéma…

Autant d'occasions qui nous mettent en interaction avec les autres et nous rendent susceptibles de modifier leur univers : contraindre un automobiliste à freiner parce que vous traversez au mauvais moment, bousculer un usager dans le bus, tenir un propos blessant à un collègue, gêner son voisin au cinéma en farfouillant son paquet de pop-corn... Dans de tels cas de figure, rien de bien grave. Sauf si la voiture n'arrive pas à vous éviter et vous envoie à l'hôpital ; sauf si, en bousculant l'usager dans le bus, vous le faites tomber et lui occasionnez un traumatisme crânien ; sauf si vous vexez votre collègue au point qu'il en ressente une haine qui l'incite à liguer tout le service contre vous ; sauf si votre voisin au cinéma est irritable et que son énervement dégénère en bagarre. Mais il ne s'agit ici que des conséquences directes et immédiatement évaluables de nos actes. Il y a ce que l'on ne voit pas, ce que l'on n'imagine pas forcément, et qui pourtant compte souvent autant, sinon davantage. Revenons au cas de cet automobiliste obligé de freiner pour vous éviter parce que vous avez traversé la rue sans regarder. Imaginons que sa voiture était suivie par un scooter. Incapable d'anticiper le freinage d'urgence de la voiture devant lui, le deux-roues s'encastre dans le véhicule. Le chauffeur du scooter est légèrement blessé et l'engin inutilisable. Il s'agit d'un jeune homme au chômage qui se rendait à un entretien d'embauche pour un emploi dont il rêve et pour lequel il a toutes les qualifications. Il reporte le rendez-vous. Mais celui-ci n'aura finalement jamais lieu. Car, le lendemain de l'accident, l'entreprise a rencontré un candidat qui a fait l'affaire. Mauvaise nouvelle pour le jeune homme, qui connaît de sérieuses difficultés financières. Sa petite amie, avec qui il désire fonder une famille, s'impatiente de plus en plus. Elle comptait beaucoup sur le nouveau travail de son compagnon afin de pouvoir trouver une stabilité. Elle se rend compte que cela n'arrivera pas tout de suite. Elle décide de le quitter. Désespéré, le jeune homme se suicide. Tout ça parce que vous n'avez pas fait attention en traversant la rue.

Évidemment, j'ai sciemment grossi le trait en optant pour un développement catastrophiste. Mon but était de rendre le principe moteur particulièrement visible . chacune de nos actions a des conséquences, et notre responsabilité consiste à les mesurer avant d'agir.

Être un citoyen, un humain conscient, consiste à s'interroger, toujours, sur les conséquences de ses actes. Cela concerne évidemment les animaux. Comment ont été élevés et tués ceux que l'on mange ? D'où provient le cuir que l'on porte ? Quelles implications sur la pollution des sols, de l'eau et de l'air ? Quelle quantité de souffrance a été nécessaire pour me permettre de manger ce steak, ce foie gras, cette tranche de jambon, ou pour me permettre de porter ce blouson de cuir ? Ces questions ne sont pas automatiques car nous nous contentons d'acheter des produits finis dont l'industrie tente de nous faire oublier la provenance réelle : c'est de la viande, mais ce n'est pas *vraiment* un animal... C'est un bout d'animal mort, mais il n'a pas *vraiment* été tué... Bref, le but est que vous ne pensiez pas à votre acte réel. Cela nous arrange bien d'ailleurs. Un steak surgelé, dans son emballage carton, c'est bien propret. Le sang a été nettoyé, et les cris se sont évaporés dans le secret d'un abattoir où vous ne mettrez jamais les pieds. Mais que celui qui mange un morceau d'animal en ait conscience : il a lui-même commandité le meurtre. Il est le responsable. Qu'il ne tente pas de se dédouaner en prétextant avec lâcheté qu'il se « contente de consommer des animaux qui ont déjà été tués de toute façon ». Ces animaux ont été tués parce que des industriels ont pensé qu'il y aurait des gens pour acheter leur viande.

Si vous avez un pistolet dans la main et que vous tirez à bout portant sur un homme, la conséquence de votre acte est immédiatement visible : l'homme s'effondre devant vous, son sang s'écoule sur vos pieds, vous êtes un assassin, vous le savez, vous ne pouvez le nier. Mais si vous donnez le pistolet à quelqu'un d'autre en lui demandant d'exécuter le crime à votre place, à quelques kilomètres de votre regard, êtes-vous moins coupable ?

Un tramway nommé éthique

Un tramway file à vive allure sur les rails d'une rue en pente. Ses freins ont lâché. À quelques centaines de mètres de là, en bas de la descente, cinq ouvriers sont bloqués sur la voie, incapables de s'échapper : il n'y a pas assez de place de part et d'autre des rails pour se mettre à l'abri. Le tramway a toutefois la possibilité de bifurquer sur une autre voie, juste avant de percuter les malheureux. Problème : sur cette autre voie, une personne est elle aussi bloquée, dans la même configuration. Il se trouve que vous, lecteur, êtes posté à l'aiguillage et que c'est vous qui pouvez modifier la trajectoire du véhicule. Que décidez-vous ? Choisissez-vous de laisser le tramway poursuivre sa course, et tuer cinq hommes, ou préférez-vous actionner le levier afin de détourner le train qui ne causera alors la mort que d'une seule personne ? Vous voici confronté à l'une des plus célèbres expériences de pensée[1] de philosophie morale proposée en 1967 par la philosophe Philippa Foot. Vous avez quelques minutes pour réfléchir.

La grande majorité des gens confrontés à ce « dilemme du tramway » répondent qu'il est moralement permis de sacrifier une vie afin d'en sauver cinq autres en détournant le tramway. 5 vies sauvées – 1 vie sacrifiée = 4 vies épargnées. Cela paraît logique, même s'il convient

---

1. Une expérience de pensée est une fiction intellectuelle qui sert à creuser le fondement d'une théorie. Elle exprime une hypothèse qui commence par : « Que se passerait-il si... »

de distinguer la responsabilité qui résulte d'une action délibérée (actionner un levier) de celle qui découle d'une non-intervention (ne rien faire).

Imaginez maintenant que, dans un hôpital, un chirurgien soigne cinq personnes sur le point de mourir : seule une greffe d'organe pourrait les sauver, et il se trouve qu'il s'agit pour ces cinq patients d'un organe différent (un cœur pour l'un, un rein pour l'autre, un foie, etc.). Arrive à l'hôpital un patient qui souffre d'un mal mineur. Si le chirurgien le tue pour prélever ses organes, il sauve les cinq condamnés. Le ratio est le même (5 − 1 = 4 vies épargnées) que dans le cas du tramway fou. Pourtant, l'idée du sacrifice est ici bien plus choquante. Pourquoi[1] ?

Corsons le problème : imaginons maintenant que le tramway passe sous un pont et que vous n'êtes plus stationné à côté de l'aiguillage, mais plutôt debout sur ce pont en surplomb. À côté de vous se tient un homme obèse qui se penche en avant pour observer le train qui arrive à toute allure. Cet homme est tellement corpulent que vous réalisez qu'il pourrait constituer un obstacle capable d'arrêter le train si vous le jetiez sur les rails. Vous devez donc choisir : pousser le gros monsieur dans le vide afin de stopper le tramway et sauver cinq vies (en en sacrifiant une) ou, encore une fois, ne rien faire du tout. Généralement, dans ce dernier cas de figure, les personnes questionnées rejettent l'idée de balancer l'homme obèse par-dessus la balustrade. Mais rajoutons des données au problème. Vous apprenez que cet obèse est un salaud, un tortionnaire, voire que c'est lui qui a saboté les freins du tramway. Dans ce cas précis, que décidez-vous ?

Et revenons maintenant à notre cheminot seul sur sa voie, qu'on allait sacrifier pour sauver cinq personnes. Imaginez que cet homme n'est pas un inconnu mais qu'il s'agit de votre frère ou d'un ami. Ou, autre cas de figure, qu'il n'est pas un cheminot anonyme, mais

1. Cas proposé par Judith Jarvis Thomson.

Barack Obama. Acceptez-vous encore de lui ôter la vie pour épargner celle des autres[1] ?

Laissez-moi vous présenter une autre expérience de pensée qui pourra agrémenter de longues soirées d'hiver entre amis. Elle est proposée par le philosophe américain Tom Regan et il est question cette fois d'animaux. D'un chien, plus précisément. Ce chien se trouve sur un canot de sauvetage, en pleine mer, avec quatre hommes. Mais il y a trop de poids sur ce canot qui est sur le point de couler. Est-il acceptable de jeter le chien par-dessus bord pour sauver les quatre hommes ? Si l'on considère que la vie d'un chien a moins d'importance que celle d'un humain, la réponse semble aller d'elle-même. Dans le cas contraire, un premier vrai cas de conscience se pose. Mais imaginons maintenant que ce chien est un chien sauveteur qui a aidé à sauver des dizaines de personnes dans les décombres de tremblements de terre. Les quatre hommes en question n'ont quant à eux jamais sauvé la moindre vie. Cela change-t-il le choix que vous jugez pertinent ? Enfin, autre configuration : les quatre hommes sont des officiers nazis responsables de crimes atroces. Le chien doit-il malgré tout encore être sacrifié pour épargner leurs vies ? Quelle est la juste décision ?

Vous voici plongé au cœur de la philosophie morale expérimentale qui est, selon les termes du philosophe Ruwen Ogien, « une discipline qui mêle l'étude scientifique de l'origine des normes morales dans les sociétés humaines et animales, et la réflexion sur la valeur de ces normes ». Dans telles circonstances, où se situe la bonne action ? Pourquoi suis-je tenté de faire ce choix plutôt qu'un autre ? Y a-t-il plusieurs réactions contraires tout aussi moralement acceptables ? Etc.

Il s'agit selon moi du champ le plus passionnant de la philosophie : celui de la « morale » ou de l'« éthique ».

1. Toutes ces expériences de pensée sont racontées et largement commentées par Ruwen Ogien dans *L'Influence de l'odeur des croissants chauds sur la bonté humaine*, Grasset, 2011.

Certains philosophes donnent à ces deux termes des significations différentes tandis que d'autres les traitent comme des synonymes. En ce qui me concerne, je m'aligne sur les partisans de la simplicité et, pour la clarté du propos, je vais donc considérer dans ces pages que ces deux mots sont équivalents, même si le mot « éthique », contrairement à la « morale », me semble présenter l'avantage d'être dénué de toute connotation antimoderne et castratrice. L'éthique serait émancipatrice et créatrice, là où la morale peut apparaître comme une rigidité.

Pour établir un jugement éthique, nous utilisons des *intuitions morales* et des *relations de pensée*. Les intuitions morales sont simples, elles correspondent à des évidences. Exemple : un enfant est en train de se noyer. Est-il moral de le laisser sombrer ? « Non ! » répondons-nous tous en chœur. Pourquoi ? Parce que c'est comme ça, ça ne se discute pas. Venir en aide à un enfant qui risque de mourir est l'attitude que nous, humains, jugeons tous conforme à ce qui est bon. Mais, et c'est là que c'est passionnant, même les intuitions morales sont contestables. En effet, sur quoi reposent-elles ? Sur des perceptions acquises ou innées ? S'expliquent-elles par un contexte historique ou culturel ? En ce qui concerne notre rapport aux animaux non humains, on peut considérer que l'intuition morale, généralement répandue de nos jours, est qu'il ne faut pas les maltraiter. Cependant, cette intuition est constamment contredite par nos actions.

Les relations de pensée s'avèrent bien plus complexes, puisqu'elles font la somme de plusieurs intuitions et les organisent selon des règles de raisonnement classiques. Les résultats peuvent être déroutants. Ainsi, selon le philosophe australien Peter Singer, refuser de donner de l'argent à une association qui lutte contre la famine dans le monde équivaut à laisser un enfant se noyer sous vos yeux. Pourquoi ? Parce que vous savez qu'il y a des enfants qui meurent de faim, vous avez la possibilité de leur venir en aide, et le fait qu'ils soient à des milliers de kilomètres ne vous exonère pas de votre responsabilité morale à leur égard. La comparaison n'est-elle pas exagérée ? En tout cas, elle ouvre un débat qui révèle la complexité de la réflexion morale.

L'éthique est une branche de la philosophie trop peu convoquée aujourd'hui alors qu'elle est le ciment de toute société éclairée. Le monde contemporain est en effet profondément amoral. Les règles éthiques sont presque inexistantes dans notre système économique, elles peinent à s'imposer dans notre modèle politique et font souvent défaut dans les relations humaines. Il nous faut remettre l'éthique au cœur de notre projet humain. Certes, à titre collectif, nous nous interrogeons parfois sur la moralité de nos comportements, mais à de trop rares occasions, et généralement pour des sujets à portée médicale liés à notre naissance et à notre mort. Faut-il légaliser l'euthanasie ? Si oui, dans quelles circonstances ? Et les mères porteuses ? Doit-on autoriser une femme à louer son utérus afin qu'on y implante les embryons d'une autre ? Et si la procréation médicalement assistée est autorisée pour les couples hétérosexuels, pourquoi ne pas l'étendre aux couples d'homosexuelles ? Et la gestation pour autrui (GPA) ?

Mais il est grand temps de dépasser les questions anthropocentristes, celles qui ne touchent que notre nombril humain. L'un des enjeux du XXIe siècle consiste à établir enfin nos responsabilités à l'égard du vivant dans son ensemble, à commencer par les espèces animales. Pour cela, nous devons accepter des analyses morales poussées qui nous mettent en face de nos responsabilités, de nos incohérences et de nos lâchetés. Ainsi, l'exploitation animale, sous toutes ses formes, a des conséquences que l'on ne peut plus minimiser dans le simple but de tranquilliser notre conscience. Non seulement elle implique un lot de souffrances que nous refusons de considérer, mais, et c'est tout aussi inquiétant, elle ne repose que sur des incohérences morales qu'il nous faut aujourd'hui balayer. Peter Singer résume les choses en ces termes : « Vivre de manière éthique, c'est tout simplement vivre en ne pensant pas qu'à soi-même, mais en tenant compte du fait que nos actions ont des conséquences sur les autres. C'est la règle d'or : se demander comment ce serait si on était à la place de l'autre. On trouve cela dans la Bible, chez Confucius ou dans l'hindouisme... Chacun doit réaliser qu'il n'est qu'un être humain parmi d'autres et que ma souffrance n'est en aucune manière plus importante que celle d'un autre, que ce soit un homme ou un animal. »

L'examen de conscience auquel appellent les antispécistes passe par une branche de l'éthique appliquée appelée l'éthique animale.

L'éthique animale

L'éthique animale peut se résumer ainsi : elle est l'étude de la responsabilité morale des hommes à l'égard des animaux non humains pris individuellement. En clair, l'éthique animale s'interroge sur nos devoirs envers les animaux, non en tant qu'espèce, mais en tant qu'individu. Il ne s'agit pas de s'intéresser à la survie des lions ou des éléphants en général, mais à la manière de se comporter à l'égard de chacun des individus qui composent l'espèce des lions et des éléphants. Prenons pour exemple la population de 29 ours bruns recensés en 2014 dans les Pyrénées, en France. L'approche écologique classique consiste à évaluer notre responsabilité à l'égard du groupe d'ours dans son ensemble, en tant que « représentation diplomatique » d'une espèce que nous avons décidé de sauvegarder au nom de la biodiversité. Si la population des ours vient à trop baisser parce que certains d'entre eux sont tués, hop, on les remplace par des oursons venus d'ailleurs, et le tour est joué. Les individus ne comptent pas, ils sont interchangeables. Il faut sauver *les* ours, mais pas *tel* ours. L'éthique animale, en revanche, prend en considération chacun des ours en soulignant qu'ils ont tous une personnalité, une histoire propre, des sentiments, des envies et des besoins.

Il ne faut pas confondre l'éthique animale et l'*éthique de l'environnement* (ou plutôt *les* éthiques de l'environnement, puisqu'il y a plusieurs courants), qui s'intéresse aux écosystèmes dans leur ensemble, et pas seulement aux animaux vivants sensibles. L'éthique de l'environnement milite pour la préservation des espaces naturels et des espèces sensibles ou non. La mort et la douleur ne sont pas forcément en soi des soucis pour l'éthique environnementale, puisqu'elles font partie de la nature, alors qu'elles sont au cœur des motivations de l'éthique animale, qui mobilise aussi le droit, l'éthologie (l'étude des animaux dans leur milieu naturel), la philosophie, la génétique, et bien sûr l'écologie. L'éthique environnementale compte parmi ses principaux inspirateurs le forestier et écologue américain Aldo Leopold (qui était chasseur), mais aussi Ralph Waldo Emerson, Henry David Thoreau, John Muir ou Arne Næss, que nous allons tous recroiser un peu plus tard dans ce livre. On peut également citer, parmi ses porte-parole, le philosophe néo-zélandais Richard Sylvan Routley et sa dénonciation du *chauvinisme humain*, ainsi que le philosophe américain J. Baird Callicott, et son *Éthique de la Terre*.

L'éthique animale est un domaine très récent, apparu dans les années soixante-dix, et aujourd'hui surtout développé dans le monde anglophone, c'est-à-dire la Grande-Bretagne, les États-Unis, le Canada et l'Australie. Les Français, eux, sont à la traîne et, à quelques exceptions près, comme les philosophes Corine Pelluchon, Florence Burgat, Jean-Baptiste Jeangène Vilmer, Georges Chapouthier ou l'équipe de la revue *Les Cahiers antispécistes* (Yves Bonnardel, David Olivier, Estiva Reus...), la matière est encore complètement ignorée dans notre pays, même si l'université de Strasbourg a récemment mis sur pied une brève formation en droit de l'animal et en éthique animale. Le retard de notre pays vis-à-vis de l'éthique animale s'explique de plusieurs manières. Il y a d'abord la tradition humaniste française. Par « humanisme », on entend deux choses : défense des droits de l'homme d'une part, et vision anthropocentriste d'autre part, c'est-à-dire la priorité donnée à l'homme en toutes circonstances. Et c'est cette deuxième acception qui pose évidemment problème. L'histoire agricole du pays est une autre raison du désintérêt de la France pour les droits des animaux. La France est un grand pays d'élevage. Nous sommes par ailleurs soumis à une tradition culinaire carnée, présentée comme un aspect essentiel de notre culture, et la remise en cause de cette tradition fait toujours grincer des dents.

L'éthique animale n'est pas un enseignement dogmatique qui proposerait une grille de réponses déjà élaborées. Elle est simplement un champ de réflexion ouvert. Il arrive donc que les antispécistes ne soient pas d'accord entre eux. S'ils conviennent tous que nous, humains, avons des devoirs à l'égard de tous les animaux sensibles, ils se différencient parfois sur la nature de ces devoirs. On distingue ainsi deux courants qui s'opposent : les *welfaristes* et les *abolitionnistes*.

Les welfaristes ne sont pas opposés par principe à l'exploitation des animaux. Ils s'intéressent au « bien-être animal » (*welfare*, en anglais, signifie « bien-être »), c'est-à-dire qu'ils réclament que les conditions dans l'élevage, voire dans l'expérimentation, soient optimisées afin que toute souffrance inutile soit épargnée aux animaux et qu'ils puissent mener une vie « heureuse ». Le philosophe Peter Singer est le leader de la tendance welfariste. Il est *vegan*[1], car il considère que l'élevage idéal auquel il aspire n'existe pas, mais l'idée de manger de la viande n'est pas en elle-même une aberration pour lui. S'il pouvait être sûr que l'animal qu'il mange a vécu une belle vie et qu'il n'a pas souffert, alors dans ce cas Singer pense qu'il serait envisageable de s'accorder, par exemple, une cuisse de poulet.

Les abolitionnistes, quant à eux, estiment que l'« élevage heureux » ne peut exister, qu'aucun animal ne doit jamais être un moyen au service de l'homme, et ils réclament donc la fin de toute forme d'exploitation animale. Selon eux, les animaux ne sont pas des choses et, par

---

1. Le vegan ne mange aucun animal, ni aucun produit d'origine animale (lait, œufs). Plus généralement, il refuse tout produit issu de l'exploitation animale, comme le cuir ou la fourrure.

conséquent, nous devons leur accorder des droits. Le terme *abolitionniste* n'a pas été choisi par hasard. Il fait directement référence aux militants qui se sont battus, il y a quelques siècles, pour l'abolition de l'esclavage – comme nous aurons l'occasion de le voir un peu plus loin, les deux causes sont, de fait, extrêmement semblables. Les figures les plus emblématiques de l'abolitionnisme sont américaines : il s'agit du philosophe Tom Regan, auteur en 1983 d'un ouvrage de référence, *The Case for Animal Rights*, et du juriste Gary Francione.

La frontière entre abolitionnistes et welfaristes n'est pas aussi étanche qu'il y paraît. D'abord, il est possible d'adopter une position intermédiaire : considérer que toutes les vies doivent être par principe respectées, se battre pour l'abolition de l'exploitation animale, mais tout de même, si un choix s'impose, estimer que la mort d'un lion est plus grave que la mort d'une souris. Par ailleurs, il existe des abolitionnistes qui pensent qu'il faut passer par des phases de welfarisme en attendant d'obtenir la fin de l'exploitation animale. L'association américaine Peta, tout en militant pour le véganisme, est considérée comme *néo-welfariste* parce qu'elle salue des décisions censées permettre de diminuer la souffrance animale sans pour autant mettre fin au système qui les provoque. Peta a entre autres interrompu une campagne contre McDonald's le jour où elle a obtenu des assurances sur l'amélioration du sort des animaux utilisés dans la fabrication des burgers. En 2011, elle a encore salué la levée de l'interdiction de l'abattage des chevaux aux États-Unis, en avançant que les chevaux américains souffriraient moins d'être abattus sur place plutôt qu'au terme d'un long voyage vers le Canada ou le Mexique.

À la fin des années soixante-dix, aux États-Unis, le grand activiste pour les droits des animaux Henry Spira avait choisi d'opter pour la négociation avec les entreprises de cosmétiques à propos du test de Draize, un processus consistant à injecter des produits potentiellement irritants ou dangereux dans les yeux des animaux. Résultat : en 1981,

Revlon et d'autres entreprises ont accepté de développer des fonds pour des méthodes alternatives de recherche. Grâce à l'action de Spira, le nombre de lapins sacrifiés pour le test de Draize a considérablement chuté, sans toutefois disparaître totalement. Quelques années plus tard, Spira défend la société Procter & Gamble, attaquée par différentes organisations parce qu'elle pratique la vivisection. Or Spira insiste sur le fait que la multinationale a réalisé d'importants progrès sur ce sujet au cours des années précédentes, et qu'il ne faut donc pas la pointer du doigt, puisqu'elle a joué le jeu. En clair, la stratégie de Henry Spira vise à améliorer les conditions de vie des animaux exploités et à réduire leur nombre au maximum. Et, de fait, il a obtenu de nombreux succès.

Faut-il accepter de négocier avec les industriels et les chercheurs en échange d'un mieux-être immédiat pour les animaux dans les élevages ou les laboratoires ? Cette approche est critiquée par Tom Regan. « Quand vous réformez l'injustice, affirme-t-il, mon opinion est que vous la prolongez. » Selon lui, tout compromis serait in fine défavorable à la cause animale, dans la mesure où une marque peut se vanter d'avoir amélioré la prise en compte de la sensibilité des animaux – ce qui donne bonne conscience aux consommateurs et augmente les ventes de produits issus de l'exploitation animale. Il ne faut donc pas négocier pour que les poules disposent de cages plus grandes, mais militer pour que les élevages soient fermés. Les abolitionnistes *anti-welfaristes* prennent comme exemple l'esclavage : il aurait été impossible de faire exister un esclavagisme « heureux » ou transitoire. Ce ne sera pas davantage possible avec l'exploitation animale, estiment-ils.

Pour résumer, deux questions principales divisent les antispécistes : 1. Faut-il exiger la fin de toute forme d'exploitation animale ou simplement lutter pour le bien-être maximal des animaux, sans forcément renoncer aux élevages ? 2. Quelle stratégie pour arriver au but ?

155

Derrière ces divisions s'opposent deux approches de l'éthique normative : le *conséquentialisme* et le *déontologisme*. Les welfaristes sont *conséquentialistes*. Les abolitionnistes, en revanche, sont en principe *déontologistes*. Il s'agit là de deux visions philosophiques différentes qui peuvent se résumer ainsi : les conséquentialistes ne s'intéressent qu'au résultat d'une action, tandis que les déontologistes considèrent qu'on ne doit agir qu'en fonction de principes moraux intangibles, indépendants des circonstances.

Je vous propose que nous nous attardions quelques minutes sur ces notions philosophiques qui peuvent sembler ennuyeuses ou brumeuses alors qu'elles ouvrent aux plus passionnants débats car elles sous-tendent toute décision collective et individuelle. Néanmoins, si vous souhaitez sécher le cours, je vous accorde aisément une dispense, car l'explication qui suit n'est pas absolument indispensable à la compréhension de l'antispécisme, même si elle peut y concourir. Si vous souhaitez vous passer de ces précisions conceptuelles, je vous propose de sauter le chapitre qui suit et de nous retrouver directement p. 163. Pour les autres, sortez les crayons, prenez des notes. L'intervention, bien que relativement brève, sera scindée en deux parties distinctes afin de répondre à l'esprit de classe qui anime ce chapitre facultatif.

Chapitre facultatif

Ne fais pas aux truies
ce que tu ne voudrais pas qu'on te fasse

A. Conséquentialisme, utilitarisme et welfarisme

Les welfaristes sont des conséquentialistes, et plus précisément des *utilitaristes*. Dans l'éthique générale, le conséquentialiste considère qu'une action doit être jugée à l'aune de ses résultats. Engendre-t-elle plus de bien qu'elle ne produit de mal ? Seul le résultat compte. Une telle approche soulève de nombreuses questions : qui est concerné par le résultat de l'action ? Comment mesurer le degré de bien et le degré de mal ? Etc. Différentes théories s'affrontent. Une version du conséquentialisme consiste à privilégier l'individu – mes intérêts personnels – tandis que d'autres versions s'intéressent au groupe. L'*utilitarisme*, qui est une déclinaison du conséquentialisme, se fixe pour but le plus grand bonheur du plus grand nombre. Le fondateur de l'utilitarisme, au XVIIIe siècle, est le philosophe et juriste britannique Jeremy Bentham, dont la pensée sera relayée au siècle suivant par John Stuart Mill, puis récemment par Peter Singer. Selon Bentham, ce qui motive une loi doit être son impact positif sur la majorité. Quelle majorité ? Jeremy Bentham considère qu'il faut prendre en compte les intérêts de tous les êtres sensibles, y compris donc les animaux non humains, puisqu'ils sont capables d'éprouver la souffrance. Tous les militants des droits des animaux connaissent sa célèbre formule, inspirée de

Rousseau : « La question n'est pas : peuvent-ils raisonner ? Ou : peuvent-ils parler ? Mais : peuvent-ils souffrir ? »

L'utilitarisme apparaît logiquement comme un allié de l'écologie globalisante, puisque l'avenir du monde, en tant que *tout* équilibré, compte davantage que le cas de chacun des individus qui peuplent ce monde. En ce sens, l'exploitation des ressources, la pollution et la destruction des autres espèces deviennent des problématiques de premier plan. Mais les choses ne sont pas si simples. Juger la pertinence d'une action à son utilité peut engendrer des résultats catastrophiques. Pourquoi négliger des facteurs aussi importants que le devoir ou l'amitié ? Pourquoi devrions-nous calculer avant d'agir ? D'autant qu'il n'est pas d'instrument fiable pour mesurer la quantité de bonheur ou de plaisir. Pour les économistes, l'utilitarisme peut devenir un instrument au service du capitalisme, qui a fait de l'argent un instrument de mesure du bonheur. L'utilitarisme ainsi envisagé n'a alors qu'une seule issue : rechercher un accroissement du produit intérieur brut (PIB), qui devient lui-même instrument de mesure. La recherche du « plus grand bonheur du plus grand nombre » s'exprime par une productivité maximale qui trouve ses débouchés dans une société de consommation débridée.

Le philosophe Ruwen Ogien se livre à une critique de l'utilitarisme que je partage. Il souligne que, d'après cette doctrine, il serait concevable de soutenir une société qui choisisse de donner toutes les richesses à quelques-uns et de laisser les autres dans la misère, si le niveau de jouissance des privilégiés est tel qu'il est supérieur à la souffrance des individus pauvres. Peut-être est-ce d'ailleurs ce que tente d'organiser la philosophie néolibérale. Voilà en tout cas l'une des limites du conséquentialisme : comment déterminer ce qu'est une bonne conséquence ?

Un autre aspect de l'utilitarisme (ou du conséquentialisme) se révèle à mon sens particulièrement problématique. Certes, le principe de base semble cohérent :

on étudie une problématique et on évalue l'attitude à adopter en fonction des conséquences de l'action – le pragmatisme l'emporte donc sur la morale rigide. Mais *qui* est vraiment apte à juger de ces conséquences ? Ce sont souvent les situations les plus complexes qui font débat, donc celles où les conséquences, justement, peuvent être difficiles à anticiper avec précision. Les interventions militaires à prétexte humanitaire en sont la plus parfaite illustration. En prétendant vouloir protéger une population menacée par un régime, il est possible d'obtenir un résultat pire que celui qu'aurait engendré la non-intervention, à savoir un nombre de victimes bien plus important que celles qu'aurait occasionnées le maintien du régime en place. Alors qu'on motive son action en imaginant une conséquence bonne, celle-ci peut se révéler catastrophique en raison de l'incompétence de l'analyse initiale. L'intervention internationale contre Kadhafi en 2011 l'a parfaitement montré : un dictateur est tombé, mais le terrorisme islamiste s'en est retrouvé largement conforté, comme déjà après la chute de Saddam Hussein, en Irak, et la crise des migrants a été lancée. Combien de dizaines ou de centaines de milliers de morts sont la conséquence des décisions de Nicolas Sarkozy et de son inspirateur officiel Bernard-Henri Lévy ? N'est-il pas difficile pour eux de dormir avec cela sur la conscience ? Telle est la limite du droit ou du devoir d'ingérence, qui ne devrait s'appliquer que dans des situations exceptionnelles, dès lors que le bénéfice de l'intervention en termes de vies sauvées est absolument incontestable.

L'utilitarisme et le conséquentialisme comportent donc trois défauts majeurs : ils exigent de la part de ceux qui s'en réclament une compétence d'analyse hors du commun, ils peuvent entraîner des paris sur l'inconnu, et ils ne nous apprennent pas toujours ce qu'est une bonne conséquence.

B. Déontologisme et abolitionnisme

Les abolitionnistes sont pour leur part des *déontologistes*. Le déontologiste considère que nous avons des devoirs moraux qu'il faut respecter en toutes circonstances. Il convient donc de ne s'intéresser qu'à l'action elle-même, sans se préoccuper du résultat. Il s'agit là de l'impératif catégorique kantien. On pose des principes et on s'y tient, quelles que soient les circonstances. Quels sont ces devoirs moraux ? Kant l'explique : « Agis uniquement d'après la maxime qui fait que tu peux aussi vouloir que cette maxime devienne une loi universelle. » Ou encore : « Agis de façon telle que tu traites l'humanité, aussi bien dans ta personne que dans toute autre, toujours en même temps comme fin, et jamais simplement comme moyen. » Puis-je mentir ou faire une fausse promesse pour me sortir d'une situation gênante ? Non, car je ne souhaite pas que le mensonge devienne une loi universelle. L'exigence kantienne a été maintes fois critiquée : n'est-elle pas illusoire, voire intégriste ? Le droit de mentir (ou pas) a donné lieu à une polémique entre Kant et Benjamin Constant, ce dernier rétorquant qu'on ne peut imaginer une société composée d'hommes qui disent tout le temps la vérité car la cohabitation deviendrait impossible si l'on avouait toujours à son interlocuteur ce qu'on pense de lui. La politesse, d'après lui, exige de ne pas froisser les gens. L'objection de Constant trouve tout son poids dans ce problème de casuistique bien connu des étudiants en philosophie : vous cachez chez vous un homme recherché par des assassins – imaginons par exemple un résistant qui fuit les nazis. Ces nazis frappent à votre porte et vous demandent si vous avez vu passer ce résistant. Que faire ? Mentir pour sauver la vie à celui que vous hébergez ? Ou rester fidèle au principe de vérité, et donc condamner cet homme ? La réponse ici est évidente et démontre la complexité de la position kantienne. Autre problème : si je veux agir en fonction de mes obligations morales, comment déterminer ces dernières ? Comment savoir avec certitude ce qui est bien et ce qui est mal ?

Toutes les questions ne sont heureusement pas aussi délicates que celle du mensonge. En ce qui concerne les animaux, les déontologistes sont abolitionnistes car ils considèrent qu'il n'y a aucun contexte particulier qui justifie de tuer un être vivant pour s'en nourrir ou lui voler sa peau. Il est mal, en toutes circonstances, d'ôter la vie à un animal alors que cela n'est pas nécessaire.

Cette catégorisation morale binaire entre utilitaristes et déontologistes est primordiale pour comprendre les motivations de nos jugements mais crée parfois des barrières artificielles entre des militants pour le respect de la vie animale, dont le positionnement est souvent complexe. Le débat est d'autant plus compliqué que l'on n'est jamais vraiment tout l'un ou tout l'autre : il est à peu près impossible d'être déontologiste à 100 %, tout comme un conséquentialiste laissera parfois s'exprimer ses réflexes moraux avant d'avoir calculé le résultat de sa décision. On tend chacun majoritairement vers l'une des deux logiques mais les situations obligent toujours à aller puiser dans l'autre.

Le sociologue allemand Max Weber a formulé l'opposition déontologisme/conséquentialisme en distinguant d'un côté *l'éthique de conviction* et de l'autre *l'éthique de responsabilité*. Weber avait d'ailleurs clairement pris le soin de préciser que l'éthique de conviction ne signifiait pas l'absence de responsabilité et que l'éthique de responsabilité (qui était la sienne) ne signifiait pas l'absence de conviction. Mais il constatait en effet que l'une ou l'autre des positions prévaut lorsqu'un choix s'impose.

Pendant que nous y sommes, laissez-moi vous citer la troisième approche de l'éthique normative, qui s'ajoute aux deux autres : *l'éthique de la vertu*. Cette fois, il s'agit d'agir en fonction du trait de caractère qui détermine l'action. S'agit-il d'une vertu (le courage, l'honnêteté,

Vivre et laisser vivre

Ne pas faire souffrir

Le raisonnement de Peter Singer consiste à établir que tous les animaux ont des « intérêts », parmi lesquels ceux d'éprouver du plaisir et de ne pas souffrir. Ce dernier intérêt est pour lui le plus important. Selon Singer, il faut réduire la souffrance au maximum pour tout être sensible.

De fait, notre société humaine considère l'évitement de la douleur comme une priorité absolue. Il suffit de se rendre sur le site du ministère de la Santé pour en avoir la confirmation. On peut y lire ceci : « Critères de qualité et d'évolution d'un système de santé, l'évaluation et la prise en charge de la douleur constituent un véritable enjeu de santé publique. La loi relative aux droits des malades et à la qualité du système de santé du 4 mars 2002 reconnaît le soulagement de la douleur comme un droit fondamental de toute personne. La lutte contre la douleur est également une priorité de santé publique inscrite dans la loi de santé publique de 2004. » Et de citer tout un arsenal législatif qui comprend l'article L. 1110-5 du Code de santé publique : « [...] Toute personne a le droit de recevoir des soins visant à soulager sa douleur. Celle-ci doit être en toute circonstance prévenue, évaluée, prise en compte et traitée. »

Chacun d'entre nous sait combien la douleur peut être insupportable. Nous faisons tout pour l'éviter ou la soulager. Une brûlure, une coupure, un choc, une piqûre, un pincement, un mal de tête, de dents, de dos, pour ne parler que des plus banales douleurs : voyez comme nous sommes sensibles. Si le traitement de la douleur est officiellement « un droit fondamental de toute personne » et que les animaux que nous exploitons ont, comme nous l'avons vu, les caractéristiques de « personnes », il est logique de leur accorder ce même droit fondamental. Certes, des textes existent qui sont censés garantir le « bien-être » animal. Mais nous verrons un peu plus loin qu'ils sont inefficaces.

Le point de départ proposé par Peter Singer semble donc particulièrement pertinent. On appelle cette approche le *pathocentrisme* : elle affirme que l'aptitude à ressentir la douleur confère des droits. Pour Singer, l'intérêt à ne pas souffrir d'un chien est le même que l'intérêt à ne pas souffrir d'un humain, et l'intérêt à ne pas souffrir d'une vache est le même que l'intérêt à ne pas souffrir d'un chien. L'espèce n'a rien à voir là-dedans.

Il s'agit donc d'établir l'*égalité de considération* entre les humains et les non-humains. Mais attention : cette égalité de considération n'implique pas une égalité de traitement. Il y a bien évidemment des différences biologiques entre les espèces, et les conditions de bien-être des animaux ne sont pas les mêmes pour tous. Ce qui est essentiel pour un humain ne l'est pas forcément pour les autres espèces. Un humain a besoin d'apprendre à lire et à écrire, ce qui n'est pas le cas d'un cochon. De la même manière, un cochon a besoin de fouiller, de s'amuser, de communiquer avec ses camarades, ce qui n'est pas le cas du serpent. Il n'en reste pas moins vrai que le niveau de capacités mentales ne peut être un critère qui autorise à infliger des souffrances. Sinon, il faudrait appliquer la règle aux humains, et considérer que la souffrance des déficients mentaux ne compte pas. Cette hypothèse est évidemment choquante et inacceptable. La règle difficilement contestable est la suivante : la souffrance reste la souffrance, quel que soit l'être qui la ressent.

En revanche, selon Peter Singer, les différences intellectuelles entre les espèces impliquent qu'il y a des vies qui valent plus d'être vécues que d'autres. D'après le philosophe, la valeur de la vie augmente proportionnellement à la capacité de faire des projets, d'être conscient de soi, de se représenter un passé et un futur, de communiquer avec complexité ou d'éprouver des émotions telles que le bonheur ou la tristesse. Selon cette vision, la valeur de la vie d'un humain > la valeur de vie d'un gorille > la valeur de la vie d'un cochon > la valeur de la vie d'un poisson, etc. Conséquence : d'après Singer, il est plus grave de tuer un humain en pleine possession de ses moyens que de tuer un chien ou une souris : « Nous pouvons légitimement penser qu'en raison des caractéristiques que possèdent certains êtres leur vie a plus de valeur que celle d'autres êtres. » Selon la logique du philosophe australien, l'expérimentation animale n'est pas un interdit : on peut sacrifier dix singes si l'on est sûr et certain de sauver cent hommes. Il faut toutefois préciser, pour être complet, que ce n'est pas l'espèce en elle-même qui détermine la valeur de la vie pour Singer, mais bien les capacités mentales de l'individu concerné. La vie d'un chimpanzé, d'un chien ou d'un porc adulte en parfaite possession de ses moyens intellectuels a donc plus de valeur que la vie d'un humain « au cerveau endommagé », c'est-à-dire un handicapé mental. En cela, Singer affirme son antispécisme, puisqu'il ne donne pas toujours sa préférence à l'espèce humaine. Attention à ne pas se méprendre sur l'exemple cité : Singer n'affirme évidemment pas ici qu'il est juste de tuer un handicapé mental, comme on tue actuellement les animaux avec lesquels il fait une comparaison. Il souhaite une actualisation des critères moraux par le haut, et non par le bas. Il demande que l'importance attachée à la vie des animaux non humains soit augmentée. « Nous devons respecter la vie d'un animal autant que la vie d'un être humain de niveau mental comparable », écrit-il.

Par ailleurs, la vie n'est pas en elle-même sacrée pour le philosophe australien, qui considère, comme nous l'avons vu, que l'on pourrait tolérer l'élevage et donc l'abattage des animaux si nous étions certains de ne pas faire souffrir les animaux concernés.

La contribution de Peter Singer à la cause animale est essentielle, et son livre *Animal Liberation* a permis de poser il y a quarante ans les bases d'une argumentation antispéciste qui a donné un nouveau sens aux mouvements de défense des animaux. Le philosophe reste une référence incontournable, et ses avis sont toujours aussi précieux aujourd'hui. Néanmoins, deux arguments développés par Peter Singer me posent problème : contrairement à lui, je ne pense pas qu'il y a des vies qui valent plus que d'autres, et j'estime que la vie est sacrée, sous certaines conditions toutefois.

Le respect de la vie

Toute vie doit être respectée et épargnée lorsque c'est possible, et lorsque cette vie est en capacité de profiter d'elle-même. Telle est selon moi la règle morale intangible qui doit guider nos gestes. Plusieurs chemins qui se croisent mènent à la même conclusion : l'approche spirituelle des sagesses asiatiques, la philosophie et le droit.

L'approche spirituelle est celle de la non-violence développée par le jaïnisme et prônée par Tolstoï, Gandhi et Schweitzer.

> *C'est terrible. Pas juste la souffrance et la mort des animaux, mais le fait que [en les tuant] l'homme réprime en lui-même, sans la moindre nécessité, sa plus haute capacité spirituelle, qui est celle de la sympathie et de la pitié à l'égard des créatures vivantes comme lui, et en violant ainsi ses propres sentiments il devient cruel. Alors que*

le commandement de ne pas prendre la vie est ancré profondément dans le cœur de l'homme.

Léon Tolstoï, *Le Premier Pas* (1892)

Pour l'homme véritablement moral, toute vie est sacrée, même celle qui du point de vue humain semble inférieure. Il n'établira de distinction que sous la contrainte de la nécessité, notamment lorsqu'il lui faudra choisir, entre deux vies, laquelle préserver, laquelle sacrifier. [...] Attaché comme je le suis depuis ma jeunesse à la cause de la protection des animaux, j'éprouve comme une joie particulière que l'éthique universelle du respect de la vie montre dans la pitié envers les créatures, si souvent raillée comme une attitude sentimentale, une obligation réelle, à laquelle l'homme pensant ne peut se soustraire.

Albert Schweitzer, *Ma vie et ma pensée* (1960)

Les hommes capables d'un total désintérêt et de pitié pour la plus humble des créatures vivantes nous permettent de comprendre le pouvoir de Dieu, et sont comme le levain de l'humanité, éclairant le chemin qui la mène vers son but. Nous n'avons pas le droit de détruire la vie que nous ne pouvons pas créer.

Gandhi, *La Jeune Inde* (1927)

Le bouddhisme, l'hindouisme et le jaïnisme ont développé le concept d'*ahimsa*, si cher à Gandhi, à savoir le refus de toute violence et le respect de la vie sous toutes ses formes. Il faut entendre ce concept au sens large. Il ne se limite pas à l'interdiction de blesser ou de tuer. « La non-violence commence à partir de l'instant où l'on aime ceux qui nous haïssent », écrit Gandhi. La non-violence s'accompagne de l'amour de la vérité et de l'exigence de la compassion qui doivent guider nos rapports humains. « On n'est pas non violent si on se

167

moque de conduire un homme à sa perte en le trompant dans ses affaires », précise par exemple Gandhi.

Amour, compassion, vérité : ce vocable propre aux messages des religions semble nous éloigner de l'antispécisme rationnel dont je fais l'éloge dans les pages précédentes. Schweitzer résout cette apparente contradiction lorsqu'il écrit que « la conception du respect de la vie est un mysticisme éthique. Elle permet de réaliser l'union avec l'univers par l'action éthique. Ce mysticisme a son origine dans la pensée logique. »

Et nous voici revenus à l'éthique animale et à ses deux courants, le conséquentialisme et le déontologisme, c'est-à-dire d'un côté ceux qui luttent pour l'amélioration du bien-être animal et de l'autre ceux qui réclament la fin pure et simple de l'exploitation des animaux. Gandhi lui-même établit ce lien avec la philosophie morale, puisqu'il s'en prend à l'utilitarisme de Bentham. Selon le sage indien, « l'adepte de l'*ahimsa* ne peut faire sienne la formule utilitaire selon laquelle le plus grand bien est ce qui convient au plus grand nombre. Quitte à sacrifier sa vie pour un idéal, il luttera pour que tous, sans exception, soient à même de connaître le bien le plus élevé. » Gandhi se refuse à accepter une souffrance au prétexte qu'elle profiterait à une majorité. Le bien-être de chaque individu doit être garanti de la même manière. Gandhi fustige la « formule utilitaire » et donc la morale prônée par Peter Singer. Et je partage son opinion sur le fait que l'approche de Peter n'est pas tout-à-fait satisfaisante.

Tout d'abord, la liste des « intérêts à vivre » à partir de laquelle Singer souhaite établir la valeur relative de la vie m'apparaît très subjective. Sur quels éléments irréfutables peut-on l'établir ? Certes, on comprend aisément qu'une conscience accrue et des capacités cognitives élevées offrent à celui qui les possède un potentiel d'émotions et de réalisations plus important. Encore faut-il être capable de déterminer le niveau réel de cette conscience et de ces capacités cognitives chez les espèces non humaines. Or, notre jugement est forcément anthropocentrique puisque, pour questionner les autres espèces animales, nous nous appuyons sur des critères d'intelligence et de sensibilité qui sont uniquement humains. Et ce, alors même que nous ignorons encore beaucoup des capacités psychiques et sensorielles propres aux autres animaux. Ce n'est pas parce qu'une espèce ne sait pas compter jusqu'à 100 qu'elle n'a pas de facultés mentales tout aussi intéressantes que les nôtres. Ces dernières peuvent en effet prendre une autre forme. Les chauves-souris, qui se déplacent avec une précision parfaite à l'aide de l'écholocalisation, ou les oiseaux migrateurs, qui parcourent des milliers de kilomètres avant de revenir à leur point de départ, en utilisant notamment le champ magnétique terrestre, mobilisent des compétences dont nous sommes dépourvus. Ces capacités valent-elles moins que les nôtres ? Il m'apparaît difficile de soutenir une telle chose sans être spéciste. C'est pourtant bien la position que défend Singer lorsqu'il écrit que « cela ne veut pas dire, pour que notre position ne soit pas spéciste, que nous devons considérer qu'il est aussi grave de tuer un chien que de tuer un être humain en pleine possession de ses facultés. » En clair, selon Singer, la vie d'un chien vaut moins que la vie d'un humain « en pleine possession de ses facultés. »

La gêne de Singer à ce sujet est perceptible. Pour établir des cas où la vie d'un humain compterait moins que celle d'un animal d'une autre espèce, il considère toujours des facultés humaines incomplètes (un enfant, un handicapé mental) et prend en comparaison les animaux les plus évolués intellectuellement d'après nos critères (chimpanzés, porcs, chiens...). Mais il n'écrit pas que la vie d'une souris ou d'un pigeon peut valoir plus que celle d'un humain, même diminué. Parce que, dans le fond, ces animaux sont trop « bêtes » pour lui. Autre problème : comment estimer le moment où les intérêts d'un déficient mental deviennent inférieurs à ceux d'un chien ou d'un chimpanzé ? À part les cas extrêmes où l'humain concerné se retrouve complètement paralysé

169

dans un fauteuil, incapable de communiquer, le cerveau abîmé, et où l'on peut constater sans problème qu'un chien ou un chimpanzé en liberté profite plus de sa vie, il me semble compliqué de trouver les seuils qui permettraient de déterminer qu'une existence humaine mérite moins d'être vécue que telle ou telle existence non humaine. Par ailleurs, adopter un tel point de vue en étant antispéciste amène logiquement à se donner le droit de considérer qu'il y aurait aussi des vies humaines qui valent plus que d'autres vies humaines d'être vécues. On perçoit immédiatement le danger d'une telle théorie exploitée par des esprits fascisants – ce que n'est pas une seule seconde Singer, soyons extrêmement clairs là-dessus. Pas un instant ne transparaît chez lui la moindre intention ambiguë, contrairement aux procès qui lui ont déjà été faits. En revanche, il faut admettre qu'il y a dans l'approche de Singer quelque chose qui cloche : si l'on estime que chaque vie humaine vaut autant qu'une autre (ce qui devrait être la norme), et que l'on est antispéciste, alors on doit estimer que chaque vie animale vaut autant qu'une autre, puisque l'espèce ne peut être prise en compte pour justifier une discrimination.

En essayant de faire progresser la réflexion sur la considération des animaux, tout en tenant compte des différences réelles qui existent entre les différentes formes animales, Peter Singer semble hésiter à s'affranchir des a priori culturels occidentaux sur la hiérarchie des espèces. De ce fait, il propose un système imparfait (celui des « intérêts »), puisque perméable au spécisme.

Au lieu de mettre en avant une série d'intérêts multiples et peu objectifs sur lesquels déterminer la valeur d'une vie, il est préférable selon moi d'évoquer un intérêt unique, qui est l'*intérêt à vivre*, lequel n'a pas de limites quantifiables puisqu'il est absolu et égal pour tous. Il est cette force qui pousse à exister coûte que coûte, et qui anime chaque être vivant. Pour les plantes, non conscientes, peut-être est-il plus juste d'évoquer un *besoin* de vivre et non un *intérêt*. Mais chaque être conscient, hormis des cas pathologiques particuliers, aspire à perfectionner son être ou tout au moins à le mener le plus loin possible. C'est le « vouloir-vivre » de Schopenhauer. Ôter la vie à un être vivant conscient engendre donc un préjudice incommensurable, puisque cela le prive de ce qu'il a de plus précieux.

Il y a bien sûr une exception à cette règle : c'est lorsque la vie perdure, mais qu'elle est définitivement empêchée de s'épanouir et de profiter d'elle-même, ce qui engendre soit une souffrance, soit une inutilité. Un malade en fin de vie ou un accidenté paraplégique privé de toutes ses facultés d'expression et de communication, incapable de profiter du moindre moment, devraient avoir le droit de choisir de ne plus vivre. Et nous, le devoir, par humanité, de les y aider. Encore un sujet sur lequel la France a quelques années de retard. Pas de méprise non plus en ce qui concerne l'avortement : il n'y a pas de droit à naître. Pendant les premiers mois de la grossesse, l'enfant n'est qu'un être en puissance, un embryon puis un fœtus sans conscience ni système nerveux. Le respect de la vie concerne celle qui est là, pas celle qui pourrait être. C'est pourquoi l'avortement, comme la contraception, sont non seulement des droits essentiels, mais encore des moyens de respecter profondément la vie en lui évitant d'apparaître dans des conditions qui lui seraient défavorables.

S'abstenir de faire souffrir les animaux ne suffit donc pas. Il faut également s'abstenir de les tuer. S'il est admis qu'une même souffrance vaut pour un humain et un non-humain, alors il faut également accepter qu'aucune espèce ne dispose d'un *droit à exister* supérieur à celui d'une autre. Que ce soit pour un homme, une vache, un chien, un lapin ou un poisson, l'existence a exactement le même prix puisqu'elle est unique et permet à chaque individu – humain ou non – de se réaliser. La vie d'une vache est aussi précieuse pour elle que notre vie d'humain l'est pour nous. Par ailleurs, chaque être vivant conscient accorde à sa propre vie et à sa propre espèce une importance prioritaire. Tout chien, tout cochon, toute poule, estime sa vie plus précieuse que celle de n'importe quel humain (la seule différence réside dans le fait que ces animaux n'expriment pas ce point de vue de la même manière que nous : chez eux, cette priorité accordée à leur être est plus inconsciente et de l'ordre du réflexe de survie ; elle ne découle pas d'un sentiment de supériorité, mais de priorité).

Par conséquent, le fait qu'un bovin passe ses journées à brouter au lieu de surfer sur Internet et aller boire des coups avec ses potes, ne rend pas sa mort moins problématique que celle d'un *Homo sapiens.* Impossible donc de postuler qu'une existence vaut plus qu'une autre.

Afin de hiérarchiser les différentes expressions de la vie, une autre possibilité consiste à comparer la contribution des différentes espèces à la communauté qu'elles partagent, c'est-à-dire le vivant terrien. Quel critère prendre en compte ? Dans la perspective athée d'une vie qui n'a d'autre sens ni d'autre but que le développement d'elle-même, on ne peut que mesurer le rôle que joue chaque espèce dans la préservation de la vie dans sa globalité, c'est-à-dire dans les écosystèmes. Si l'on prend cette échelle d'évaluation, les abeilles, qui sont responsables de 80 % de la pollinisation des espèces de plantes à fleur, occupent l'une des premières places du classement. Les vers de terre également, qui participent activement à la santé des sols. Si l'une ou l'autre de ces espèces venait à disparaître, la vie telle qu'on la connaît aujourd'hui en serait profondément affectée. En revanche, selon le même critère, l'espèce humaine arrive bonne dernière de ce classement puisque non seulement elle peut disparaître demain sans que cela affecte négativement le cycle vital de la planète, mais en plus elle est l'espèce qui détruit le plus de vie. Elle est l'animal le plus nuisible qui soit. Si l'on estime la valeur d'une espèce à sa contribution positive au cycle du vivant, l'homme doit donc être éradiqué. Ce que je ne prône pas, évidemment.

Reste une dernière possibilité pour nous permettre d'affirmer que la vie humaine vaut plus que les autres. Il faudrait pouvoir démontrer que la vie sur Terre ne vit pas pour elle-même, mais qu'elle répond à un but précis, qu'elle est en mission au service de ce but, et que la mission de l'espèce humaine est supérieure à celle des autres espèces. Alors seulement dans ce cas l'éventualité que les humains valent plus que les autres animaux peut commencer à se discuter. Toutefois cette perception pose un problème : elle est créationniste. Elle postule qu'un être transcendant a organisé la naissance du monde, qu'il lui a assigné une finalité et qu'il a distribué des fonctions différentes à toutes les espèces. Cette hypothèse est la seule qui permette à l'homme de justifier sa furie destructrice : il utiliserait tout ce qui est sous sa main pour réaliser son destin magique. Lequel ? Mystère. Bien sûr, tout cela n'est que pure spéculation et ne tient pas la route une seconde. La connaissance et les avancées techniques nous éloignent toujours un peu plus du Dieu de la Bible. Mais on comprend pourquoi le seul « vouloir-vivre » a tant de mal à être toléré comme un critère de considération dans une société productiviste humaine qui génère du « vouloir-tuer » à n'en plus finir. Puisqu'il a choisi de prendre en otage le vivant, le seul salut moral qui reste à l'*Homo sapiens* est de se prétendre chargé d'une mission qui le dépasse. Tous les spécistes, même sans le savoir, croient en un Dieu qui les a dotés de pouvoirs particuliers. Ils sont des théistes qui s'ignorent. On peut donc en conclure que, si tous les antispécistes ne sont pas athées, en revanche seuls les antispécistes le sont vraiment.

Si l'on s'en tient, pour expliquer la vie sur Terre, à la théorie du hasard, qui est la plus rationnelle, la vie humaine n'a pas plus de sens que celle d'un lapin ou d'une grenouille. Notre capacité de réfléchir et d'inventer n'y change rien. Chaque être qui paraît sur la planète a donc exactement le même droit de profiter de son passage, du début à la fin.

L'astrophysicien Stephen Hawking pense que nous ne sommes pas seuls dans l'univers. Et cette croyance est simple à comprendre. La Terre fait partie des huit planètes du système solaire. Il y a 200 milliards d'étoiles comme le soleil dans notre galaxie. Et il existe plus de 100 milliards de galaxies (200 ? 300 ? on ne sait pas dire le nombre exact). Pourquoi la Terre, qui n'est rien de plus qu'une minuscule poussière dans le cosmos, serait-elle le seul endroit où la vie est apparue ? Le bon sens nous oblige à considérer que les extraterrestres existent. Pourquoi vous parler de cela ici, maintenant ? Souvenez-vous, j'ai ouvert ce livre par une promenade dans l'espace. Et nous y revenons. Car l'éthique animale puise également son argumentation dans l'immensité infinie où nous naviguons.

Quelle forme peuvent avoir pris les autres incarnations de la vie dans l'univers ? Il est impossible de le dire car notre imagination est limitée par notre propre champ d'expérience. Or, comment imaginer ce qui tient de facultés ou de techniques que nous n'avons même pas encore approchées en rêve ? Il est tout à fait possible que des intelligences se soient développées depuis beaucoup plus longtemps que la nôtre et qu'elles aient des milliards d'années d'avance sur nous. Si de telles créatures nous rencontrent demain, peut-être ne représenterons-nous rien de plus à leurs yeux que de minuscules fourmis. Peut-être apparaîtrons-nous tellement sous-évolués que notre existence leur semblera négligeable. Si ces aliens surdoués débarquent sur la Terre demain et qu'ils décident de nous exterminer ou de nous bouffer, en justifiant ces massacres par leur supériorité intellectuelle, n'y verrions-nous pas un léger problème ? Ne trouverions-nous pas insoutenable que nos proches soient réduits en esclavage et massacrés ? Ces aliens auraient sans doute leurs raisons : besoin d'exploiter notre terre, besoin peut-être de se nourrir (j'imagine que nous sommes aussi savoureux, rôtis, que des cochons) ou besoin de s'amuser (peut-être nous mettront-ils dans des cages devant lesquelles ils feront défiler leurs enfants, car nous serons à n'en pas douter des objets de curiosité pour eux).

Cette projection dans un futur qui ne nous serait pas favorable est essentielle pour comprendre pourquoi nous ne pouvons faire subir à d'autres ce que nous ne souhaitons pas que l'on nous fasse subir. Le fait que cette expérience de pensée s'appuie sur une hypothèse non vérifiée pour l'instant (l'existence d'une forme de vie supérieure) ne permet pas d'invalider la pertinence morale de la démonstration et des principes à en tirer. Si nous exploitons et tuons les membres d'une autre espèce qui ne nous menace pas, comme nous le faisons avec les cochons, les poulets ou les veaux, c'est aussi par un excès de prétention. Nous sommes persuadés que nous appartenons à une espèce qui ne subira jamais un tel sort. Cette certitude est une illusion. D'un point de vue théorique, des petits bonhommes verts pas sympas du tout pourraient débarquer demain sur Terre. Mais une espèce menaçante pourrait aussi naître sur notre planète, à nos côtés, par le jeu de l'évolution, des changements climatiques ou d'autres phénomènes qui bouleverseraient les équilibres.

Réduire son empreinte négative

Le respect de la vie et le refus d'éliminer la moindre existence sur Terre se heurtent à une difficulté de taille : le vivant se nourrit du vivant. Notre présence sur cette planète génère forcément son lot quotidien de destructions. En marchant, en respirant, en conduisant, en construisant des maisons et des immeubles, en cultivant la terre, en nous nourrissant, nous tuons au moins de minuscules animaux et nous supprimons de la vie végétale. Le seul moyen de ne détruire aucune parcelle de vie serait de ne pas exister, ce qui est tout de même gênant pour qui veut profiter de la vie.

Comment résoudre ce dilemme ? Tout simplement en *réduisant au maximum notre empreinte négative sur la vie.* Ce qui correspond pour les environnementalistes au fait de réduire au maximum leur empreinte écologique. Tout comme celui qui se soucie de la santé de la planète va essayer de trouver les solutions les moins polluantes pour ses déplacements et va choisir les options les plus sobres pour sa consommation, l'antispéciste abolitionniste doit logiquement tenter de limiter au maximum le mal qu'il cause au vivant sensible : il doit être à l'origine du plus petit degré de souffrance possible.

Il convient d'abord de ne pas utiliser de produits issus de l'exploitation animale : pas de viande, pas de lait ni d'œufs, pas de cuir ni de fourrure. Pour se nourrir et s'habiller, utiliser uniquement les végétaux qui, selon toute vraisemblance, ne souffrent pas. Certes, les plantes sont également mues par le « vouloir-vivre » et la « volonté de puissance » qui les encouragent à s'étendre, parfois au détriment des autres. Par ailleurs, les végétaux ont leur « intelligence ». Ils sont capables de ressentir une agression et d'y réagir. En Afrique du Sud, on s'est rendu compte que les acacias établissaient des stratégies de communication et de défense : ils sont généralement broutés par les *koudous* (des antilopes), mais au-delà d'un certain niveau de consommation, comme pour préserver l'espèce, un bosquet qui est dévoré envoie des signaux gazeux aux arbres voisins, qui sécrètent alors des toxines lesquelles empoisonnent les animaux qui souhaitent s'en nourrir. Cette stratégie est remarquable à plusieurs titres car elle n'est pas que de l'autodéfense, dans la mesure où l'acacia se « laisse » habituellement manger par les herbivores sans être dangereux. Mais l'acacia sert de nourriture à de nombreux animaux : s'il venait à manquer, l'écosystème en serait perturbé. En devenant soudain « immangeable », elle oblige ses prédateurs à se déplacer et à aller chercher leur nourriture ailleurs. Incroyable gestion du bien-être collectif. Autre exemple : le *mimosa pudica* est une plante sensible dont les feuilles se rétractent dès qu'on les frôle de la main, comme une jeune fille timide. Encore un moyen de se défendre contre les agressions. Les plantes, on le sait, ont également une forme de mémoire. Mais, pour les plantes, les termes « intelligence » ou « mémoire » n'expriment pas les mêmes réalités que celles qu'elles désignent pour les animaux. Ce sont des utilisations métaphoriques car les végétaux n'ont ni cerveau ni neurones. Elles mettent ainsi en mémoire les réactions à adopter, mais ne se souviennent pas avoir été agressées. On n'a donc aucune preuve que les plantes, qui sont dénuées de système nerveux identifiable, ont une conscience et ressentent la douleur. Tout nous pousse même à soutenir le contraire, bien qu'on ne puisse totalement écarter l'hypothèse que nous découvrions un jour chez elles un système nerveux inédit. Mais, même dans ce cas, il semble peu probable que le ressenti d'un végétal puisse être à hauteur de celui d'un animal, même le moins évolué. C'est pourquoi l'argument parfois entendu selon lequel les végétariens oublient que les légumes et les céréales souffrent relève de la plus pure mauvaise foi. J'ajoute que le cas de certains animaux, proches du végétal, questionne : la moule et l'huître semblent n'avoir ni esprit ni capacité d'éprouver la douleur, et dans ce cas elles sont comestibles.

Ne jamais tuer aucun être conscient : jusqu'où peut-on et doit-on respecter cette règle ?

La limite est celle de la préservation de notre propre vie. Tant que celle-ci n'est pas menacée, il n'y a aucune raison valable de tuer. Mais, si je me fais agresser par un animal humain ou non humain dont l'intention est clairement de me supprimer, je me défends. Même dans un tel cas, toutefois, il faut éviter de tuer l'agresseur et plutôt le neutraliser sans lui ôter la vie. En dehors de ce cas extrême et peu usuel d'une agression violente, de nombreuses situations quotidiennes nous mettent dans la position d'un assassin potentiel. Que faire avec des souris chez soi ? Des insectes qui piquent ? Des mites qui rongent les habits ? Il faut évaluer chaque cas en fonction du degré de gêne qu'il occasionne et des moyens à notre disposition pour y répondre. La plupart du temps il existe une possibilité de régler le problème sans violence. Les pièges qui fracassent le cou des souris sont cruels et inutiles. Les souris ont le droit de vivre leur vie de rongeur et, si vous ne souhaitez pas partager votre espace avec elles, ce qui peut se comprendre, il suffit de les déplacer à l'extérieur de votre logement. Il en va de même pour les insectes qu'il est possible de capturer pour les relâcher dans la nature. Le papier tue-mouches est répugnant : il suffit d'ouvrir une fenêtre et d'installer des répulsifs naturels pour éloigner les gêneuses. Les mites quant à elles détestent les feuilles de laurier ou la lavande. Évidemment, il existe des cas où une invasion massive de certains insectes nécessite leur élimination. Les punaises de lit par exemple, qui agressent sans ménagement, ne peuvent avoir droit qu'à une compassion mesurée : il faut bien s'en débarrasser et donc les éliminer. Le cas des moustiques est intéressant. Les écraser ou pas ? Albert Schweitzer refusait de tuer les moustiques en Europe, mais s'y autorisait lorsqu'il résidait en Afrique, car là-bas ils étaient porteurs de la malaria. En ce qui me concerne, je n'ai pas la sagesse d'Albert et je ne demande pas au moustique de me montrer son bilan de santé avant de l'écraser, dans le cas où celui-ci vient de me voler mon sang sans mon autorisation et qu'il s'apprête à recommencer. En même temps, l'honnêteté m'oblige à reconnaître que, même dans cette circonstance où je me contente de répliquer à une urticante agression, je ne suis pas à l'aise. Car le moustique ne choisit pas : il a besoin de ce sang pour vivre, la nature l'a fait ainsi. Je ne peux donc pas lui reprocher un seul instant de répondre à son « vouloir-vivre » qui l'oblige à s'alimenter de la sorte. Et Schweitzer a raison, sur le fond, de se laisser piquer si cela ne comporte aucun risque. En revanche, évidemment, l'éthique ne peut condamner l'élimination des insectes porteurs de maladies et menaçants pour la santé des hommes et des femmes.

Réduire au maximum son empreinte négative sur la vie, telle est selon moi la plus humaniste des philosophies. Gandhi ne proposait pas autre chose :

> *L'homme ne peut pas vivre un seul instant sans commettre, consciemment ou non, de violence physique. Le fait de vivre, de manger, de boire et de remuer entraîne nécessairement la destruction de certaines formes de vie, si réduites soient-elles. Il n'en demeure pas moins que le non-violent reste fidèle à ses principes si tous ses actes sont dictés par la compassion, s'il protège de son mieux tout ce qui vit, s'il épargne même les créatures les plus insignifiantes et si, de cette manière, il se libère de l'engrenage fatal de la violence. Son abnégation et sa compassion ne cesseront de croître, mais il ne pourra jamais être pur de toute violence extérieure.*
>
> Gandhi, *Autobiographie ou mes expériences de vérité* (1927)

...litionniste

...ut pas mourir. La vie veut vivre.
...cette envie de croître, de se dé-
...de continuer à être. L'idée est
...ilosophes qui l'expriment avec
...cepts suivants :

... : « Aucune chose n'a en soi rien
...n qui supprime son existence ;
...osée à tout ce qui peut détruire
...nséquent, elle s'efforce, autant
...érer dans son être. C.Q.F.D. »

...hopenhauer : « Tout aspire et
...si possible à l'existence *orga*-
...la vie, et, une fois éclose, à son plus
grand essor possible. On voit bien clairement dans la
nature animale que le vouloir-vivre est le trait fondamental de son existence, son unique propriété immuable
et inconditionnelle. »

– la *volonté de puissance* de Nietzsche : « Où j'ai trouvé
de la vie, j'ai trouvé la volonté de dominer et, jusque dans
la volonté du serviteur, j'ai trouvé la volonté d'être le
maître. »

Gandhi traduira la même idée en ces termes : « La
vie est une aspiration. Sa mission est de tendre vers la
perfection, qui est la réalisation de soi. »

Chaque animal qui voit le jour sur cette planète veut
vivre sa vie d'animal, que celle-ci ne dure que quelques
heures, comme celle d'un éphémère, ou qu'elle s'allonge
pendant plus de deux cents ans, comme celle de certaines

tortues. La question qui se pose à nous est alors la suivante : pourquoi nous autoriser à éliminer une vie qui souhaite tout autant s'épanouir que la nôtre ?

Nous avons admis le caractère sacré de la vie pour l'espèce humaine : le meurtre est par principe proscrit, et tout humain qui vient au monde bénéficie du droit à exister. Pourquoi en serait-il autrement pour les membres des autres espèces ?

Nous savons que tout animal est un individu, ou une personne, c'est-à-dire un être avec son univers mental, sa subjectivité, sa capacité d'éprouver des sentiments et d'élaborer des projets plus ou moins développés. Chaque animal a ses préférences, ses goûts, ses congénères aimés ou détestés. Chacun d'entre eux poursuit des buts (à commencer par la recherche de nourriture), met en place des stratégies, utilise parfois des outils, prend des décisions et est capable d'apprendre. Évidemment, le développement de cet univers mental et de ces capacités cognitives n'est pas identique chez toutes les espèces. On peut affirmer qu'il est limité chez les insectes. Peu importe : chaque être est mû par le même principe, et chaque être a donc le droit de vivre. Faut-il respecter toute vie sensible ? La réponse ne laisse aucun doute : oui, il s'agit d'une obligation morale :

> – puisque tous les animaux ont la volonté de vivre, comme nous,
> – puisqu'ils éprouvent pour la plupart d'entre eux la douleur et la souffrance, comme nous,
> – puisqu'il n'y aucune différence de nature, mais seulement de degré, entre les autres espèces et nous,
> – puisque cette parenté se révèle toujours plus étroite au fil des découvertes scientifiques,
> – puisque nous sommes convenus que la vie de tout animal humain qui vient au monde doit être protégée,

→ la raison nous oblige : nous n'avons pas le droit de tuer ou de faire souffrir les animaux non humains, à moins d'y être absolument obligés.

Le sommes-nous ?

Nous n'avons pas besoin pour vivre de manger des animaux

Le végétarisme et le végétalisme ont démontré depuis des millénaires que ces régimes alimentaires sont parfaitement adaptés à notre constitution. Les nutritionnistes sérieux, ceux qui ne sont pas soumis aux lobbies, admettent la pertinence de l'alimentation sans produits animaux. Les études prouvent même que les végétariens vivent plus longtemps que les carnivores car la viande favorise diverses pathologies comme les maladies cardiovasculaires ou certains cancers. L'élevage industriel, qui constitue l'écrasante majorité de la fourniture de viande, augmente tous ces risques compte tenu des conditions sanitaires déplorables ayant cours dans ce système. Il ne faut pas oublier que de nombreuses pandémies, ces dernières années, sont nées dans ces élevages en raison du mode de production *a-naturel*.

Un courant émerge aujourd'hui qui réclame la fin des élevages industriels et la réhabilitation des éleveurs bios. Trois avantages sont mis en avant : la préservation de l'environnement, la qualité de la viande, et l'amélioration du bien-être animal. Le dernier point mérite que l'on s'y arrête. Le bien-être animal dans les élevages est un mirage. Pour deux raisons. D'une part, on aura beau tourner la question dans tous les sens, l'élevage aura toujours la même finalité : produire une marchandise et faire un profit. Ce profit se fera toujours au détriment de l'animal. D'autre part, le *bien être* implique l'*être bien*, c'est-à-dire le fait qu'un être puisse être *tel qu'il est censé être.* Le bien-être ou *bien être* de tout animal implique donc qu'il soit laissé dans des conditions naturelles : en liberté, en troupeau ou en groupe, avec l'organisation sociale qui en découle, en compagnie de la progéniture dont l'éducation est prise en charge par les parents et non par un éleveur.

Il faut également avoir à l'esprit que le développement des petits élevages au détriment des élevages industriels induirait une baisse drastique de la consommation de viande, puisque ces élevages familiaux ne sauraient à eux seuls fournir 10 milliards d'habitants en viande quotidienne. Quel système en découlerait ? La viande deviendrait forcément un produit de luxe, dont le prix augmenterait, et qui serait réservé à une élite. Promouvoir les élevages bios revient à militer pour une aristocratie de la nourriture. D'un côté, les pauvres qui n'auront plus droit à la viande et, de l'autre, les riches qui s'offriront leur steak comme ils s'offrent une thalasso. Cela pose un problème moral non négligeable : est-il acceptable de militer pour l'instauration d'une économie alimentaire à plusieurs vitesses ? La vérité est que l'élevage industriel est la seule manière de fournir de la viande à tout le monde. Il est en cela le plus démocratique. Donc, si l'on considère que la viande est une nécessité, il faut continuer les élevages industriels. S'il est en revanche admis que la viande n'est pas une obligation alimentaire, alors, par souci d'équité, il faut complètement en arrêter la production plutôt que de la réserver à une élite sociale.

Nous en arrivons au point essentiel : pourquoi continuer à manger de la viande si chacun s'accorde à dire (même les éleveurs bios et leurs soutiens) que l'on peut s'en passer ? Manger un bout d'animal n'est pas un acte anodin. Même si tout est fait pour que le consommateur l'oublie, il y a derrière une tranche de charcuterie une somme de douleurs et une vie arrachée. Comment le justifier ? À ce moment de la réflexion, seuls deux arguments sont avancés par les pro-viandes : le plaisir gustatif et la tradition.

Balayons d'emblée le recours à la « tradition », qui ne

saurait être une justification recevable. L'esclavage a été une tradition pendant des millénaires. L'excision est une tradition. La lapidation est une tradition. Le mariage forcé est une tradition. Il existe sans doute de bonnes traditions à conserver car elles sont porteuses d'histoire et rassembleuses. Mais une pratique barbare ne peut être sauvegardée pour la seule raison qu'elle est une coutume ancienne. L'ineptie du prétexte est tellement évidente qu'il est inutile de s'attarder davantage.

Reste le dernier recours des ogres : *La viande, j'aime ça*. Là encore, l'argument, d'un point de vue moral, ne tient pas la route un seul instant. Une action ne peut se justifier au seul motif du plaisir que ressent celui qui la commet. Le tueur en série prend du plaisir à tuer ses victimes. Le violeur prend du plaisir à violer. Pourtant, devant un tribunal, aucun de ces criminels ne sera innocenté. Inutile d'ailleurs de se limiter à des comparaisons sanglantes et violentes. Notre quotidien nous confronte à de multiples situations qui démontrent que notre seule jouissance personnelle ne peut en rien servir de caution à un comportement.

Exemple 1. J'aime écouter la musique à fond. La scansion des basses qui résonnent dans ma poitrine me transcende. Le cri des guitares qui fendent l'air en crachant leurs aigus saturés m'irradie de bonheur. L'autorité de la batterie qui explose mes tympans galvanise mes sens. Et pourtant ! Ai-je le droit d'empêcher mes voisins de dormir en poussant le volume de ma chaîne au maximum à 3 heures du matin ?

Exemple 2. Un type vous énerve. Sa tête ne vous revient pas. Il dit beaucoup de conneries, est arrogant, méprisant. Tiens, vous lui mettriez bien votre poing sur la tronche. Ça vous ferait plaisir. Ben non, pas le droit.

Exemple 3, plus sérieux. La cigarette vous fait un bien fou. Votre plaisir consiste à fumer quand vous prenez votre café le matin à la cafétéria de l'entreprise ou devant votre ordinateur, dans l'open space. Avez-vous le droit ? Plus maintenant. Ce dernier cas de figure est particulièrement intéressant. J'ai personnellement connu les années, avant la loi de 2007, où tous mes collègues me fumaient joyeusement à la figure, alors que je suis allergique à la fumée de cigarette. J'ai connu les bureaux irrespirables. J'avais beau exposer avec tact ma gêne aux accros du tabac, j'avais beau leur expliquer qu'il m'eût été fort désagréable d'être une victime du tabagisme passif, rien n'y faisait, j'avais immanquablement droit à la même réponse : *Tu ne peux pas entraver ma liberté ! C'est mon plaisir de fumer ma clope pendant que je travaille ! Tu vas quand même pas nous forcer à aller fumer dehors !* Jamais ils ne s'interrogeaient sur *ma* liberté : celle de ne pas être incommodé ni malade. Michel Serres dit très justement que celui qui fume devant un non-fumeur atteint à la liberté de ce dernier en s'appropriant son atmosphère. Le fumeur dit : « L'atmosphère est à moi et pas aux autres. » C'est une question de droit de propriété sur un bien commun qu'est l'air que l'on respire. La loi a en tout cas tranché : les fumeurs sont priés de sortir et le plaisir qu'ils éprouvaient à enchaîner les cigarettes tout en travaillant n'a pas suffi à plaider leur cause.

Rien ne justifie aujourd'hui que nous tuions le moindre animal pour nous alimenter. L'élevage pour la viande doit donc cesser. Il en va de même pour les élevages de produits laitiers et d'œufs qui occasionnent eux aussi la souffrance et la mort. Pour qu'elles produisent du lait, les vaches sont en effet inséminées afin de faire naître des veaux qui sont envoyés à l'abattoir. Et les poussins mâles nés des poules pondeuses reproductrices sont broyés car inutiles, dans la mesure où, par définition, seules les femelles pondront plus tard. Il faut préciser que l'effet nocif du lait sur la santé est maintenant démontré. Logique, nous ne sommes pas censés boire du lait en étant adultes, et encore moins celui d'une autre espèce. Quel mammifère continue à boire du lait une fois qu'il est sevré ? Et lequel pique celui d'une autre espèce ?

Le jeune Gandhi, arrivé à Londres pour étudier, doit tenir la promesse qu'il a faite à sa mère de ne pas manger de viande. Les premiers temps sont difficiles, et il souffre de son engagement. Il découvre alors le *Plaidoyer pour le végétarisme*, de Henry S. Salt, qui le marque profondément et le décide à devenir, réellement, végétarien. « Cette fois, mon choix était fait, écrit-il. J'optai pour le végétarisme, et sa propagation devint dès lors pour moi une mission. » Il se met à lire tout ce qu'il trouve sur le sujet. Et rapidement son argumentation se constitue, qui le suivra toute sa vie :

> *[...] J'entrepris de changer de régime alimentaire. Je m'aperçus que les auteurs qui traitaient du végétarisme avaient examiné très minutieusement le problème, l'attaquant sous l'angle de la religion, de la science, de la pratique et de la médecine. Du point de vue de l'éthique, ils étaient arrivés à la conclusion que la suprématie de l'homme sur les espèces animales inférieures n'impliquait pas que l'humanité considérât ces dernières comme des proies, mais que le type le plus évolué protégeât l'inférieur, et qu'il y eût aide mutuelle entre eux ainsi que d'homme à homme. Ils avaient fait ressortir aussi cette vérité, que l'homme ne mange pas pour son plaisir, mais pour vivre.*
>
> Gandhi, *Autobiographie ou mes expériences de vérité* (1929)

J'approuve les grandes lignes de ce texte mais non la référence au plaisir gustatif, inutile selon Gandhi. Il me semble au contraire que manger doit être un moment de joie. Gandhi, il est vrai, considérait également l'abstinence sexuelle comme nécessaire, ce qui est pour le moins incongru. Si le végétalisme nécessite une maîtrise de soi, il n'est pas une ascèse. Il est au contraire une fête des sens, tant cette gastronomie végétale réserve de surprises pour qui s'y plonge avec attention. Même le lait et les œufs peuvent être remplacés dans les recettes par des alternatives végétales, ce qui ne prive pas les vegans

187

des plaisirs de la pâtisserie. Saviez-vous par exemple que pour faire des blancs en neige, vous pouvez remplacer le blanc d'œuf par... du jus de pois chiche ? Si, si ! J'ai testé la fabrication et la dégustation, et les meringues ainsi obtenues sont délicieuses. Un grand pâtissier à qui j'ai fait goûter la recette n'y a vu que du feu. La gastronomie végétalienne est en plein essor. Elle expérimente et découvre de nouvelles possibilités constamment.

Nous n'avons pas besoin pour vivre de porter la peau des animaux

À quoi cela sert-il de porter sur ses épaules la peau d'un vison, d'un renard ou d'un lapin ? Nous ne sommes ni des hommes préhistoriques ni des trappeurs, nous ne vivons pas en Alaska au XIXe siècle, ni sur la banquise. Nous avons mille autres moyens de nous vêtir que celui qui consiste à voler la chair d'un animal. Les matières non animales sont tout aussi chaudes et confortables. *Oui, mais je trouve ça beau !* Inutile de s'étendre sur l'inanité du seul argument qu'un défenseur de la fourrure saura avancer. Argument inacceptable et par ailleurs ridicule. Combien de fois celui qui porte de la fourrure s'entend-il demander : *C'est de la vraie ?*, preuve qu'une matière synthétique peut faire illusion. Les ventes de fourrure avaient chuté dans les années quatre-vingt et quatre-vingt-dix, mais sont reparties à la hausse il y a une dizaine d'années.

Une société qui accepte que le fruit de la torture soit institutionnalisé comme accessoire de mode n'est pas une société civilisée. Les élevages de fourrure commencent à être interdits dans plusieurs pays, la Grande-Bretagne ayant montré l'exemple. Une petite ville de Californie, West Hollywood (WeHo pour les intimes), a même décidé en 2013 d'interdire la vente de fourrure. Évidemment, la chambre de commerce locale a râlé. En France, une fois encore, nous sommes en retard. Rien ne justifie aujourd'hui que nous portions de la fourrure ou du cuir. Les élevages qui les produisent doivent fermer.

Nous n'avons pas besoin pour vivre de nous réjouir du spectacle de la mise à mort d'un animal

Nous pouvons supprimer la corrida. Cette pratique est d'ailleurs prohibée en France, au nom de la loi générale qui interdit la cruauté sur les animaux. Elle est cependant autorisée dans quelques régions où la corrida constituerait une « tradition ininterrompue ». Et où, comme par hasard, la cruauté ne compte plus. Donc la corrida serait cruelle à Dunkerque, mais cesserait de l'être à Nîmes. Notre législation n'a pas peur du ridicule. Aucun argument des aficionados n'est recevable. Prétendre que le taureau ne souffre pas est une hérésie. Une pique pour lui couper les muscles du cou, des banderilles armées de harpons plantées dans sa chair, une épée qui le transperce, le sang craché, un poignard qui lui traverse le crâne : mais il ne sentirait rien ou pas grand-chose pendant ces vingt minutes de harcèlement sadique ? Par ailleurs, le combat est souvent arrangé dans la mesure où le taureau peut être drogué, fatigué par un long transport, ses cornes peuvent être sciées, sans anesthésie bien sûr, et d'autres moyens existent encore pour le diminuer.

La tradition, qui ne saurait justifier une quelconque violence, n'est de toute façon ici qu'un fumeux prétexte : la corrida actuelle (espagnole en réalité) n'est apparue en France qu'en 1853. Elle a été imposée par Napoléon III pour faire plaisir à sa femme, Eugénie de Montijo, venue... d'Espagne. Cette pratique a d'ailleurs long-temps été officiellement interdite en France avant qu'une dérogation à la loi lui déroule le tapis rouge en 1951.

La corrida nous est présentée par ses défenseurs comme la mise en scène d'un combat équitable entre l'homme et la bête (ou un truc du genre, je dois avouer que je m'y perds parfois dans leurs explications pseudo-intellos sur la dimension artistique de la chose). Comment comprendre, s'il y a la moindre équité, que le torero l'emporte chaque fois, sauf accident ? Et comment expliquer par ailleurs que les moments où un torero est encorné ou tué provoquent une stupeur générale, tandis que la mort du taureau s'accomplit sous les applaudissements et les sourires ? Pourquoi le taureau n'est-il pas applaudi lui aussi quand il terrasse l'homme, si réellement le combat est égal ? Allez, assez rigolé, tout cela n'est qu'une vaste mascarade, financée avec de l'argent public alors même que les Français sont majoritairement opposés à cette pratique. Démocratie, quand tu nous lâches... Derrière cette mortelle passion se cache, une fois de plus, un business que ne veulent pas lâcher ceux qui en bénéficient : les toreros (dont les salaires peuvent être très élevés), les sociétés qui organisent les corridas et bien sûr ceux qui vendent les taureaux.

Nous n'avons pas besoin pour vivre
de voir des animaux exécuter des numéros,
ni de les mettre dans des cages ou des enclos.

Nous pouvons donc fermer les cirques, les parcs aquatiques et les zoos.

Nous n'avons pas besoin pour vivre de nous divertir
en mettant en compétition les animaux

Nous pouvons supprimer les courses hippiques, canines, et tous les concours qui impliquent des animaux, y compris les épreuves d'équitation.

Nous n'avons pas besoin pour vivre de chasser des animaux

Environ 30 millions d'oiseaux et de mammifères sont tués chaque année par les chasseurs en France, sans compter les millions d'autres blessés. Comme le rappelle le ministère de l'Environnement, de l'Énergie et de la Mer, « la chasse a un poids économique significatif de 2,2 milliards d'euros ». L'argent, encore et toujours. C'est sans doute pour cela que les chasseurs jouissent d'une quasi-impunité même quand ils braconnent. Sans compter leur poids politique dans des secteurs où sont élus des députés qui ne veulent se fâcher avec personne.

La chasse, comme la corrida, est un plaisir immoral. Officiellement, il y a 1,3 million de chasseurs en France. Il est temps que tous ces amoureux de la gâchette se trouvent autre chose à faire le dimanche. Qu'ils prennent un bouquin, qu'ils fassent du footing, qu'ils s'occupent d'un potager, qu'ils regardent la télé, qu'ils jouent à la belote, qu'ils tricotent, mais qu'ils cessent d'emmerder les promeneurs, les joggeurs, les cyclistes, qu'ils arrêtent de flinguer pour se divertir.

Ah non, mais les chasseurs travaillent aussi, paraît-il, en régulant les espèces. Si réellement un tel travail est nécessaire (et je n'affirme pas qu'il l'est), il existe des méthodes autres que le tir au fusil qui peuvent être efficaces. Et, surtout, cette mission doit être confiée à des professionnels rémunérés par l'État, pas à des amateurs responsables d'une centaine d'accidents par an, dont plus de dix mortels.

Ce « loisir » attire désormais des citadins, qui paraît-il veulent « découvrir la nature ». La nature est un lieu de détente, mais cela ne veut pas dire qu'il faut appuyer sur cette dernière. Les chasseurs font une erreur d'interprétation.

Quels droits pour les animaux ?

Dans le monde de l'éthique animale, les débats sont animés pour tenter de définir les conséquences juridiques de l'antispécisme, à savoir le statut précis que nous devrions accorder aux animaux non humains : quels droits, à quels animaux ? Je ne vais pas résumer ici les différentes positions et propositions qui s'affrontent et se complètent, car il faudrait des centaines de pages pour comparer les arguments de Gary Francione, de Paola Cavalieri, de Donaldson & Kymlicka, et de tous les autres. Dans cette réflexion en ébullition, il m'apparaît que la direction à suivre est celle d'une extension ou d'une déclinaison de la Déclaration universelle des droits de l'homme.

En 1948, ce texte a défini les droits fondamentaux qui devraient s'appliquer à chaque être humain sur Terre. Trois articles sont directement transposables et applicables aux animaux non humains sensibles :

Article 3
Tout individu a droit à la vie, à la liberté et à la sûreté de sa personne.

Article 4
Nul ne sera tenu en esclavage ni en servitude ; l'esclavage et la traite des esclaves sont interdits sous toutes leurs formes.

Article 5
Nul ne sera soumis à la torture, ni à des peines
ou traitements cruels, inhumains ou dégradants.
Déclaration universelle
des droits de l'homme (1948)

Il n'y a même pas un mot à changer puisque, je le rappelle, les animaux sont des individus, et que les impératifs ici suggérés ne renvoient à aucune caractéristique réservée aux humains. Le traitement « inhumain » évoque quant à lui une cruauté, quel que soit l'être auquel elle s'applique.

Néanmoins, par souci de simplification, et afin d'éviter le procès en anthropomorphisme, je vais résumer ainsi les quatre droits fondamentaux qui devraient aujourd'hui être accordés à tous les animaux sensibles :

1. Le droit de vivre, donc ne pas être tué ;
2. Le droit de ne pas être emprisonné ;
3. Le droit de ne pas être torturé ;
4. Le droit de ne pas être une propriété.

Comment justifier l'octroi de tels droits ? C'est ce que nous allons voir maintenant.

Les incohérences de la législation actuelle

Les antispécistes ne réclament pas tous l'instauration de droits pour les animaux. Certains considèrent que l'amélioration du bien-être animal peut se passer d'un arsenal juridique. Cette conception me semble anachronique car elle ignore les mises à jour suggérées par l'éthologie, la biologie moléculaire ou les neurosciences. La continuité entre les humains et les autres espèces animales dépasse ce que l'on imaginait il y a encore quelques dizaines d'années, au point que cette réalité biologique ne peut plus échapper au domaine juridique. Continuer à nier que certains droits essentiels sont communs aux hommes et à tous les autres animaux sensibles relève du spécisme, et donc de la plus pure injustice. Nous le savons d'ailleurs confusément, même si nous refusons de l'admettre, puisque nous avons commencé à protéger juridiquement les animaux. Mais les maladresses et les incohérences qui caractérisent les diverses lois de protection animale, en France comme dans le reste du monde, en disent long sur la nécessité de revoir de fond en comble le statut de l'animal non humain dans la loi.

En effet, nous avons réparti les animaux en différentes catégories, et nous avons attribué à ces catégories des statuts juridiques différents : animaux domestiques, animaux de compagnie, animaux d'élevage, animaux sauvages, espèces protégées, animaux nuisibles, animaux de laboratoire... Dans toutes ces catégories se trouvent des espèces aux caractéristiques physiologiques et psychologiques proches ou similaires, et pourtant leurs membres ne sont pas protégés de manière identique. Comme nous l'avons vu, le chien et le cochon ont un degré d'intelligence et de sensibilité comparable (le cochon étant même plus intelligent). Pourtant, le premier, en tant qu'animal de compagnie, est beaucoup mieux protégé contre les mauvais traitements que le second, qui ne bénéficie que du statut d'animal d'élevage. Par ailleurs, une même espèce peut se retrouver dans différentes catégories : un chien peut être animal de compagnie et animal de laboratoire. Un lapin peut être animal de compagnie, animal d'élevage, animal sauvage, ou utilisé pour la vivisection. Autre incohérence : le même individu peut passer d'une catégorie à l'autre dans sa vie, en fonction des circonstances. Un chien peut être d'abord un animal de rente dans un élevage. Puis, une fois qu'il a été acheté, il devient un animal de compagnie, mais s'il s'échappe il devient un chien errant et peut finir euthanasié dans un refuge ! Exemple : M. Tintin, qui a acheté le chien Milou dans un élevage, sera puni de 750 euros d'amende s'il ne respecte pas ses obligations envers son animal

Le fait, publiquement ou non, d'exercer des sévices graves, ou de nature sexuelle, ou de commettre un acte de cruauté envers un animal domestique, ou apprivoisé, ou tenu en captivité, est puni de deux ans d'emprisonnement et de 30 000 euros d'amende.

Article 521-1 du Code pénal

Les animaux élevés ou détenus pour la production d'aliments, de laine, de peau ou de fourrure ou à d'autres fins agricoles, ainsi que les équidés domestiques et les animaux de compagnie et ceux qui leur sont assimilés doivent être maintenus en bon état de santé et d'entretien conformément à l'annexe I du présent arrêté.

Article 1er de l'arrêté du 25 octobre 1982
relatif à l'élevage, à la garde
et à la détention des animaux

L'élevage, la garde ou la détention d'un animal, tel que défini à l'article 1er du présent arrêté, ne doit entraîner, en fonction de ses caractéristiques génotypiques ou phénotypiques, aucune souffrance évitable, ni aucun effet néfaste sur sa santé.

Article 2 de l'arrêté du 25 octobre 1982
relatif à l'élevage, à la garde
et à la détention des animaux

Dans les faits, ces injonctions ne sont pas respectées. Et pour cause : si la loi était suivie à la lettre, toute exploitation animale cesserait immédiatement. En effet, aucun animal d'élevage n'est mis « dans les conditions biologiques compatibles avec son espèce » et tous les animaux d'élevage subissent des « souffrances évitables ». Il y a un fossé entre ces droits de papier et la réalité. Selon Lucille Boisseau-Sowinski, maître de conférences à l'université de Limoges, spécialiste du droit animalier, le problème de notre législation réside dans le fait que le droit « distingue les animaux selon une approche anthropocentriste et n'appréhende l'animal qu'au regard de son lien à l'homme et non au regard de son espèce ou de sa sensibilité ».

Lucille Boisseau-Sowinski identifie trois grandes catégories juridiques qui sont chacune définies en fonction de leur utilité pour l'homme :

– les animaux de compagnie, dont nous profitons pour notre plaisir ;

– les animaux de rente, dont nous profitons pour faire de l'argent ;

– les animaux sauvages, qui n'ont aucun intérêt économique pour nous et auxquels nous n'accordons aucune protection, sauf exception.

Les animaux sauvages sont pris en compte par le Code de l'environnement, qui ne reconnaît pas leur sensibilité et ne les considère pas en tant qu'individus mais en tant qu'espèces, qui peuvent être nuisibles ou protégées. La sensibilité d'un animal sauvage emprisonné dans un zoo ou un cirque est en revanche reconnue. Mais, si l'animal s'échappe de sa cage, sa sensibilité n'a plus d'existence légale. Le manque de considération pour les animaux en liberté n'est pas dû au hasard. Le législateur permet ainsi aux chasseurs, qui ont un poids électoral non négligeable, de se livrer à toutes les tueries qu'ils souhaitent sans être inquiétés, puisqu'ils ne peuvent être accusés d'actes de cruauté ou de mauvais traitements.

Tels sont donc le quiproquo et l'inconséquence sur lesquels repose le droit animalier aujourd'hui : alors qu'il se présente comme une volonté tournée vers les animaux, ce droit favorise en réalité principalement les intérêts des humains à leur égard ! La logique voudrait que seule soit prise en compte la *sensibilité* de l'animal pour déterminer de la protection à lui accorder, mais seule est considérée l'*utilité* que nous attribuons à cet animal. La vie de tel chien ou de tel chat n'a de valeur que si nous décidons d'avoir une relation d'affection avec cet animal. Les animaux de compagnie bénéficient principalement d'une protection en raison de leur utilité à nous rendre heureux. Et les normes de bien-être dans les élevages, définies par des textes européens, déterminent surtout les limites en dessous desquelles les conditions de détention génèrent une souffrance telle qu'elle en devient nuisible à la production. Malgré cela, ces normes sont souvent ignorées.

Les welfaristes peuvent imaginer une réforme des lois de protection animale qui établirait une gradation de cette protection en fonction de l'espèce, de la sensibilité, et du contexte de vie. Ils peuvent également envisager la création dans le droit d'une troisième catégorie pour les animaux non humains qui s'ajouterait à celle des personnes et des biens. Il ne faut certes pas écarter ces pistes de réflexion qui constitueraient une première étape vers une évolution positive. Mais cette modification serait largement insuffisante car elle ne remettrait pas en cause l'exploitation animale en elle-même et, surtout, elle ne résoudrait en rien la contradiction fondamentale exprimée par la récente réforme du Code civil, qui reconnaît désormais (comme le Code rural et le Code pénal auparavant) la sensibilité de l'animal :

> *Les animaux sont des êtres vivants doués de sensibilité. Sous réserve des lois qui les protègent, les animaux sont soumis au régime des biens.*
> Article 515-14 du Code civil

Problème insoluble : dans le même article de loi, l'animal est reconnu comme un être sensible, mais il est également assimilé au régime des biens, ce qui signifie qu'il demeure une chose dont on fait le commerce. C'est ici que réside la contradiction indépassable entre sensibilité et condition d'objet. Tant que les animaux resteront légalement des choses que l'on produit pour réaliser un bénéfice, il n'y a aucune chance que leur intégrité soit respectée, car la logique du profit maximal implique des normes de bien-être réduites au minimum. C'est la raison pour laquelle la reconnaissance de la sensibilité animale par le Code civil ne changera absolument rien au sort des animaux. Il s'agit d'une réformette sympatoche qui risque peut-être même d'avoir un effet contre-productif en permettant aux politiques de prétendre que le bien-être animal avance, ce qui leur donne un argument pour ne rien changer dans la réalité.

En dehors de l'approche abolitionniste, le droit échouera toujours à protéger les animaux, et ce pour une raison simple : le droit est censé fixer les règles de la justice ; or, toute forme d'exploitation animale est injuste. Pour l'instant, le droit animalier se contente de réguler l'injustice.

En décembre 2014, un tribunal argentin a décidé que Sandra, une femelle orang-outan d'une trentaine d'années, devait être libérée du zoo de Buenos Aires en vertu de l'Habeas Corpus, c'est-à-dire le droit de ne pas être emprisonné sans jugement. Saisi par une association de défense des droits des animaux, le tribunal a reconnu à ce grand singe son droit de vivre en liberté. Cette décision montre la voie.

Ce qu'il faut changer est simple : il convient de cesser de traiter les animaux comme des ressources, reconnaître la *valeur intrinsèque* de toute vie animale, et accorder à tout animal non humain sensible le statut juridique de *personne non humaine*.

Des droits fondamentaux
pour les personnes non humaines

En tant que personnes non humaines, quatre droits fondamentaux doivent être accordés aux animaux : le droit de ne pas être tué, le droit de ne pas être emprisonné, le droit de ne pas être torturé, et le droit de ne pas être l'objet d'un commerce. Ces droits ont été accordés aux humains et il n'y a aucune raison qu'ils nous soient réservés. Nous avons vu que les animaux non humains, qui sont des personnes, possèdent les caractéristiques de sensibilité et de conscience qui les rendent admissibles à ces droits.

— *Oui, mais, pour bénéficier de droits, il faut également remplir des devoirs. Il faut qu'il y ait réciprocité. Les droits découlent d'un « contrat ». Or, les animaux non humains ne peuvent pas signer de contrat ou remplir des devoirs.*

Faux : les enfants humains, les déficients mentaux ou les personnes séniles ont des droits, mais ils n'ont pas de devoirs. Ce sont des *patients moraux* et non des *agents moraux*. L'*agent moral* est celui qui est capable d'agir en ayant conscience du bien et du mal. Il est tenu pour responsable de ses actes et de ses décisions. Le *patient moral*, pour sa part, n'a pas les moyens de jugements rationnels, il ne peut donc pas être puni pour ses actes, mais il n'a pas non plus les moyens personnels de se défendre contre des agents moraux qui s'en prendraient à lui. Les animaux non humains sensibles sont des *patients moraux* qui doivent bénéficier de droits comme les enfants, les déficients mentaux et les personnes séniles.

— *Les animaux non humains sensibles doivent donc être considérés comme des enfants ou des handicapés mentaux ?*

D'un point de vue juridique, oui, ce ne serait que pure justice. Un chimpanzé adulte a davantage de facultés cognitives et sociales qu'un enfant de deux ans, et il possède une capacité d'éprouver la souffrance au moins égale. Pourquoi aurait-il moins de droits ?

— *Oui, mais l'enfant est un adulte en devenir. On le protège pour ce qu'il va devenir : un être beaucoup plus intelligent que les animaux des autres espèces.*

L'intelligence, qu'elle soit en acte ou en puissance, n'est pas un critère pertinent pour attribuer des droits fondamentaux. Nous le savons bien, puisque fort heureusement nous accordons ces droits fondamentaux aux handicapés mentaux profonds indépendamment de telle ou telle capacité intellectuelle.

— Il faut donc accorder des droits à tous les animaux, sauf exception ?

Les abolitionnistes réclament généralement des droits pour tous les animaux qu'ils considèrent comme « sentients ».

— « Sentients » ?

Encore un mot nouveau. Gary Francione en donne cette définition : « être "sentient" signifie avoir une expérience subjective de la douleur (et du plaisir) et des intérêts à ne pas subir cette douleur (ou à pouvoir ressentir du plaisir) ». Personnellement, le terme « sensible » me suffit.

— Mais alors comment savoir quels sont ces animaux qui sont « sentients » ou sensibles ?

La science nous a déjà appris que tous les animaux que nous exploitons vivent des expériences subjectives et qu'ils sont donc « sentients » ou sensibles. On peut considérer que ces expériences sont limitées pour les espèces animales les moins complexes, comme les insectes, dont on ignore précisément la capacité à ressentir la douleur. Mais pour tous les autres, les mammifères et les oiseaux, tous les vertébrés en fait, il n'y a aucun doute sur leur capacité d'éprouver la souffrance et d'avoir une conscience précise de ce qu'ils vivent. Pour les invertébrés, nous en découvrons toujours plus. Tout cela nous incite à la plus grande prudence à l'égard du monde animal, car en réalité nous sommes encore ignorants quant aux systèmes nerveux et aux capacités cognitives de nombreuses espèces. C'est pourquoi le principe général du respect de toute vie est le meilleur. La hiérarchisation des capacités intellectuelles et sensorielles n'est pertinente que dans la mesure où nous devons être guidés par le principe de *réduction de notre empreinte négative*. Je dois tenter d'éliminer le moins de vie possible, et je choisis donc d'épargner en priorité les vies qui ont les facultés de souffrance et de conscience les plus importantes.

— Mais si on accorde ces droits fondamentaux à tous les animaux, que vont devenir ceux que nous élevons ?

Ils vont cesser d'être produits pour notre consommation, donc les animaux d'élevage n'existeront plus tout
simplement.

— *Vous voulez protéger des animaux en ne leur
permettant plus de naître ?*

Absolument. Il n'y a aucun fondement moral à faire
naître un individu dans le simple but de s'en servir et
de lui faire subir une vie atroce. Imaginez qu'un couple
décide de faire des enfants dans l'objectif de vendre
leurs organes (en supposant qu'ils réussissent à vendre
ces organes tellement cher que cette vente compense les
coûts liés à l'éducation) : leur geste serait-il acceptable ?
Par ailleurs, nous agissons déjà, nous humains, en tenant
compte du principe qui consiste à ne pas donner la vie à
un enfant qu'on ne saura pas élever dans des conditions
favorables. Cela s'appelle la contraception. Des centaines
de millions d'enfants ne naissent pas, chaque année,
parce que leurs parents potentiels ne le souhaitent pas.
Souvent, ceux-ci en ont déjà un, deux ou trois, et ils
considèrent qu'il est préférable d'arrêter là. Faut-il les
blâmer ?

— *Donc les espèces que nous exploitons actuellement
vont disparaître ?*

Non, pas du tout. Il y aura d'abord une période de
transition pendant laquelle nous prendrons en charge
les animaux déjà nés dans des élevages et dont nous
épargnerons la vie. En revanche, finies les inséminations
artificielles. Puis les nouveau-nés retourneront peu
à peu dans la nature, là où nous avons trouvé leurs
ancêtres alors qu'ils étaient des aurochs et des sangliers.
Ils s'adapteront à cet environnement et redeviendront
des espèces sauvages. Si, avant de les libérer, il y a
surpopulation liée au surnombre que nous avons créé,
nous serons contraints sans doute d'avoir recours à
des procédés de contraception ou de stérilisation pour
limiter leur population.

— *Cela est-ce donc aller contre leurs intérêts ?*

Non, car s'ils sont trop nombreux, ils deviendront gênants pour les humains mais aussi pour eux-mêmes, notamment dans la recherche de nourriture. *Empêcher une vie de se créer* et *tuer une vie* sont deux choses qui n'ont absolument rien à voir. Par ailleurs, les humains sont aussi en train de devenir trop nombreux sur Terre, et ils commencent à se nuire à eux-mêmes à cause de cela. Nous devons limiter notre propre population. Évidemment, d'un strict point de vue moral, on peut a priori considérer comme gênant de décider à la place d'un animal qu'il n'engendrera pas. Mais, en réalité, cela entre dans notre devoir de responsabilité à l'égard des animaux. Si l'on considère que nous devons leur accorder des droits équivalents à ceux que l'on octroie à de jeunes enfants non responsables, alors il faut aussi accepter le principe que, comme pour des enfants, nous pouvons être amenés à prendre des décisions à leur place, en vue de leur bien.

— *Vous dites que tous les animaux doivent obtenir le statut de personne non humaine. Faut-il en faire des citoyens qui prennent part à la vie des humains ?*

On peut en effet imaginer de belles émissions de télé avec des animaux présentateurs. Par exemple, une émission de musique avec des vaches qui font des vocalises et qui s'appellerait *Les Enfants d'Auroch...*

— *?????*

Non, je plaisante. Je veux simplement m'amuser d'une vision caricaturale des choses qui laisserait croire que les abolitionnistes veulent faire de tous les animaux les équivalents des humains. Il existe des différences fondamentales entre les humains et les autres espèces, et il ne s'agit pas de nier ces différences. Il n'est pas question par exemple d'octroyer un permis de conduire aux animaux. Le statut de « citoyen » peut être discuté dans un sens large qui prolongerait l'idée de personne non humaine. Mais, évidemment, il faudrait créer un statut de citoyen bis, régi par des règles sensiblement différentes. Quant à la cohabitation avec les animaux, je l'imagine ainsi. Les animaux actuellement domestiques retourneraient dans la nature. Ils seraient de toute façon beaucoup moins nombreux qu'aujourd'hui. Ils vivraient, comme les animaux sauvages actuellement, dans des espaces qui leur seraient dédiés : des forêts, des parcs naturels... Cela signifie qu'il va falloir protéger nos espaces naturels actuels et peut-être en créer de nouveaux.

— *Les humains d'un côté et les animaux non humains de l'autre ? Ne peut-il plus y avoir de contacts entre les deux ? Que deviennent les animaux de compagnie comme les chats ou les chiens ?*

Il faut que nous continuions à avoir des relations avec les animaux. Les endroits où ils vivront seront ouverts aux humains. De plus, nous devons continuer à partager des espaces. D'ailleurs comment pourrions-nous l'empêcher, à moins de nous enfermer dans des villes entièrement bétonnées protégées par des bulles ? Les oiseaux, par exemple, seront toujours libres d'aller où ils veulent, et fort heureusement ! Bien évidemment, pour des raisons de sécurité et d'organisation, nous serons obligés de créer les conditions qui évitent qu'une agglomération soit envahie par les vaches et les loups ! Les abolitionnistes réclament la fin de toute exploitation animale. Certains considèrent que toute relation entre un humain et un animal non humain aboutit forcément à un rapport de domination en faveur de l'homme. Alors ils pensent qu'il faudrait faire disparaître les animaux de compagnie, que nous exploitons pour notre confort psychologique personnel. C'est un point de vue que je ne partage pas. Il est évident qu'il y a de nombreux cas de coopération heureuse entre l'homme et l'animal. J'ai eu plusieurs chiens et chats dans ma vie : je suis absolument certain que nous nous sommes entraidés mutuellement, et qu'il y a eu un fort attachement réciproque. Un animal peut apporter énormément au développement d'un enfant et à l'apaisement d'un adulte. En échange, cet animal reçoit la sécurité, la nourriture, et l'affection dont il aime aussi profiter. Il y a là un contrat qui me semble juste. Il faudra néanmoins revoir la liste des animaux de compagnie. Certains n'ont rien à faire dans une maison : une mygale, un serpent ou une tortue naine sont retenus dans des petits aquariums qui ne leur permettent pas de vivre une vie propre à leur espèce. C'est la même chose pour les poissons qui servent comme objets de déco ou les hamsters et cobayes retenus en cage. Ces animaux ont besoin d'espace. Il me semble qu'il faut limiter les animaux de compagnie à quelques espèces adaptées, comme les chiens et les chats, auxquels on pourrait fort bien rajouter les cochons, les chèvres ou les chevaux par exemple. Il faudra aussi revoir complètement la gestion de ces animaux de compagnie. Leurs propriétaires devront posséder un certificat de capacité, c'est-à-dire une autorisation attestant qu'ils présentent toutes les garanties pour pouvoir accueillir l'animal qu'ils ont choisi (si c'est un chien, il ne peut pas habiter dans un appartement de 12 mètres carrés et un lapin ne peut passer ses journées dans une cage). Le propriétaire ne sera plus *propriétaire* mais *tuteur*. Il faut évidemment supprimer le système des animaleries et des élevages. Il sera interdit de faire du bénéfice sur la vie d'un être sensible. Les chats, les chiens et autres animaux de compagnie seront gérés par un organisme d'État à but non lucratif. Cet organisme tiendra à jour l'état civil des animaux de compagnie. Il saura où ils résident et quels sont leurs tuteurs. Si une chatte fait des petits, il sera interdit de tuer les nouveau-nés. Ils devront obligatoirement être placés, en coordination avec l'organisme gestionnaire. Si le tuteur de l'animal parent ne parvient pas à trouver des tuteurs pour tous les petits, ces derniers pourront être accueillis dans des centres de prise en charge et d'adoption présents dans toutes les grandes villes. Ces structures seront appelées *orphelinats*. Là-bas, les animaux seront soignés tant qu'ils n'auront pas trouvé de nouveau tuteur, l'euthanasie d'un animal en bonne santé étant évidemment interdite.

Ces orphelinats seront des centres d'adoption pour des humains qui cherchent à se procurer un animal. Là encore, pour les raisons précédemment évoquées, la contraception ou la stérilisation seront utilisées pour gérer le nombre d'animaux. Les futurs tuteurs devront verser une somme conséquente, de l'ordre de plusieurs milliers d'euros, s'ils veulent adopter un animal. Pour un tel montant cependant, ils n'achèteront pas l'animal, mais contribueront au financement de l'organisme d'État gestionnaire. Dans cette nouvelle organisation, l'animal n'a jamais de propriétaire, il n'appartient qu'à lui-même. En revanche, comme pour un enfant, il est confié à quelqu'un qui en a la responsabilité. Le but de ne céder un animal qu'en échange d'une grosse somme d'argent consiste à responsabiliser les tuteurs. En revanche, un tuteur n'aura jamais le droit de vendre lui-même son animal ou les petits de son animal pour faire des bénéfices. De cette manière, avec toutes ces précautions, la préservation de rapports intelligents et profitables aux deux parties, humains et non-humains, me semble non seulement possible mais même souhaitable. J'irai même plus loin : l'attitude qui consiste à refuser par principe d'entretenir des rapports de réciprocité entre humains et non-humains dans le cadre d'une maison ou d'un appartement correspond selon moi à une attitude spéciste. En effet, ce serait au nom d'une différence d'espèce que l'on s'opposerait à une relation d'amitié entre deux êtres qui éprouvent une affection mutuelle ? Cela n'a aucun sens. Quant au consentement de l'animal, on peut en discuter longuement. Mais, dans certains cas, ce consentement existe bel et bien, puisque c'est parfois l'animal qui prend l'initiative et recherche la présence humaine : il arrive qu'un chat débarque dans votre jardin, ne veuille plus vous quitter, et s'installe peu à peu chez vous. C'est lui qui vous adopte. Que dire encore de ces chats qui passent leur journée dehors, vagabondent, et rentrent tranquillement dans leur maison dès que la nuit tombe ? Ne sont-ils pas consentants ? Ils y trouvent

Pourquoi les vegans extrémistes sont en réalité spécistes

Monsieur Caron, vous défendez les droits des animaux. Mais êtes-vous vegan au moins ? Cette question, elle m'a été adressée des centaines de fois. Sans compter Untel qui se plaint sur les réseaux sociaux que j'ai raconté dans un précédent livre ne pas avoir encore réussi à me passer totalement de chaussures en cuir ou Unetelle qui délire en certifiant que je mange du foie gras... Il m'a même été reproché ma participation à un jeu télévisé au prétexte que des animaux y étaient, non pas tués, mais utilisés : des insectes dans des bocaux, des serpents et des tigres dans le décor... Mes contempteurs fermaient les yeux sur le plus important : le fait que j'étais le capitaine d'une équipe qui a, ce soir-là, joué pour une association de protection animale antispéciste pour laquelle nous avons remporté 13 000 euros, et qui a eu les honneurs du prime time sur la plus grande chaîne publique, ce qui ne s'était jamais vu auparavant. Ne pas comprendre le bénéfice pour les animaux d'une telle action relève de l'aveuglement.

Entre les interrogations accusatrices des uns et les affabulations des autres, il n'est pas toujours simple de faire partie de la grande famille des défenseurs des animaux. Certains militants ont la désagréable manie de chercher à démontrer que vous n'êtes pas assez vertueux et, donc, que vous êtes indigne de la Cause. Chacun peut entrevoir les dangers d'un tel tribunal. Être antispéciste ne signifie pas que l'on a signé une charte de bonne conduite en 20 ou 30 points. Cela implique une cohérence, mais laisse également des questions en suspens. Les philosophes Peter Singer et Tom Regan, qui sont tous les deux antispécistes, n'en tirent pas les mêmes conclusions. Il me paraît évident, pour toutes les raisons évoquées dans les pages précédentes, qu'un antispéciste ne mange pas d'animaux (sur ce point Peter Singer est déjà nuancé), ni aucun produit ayant causé la mort ou la souffrance d'un animal. Il ne porte donc ni cuir ni fourrure, exige la fermeture des zoos, l'arrêt des corridas, la fin de la chasse. L'antispéciste est-il pour autant vegan, à savoir qu'il refuse tout produit d'origine animale, même le lait (et donc le beurre) et les œufs ? J'ai répondu par l'affirmative plus tôt dans ce livre. Mais on peut apporter une nuance.

Prenons les choses dans l'ordre : tout produit issu de l'élevage industriel est par définition inacceptable, tant ce système est générateur de souffrance pour les bêtes. Même si les élevages de taille artisanale semblent moins violents, il n'en reste pas moins vrai qu'une vache ou une chèvre doit être inséminée pour produire du lait. Puis les petits sont enlevés à leur mère, envoyés à la boucherie, tandis que le lait est prélevé pour la consommation humaine. La production commerciale de lait, quelle que soit la taille de l'exploitation, entraîne donc souffrance et mort. Mais imaginons une petite ferme où aucun animal n'est envoyé à la boucherie. Les animaux se reproduisent naturellement, et chacun meurt de sa belle mort. Qu'est-ce qui nous empêche dans ce cas de prélever un peu de lait pour notre consommation personnelle ? La vache n'en souffrira pas, ni son veau. Cette configuration relève sans doute de l'utopie dans notre monde actuel, mais elle n'est pas irréaliste dans un futur proche. Évidemment, cela implique que le lait de vache devienne un produit de luxe, puisqu'il ne serait plus fabriqué en masse. Une autre objection peut alors être émise : quel intérêt ? L'intolérance de nombreuses populations au lait animal n'est pas un hasard : les humains, qui plus est adultes, ne sont pas censés en boire. Autant de raisons qui imposent de le remplacer par des laits végétaux (laits de soja, d'avoine, d'épeautre, de riz, de noisette...). J'ai fait ce choix depuis longtemps. En ce qui concerne les œufs, c'est une autre histoire. Il existe à la campagne de petits élevages de poules en liberté, dont aucune n'est maltraitée ou tuée lorsqu'elle devient moins productive. Pourquoi ne pas récupérer leurs œufs ? Aucune souffrance engendrée, les poules sont nourries et protégées des prédateurs en retour, et les œufs sont une source de protéines pour l'homme. En tout cas, cela me semble cohérent. Encore un mot sur le cuir : j'ai récemment attristé une amie qui m'avait offert un porte-cartes en cuir en lui expliquant que je ne pourrai pas utiliser son cadeau et qu'il fallait par conséquent le rapporter. Voilà près de vingt-cinq ans que je refuse tout accessoire en peau, à part les ceintures que j'ai longtemps portées, faute d'alternative satisfaisante. En revanche, pour les chaussures, je reconnais ma faiblesse : je possède encore quelques paires en cuir. La raison est simple : il est toujours compliqué aujourd'hui de trouver des chaussures vegans dans les magasins. Il existe bien des sites Internet qui les commercialisent, mais acheter des chaussures par correspondance s'est toujours révélé un fiasco pour moi : une paire de chaussures s'essaye, c'est même le principe premier. Mais ce n'est qu'une question de temps : très prochainement, il n'y aura plus du tout de peau morte dans mon appartement, à part celle de mes pieds passés à la pierre ponce.

De toute façon, nul n'est parfait. On pourrait toujours faire mieux. Mais les militants des droits des animaux qui semblent vouloir décrocher un brevet de pureté en envoyant à l'échafaud ceux qui dévient de la ligne du Parti font fausse route. Toute personne qui se bat contre l'exploitation animale mérite d'être considérée, sauf si bien sûr ses actes sont en contradiction flagrante avec son discours. Avant de mépriser un végétarien ou un flexitarien[1], en l'accusant

---

1. Est dit « flexitarien » celui qui est végétarien plusieurs jours par semaine, mais s'autorise tout de même la viande de temps en temps.

d'incohérence ou de faiblesse, il faut d'abord considérer l'effort que celui-ci fournit par rapport à un carnivore indifférent. Il faut aussi tenir compte du fait qu'il n'est pas aisé de casser des habitudes culinaires ancrées dans les papilles gustatives depuis toujours. Je connais des gens qui tentent réellement d'arrêter la viande par conviction éthique, mais qui ont du mal à s'en priver totalement car le goût leur manque. Ils ne s'en réjouissent pas, c'est juste comme ça. En ce qui me concerne, le steak ou la tranche de jambon ne me font plus aucune envie depuis bien longtemps. Mon mérite de n'en plus manger est donc limité, puisque je n'éprouve aucune frustration liée à cette exclusion alimentaire. Le cas du fromage est particulièrement intéressant : les amoureux de la pâte molle ou dure, dont j'ai fait partie toute ma jeunesse, savent qu'il n'est pas aisé de se sevrer. Je côtoie ainsi de nombreux vegans en transition qui s'accordent encore un bout de brie ou de chèvre de temps en temps. Faut-il les excommunier pour autant ? Je ne le crois pas. Je lis aussi les commentaires de certains vegans qui reprochent violemment à d'autres vegans de ne pas vérifier systématiquement la composition de tous les produits qu'ils achètent (alimentaires ou autres) afin de contrôler qu'aucune substance d'origine animale ne s'y est insidieusement cachée – il est vrai qu'il s'en trouve dans certains endroits inattendus comme le shampoing ou le dentifrice. La discipline vegan observée avec précision implique de rejeter tous les biens de consommation qui contiennent des bouts d'animaux (il faut passer en revue la composition de chaque produit), mais également ceux qui ont pu être testés sur des animaux. Donc il est nécessaire de se procurer une liste détaillée et de la consulter avant chaque achat douteux, ce qui demande un temps considérable, autant pour la nourriture que pour les produits cosmétiques ou ménagers. On ne peut reprocher à certains de ne pas avoir toujours le temps. Être vegan à 90 % ou 95 %, dans une société où les produits de l'exploitation animale sont omniprésents, représente déjà un effort considérable.

Par ailleurs, malgré toute sa bonne volonté, même le plus vertueux des vegans ingurgite ou tue des animaux. On trouve en effet de petits bouts d'insectes dans le pain, les confitures, les pâtes, le chocolat, les jus de fruits ou encore les soupes. Chacun mange environ 500 grammes de fragments d'insectes par an à son insu. L'agriculture, nécessaire pour faire pousser les légumes et les céréales dont les vegans se nourrissent, engendre fatalement la mort d'insectes et de petits animaux, sans compter la perturbation que ces cultures occasionnent sur certaines populations animales. Si l'on choisit de conduire une voiture, on accepte de sacrifier des centaines ou des milliers de vies d'insectes chaque fois. Pis : les travaux pour construire l'autoroute que l'on emprunte ont détruit des écosystèmes et tué des tas de petits animaux. De la même manière, un vegan puriste ne devrait plus lire de livres sur papier, puisque pour fabriquer ce papier des arbres ont été abattus, et des vies minuscules qui habitaient ces arbres en ont forcément pâti.

La revendication de la pureté révolutionnaire, fût-elle mâtinée des intentions les plus nobles, a engendré dans l'histoire les pires horreurs, comme la Terreur ou les purges communistes. Les idéaux les plus généreux ont souvent été dévoyés par la folie, la bêtise et l'ambition de quelques-uns. En ce qui concerne l'antispécisme et la libération animale, la violence à l'encontre des discours nuancés ou des démarches d'ouverture est impardonnable pour deux raisons. D'abord, elle est contre-productive : elle fera fuir toute personne agressée, alors que celle-ci était disposée à œuvrer dans le sens d'une meilleure prise en compte des intérêts des animaux. Mais, surtout, une telle attitude est incompatible avec la dimension empathique consubstantielle au mouvement pour les droits des animaux. Utiliser son amour revendiqué de la cause animale pour attaquer les humains de bonne volonté est extrêmement maladroit. Ceux qui cèdent à ce travers ne semblent pas se rendre compte qu'ils reproduisent les phénomènes de jugement et d'exclusion

Mon lit

Des différents voyages que j'ai pu effectuer à travers le monde, j'ai rapporté une certitude : l'Amérique du Nord est le continent de la literie. Parce qu'ils voient tout en grand et qu'ils adorent le confort, les Américains rêvent sur des matelas immenses, épais, au soutien ferme et à l'accueil si moelleux qu'il semble que les draps vous enlacent et vous susurrent des mots doux. Qui n'a pas dormi dans un hôtel aux États-Unis ou au Canada ignore ce qu'est un bon lit. L'excellence de ce mobilier de nuit tient notamment à la présence d'un surmatelas particulièrement accueillant, à savoir une espèce de couette dense, méticuleusement gonflée d'air et de matière, posée sur le matelas, et qui enrobe les contours du corps fatigué.

De retour d'un séjour à New York, je m'étais récemment décidé à m'offrir le tapis magique, afin d'importer à Paris la douceur de mes nuits américaines. Après quelques recherches sur Internet, j'eus vite fait d'identifier le modèle de surmatelas correspondant en tout point à ceux que j'avais expérimentés dans mes voyages outre-Atlantique. Avant d'en commander un exemplaire, je pris soin néanmoins de vérifier les composants entrant dans la fabrication du rembourrage. Et là, constat dérangeant : « 10 % duvet et 90 % plumettes de canard neuf ». Aïe !

Comment sont récoltées les plumes utilisées dans les rembourrages de vêtements ou d'éléments de lit ? En ce qui concerne les oies, il existe deux cas de figure. Les animaux sont plumés soit vivants soit morts. Dans le

215

premier cas, les oiseaux sont plumés deux à quatre fois pendant leur courte vie, à vif, et cela ne leur fait pas plaisir du tout. Les plumes du cou, de la poitrine et du dos sont arrachées. Les oiseaux sont d'ailleurs parfois blessés dans l'opération, qui se déroule sans délicatesse particulière. Le procédé peut être assimilé à une forme de torture – à noter que le plumage à vif est interdit aujourd'hui dans l'Union européenne. Dans le second cas, les plumes du volatile sont arrachées après qu'il a été abattu pour sa viande. Au moins, dans cette configuration, il ne sent plus rien. Les industriels, soucieux du bien-être animal en tant qu'argument commercial, insistent dès qu'ils le peuvent sur l'utilisation dans leurs produits de plumes d'animaux préalablement tués. Problème : l'information n'est pas toujours fiable, à cause de certains sous-traitants (la Chine par exemple) peu regardants sur le sort des bêtes. En ce qui concerne les canards, les choses sont plus floues, et les associations affirment qu'ils ne sont apparemment pas victimes de plumage à vif. Mais les fraudes sont possibles. Par ailleurs, celui qui s'insurge contre toute forme de souffrance animale ne peut être tout à fait à l'aise en présence d'une matière issue d'un animal d'élevage qui a connu une vie trop brève et sans joie. Si on parlait d'une vieille oie ou d'un vieux canard, morts tranquillement, et dont les plumes sont récupérées avant que le corps pourrisse, les choses seraient toutes différentes. Mieux : si l'on était certain que les plumes utilisées ont été rassemblées lors de la mue de l'animal, qu'elles n'ont pas été arrachées à son corps mais simplement récoltées sur le sol, il n'y aurait alors évidemment plus aucun problème éthique. Mais ce n'est pas le cas.

Dans un tel contexte, le plus simple consiste donc pour moi à renoncer au surmatelas à plumes, et lui pré-férer un modèle synthétique. Peut-être sera-t-il un peu moins confortable, en raison de capacités de gonflage et de chaleur légèrement moindres, mais peu importe. Je suis sûr que, pourtant, je dormirai mieux.

L'antispécisme est un nouvel humanisme

Une nouvelle révolution copernicienne

En 1543, l'astronome polonais Nicolas Copernic fait vaciller toutes les certitudes de l'époque en démontrant dans *De revolutionibus orbium coelestium* que la cosmologie léguée par Aristote et Ptolémée est fausse : non, la Terre n'est pas immobile et, surtout, elle n'est pas le centre de l'univers. En reprenant l'intuition des pythagoriciens, Copernic, suivi de Kepler et de Galilée au XVIIᵉ siècle, explique que notre planète n'est qu'un objet parmi d'autres qui tournent autour du Soleil. Quand Copernic avance sa théorie de l'héliocentrisme, c'est-à-dire d'un univers organisé autour du Soleil, il s'attire les foudres de l'Église, qui n'admettait alors que le géocentrisme, à savoir l'idée que la Terre serait immobile au centre de l'univers.

La pensée scientifique l'emporte sur le dogme chrétien et révolutionne notre conception de l'homme et du monde qu'il habite : la raison nous oblige à admettre, contre la superstition, que nous ne sommes pas le centre de l'univers, que tout ne « tourne pas autour de nous », et que nous ne sommes que l'un des éléments d'un manège que nous ne dirigeons pas comme nous le pensions. La révolution copernicienne, qui consacre le triomphe de l'héliocentrisme (le Soleil est le centre de l'univers) contre le géocentrisme (la Terre vue alors comme point central de cet univers), a complètement bouleversé la pensée. De manière générale, le XVIIᵉ siècle a marqué le triomphe de la science sur l'obscurantisme religieux.

Pas de philosophie ni de politique dignes de ce nom sans expertise scientifique éclairée. Les diverses sciences fournissent les outils qui permettent de combattre les préjugés et les erreurs. Ce sont elles qui tracent les lignes d'une morale sur laquelle faire reposer la vie commune. Comment essayer d'imaginer un avenir cohérent pour l'homme sans compréhension juste des réalités physiques et biologiques du monde dans lequel il évolue ?

Encore faut-il accepter de soumettre son jugement aux impératifs de la connaissance, même si les enseignements de celle-ci vont à l'encontre de préjugés personnels. Certains se considèrent encore aujourd'hui comme les envoyés spéciaux d'un Dieu tout-puissant qui nous aurait créés depuis son nuage, à partir d'un petit peu de boue, et décident de suivre à la lettre des préceptes rédigés par on ne sait qui à une époque qui ne connaissait ni l'ADN, ni le Big Bang, ni les ondes électromagnétiques : on mesure l'ampleur de la tâche qui attend les partisans de la rationalité. Pourquoi pas ? Tant que ça ne fait de mal à personne. Mais ce n'est évidemment pas le cas. La superstition a toujours engendré ses fanatiques sanguinaires, et notre époque n'est malheureusement pas épargnée. Contrairement à une idée répandue de nos jours en raison de l'actualité, l'obscurantisme religieux touche tous les groupes, à commencer par les chrétiens.

Malgré les travaux de Darwin, Wallace et Lamarck, largement complétés depuis le XIXe siècle par de nouveaux moyens d'observation, la théorie de l'évolution continue à être réfutée par pas mal de monde. Aux États-Unis, une enquête réalisée en 2008 montrait que 44 % des Américains sont créationnistes, c'est-à-dire qu'ils considèrent que l'homme a été créé par Dieu tel qu'il est aujourd'hui, et ce, il y a quelques milliers d'années. Ils nient que la Terre a 4,5 millions d'années. 36 % pensent que l'homme a évolué sur des millions d'années avant d'être tel qu'il est aujourd'hui, mais sont persuadés que Dieu a guidé cette évolution. Enfin, seuls

14 % des Américains interrogés répondent que l'homme s'est développé sur des millions d'années à partir de formes moins avancées et qu'aucun Dieu n'a rien à faire là-dedans. En 2011, une enquête publiée par le magazine *Science* affirmait que 13 % des professeurs de biologie dans les écoles publiques américaines ne croient pas à l'évolution, et que 60 % d'entre eux refusent de trancher entre cette vision de l'univers et le créationnisme ou sa version new-look, le « dessein intelligent » (l'évolution, pourquoi pas, mais dirigée par Dieu). En 2012, autre sondage : 72 % des pasteurs protestants rejetteraient la théorie de l'évolution et 82 % affirmeraient qu'« Adam et Ève étaient des personnes réellement existantes ». En 2014, une nouvelle étude révèle que la moitié des Américains ne « sont pas du tout convaincus du tout » ou « peu convaincus » par l'affirmation selon laquelle « l'univers a commencé il y a 13,8 milliards d'années avec un Big Bang ». Le même sondage affirme que seuls 31 % des personnes interrogées considèrent que la vie sur Terre « suit un processus de sélection naturelle ». On ne s'étonne donc pas que plusieurs candidats à la primaire républicaine américaine défendent le créationnisme, ce que résume clairement l'un d'entre eux en 2015 : « Je crois que Dieu a créé le paradis et la Terre. Point barre. » Cela dit, en France, en 2011, une enquête réalisée auprès d'étudiants en biologie de l'université d'Orsay avait révélé que 32 % considéraient la théorie de l'évolution comme une hypothèse et non comme un fait établi.

Et dans le reste du monde ? Une étude Ipsos de 2011 répertorie, pays par pays, les créationnistes qui croient que l'homme a été fabriqué par Dieu et qu'il n'est pas le fruit d'une évolution à partir d'autres espèces. Les résultats sont effarants : il y aurait 75 % de créationnistes en Arabie saoudite, 60 % en Turquie, 57 % en Indonésie, 56 % en Afrique du Sud, 47 % au Brésil, etc. Dans la globalité des vingt-trois pays sondés (y compris des pays européens bien sûr), 28 % des personnes interrogées se disent créationnistes et 31 % ne savent pas trop quoi penser...

Le spécisme est lui-même l'expression d'un obscurantisme moderne. Il y a deux millénaires, la Bible a posé le principe d'un humain régnant sans pitié sur les animaux et les végétaux :

Dieu créa l'homme à Son image, Il le créa à l'image de Dieu, Il créa l'homme et la femme. Dieu les bénit, et Dieu leur dit : « Soyez féconds, multipliez, remplissez la terre, et l'assujettissez ; et dominez sur les poissons de la mer, sur les oiseaux du ciel, et sur tout animal qui se meut sur la terre. »

Genèse, I, 27-28.

Vous serez un sujet de crainte et d'effroi pour tout animal de la terre, pour tout oiseau du ciel, pour tout ce qui se meut sur la terre, et pour tous les poissons de la mer : ils sont livrés entre vos mains...

Genèse, IX, 2-3.

Qu'est-ce que l'homme, pour que Tu Te souviennes de lui, et le fils de l'homme, pour que Tu en prennes soin ? Tu l'as fait de peu inférieur à Dieu, Tu l'as couronné de gloire et d'honneur. Tu lui as donné l'empire sur les œuvres de Tes mains ; Tu as mis toutes choses sous ses pieds : brebis et bœufs, tous ensemble, et les animaux des champs ; oiseaux du ciel et poissons de la mer, et tout ce qui parcourt les sentiers des mers.

Psaume VIII, 5-9.

Le message religieux a entravé la révélation copernicienne puis la révélation darwinienne. Il continue à le faire aujourd'hui. Certes, l'engagement du pape François pour l'écologie pourrait contribuer à infléchir cette vision archaïque du vivant. Avant lui, François d'Assise avait porté la conviction d'un christianisme compassionnel envers toutes les créatures de la Terre, sans distinction d'espèce. Plus récemment, Albert Schweitzer et Théodore Monod ont relayé, chacun de leur côté, un message fort sur le respect du vivant. Schweitzer était pasteur et théologien luthérien, missionnaire en Afrique, lauréat du prix Nobel de la paix en 1952, et grand organiste de surcroît, spécialiste de Bach. Théodore Monod fut influencé par Schweitzer. Il était lui aussi protestant libéral, zoologiste, naturaliste, spécialiste des déserts, pacifiste ; il a milité contre la guerre d'Algérie, contre la pauvreté, le racisme, contre la destruction de l'environnement, en faveur des droits des animaux, et il était végétarien. Monod s'inspirait de la Bible et en particulier du très beau *Sermon sur la montagne*, dans lequel il lisait un appel à la compassion et à la générosité à l'égard de tous les êtres, humains ou non humains. Mais ces paroles chrétiennes antispécistes sont particulièrement rares dans l'histoire des monothéismes. Contrairement aux spiritualités asiatiques, qui ont anticipé avec intuition la parenté de l'homme avec la nature et les responsabilités qui en découlent, la Bible a surtout inspiré un mouvement d'exploitation sans limites de l'environnement et des non-humains. Schopenhauer, imprégné de la sagesse indienne, avait parfaitement analysé le rôle de la religion occidentale dans le malheur des animaux. Son génie a consisté à anticiper Darwin en proposant, quelques années avant la publication de *De l'origine des espèces* (1859), une lecture du monde sensible déconnectée des croyances européennes en vigueur, et parfaitement en phase avec les confirmations scientifiques à venir :

> *Une autre tare fondamentale du christia-*
> *nisme [...] est la suivante : il a, contredisant la*
> *nature, arraché l'homme au monde animal,*
> *auquel il appartient pourtant essentiellement,*
> *et veut à présent le faire valoir totalement*
> *seul, considérant les animaux très exactement*

223

> *comme des choses ; tandis que brahmanisme et bouddhisme, fidèles à la vérité, reconnaissent d'une manière décisive l'évidente affinité de l'homme avec la nature tout entière, particulièrement et très fréquemment avec la nature animale, et ne cessent de le présenter, par la métempsychose et sous d'autres aspects, en liaison étroite avec le monde animal.*
> Arthur Schopenhauer, *Sur la religion* (1851)

Il faut au passage rendre hommage à Schopenhauer pour sa clairvoyance et la modernité de sa pensée scientifique, qui explique la pertinence de sa philosophie. Alors que dans la France de 2016 nous sommes encore occupés à débattre de la réalité de la race blanche, le philosophe avait exprimé il y a plus d'un siècle et demi la stupidité d'un tel concept : « [...] Pour moi, la couleur blanche n'est pas naturelle à l'homme, mais il devait avoir à l'origine la peau noire ou brune, à l'exemple de ses ancêtres, les Hindous ; par la suite, il n'est pas sorti à l'origine un seul homme blanc au sein de la nature, et il n'y a pas de race blanche, quoi qu'on en ait dit, mais tout homme blanc est un homme décoloré. » Or, il s'agit presque mot pour mot de l'explication que délivre aujourd'hui Yves Coppens, puisque le paléoanthropologue rappelle que notre espèce est née dans les forêts africaines tropicales et que, pour lui, « il n'existe pas de personnes blanches, seulement des décolorées ».

Les spécistes sont semblables à ces croyants aveuglés qui ont condamné Copernic et Darwin. Ils refusent d'écouter ce que l'éthologie, la paléoanthropologie, l'astrophysique et la biologie moléculaire nous apprennent de nous-mêmes et du monde vivant qui nous entoure. Est porte-parole d'un nouvel obscurantisme quiconque remet en cause le fait que l'humain est un animal et que nos cousins animaux pensent, souffrent, s'amusent, angoissent, aiment, détestent, s'attachent, dépriment, qu'ils sont courageux, lâches, empathiques, partageurs, égoïstes, séducteurs, infidèles ou fidèles. Il en est encore, nombreux, qui nient qu'il n'y a, entre les autres animaux et nous, qu'une différence de degré et non de nature. Ce sont ceux que j'ai appelés les animalosceptiques. Ceux-là, au XVIIe siècle, auraient continué à prétendre que le Soleil tourne autour de la Terre. La comparaison n'est pas anodine. La compréhension que nous avons de l'univers et de ses mécanismes physiques et biologiques détermine l'essence des humains que nous sommes.

Passer d'une conception géocentrique de l'univers à une vision héliocentrique fut incontestablement un camouflet pour notre ego. Et ce ne fut que le début. Il fallut ensuite admettre que le Soleil n'était pas le centre de l'univers tout entier, mais qu'il était simplement le cœur d'une galaxie parmi des milliards d'autres. Cela relativisait encore davantage notre existence. Au XIXe siècle, Darwin a démontré l'erreur d'une séparation entre l'humain et l'animal et, surtout, il a remis en cause l'idée selon laquelle nous serions une création de Dieu, a fortiori plus aboutie qu'aucune autre. Deuxième grosse claque. Sigmund Freud a identifié ces deux événements comme deux « blessures narcissiques de l'humanité » car ils ont révélé des vérités scientifiques qui contredisent notre anthropocentrisme. L'humiliation copernicienne est d'ordre *cosmologique*, et l'humiliation darwinienne d'ordre *biologique* [1]. Freud explique ce second moment crucial de notre histoire dans un passage qui fait de son auteur l'un des maillons de l'antispécisme :

L'homme s'éleva, au cours de son évolution culturelle, au rôle de seigneur sur ses semblables de race animale. Mais, non content de cette

---

1. Pour Freud, la troisième blessure narcissique est d'ordre psychologique : elle correspond à l'émergence de la psychanalyse et à la découverte de l'inconscient, qui démontre que « le Moi n'est pas maître dans sa propre maison », c'est-à-dire que l'homme n'est pas maître de ses pensées et pulsions.

*prédominance, il se mit à creuser un abîme
entre eux et lui-même. Il leur refusa la raison
et s'octroya une âme immortelle, se targua
d'une descendance divine qui lui permettait de
déchirer tout lien de solidarité avec le monde
animal. [...] Nous savons tous que les travaux de
Charles Darwin, de ses collaborateurs et de ses
prédécesseurs ont mis fin à cette prétention de
l'homme voici à peine un peu plus d'un demi-
siècle. L'homme n'est rien d'autre, n'est rien de
mieux que l'animal, il est lui-même issu de la
série animale, il est apparenté de plus près à
certaines espèces, à d'autres de plus loin. Ses
conquêtes extérieures ne sont pas parvenues à
effacer les témoignages de cette équivalence qui
se manifestent tant dans la conformation de
son corps que dans ses dispositions psychiques.
C'est là cependant la seconde humiliation du
narcissisme humain : l'humiliation biologique.*

Sigmund Freud, *Une difficulté de la
psychanalyse* (1917)

Depuis Darwin, la biologie a largement progressé avec
le développement de l'éthologie et l'apparition de la biologie moléculaire. Et, tandis que le grand Charles nous
avait ramenés dans le monde animal, ces disciplines
amènent les animaux dans le monde humain. Après
avoir appris notre appartenance à la famille des grands
singes, nous découvrons maintenant la sensibilité et
l'intelligence des animaux non humains.

Entre les hommes et les autres animaux, il n'est plus
seulement question d'origines communes, mais aussi
maintenant d'un destin commun : les animaux sont, comme
nous, des personnes, et même des personnes complexes.
Telle est notre nouvelle blessure narcissique, qui suit celle
de Darwin, et qui a cette fois une implication *juridique*.
Car, si les animaux humains et non humains fonctionnent
sur des modèles neurobiologiques et psychologiques

semblables, alors tous doivent pouvoir bénéficier de droits fondamentaux. En interdisant toute violence à l'égard d'un animal non humain sensible, nous créons l'obligation d'un monde aux fondations redéfinies. C'est la raison pour laquelle l'antispécisme appelle à une nouvelle révolution copernicienne, contre les tenants de l'obscure tradition qui tentera toujours de défendre l'indéfendable, par peur de voir son modèle rassurant vaciller.

humiliés. Or, il n'y a pas en la matière de frontière. Celui qui déteste ces deux sœurs que sont l'injustice et la violence les combat sur tous les champs de bataille où elles commettent leurs crimes. « La dénonciation de la violence est indispensable, écrit la philosophe Corine Pelluchon, mais il faut prendre garde à ne pas installer une sorte de concurrence entre les victimes de la domination (les femmes, les enfants, les pauvres, celles et ceux qui subissent le racisme ou toute autre forme de discrimination, les animaux). Car toutes les violences sont liées ; elles s'enracinent dans le même penchant au mal. » Ce n'est pas un hasard si Louise Michel, figure majeure du mouvement révolutionnaire et anarchiste du xixᵉ siècle, pionnière du féminisme, voyait dans son amour des bêtes, et dans la détestation des souffrances qu'on leur inflige, l'inspiration de toutes ses luttes en faveur des faibles. « Au fond de ma révolte contre les forts, je trouve du plus loin qu'il me souvienne l'horreur des tortures infligées aux bêtes, écrit-elle. Depuis la grenouille que les paysans coupent en deux, laissant se traîner au soleil la moitié supérieure, les yeux horriblement sortis, les bras tremblants, cherchant à s'enfouir sous la terre, jusqu'à l'oie dont on cloue les pattes, jusqu'au cheval qu'on fait épuiser par les sangsues ou fouiller par les cornes des taureaux, la bête subit, lamentable, le supplice infligé par l'homme. Et plus l'homme est féroce envers la bête, plus il est rampant devant les hommes qui le dominent. » Quelques années plus tard, au début du xxᵉ siècle, la militante socialiste Rosa Luxemburg écrit dans l'une des *Lettres de prison* : « Savez-vous que j'ai souvent l'impression de ne pas être vraiment un humain, mais un oiseau ou un autre animal qui a pris forme humaine ? » Elle continue : « À vous, je peux bien le dire ; vous n'allez pas me soupçonner aussitôt de trahir le socialisme. Vous le savez, j'espère mourir malgré tout à mon poste, dans un combat de rue ou un pénitencier. Mais, en mon for intérieur, je suis plus près de mes mésanges charbonnières que des "camarades". »

Les cas de Louise Michel et Rosa Luxemburg ne sont pas isolés, bien au contraire. Les fers de lance de la lutte contre l'esclavage ont souvent été les précurseurs de la défense animale. William Wilberforce (1759-1833), l'un des leaders du mouvement pour l'abolition de l'esclavage en Angleterre, a été l'un des cofondateurs de la Royal Society for the Prevention of Cruelty to Animals, la société britannique de protection des animaux, la première du genre dans le monde. Victor Schœlcher, qui est à l'origine du décret qui abolit définitivement l'esclavage en France, était engagé pour la protection des enfants, l'émancipation des femmes, contre la peine de mort. Il a également soutenu la protection animale. L'écrivain américain Henry David Thoreau fut un virulent adversaire de l'esclavage, au point qu'il prit parti publiquement en 1859 en faveur de l'activiste abolitionniste John Brown, condamné à mort et pendu pour insurrection. Il défendit également le végétarisme en ces termes : « Certes, [l'homme] peut vivre, et vit, dans cette vaste mesure en faisant des autres animaux sa proie ; mais c'est une triste méthode – comme peut s'en apercevoir quiconque ira prendre des lapins au piège ou égorger des agneaux – et pour bienfaiteur de sa race on peut tenir qui instruira l'homme dans le contentement d'un régime plus innocent et plus saint. Quelle que puisse être ma propre manière d'agir, je ne doute pas que la race humaine, en son graduel développement, n'ait entre autres destinées celle de renoncer à manger des animaux, aussi sûrement que les tribus sauvages ont renoncé à s'entre-manger dès qu'elles sont entrées en contact avec de plus civilisées. » Le philanthrope britannique Anthony Ashley-Cooper, devenu lord Shaftesbury (1801-1885), qui a fait avancer, comme député, la cause des ouvriers et des enfants en particulier, fut quant à lui président de la National Anti-Vivisection Society, association contre l'expérimentation animale.

Victor Hugo a lui aussi été le président d'honneur de la première Ligue française contre la vivisection, qui a été créée en 1882, et a fait partie de ceux qui ont soutenu la loi Grammont en 1850, la première grande loi de protection animale en France. Victor Hugo est l'écrivain le plus célèbre de notre pays, et pourtant peu de gens connaissent son engagement pour les animaux, lié à tous ses autres combats, à commencer par celui contre la peine de mort. Pourquoi ce pan de sa personnalité est-il ignoré ? Parce qu'il est celui qui intéresse le moins les faiseurs d'opinion et les raconteurs d'histoires, qui ne voient souvent dans ce combat particulier qu'un détail biographique sans importance. Idem pour Émile Zola. On vante ses qualités d'écrivain, d'humaniste, de citoyen engagé, de critique d'art, ses relations avec les peintres et les musiciens, mais toujours est passé sous silence un aspect essentiel de son caractère : son affection profonde pour les animaux. Zola a toujours vécu entouré d'animaux. Ses chiens se sont appelés Bertrand, Raton, Fanfan, Bataille, Voriot ou Pinpin. Ce dernier mourut de chagrin, se pensant abandonné lorsque l'écrivain dut le laisser lors de son exil forcé en Angleterre, et en retour Zola fut lui-même très affecté de cette disparition. Dans sa maison de Médan, l'écrivain avait constitué une petite ferme avec cheval, vaches, poules, pigeons, lapins, et des familles de chats. En 1896, moins de deux ans avant son « J'accuse » lors de l'affaire Dreyfus, il publie dans *Le Figaro* un édito intitulé « L'amour des bêtes », dans lequel il écrit ces lignes : « Pourquoi la souffrance d'une bête me bouleverse-t-elle ainsi ? Pourquoi ne puis-je supporter l'idée qu'une bête souffre, au point de me relever la nuit, l'hiver, pour m'assurer que mon chat a bien sa tasse d'eau ? Pourquoi toutes les bêtes de la création sont-elles mes petites parentes, pourquoi leur idée seule m'emplit-elle de miséricorde, de tolérance et de tendresse ? Pourquoi les bêtes sont-elles toutes de ma famille, comme les hommes, autant que les hommes ? »

Pourtant, une fois encore, comme pour Louise Michel et Victor Hugo, cette dimension fondamentale et fondatrice chez Zola est aujourd'hui encore passée sous silence. Comme si elle dérangeait plus que toutes les autres. Esclaves, enfants, femmes, animaux : chaque fois, le même souci de lutter contre l'exploitation des plus faibles par les plus forts. Nombreux sont les intellectuels qui ont, au cours des siècles derniers, appelé à la fin de l'exploitation animale ou qui ont simplement demandé que cessent les traitements les plus barbares à l'égard des animaux. Montaigne et Rousseau figurent au premier rang de ces *animalumanistes,* mais on pourrait s'attarder sur les lignes écrites par Tolstoï, Marguerite Yourcenar – végétarienne afin de ne pas « digérer d'agonies » – ou encore Romain Gary. En 1956, dans *Les Racines du ciel,* parfois considéré comme le premier roman écologiste, Gary alerte sur la destruction de la nature et des animaux qui la peuplent. Il raconte l'histoire de Morel, qui consacre son énergie à éviter le massacre des éléphants en Afrique, pourchassés pour leur ivoire. « Nous devons nous tourner avec beaucoup plus d'humilité et de compréhension vers les autres espèces animales, différentes mais non inférieures », écrit-il notamment. Le roman a été acclamé par la critique, il a été récompensé par le prix Goncourt. C'est bien. Mais combien de ceux qui ont attribué cette distinction ont su mettre en pratique les recommandations de Gary ? Une fois les petits fours engloutis et les bulles de champagne évaporées, il n'est pas resté grand-chose du message de l'auteur, si ce n'est un prétexte à la bonne conscience : *Oh oui, voyez ce que disait Romain Gary il y a soixante ans ! Qu'il avait raison, quel précurseur ! Bien sûr qu'il faut partager son point de vue ! D'ailleurs, son prix Goncourt montre combien il a été écouté !* Tu parles.

Voilà bien l'un des problèmes de la protection animale en particulier et de l'écologie en général : même si beaucoup observent encore ces prises de position avec condescendance et ironie, chacun est bien obligé de reconnaître qu'elles s'appuient sur des revendications dont les fondements sont justes. Il devient délicat aujourd'hui d'affirmer être indifférent à la souffrance animale et aux destructions de l'écosystème. D'ailleurs, la première chose que vous répond un éleveur ou un boucher, dans un débat, c'est : *Moi aussi, j'aime les animaux !* Sauf que ces mots sont immédiatement suivis d'un « mais » : *J'aime les animaux, mais...* ou *J'aime la nature, mais...* Un peu comme le type raciste qui dirait : *J'ai rien contre les Arabes, mais...*

Ce consensus d'hypocrisie généralisée semble contenter tout le monde, à commencer par ceux, nombreux, qui prospèrent sur le dos de la souffrance animale : les industriels qui fabriquent la viande et d'autres produits issus des animaux, la distribution, les commerçants, les entreprises pharmaceutiques qui réalisent leurs tests sur des animaux, tous ceux qui consomment les objets ou les nourritures à base d'animaux et qui ne veulent surtout pas changer leurs habitudes, les zoos, les cirques, les organisateurs et les spectateurs de corridas, les chasseurs et tous les représentants politiques qui n'osent pas l'ouvrir pour ne pas se mettre à dos tous les lobbies décrits ici.

Parce qu'il confisque à l'homme son rang d'espèce supérieure, l'*antispécisme* est parfois qualifié par ses adversaires d'*antihumanisme*. Il s'agirait d'un courant philosophique construit en réaction à l'être humain et qui agirait contre ses intérêts. C'est un contresens complet commis par des commentateurs ignorants. Il est évidemment possible de trouver, parmi les défenseurs des droits des animaux, quelques misanthropes écœurés par le degré de violence dont les humains se rendent coupables. Ceux qui ont le courage de se plonger dans le détail des tortures que nous infligeons aux animaux en arrivent parfois à un dégoût de notre espèce compréhensible. Je ne parle pas ici simplement du principe de tuer un animal pour s'en nourrir. Je pense à des scènes insoutenables de coups, de blessures, d'égorgement ou de vivisection. Je pense à la vision de ces êtres en souffrance dans des cages minuscules à l'intérieur desquelles ils ne peuvent se mouvoir. Je pense aux animaux jetés comme des kleenex ou violentés par leurs propriétaires. Je pense au chasseur qui massacre des renards et qui poste fièrement la photo de son triomphe sur Internet. Il est logique de douter de l'espèce humaine lorsque l'on mesure sa capacité de haïr et d'anéantir les animaux non humains, mais aussi ses congénères. Les centaines de millions de morts humaines provoquées par nos guerres ou nos diktats politiques doivent tout de même nous interroger sur notre propension à l'intolérance et à la brutalité. Difficile de nier l'obsession de l'*Homo sapiens* pour la domination sous toutes ses formes. Les hommes ont la fâcheuse tendance à asservir ou à éliminer tous ceux qui sont différents, qu'ils soient humains ou non. On ne peut donc en vouloir à ceux qui perdent espoir.

Pourtant, l'antispécisme ne cherche pas le moins du monde à se venger de l'homme. Par définition, l'antispécisme ne peut d'ailleurs rejeter les humains, puisqu'il lutte précisément contre la discrimination liée à l'espèce. S'il établissait que l'espèce humaine vaut moins que les autres, l'antispécisme se contredirait donc lui-même !

L'antispécisme souhaite simplement réhabiliter les autres espèces animales afin qu'elles aient droit à la considération qu'elles méritent. En cela, il rejette la vision restrictive d'un humanisme anthropocentré.

En rétablissant le lien qui nous unit à toutes les autres espèces, l'antispécisme propose la définition d'un nouvel humanisme, qui ne s'entend plus comme une priorité absolue donnée à l'être humain, mais qui étend son champ d'intérêt à toutes les espèces sensibles. Il ne s'agit pas d'enlever des droits aux hommes, mais d'en accorder à de nouveaux individus. L'antispécisme revendique que nous *élargissions notre sphère de considération morale*. En ce sens, nous pouvons qualifier ce nouvel humanisme d'*anumanisme*.

Élargir notre sphère
de considération morale

Il fut un temps pas si lointain en Occident où régnait un humain supérieur qui était blanc, masculin et hétérosexuel. Un rapide coup d'œil en arrière permet de constater que nous n'avons éliminé que depuis peu les statuts légaux qui consacraient l'infériorité de certains *Homo sapiens* par rapport à d'autres.

L'esclavage, qui existait déjà chez les Grecs et chez les Romains (Aristote, qui n'a pas dit que des choses intelligentes, en justifiait la pratique), a été aboli il y a moins de deux siècles. En France, il n'est officiellement interdit que depuis 1848. Napoléon l'avait rétabli en 1802, alors qu'il avait été supprimé dans les colonies françaises après la Révolution, en 1794. Il a ainsi fallu attendre le XIXe siècle pour que la majeure partie des pays du monde entérine la fin de cette pratique désormais reconnue comme révoltante : 1833 pour les colonies britanniques, 1863 pour les colonies hollandaises, 1865 pour l'ensemble des États-Unis (après la guerre de Sécession), 1869 pour les colonies portugaises, 1888 au Brésil, et seulement 1981 pour la Mauritanie, où il perdure d'ailleurs néanmoins. L'esclavage est interdit par la Déclaration universelle des droits de l'homme de 1948, mais il subsiste aujourd'hui sous différentes formes dans le monde, et des hommes, des femmes et des enfants continuent à être exploités ou vendus sans qu'ils aient le moindre droit. Aux États-Unis, les Noirs ont obtenu la citoyenneté américaine en 1868 et le droit de vote en 1870. Mais il faut attendre le milieu du XXe siècle et le mouvement des droits civiques pour que soient supprimées les lois ségrégationnistes à l'égard des Afro-Américains. Les Hispaniques et les Amérindiens demanderont aussi au même moment la reconnaissance de droits égaux. Pourtant, le combat est loin d'être terminé. D'abord, il y a encore actuellement environ 40 millions d'esclaves dans le monde, selon l'ONG Walk Free, c'est-à-dire près de 40 millions de personnes victimes de traite ou de travail forcé. Et puis le racisme a la peau dure. Aujourd'hui, les Noirs sont toujours clairement discriminés aux États-Unis. Concrètement, si vous êtes noir, vous risquez de gagner moins qu'un Blanc, d'avoir un moins bon travail, d'habiter un endroit moins sympa. En revanche, vous avez plus de chances d'aller en prison. Alors que les Afro-Américains représentent 13,6 % de la population générale, ils composent 40 % de la population carcérale.

Bernie Sanders, candidat à la primaire démocrate de 2016 aux États-Unis, a rappelé dans ses meetings qu'aux États-Unis un nouveau-né noir a une chance sur quatre de passer par la prison. Certains vont immédiatement conclure : *Ah, mais c'est peut-être tout simplement la preuve que les Noirs commettent beaucoup plus de crimes que les Blancs !* Sauf que, évidemment, cela n'a aucun sens. Selon une étude récente, les Noirs tués par la police sont 21 fois plus nombreux que les Blancs. Et ce n'est certainement pas parce qu'ils sont 21 fois plus dangereux. L'histoire judiciaire récente des États-Unis montre l'iniquité des jugements. Parmi les derniers exemples en date, on peut citer l'absence de poursuites contre Timothy Loehmann, le policier blanc qui a abattu Tamir Rice, un garçon noir de douze ans, en novembre 2014 à Cleveland, dans l'Ohio. L'enfant jouait seul dans la rue avec un pistolet en plastique lorsque Loehmann a surgi dans sa voiture et a tiré immédiatement, sans la moindre justification. Aux États-Unis, un Noir a toujours plus de risques d'être condamné qu'un Blanc. Les statistiques démontrent que près de la moitié des victimes d'homicide sont des Noirs mais que plus des trois quarts des victimes des condamnés à mort exécutés depuis 1976 aux États-Unis sont des Blancs.

Les femmes, pour leur part, n'ont obtenu le droit de vote et d'éligibilité en France qu'en 1944. L'épouse n'est devenue l'égale de son mari dans le couple qu'en 1965, date à laquelle le régime matrimonial de 1804 (« la femme doit obéissance à son mari ») est réformé : désormais, la femme n'a plus besoin de l'autorisation de son mari pour travailler, ouvrir un compte ou gérer ses biens. La notion de « chef de famille » (au profit du mari évidemment) n'a été remplacée qu'en 1970 par celle de l'autorité parentale conjointe. Et doit-on énumérer également les progrès qu'il reste à réaliser en ce qui concerne les carrières, l'accès à certains emplois et les rémunérations ?

Quant à l'homosexualité, elle est encore illégale dans environ quatre-vingts pays et elle est même punie de mort dans certains d'entre eux. On ne compte plus, dans l'histoire de l'humanité, le nombre d'homosexuels qui ont été violentés, privés de travail, emprisonnés ou tués en raison de leur préférence sexuelle. Parmi eux, certains cas sont célèbres, comme celui d'Oscar Wilde, condamné à deux ans de travaux forcés en 1895. N'oublions pas que l'homosexualité n'a été retirée de la liste des maladies mentales par l'OMS qu'en 1990. Aux États-Unis, les homosexuels ont été officiellement interdits dans l'armée jusqu'en 2011. En France, l'homosexualité est devenue sous De Gaulle, en 1960, un « fléau social » par le biais d'un amendement. Les homosexuels ont été fichés chez nous jusqu'en 1981, et l'homosexualité n'a été dépénalisée qu'en 1982. Cela n'a d'ailleurs pas été simple : un futur Premier ministre, François Fillon, et un futur président, Jacques Chirac, ont voté contre cette dépénalisation. Les récents remous autour du mariage homosexuel en France ont prouvé que, malgré les énormes avancées des trente dernières années, la lutte pour les droits des homosexuels et la fin des préjugés n'est pas encore finie.

Le combat pour l'égalité des humains entre eux est loin d'être terminé. Le racisme, le sexisme et l'homophobie continuent à agir plus ou moins efficacement selon les endroits. Mais il faut reconnaître que, grâce à l'engagement de militants clairvoyants, les préjugés s'effacent peu à peu et les lois se mettent en place pour établir l'équité. L'antispécisme prolonge ces combats pour l'égalité des individus en demandant la prise en compte de cette réalité nouvellement admise par les scientifiques et expliquée précédemment dans ce livre : tous les animaux sont des individus qui éprouvent la souffrance et qui ont un droit intrinsèque à la vie. C'est pourquoi on parle d'*élargissement de la sphère de considération morale*.

Cette sphère était réduite au minimum il y a quelques siècles encore, puis elle s'est récemment considérablement agrandie. Dans la société occidentale n'ont d'abord compté que les Grecs eux-mêmes puis les Romains, qui voyaient les autres peuples comme barbares. Ensuite les étrangers ont commencé à être considérés comme des égaux. Sauf pour ceux qui avaient une peau de couleur différente. Les Noirs se sont alors battus pour obtenir les mêmes droits que les Blancs. Puis ce furent les femmes et les homosexuels. Il ne manque plus qu'un effort pour prolonger ce mouvement naturel qui accorde au fur et à mesure une reconnaissance aux opprimés et aux discriminés. Le mouvement pour les droits des animaux a déjà été initié. Il ne lui manque plus qu'à prendre de l'ampleur. Cette augmentation de la sphère de considération morale pourrait être représentée par le schéma suivant :

ANIMAUX NON HUMAINS
HOMOSEXUELS
FEMMES
ESCLAVES
ÉTRANGERS
HOMMES GRECS ET ROMAINS

L'antispécisme se heurte toutefois à une difficulté qui n'accompagnait pas les autres luttes : il réclame des droits pour des individus qui ne sont pas eux-mêmes en mesure de les exiger. Les animaux non humains ne peuvent pas faire des manifs ou envoyer des porte-parole sur des plateaux télé. Contrairement aux esclaves, capables de révolte, aux femmes et aux homosexuels, rassemblés en organisations pour porter publiquement leurs exigences et relayer les témoignages, les animaux que l'on exploite n'ont aucun moyen de se faire entendre. Dans les élevages, les abattoirs ou les laboratoires, ils livrent pourtant d'évidents signes de désapprobation, de mal-être et de souffrance. Mais il est aisé pour leurs tortionnaires de les minimiser ou de les nier. Lequel de ces animaux prendra la parole pour expliquer son calvaire sur la place publique ? Lutter pour les droits d'un autre que soi-même est d'ailleurs le plus noble des combats, car totalement désintéressé. Un homosexuel qui lutte pour les droits des homosexuels est évidemment en premier lieu motivé par sa propre histoire et par l'amélioration de son propre sort. Et c'est parfaitement légitime : la reconnaissance est indispensable au bien-être. Mais quand un hétéro rejoint le combat pour les droits des homosexuels, l'effort est encore plus beau car il se fait en dehors de tout espoir de bénéfice personnel. Il est mené au nom d'un idéal. Idem pour les luttes pour les droits des femmes ou des immigrés : lorsque les revendicateurs ne sont pas directement concernés car ils n'appartiennent pas à la catégorie lésée, leur engagement se fait au nom d'une communauté de fraternité. Tout humain qui s'engage pour défendre un non-humain se grandit car il voit au-delà de lui-même et se reconnaît dans cet au-delà. La modestie qu'exige la démarche produit un résultat paradoxal : l'homme qui reconnaît sa parenté avec les autres créatures réputées plus faibles se découvre une dimension supérieure.

L'antispéciste est une personne informée

L'antispécisme est issu de l'alliance salutaire entre la science et la morale. C'est la raison pour laquelle nous avons exploré longuement ces deux domaines dans les premières parties de cet ouvrage. L'une et l'autre sont indispensables à toute pensée de valeur. Sur la tombe de Kant figurent ces mots du philosophe qui devraient être une maxime universelle : « Deux choses remplissent le cœur d'une admiration et d'une vénération toujours nouvelles et toujours croissantes, à mesure que la réflexion s'y attache et s'y applique : le ciel étoilé au-dessus de moi et la loi morale en moi. » Le ciel étoilé de Kant est la connaissance du monde et de l'univers. La morale est la notion de ce qui est bien et de ce qui est mal. La connaissance et l'éthique seules nous élèvent et nous permettent de nous surpasser. Malheureusement, l'une et l'autre font souvent cruellement défaut dans le débat public.

Redisons-le : l'antispécisme n'est pas, contrairement à ce que prétendent les railleurs, l'expression d'une sensiblerie mal gérée. Il n'est pas non plus une tentation ésotérique. C'est tout le contraire. L'antispéciste en appelle à la raison contre la superstition, contrairement au spéciste, qui se soumet à une théologie aveuglante. Ce dernier prie le dieu Anthropos, dont il est l'envoyé spécial. Il se soumet sans questionnement à une autorité collective qui est la pensée dominante. Il choisit le camp du *croire* plutôt que celui du *savoir* : il *croit* que les humains sont « faits pour manger des animaux », il *croit* que ceux-ci ne souffrent pas autant que certains le prétendent, il *croit* qu'il est ridicule de songer à accorder des droits à des non-humains, il *croit* que seul l'homme compte ou presque. Il croit, mais il ne peut le démontrer. Car, en réalité, il ne *sait* pas.

Tolstoï écrit que « la vie est précisément dans la recherche de l'inconnu et dans la subordination de l'action aux connaissances nouvellement acquises. C'est là la vie de chaque individu comme la vie de toute l'humanité. » L'antispécisme s'appuie exactement sur les « connaissances nouvellement acquises », c'est-à-dire sur la science, pour développer son argumentation. Il est une actualisation de la connaissance et une prise en compte de ses conséquences. Mais qui aujourd'hui, parmi les commentateurs, écrivains et penseurs connus du grand public, s'intéresse réellement à ce que la recherche actuelle nous apprend du monde et de nous-mêmes ? Nombreux sont ceux qui sont restés figés dans leurs souvenirs de cours de fac, et qui révisent leurs fiches dans des cocktails d'autocongratulation. Ce qui ne les empêche pas de parler, commenter, tout le temps, dire, dire n'importe quoi s'il le faut, mais dire.

L'espace médiatique ne supporte pas le vide, alors il le remplit par du commentaire. Ce dernier tente de prendre la forme de l'analyse, mais il n'en atteint que rarement l'exigence. L'avantage du commentaire pour une radio ou une télévision est multiple. D'abord, il se présente comme une création de sens : grâce au commentaire, l'information devient supposément lisible. Ensuite, il ne coûte rien ou presque : ceux qui sont invités à donner leur avis interviennent souvent gratuitement (ils escomptent tirer de leur exposition un bénéfice de notoriété), ou sont rémunérés modestement. Il est beaucoup moins cher de faire parler un invité pendant trente minutes que de fabriquer trente minutes de reportage. Cet argument est loin d'être négligeable : il explique en grande partie la multiplication des débats sur les chaînes info, lesquelles sont soumises à des impératifs de rentabilité économique.

Enfin, le commentaire devient, à son corps consentant, un spectacle capable de divertir. Sur un même sujet, le réflexe ayant cours parmi les médias consiste à inviter un « pour » et un « contre », exposés en duel sur un plateau transformé en ring – ils peuvent être plusieurs dans chacun des camps, auquel cas le débat devient un duel par équipes. Il y a mise en scène délibérée du désaccord, et les arguments échangés deviennent les répliques d'une saynète divertissante censée amuser, choquer ou séduire le spectateur. Convie-t-on à ces combats formatés les esprits les plus pertinents ? Les plus instruits ? Les plus sages ? Non. Surtout pas. On invite les plus télégéniques, entendez par là ceux qui répondent le mieux à la mission qui leur est confiée : les intervenants doivent avoir de l'aplomb, de la repartie, des opinions tranchées et assumées, et accepter le principe qu'une problématique puisse être balayée en quelques minutes. Ont-ils étudié avec rigueur les sujets sur lesquels ils sont amenés à s'exprimer ? Non. Au mieux, ils ont lu quelques articles de presse, qu'ils mettent en perspective avec leur expérience personnelle, et cela leur suffit pour se forger une opinion et la défendre comme une vérité démontrée. Ils dissertent ainsi avec la même aisance du terrorisme islamiste, des éleveurs bretons, de la politique économique du gouvernement, du fonctionnement de l'Europe, du FMI, de la reine d'Angleterre ou de la Coupe du monde de rugby.

Ceux dont nous parlons ici sont le plus souvent journalistes, élus politiques ou militants, entrepreneurs, communicants, avocats, et ils trustent les espaces destinés au débat. Mais parmi ces donneurs d'avis médiatisés se trouvent également des personnages au statut particulier : ceux qui sont officiellement identifiés comme « intellectuels ». On les présente comme des philosophes, des penseurs ou des essayistes éclairés. Ce sont les stars qui trustent les unes des magazines et les fauteuils d'invité dans les émissions à forte audience. À la différence des commentateurs précédemment cités, leur parole est sacralisée, et on nous donne à croire qu'ils penseraient mieux que les autres. Michel Winock les nomme « intellectuels professionnels ». Ils se réclament des lettres mais, à la différence des Malraux, Sartre ou Camus, qu'une partie d'entre eux aime citer de temps en temps (d'autres vont plutôt chercher du côté de Péguy ou Barrès), leur œuvre est accessoire, secondaire. Ils ont en commun le fait de posséder quelques qualités oratoires et, pour reprendre l'analyse de Winock, un extraordinaire amour d'eux-mêmes. Car ils sont leur sujet principal, et les questions d'actualité qu'ils abordent ne sont que les prétextes à l'affirmation de certitudes qu'ils n'entendent nullement remettre en question. Ils ne s'intéressent que marginalement à l'acuité des faits, et encore moins aux mises à jour scientifiques, technologiques, mais aussi sociologiques, qui nous obligent à comprendre le monde autrement. Il est d'ailleurs assez savoureux d'entendre les plus conservateurs d'entre eux s'époumoner contre la défaillance de l'école républicaine, cause de tous les maux : *Les jeunes n'y apprennent plus rien, l'Éducation nationale est laxiste, les profs n'ont plus d'autorité*, etc. Certes, l'école ne parvient pas à compenser les ravages d'une politique économique et sociale désastreuse. Mais ceux qui répètent en boucle que « les jeunes d'aujourd'hui n'apprennent plus rien » refusent eux-mêmes de mettre à jour leurs propres compétences.

Lequel de ces intellectuels médiatiques pose aujourd'hui les bases d'une réflexion sérieuse et novatrice sur l'éthique animale, la nature, ou même la guerre ou le travail ? Lequel d'entre eux interroge la démocratie en proposant de nouveaux modèles adaptés à notre époque ? Aucun. Ceux à qui les télévisions et les radios ouvrent généralement leurs micros s'en gardent bien. Ils sont spécialistes d'une seule chose : la communication sur eux-mêmes. Ils connaissent et maîtrisent l'impact d'un discours simple, voire simpliste, capable de toucher nos capteurs émotionnels. *Il faut aller faire la guerre pour apporter la démocratie ! On a un problème d'immigration !*

On a oublié nos valeurs ! Il suffit d'enrober ces platitudes ou ces contre-vérités de références littéraires souvent détournées, de citer des dates d'événements historiques censés nous servir de leçon, de prendre un air inspiré et grave, et hop, le tour est joué ! Les intellos médiatiques permettent de brasser des idées simples et de donner du lustre à des discussions de café du commerce. La sociologue Gisèle Sapiro résume ainsi les choses : « Ce qui caractérise les intellectuels médiatiques, c'est précisément qu'ils sont capables de parler de tout sans être spécialistes de rien. Pénétrés de leur importance, ils donnent leur avis sur tous les sujets, par conviction sans doute, mais aussi et surtout pour conserver leur visibilité. Car la visibilité médiatique n'est pas donnée, elle se construit, elle s'entretient. Aussi sont-ils prompts à s'attaquer les uns les autres pour tenir en haleine les médias et le public, même si force est de constater qu'on est loin du panache d'un duel entre Mauriac et Camus. »

Voilà l'un des drames de notre époque : ceux qui paradent sur les plateaux de télévision ou qui font les unes des magazines pour nous expliquer doctement le monde ne connaissent rien des avancées scientifiques des dernières décennies. Ils sont prisonniers de leurs préjugés, les « idoles » de l'esprit, comme les nommait Francis Bacon il y a quatre siècles. Je me souviens qu'il y a quelques années, une éditorialiste en vue m'avait ri au nez la première fois que j'avais affirmé devant elle que les humains sont des animaux, illustrant le pouvoir des *animalosceptiques*. Bacon avait identifié quatre formes d'« idoles » qui empêchent selon lui les idées nouvelles d'émerger : les idoles de la tribu, celles de la caverne, celles de la place publique, et les idoles de la scène. Les « idoles de la caverne », par exemple, nous enferment dans une pensée figée liée à notre éducation et à nos habitudes. Et les « idoles de la scène » sont celles qui nous emprisonnent dans les raisonnements passés, en ne jurant que par des auteurs anciens et de vieilles idées. Même si Bacon a formulé cette analyse au début du xviie siècle, il semble qu'il décrit bon nombre des intervenants médiatiques d'aujourd'hui. Selon Bacon, le rôle des scientifiques consiste justement à combattre tous ces obstacles à la compréhension du monde.

Il fut un temps où les philosophes s'intéressaient de très près aux différentes matières scientifiques. Bacon et Thomas Hobbes en sont de parfaits exemples. Toujours à la même époque, au xviie siècle, Pascal, Descartes ou Leibniz étaient mathématiciens. Au xviiie siècle, Kant, qui a révolutionné la pensée, avait étudié les mathématiques et la physique. Cela ne signifie pas pour autant que leur vision de la nature est pertinente aujourd'hui. Mais au moins ils tentaient, avec les moyens de leur époque, de relier leur compréhension du monde à la connaissance scientifique de leur environnement. Bien plus tôt, la pensée d'Aristote découlait déjà d'une étude approfondie de la nature par le biais de toutes les disciplines scientifiques à sa disposition. Darwin ne dit pas autre chose lorsqu'il écrit en 1880 ces mots qui plaident en faveur de la science et contre la superstition : « Bien que je sois un fervent défenseur de la liberté de pensée sur tous les sujets, il me semble (à tort ou à raison) que les arguments directs à l'encontre du christianisme et du théisme sont pratiquement sans effet sur le public et que le meilleur moyen de promouvoir la liberté de pensée est l'illumination progressive de l'esprit des hommes, laquelle résulte de l'avancement de la science. Je me suis par conséquent toujours efforcé d'éviter d'écrire au sujet de la religion et je me suis confiné à la science. » Malheureusement, après la Révolution française, la philosophie s'est essentiellement intéressée à l'homme et à la politique, délaissant la science, qui était censée avoir livré les principaux secrets du monde.

La rupture historique entre sciences et philosophie, consacrée par notre modèle éducatif, qui sépare très clairement ces deux champs d'investigation, explique en partie la crise idéologique que nous traversons. En 2007, dans une interview au magazine *Esprit*, Jean-Pierre

Dupuy, héritier d'Ivan Illich, se désespérait du fait que le « bon intellectuel hexagonal », depuis Sartre au moins, soit complètement ignorant en physique, en chimie, en informatique, en économie, et ne connaisse pas non plus les principes de fonctionnement d'une centrale nucléaire. Pour lui, cette « inculture crasse » le « condamne désormais à l'impuissance ». En 2011, l'astrophysicien britannique Stephen Hawking annonçait quant à lui que « la philosophie est morte, faute d'avoir réussi à suivre les développements de la science moderne, en particulier de la physique ». La sentence a fait bondir le philosophe Peter Singer, qui rappelle que la philosophie morale est extrêmement vivace. En réalité, les deux points de vue se comprennent. Parmi les philosophes contemporains, Peter Singer appartient à ceux qui proposent une métaphysique novatrice, qui s'appuie sur la connaissance. On peut donc difficilement lui adresser le reproche formulé par Hawking. Et il y a aujourd'hui des penseurs, dont certains sont cités dans ce livre, qui intègrent dans leur réflexion les conséquences d'une meilleure connaissance du vivant. L'éthique animale ou l'éthique environnementale pos-sèdent des porte-parole dont la pensée impressionne. On ne les entend jamais dans les médias. Trop compliqué, trop subtil, trop dérangeant, trop sérieux, trop nouveau, et surtout pas assez « télé-compatible ».

Michel Foucault en appelait aux « intellectuels spécifiques », spécialistes d'un sujet bien précis. Ces derniers prennent à bras-le-corps une problématique qu'ils étudient sous toutes les coutures. Et ils ne s'aventurent pas sur des terrains qu'ils ne connaissent pas. Contrairement à l'intellectuel généraliste, l'intellectuel spécifique ne se réclame pas forcément de la philosophie ou de la littérature. Il peut être astrophysicien, sociologue, médecin, géographe, ethnologue, peu importe. Ce qui le caractérise, c'est qu'il sait de quoi il parle. Et nous avons besoin de lui aujourd'hui. Nous avons besoin d'entendre la parole de ceux qui savent, et non de ceux qui croient savoir.

Les antispécistes et *L'Amistad*

Au cours d'un entretien avec le philosophe Peter Singer, le scientifique Richard Dawkins reconnaît que les arguments rationnels devraient amener chacun à cesser de manger des animaux. Mais, explique-t-il, nous agissons aujourd'hui avec l'élevage comme nous le faisions jadis avec l'esclavage, en nous voilant la face et en continuant à perpétrer avec gêne une habitude dont nous savons qu'elle est injustifiable : « Le précédent historique de l'esclavage est vraiment une bonne comparaison. Il y a eu une époque, il y a deux siècles, où l'esclavage était simplement la norme. Tout le monde le pratiquait, parfois sans enthousiasme, comme Thomas Jefferson. Moi-même, je l'aurais sans doute pratiqué sans enthousiasme, simplement pour me conformer à ce que faisait la société. L'esclavage était très difficile à justifier, mais tout le monde le faisait. » La référence à Thomas Jefferson est particulièrement pertinente : le troisième président des États-Unis, auteur de la Déclaration d'indépendance, disait de l'esclavage qu'il était un « crime abominable », il a pourtant toute sa vie possédé des esclaves...

Le parallèle entre exploitation animale et esclavagisme n'a rien d'un raccourci facile. Les deux phénomènes s'appuient exactement sur les mêmes mécanismes pour asservir des êtres sensibles et intelligents. Ils utilisent les mêmes justifications fallacieuses. Ce n'est pas un hasard si leurs opposants s'appellent, dans les deux cas, les *abolitionnistes*. La seule différence notable réside dans le fait que les victimes sont des humains d'un côté et des non-humains de l'autre. Mais tout le reste est identique : les animaux comme les esclaves sont considérés comme des choses, ils n'ont qu'une valeur d'usage, ils sont maltraités, battus, privés de liberté, leurs besoins élémentaires sont négligés, et leur intelligence moquée. Leur identité est niée : les esclaves n'étaient pas des hommes, comme les animaux non humains ne sont pas des êtres sensibles qui méritent de vivre et de ne pas souffrir. À la fin du xviiie siècle, Jeremy Bentham affirmait déjà la continuité des deux causes : « Le jour viendra peut-être où le reste de la création animale pourra acquérir ces droits qui n'auraient jamais pu lui être refusés, sinon par la main de la tyrannie. Les Français ont déjà découvert que la noirceur de la peau n'est nullement une raison d'abandonner sans recours un être humain au caprice d'un tourmenteur. On reconnaîtra peut-être un jour que le nombre de jambes, la pilosité de la peau ou la terminaison de l'os *sacrum* sont des raisons tout aussi insuffisantes d'abandonner un être sensible au même destin. »

L'Américain Robert Higgs, chercheur en sciences politiques pour le think tank The Independent Institute, a établi la liste des « dix raisons pour ne pas abolir l'esclavage » telles qu'elles étaient avancées aux xviiie et xixe siècles. Je reproduis ci-dessous cette liste. Voyez combien les similitudes avec les arguments des défenseurs de l'élevage sont troublantes, à tel point qu'on peut les répertorier en effet miroir :

1. L'esclavage est naturel.
→ *Dans la nature, on mange ou bien on est mangé.*
2. L'esclavage a toujours existé.
→ *Manger de la viande est une tradition.*
3. Chaque société sur la planète a des esclaves.
→ *Partout, les humains mangent de la viande* (ce qui est inexact).

4. Les esclaves ne sont pas capables de prendre soin d'eux-mêmes.

→ *Les animaux ont besoin des éleveurs pour s'occuper d'eux.*

5. Sans maîtres, les esclaves ne survivraient pas.

→ *Si nous ne les élevions pas pour les manger, les animaux n'existeraient pas.*

6. Là où les gens sont entièrement libres, leur vie est plus difficile que celle des esclaves.

→ *Les animaux exploités sont logés et nourris, alors que dans la nature ils seraient menacés par de multiples dangers et devraient trouver eux-mêmes leur nourriture.*

7. Abolir l'esclavage provoquerait un bain de sang et beaucoup de problèmes puisque jamais les maîtres n'accepteraient de libérer leurs esclaves.

→ *Si l'élevage est aboli, cela créerait beaucoup de problèmes car les éleveurs et beaucoup d'autres personnes seraient au chômage.*

8. Si l'esclavage est aboli, les esclaves affranchis deviendront des criminels qui vont voler, tuer, violer. La préservation de l'ordre social nécessite donc de s'opposer à l'abolition.

→ *Si l'élevage est aboli, que vont devenir les animaux ? Ils vont errer dans les rues, dans la nature, créer un désordre sans nom.*

9. Vouloir abolir l'esclavage est utopique et irréaliste. Il est inutile de perdre son temps à discuter de cela.

→ *Vouloir mettre fin à l'élevage est utopique et irréaliste. Il est inutile de perdre son temps à parler de cela.*

10. Oubliez l'idée d'abolition de l'esclavage. Il vaut bien mieux veiller à ce que les esclaves soient bien nourris, habillés, logés, et qu'ils aient accès à des divertissements de temps en temps de manière à ce qu'ils oublient leur condition d'esclaves.

→ *Il ne faut pas abolir l'élevage, mais simplement s'assurer que les animaux exploités sont correctement traités : il faut donc lutter contre les conditions des élevages industriels et privilégier les petites exploitations bios, où les bêtes pourront oublier leur condition d'animaux destinés à la boucherie.*

Outre le statut commun d'*objet* sur lequel le propriétaire a tous les droits, les esclaves et les animaux d'élevage
endurent par ailleurs un traitement très proche. Dans les
cales des navires négriers qui les emmenaient en Amérique,
les esclaves étaient entassés au maximum dans un espace
sans aération, sans lumière, enchaînés, frappés si nécessaire, nourris juste le minimum pour qu'ils ne décèdent
pas : un esclave mort trop tôt, c'est du profit en moins.
Telles sont aujourd'hui les conditions de vie de la plupart
des animaux qui finissent dans nos assiettes.

Autre similitude frappante entre l'esclavage et l'exploitation animale : le fait que ces deux commerces reposent
sur le mensonge et sur la dissimulation. Les gens savaient
que l'esclavage existait, certes, mais ils s'imaginaient que
tout cela était organisé avec humanité et que les esclaves
n'étaient pas si maltraités que ça. Ça ne vous rappelle
rien ? La stratégie du militant abolitionniste anglais
Thomas Clarkson, au XVIIIe siècle, a consisté à enquêter
et à lancer de vastes campagnes d'information sur les
réalités de l'esclavage pour alerter l'opinion. Clarkson a
ainsi obtenu en 1788 un document précieux : les plans du
navire négrier *Brookes*, qui prouvaient pour la première
fois au public les conditions réelles d'entassement que
l'on imposait aux esclaves pendant des mois de traversée.
Clarkson n'a eu de cesse de démontrer que les arguments
des abolitionnistes n'avaient rien d'exagéré ou de trop
sentimental, mais qu'ils étaient juste rationnels. Le
parallèle saute encore aux yeux : si la cause animale
progresse, c'est en grande partie grâce à des documents
filmés en caméra cachée dans les élevages et les abattoirs.
Ils permettent aux consommateurs de viande de réaliser
que les producteurs ou les industriels mentent quand ils
évoquent des « élevages heureux ». Combien de personnes
ont ainsi décidé d'arrêter la viande après avoir visionné
un film de ce genre ?

Puisque l'esclavage a officiellement été aboli au XIXe
siècle en Europe et aux États-Unis, on peut penser que
dans quelques siècles l'élevage aura lui aussi disparu, au

moins dans certains pays. On peut d'ailleurs très bien imaginer que dans un premier temps la production de viande soit suspendue seulement en France, ou dans un autre pays, avant qu'elle ne se généralise ailleurs. Il y a aujourd'hui des produits dont la fabrication est interdite par certains États – c'est le cas du foie gras – et l'économie n'en est pas perturbée pour autant. Mais la lutte pour l'abolition de l'exploitation animale se heurte à une difficulté particulière : contrairement aux esclaves, les victimes de l'élevage ne peuvent pas participer au mouvement qui travaille à leur libération.

Les militants abolitionnistes du XVIIIe et du XIXe siècle n'auraient sans doute jamais eu gain de cause sans les révoltes d'esclaves, qui ont commencé dès l'Antiquité et dont l'épisode le plus illustre a pour héros Spartacus. Le fait est encore trop peu connu, mais les historiens insistent aujourd'hui sur le rôle primordial qu'ont joué ces soulèvements dans la fin de l'esclavage. La révolte des esclaves de Saint-Domingue en 1791, au cours de laquelle une partie des planteurs fut tuée, aboutira à l'indépendance de Haïti treize ans plus tard. Dans le sud des États-Unis, dans la première moitié du XIXe siècle, les mouvements de révolte se sont multipliés, ce qui a provoqué l'inquiétude des propriétaires. La mutinerie la plus célèbre (du moins depuis que Steven Spielberg l'a racontée) est celle de *L'Amistad*, en 1839 : cinquante-trois esclaves de Sierra Leone sont parvenus à prendre le contrôle du navire espagnol qui les conduisait dans les plantations cubaines. Ces hommes, ces femmes et ces enfants, après avoir touché terre, mèneront un long combat juridique et médiatique avant d'être finalement libérés au terme de leur procès.

Les animaux d'élevage, eux, n'ont pas la possibilité de se rebeller et de s'en prendre à leurs propriétaires. Les poules ne vont pas tout à coup briser leurs cages et se ruer sur l'employé qui les nourrit pour le trucider à coups de bec. Les cochons coincés les uns contre les autres dans le camion qui les emmène à l'abattoir ne vont pas faire sauter les portes arrière du véhicule pour dévorer le chauffeur. Les vaches ne vont pas décider de créer un maul pour écrabouiller l'éleveur sur le sol. Les risques de révolte sont d'autant plus inexistants que les animaux choisis pour l'élevage sont les plus dociles. Un mouton ! Pourquoi dit-on « doux comme un agneau » ? Parce qu'un agneau, c'est doux. Bref, à part les taureaux, on ne trouve pas dans les fermes d'individus à risque. Ce n'est pas un hasard si nous n'avons pas choisi de manger les lions, les guépards, les rhinocéros...

Un aspect apparemment secondaire de la révolte de *L'Amistad* doit par ailleurs nous interpeller. Après avoir pris possession du navire, les rebelles ne parviennent pas à rejoindre l'Afrique car ils sont trompés par le navigateur espagnol qu'ils avaient épargné pour qu'il les ramène chez eux. Celui-ci profite en réalité de la nuit pour maintenir le navire près des côtes américaines, où il est finalement arraisonné, au bout de deux mois, près de Long Island. Les esclaves sont alors conduits dans le Connecticut et emprisonnés. Mais, une fois arrêtés, problème : ils ne parlent pas anglais et personne ne connaît leur langue. L'historien Marcus Rediker raconte : « Comme le constate l'abolitionniste Joshua Leavitt peu après leur arrivée à terre, "ces infortunés, qui ont été emprisonnés et mis en détention pour être jugés pour leur vie", ne pouvaient guère "prononcer un mot pour eux-mêmes". » Il est vrai que, des semaines durant, personne n'a été capable de les comprendre. « C'est alors que sont intervenus des anciens esclaves, plus particulièrement John Ferry, Charles Pratt et James Covey, dont la culture cosmopolite et la connaissance de plusieurs langues ont permis aux rebelles de faire connaître leur histoire. » Privés de parole, les mutinés ont donc d'abord été incapables de se défendre. Ils ont parlé, bien sûr, mais en mendé, une langue incompréhensible pour leurs interlocuteurs. Ils étaient incapables de raconter qui ils étaient, d'où ils venaient, comment ils avaient été capturés et asservis, quelles étaient leurs vies, leurs familles, leurs amis. Incapables de témoigner pour convaincre. Sans voix, ces esclaves demeuraient une masse indifférenciée de visages sans identité, sans humanité, puisque sans récit. Les rebelles de *L'Amistad* ont heureusement bénéficié du concours de marins traducteurs et ils ont ensuite eux-mêmes appris l'anglais afin de communiquer directement avec leurs interlocuteurs. Sans cela, auraient-ils gagné leur procès ? Sans langage, comment dire qui l'on est ? Comment raconter ses souffrances ? Comment obtenir justice ?

Les animaux que nous élevons ne parlent pas notre langue, et nous nous arrangeons pour ne pas entendre ce qu'ils expriment. Si ces animaux pouvaient décrire avec nos mots leur douleur, leur tristesse, leur angoisse, leur envie de vivre, s'ils pouvaient hurler qu'ils désirent être libres, jouer avec leurs congénères, rester près de ceux qu'ils affectionnent, s'ils pouvaient nous dire tout cela avec notre vocabulaire d'humains, comment oserions-nous continuer à les maltraiter et à les assassiner de la sorte ? Les antispécistes sont les traducteurs de *L'Amistad*.

Une question d'argent

L'esclavage et l'exploitation animale reposent sur une motivation commune : le profit. L'esclavage s'est développé à partir du xvᵉ siècle pour permettre aux colons européens partis exploiter les richesses du Nouveau Monde (coton, sucre, café, cacao, or...) d'avoir à leur disposition une main-d'œuvre qui ne leur coûte presque rien – les Indiens ont été décimés par la colonisation et les maladies, et les survivants n'apportaient pas satisfaction. L'esclavage, qui en tant que tel avait toujours existé sous une forme ou une autre au cours des siècles précédents, s'est pour la première fois transformé en un commerce à grande échelle : la traite des Noirs. Selon les estimations, de 12 à 20 millions d'Africains ont été arrachés à leur famille et à leur pays, déportés pour devenir esclaves et enrichir des Français, des Espagnols, des Portugais, des Hollandais, des Anglais, et fournir à leurs populations aisées des produits de luxe. Il faut noter l'absurdité et l'ignominie absolue du système : des hommes réduits à l'état de choses pour fournir à d'autres hommes privilégiés des denrées sans aucune importance vitale.

Le journaliste américain Ta-Nehisi Coates, auteur du best-seller *Une colère noire*, explique ainsi les vraies raisons de l'esclavage : « Il y avait quatre millions d'esclaves afro-américains aux États-Unis dans les années soixante : leur valeur économique se situait autour de 4,7 milliards de dollars en argent de l'époque. Cette valeur était supérieure à la somme de tous les autres acteurs économiques alors susceptibles de produire de la richesse : les compagnies de chemin de fer, les usines, le secteur bancaire naissant, les chantiers navals. 60 % de l'activité économique du pays reposaient sur le coton, qui passait entre les mains des Noirs pour devenir un produit. Les États-Unis étaient inimaginables sans l'esclavage. » Pourquoi les États-Unis se sont-ils divisés sur l'enjeu de l'abolitionnisme ? Parce que dans le nord du pays, l'esclavage ne faisait pas vivre l'économie. L'abolition y a donc été obtenue sans grande difficulté. En revanche, dans le Sud, les esclaves assuraient notamment la prospérité des planteurs de coton. Pour ces derniers, se priver de leur main-d'œuvre gratuite semblait une condamnation à la ruine. Alors ce fut la guerre : abolitionnistes au Nord, esclavagistes au Sud.

Dans leur essai *Calcul et Morale*, Caroline Oudin-Bastide et Philippe Steiner étudient la manière dont le débat sur l'abolition de l'esclavage en France a en partie porté sur la question économique des coûts comparés entre main-d'œuvre libre et main-d'œuvre des esclaves dans les colonies. En clair, qu'est-ce qui est plus rentable ? L'esclave ou le salarié ? Certains abolitionnistes opposés à l'esclavage pour des raisons morales ont commencé à s'appuyer sur des arguments économiques pour convaincre les esclavagistes. Les colons reprochent aux esclaves leur « paresse » ? Les abolitionnistes répondent que leur productivité est amoindrie par leur état de servitude : puisque le maître est un ennemi, l'esclave ne peut le servir correctement. Et, puisque sa vie est en jeu, il travaille juste ce qu'il faut pour ne pas être victime de trop lourds châtiments. En revanche, argumentent les abolitionnistes, s'ils étaient affranchis, les esclaves comprendraient tout leur intérêt à travailler pour améliorer leurs conditions d'existence. Certains militants vont se livrer à de complexes calculs pour appuyer leur thèse. Combien coûte un esclave à l'achat ? Au bout de combien de temps faut-il le remplacer ? Quels sont ses « frais d'entretien » ? Condorcet, abolitionniste éthique, fait partie de ceux qui ont mis en avant l'argument économique pour défendre leur point de vue, en affirmant que l'esclavage gêne l'économie de marché. Dans un contexte de révolution industrielle qui renouvelle complètement les modes de production, les propriétaires eux-mêmes commencent à interroger l'efficacité économique de l'esclavage, entravée par les nombreuses révoltes. Et, dans le même temps, le sucre de betterave se développe, au détriment du sucre de canne, et rend l'apport des colonies moins essentiel. Des économistes se prononcent ainsi clairement pour la fin de l'esclavage, qui représente à leurs yeux un frein à la croissance. Parmi eux, Adam Smith, qui insiste sur le faible rendement du travail servile en comparaison au travail libre. « L'expérience de tous les temps et de toutes les nations, écrit-il, s'accorde, je crois, pour démontrer que l'ouvrage fait par des esclaves, quoiqu'il paraisse ne coûter que les frais de leur subsistance, est au bout du compte le plus cher de tous. » Rousseau, Montesquieu, Diderot et Voltaire n'auraient donc en fait jamais eu gain de cause sans un contexte économique favorable. Si l'esclavage colonial n'avait pas été décrété financièrement inefficace, sans doute existerait-il encore aujourd'hui. Au passage, savez-vous que les colons français ont été indemnisés par la France lorsque l'esclavage a été aboli, en 1848, à la Réunion, en Martinique, en Guadeloupe, en Guyane ou au Sénégal ? Si, c'est vrai : les esclavagistes ont été dédommagés par l'État français du désagrément causé ! Les esclaves et leurs descendants attendent encore...

Abolir l'exploitation animale aurait un impact économique majeur, ce qui explique en grande partie que tout soit mis en place pour discréditer les représentants des droits des animaux, que certains n'hésitent pas à présenter comme des intégristes voire, pourquoi pas, de possibles terroristes. Pendant la COP21, en décembre 2015 à Paris, le gouvernement français n'a pas hésité à assigner à résidence ou à perquisitionner de simples militants écologistes. Ceux-là mêmes dont l'action désintéressée, depuis de nombreuses années, a débouché sur une prise de conscience des enjeux du changement climatique. Il fallait surtout que ces individus s'abstiennent de perturber le Grand Ramdam du Climat, qui ne changerait pas grand-chose mais qui donnerait de jolies photos. Être un simple militant de l'air pur fait de vous un suspect, alors imaginez un peu comment peuvent être considérés des gens qui demandent la fin de l'exploitation animale !

La viande et les produits animaux dans leur ensemble génèrent un chiffre d'affaires monumental. D'après la FAO, l'élevage fait vivre près de 1,5 milliard de personnes dans le monde. Regardons ce que ça donne en France. Leader européen dans l'élevage de bovins, elle possède le plus important cheptel : près de 20 millions de têtes de bétail. Premier pays européen exportateur de bétail, la France envoie sa viande et ses bovins dans 40 pays. En 2013, la France métropolitaine dénombrait 452 000 exploitations agricoles, et plus de 850 000 personnes y travaillaient régulièrement. Toutes ne font pas de l'élevage évidemment, mais il faut prendre en compte les emplois qui dépendent de la viande en dehors des exploitations. Le groupement d'intérêt scien-tifique Élevages Demain évalue en juin 2015 que l'élevage en France représente 703 000 emplois à temps plein (ETP), soit 882 000 personnes. En ajoutant l'intérim, on arrive à 724 000 ETP liés à l'élevage, soit 3,2 % de l'emploi en France. En Bretagne par exemple, qui est la première région française pour la production et la transformation de viande, 55 000 emplois sont liés à la filière viande. En Normandie, la filière lait en 2010 représentait 32 000 emplois. Et encore, l'Insee, qui fournit ces chiffres, a choisi de ne pas tenir compte des emplois induits par la fabrication d'équipements pour l'industrie laitière, le stockage des produits, les vétérinaires, la formation ou la recherche. En 2014, les industries de la viande, du poisson et des produits laitiers en France pèsent 65 milliards d'euros de chiffre d'affaires.

En regardant ces chiffres des emplois liés à l'exploitation animale, on comprend donc l'urgence que déploient tous les gouvernements qui se succèdent en France à ne surtout rien changer, en tout cas à encourager les Français à continuer à manger de la viande et à consommer des produits laitiers. D'autant que le secteur agricole français ne cesse de perdre de l'emploi. Il y avait deux fois plus d'exploitations il y a vingt-cinq ans, et les paysans représentaient un tiers de la population active après la Seconde Guerre mondiale. Mais les agriculteurs français sont victimes des gains de productivité dans l'élevage ou les grandes cultures, et de la concurrence étrangère.

Tel est l'avenir de l'industrie mondiale de la viande : la disparition des petites exploitations, des fermes gérées comme des entreprises, et la concentration du marché entre les mains de multinationales de plus en plus puissantes. Savez-vous que le plus gros éleveur de la planète a une capacité d'abattage quotidien de 85 000 têtes de bétail, 70 000 porcs et 12 millions de volailles ? Il s'agit de la compagnie brésilienne JBS, qui est la plus importante entreprise de production et de transformation de viande au monde, devant son rival américain Tyson Foods. JBS se revendique comme le numéro deux mondial de l'alimentaire, derrière Nestlé. Elle affiche un chiffre d'affaires qui frôle les 40 milliards de dollars, annonce plus de 200 000 employés dans le monde, et se présente comme le plus important fournisseur de protéines animales, touchant 150 pays. Elle a racheté ces dernières années des entreprises aux États-Unis, en Australie et en Europe. JBS s'est d'abord imposée comme leader de la viande bovine, puis s'est développée sur le marché de la volaille avant d'investir dans le porc. Ce qui est extraordinaire, c'est que le site Internet de JBS montre des types en chemise devant des ordis, des bureaux, quelques paquets de hamburgers, mais... pas un seul animal. D'ailleurs, dans le paragraphe où l'entreprise explique sa « culture », JBS parle de « confiance », de « détermination », de « discipline » de

Abolir l'élevage pour le bien
des éleveurs

L'agriculture est désormais déconnectée de son objectif
originel : nourrir sainement l'humanité. Au lieu d'être
entièrement dédiée à cette mission de service public,
qu'elle se doit d'accomplir sous la tutelle de l'État au
même titre qu'une prestation élémentaire de santé ou
d'éducation, elle est otage des pires méthodes spécu-
latives et d'une course à une rentabilité toujours plus
grande. Les marchés où l'on étale la viande, les céréales,
les fruits et les légumes brassent des euros et des actions.

Les producteurs ne sont pas à mettre dans le même
lot que les industriels qui transforment la viande et
les grandes et moyennes surfaces qui distribuent les
produits finis. Pour faire court, les deux dernières
catégories s'enrichissent pendant que les producteurs de
porcs et de bovins s'endettent et crèvent peu à peu. La
situation des éleveurs n'est guère enviable. Car, dès que
le bien-être animal est questionné, ils sont pointés du
doigt. En soi, rien de plus logique, puisque ce sont eux
qui sont en charge des conditions de vie des bêtes. Mais
ils ne contrôlent en réalité plus grand-chose aujourd'hui.
Ils sont les victimes d'un système productiviste qui en
fait des pantins impuissants emportés par une spirale
infernale. Aiment-ils réellement leurs animaux, comme
beaucoup d'entre eux le prétendent ? Cette question n'a
pas vraiment de sens. On ne tue pas ceux qu'on aime,
sauf s'il s'agit de les libérer d'une souffrance. Cela ne
signifie pas pour autant que les éleveurs ne souhaitent
pas respecter leurs animaux avant de les envoyer à

l'abattoir. Mais ils en ont de moins en moins les moyens et ils se sentent acculés. D'un côté, les industriels refusent de leur acheter leurs animaux à un prix qui leur permettrait de vivre décemment, et, de l'autre, les éleveurs subissent des accusations sur la manière dont ils traitent les bêtes et sur les pollutions qu'ils engendrent. Au milieu, ils rencontrent l'État, qu'ils accusent de ne pas les comprendre et de les enfermer dans des parcours administratifs lourds et injustes.

Les éleveurs ne sont pourtant pas de méchants tortionnaires. Issus la plupart du temps de familles agricoles habituées depuis des générations à produire de la viande, ils ne peuvent qu'être déroutés par les arguments des abolitionnistes. De leur point de vue, ils se contentent de perpétuer une habitude alimentaire naturelle et ont le sentiment de travailler durement sans en être justement récompensés. En fait, sans qu'ils s'en rendent encore tout à fait compte, les éleveurs sont devenus eux aussi des victimes du marché de la viande, à cause d'une industrie qui a l'indécence d'acheter le porc, le bœuf ou le lait en dessous du prix de production. Et il n'y a pas d'issue pour eux. Pour survivre, ils sont condamnés à produire toujours plus, pour toujours moins cher. C'est une mission impossible aux conséquences dramatiques. Des horaires de travail à rallonge, des revenus qui se sont effondrés depuis dix ans : les éleveurs représentent la profession au taux de suicides le plus élevé, particulièrement chez les éleveurs laitiers et bovins.

Je comprends donc leur désarroi face aux revendications des abolitionnistes. Les éleveurs ont l'impression que nous cherchons à les mettre au chômage. C'est inexact. Nous voulons simplement qu'ils changent de travail. Et, de toute façon, leur métier, tel qu'ils l'imaginent, n'existe presque plus. L'évolution tend vers un modèle où le même acteur contrôle tout un circuit qui va de l'alimentation de l'animal (70 % du coût de production d'un porc) jusqu'à la découpe en passant par l'abattage. Dans ce contexte, l'éleveur n'est plus qu'un employé à qui l'on demande d'être le plus performant possible. Cela mène déjà en France à un paradoxe absolu : la coopérative Cooperl est la première coopérative d'éleveurs porcins en France (2 700 éleveurs membres). Mais, comme cette coopérative est aussi un industriel de l'abattage-découpe, elle achète la viande aux éleveurs en faisant pression pour ne pas la payer trop cher, afin notamment d'être concurrentiel à l'exportation ! Donc les producteurs indépendants sont en concurrence avec les producteurs des coopératives qui sont en concurrence avec eux-mêmes !

Les éleveurs sont en train de devenir des esclaves de l'industrie, dont ils sont des prestataires. Notez cette dramatique mise en abyme : des animaux esclaves d'éleveurs eux-mêmes esclaves des industriels. Les fermes ne sont plus que des lieux de souffrance partagée entre les humains et les animaux dont ceux-ci ont la charge. Les paysans sont presque tous morts, les derniers font de la résistance ou agonisent en silence. Ils sont remplacés par des ouvriers contremaîtres exploités pour exploiter. On peut inclure dans le lot des victimes les 50 000 employés d'abattoir, dont certains appa-raissent sur les vidéos clandestines de L 214 en train de brutaliser les animaux, en leur balançant des décharges électriques pour s'amuser ou en les jetant avec violence. Ils sont devenus des bêtes plus animales que celles qu'ils mettent à mort. Dépassés par la tâche inhumaine qu'on leur demande d'accomplir, ils n'ont d'autre choix pour supporter leur sort que de se montrer inhumains à leur tour. Personne, à part peut-être quelques sadiques qui ont pu se glisser dans le lot, ne pourra affirmer qu'il fait ce métier par envie. Tous les témoignages de ces salariés de la mort expriment d'ailleurs le malaise qu'ils éprouvent dans cette activité déshumanisante. Je suis convaincu que la grande majorité de ces employés ne rêve que d'une chose : trouver un autre travail. N'est-ce pas la meilleure preuve qu'il faut qu'il cesse ? La fabrique de la viande est une fabrique à monstres.

Que faut-il en conclure ? Qu'il est temps que les victimes s'unissent. Les éleveurs doivent aujourd'hui se rebeller et rejoindre le combat des abolitionnistes pour mettre fin à leur propre servitude. Ensemble, ils peuvent organiser la transition vers une *agriculture décarnée*, c'est-à-dire qui exclut l'exploitation de toute chair animale. Car ce que les antispécistes proposent aux éleveurs actuels, c'est simplement un glissement vers une nouvelle activité. Certains en profiteront pour trouver un nouveau métier et tenter un nouveau rêve. Mais ceux qui le souhaitent resteront agriculteurs et changeront simplement de secteur. Ils deviendront céréaliers, cultivateurs, maraîchers, sylviculteurs, myciculteurs...

La FAO a décrété 2016 année des légumineuses, ces plantes récoltées pour l'obtention de grains secs. Certains ricaneurs s'en amuseront sans doute. Mais l'agence de l'ONU pour l'alimentation tente de faire passer un message essentiel : les lentilles, les haricots, les fèves, les pois, tout comme le soja, sont une excellente alternative à la viande, bien moins coûteuse de surcroît. Ils fournissent de nombreux minéraux et vitamines, et surtout les légumes secs contiennent 20 % à 25 % de protéines, et même 40 % pour le soja (plus que la viande !). Une précision à propos du soja : il est actuellement très cultivé dans le monde, mais principalement dans le but de nourrir le bétail ou fabriquer des agrocarburants, et il est souvent transgénique.

Marcela Villarreal, responsable du « projet légumineuses » à la FAO, rappelle cette vérité nutritionnelle encore ignorée de beaucoup aujourd'hui : « Une combinaison de légumes secs avec des céréales présente une qualité de protéines semblable aux protéines de sources animales, à un coût inférieur. » Les légumineuses présentent également des avantages environnementaux : elles captent l'azote de l'air et le diffusent dans le sol via leurs racines, ce qui nourrit les plantes à proximité, limite la nécessité d'engrais et réduit les émissions de gaz à effet de serre ; par ailleurs, leur période de floraison très longue est bénéfique aux abeilles. Parlons aussi des bienfaits sur la santé : les légumineuses sont riches en fibres alimentaires, contiennent peu de matières grasses et pas de cholestérol.

Malgré tous ces atouts, les légumineuses sont aujourd'hui négligées dans le monde : elles occupent moins de 2 % des surfaces cultivées en grande culture en Europe, car la production de céréales est plus rentable. Par ailleurs, les pouvoirs publics se désintéressent pour l'instant de cette solution pourtant évidente. Pendant une grande partie de notre histoire, les légumineuses ont constitué la base du régime alimentaire : leur production remonte à 8 000 avant J.-C.. Pourquoi n'y a-t-il pas d'incitations gouvernementales à produire des lentilles ? Pourquoi n'y a-t-il pas de recherches pour trouver des variétés plus rentables ? Tout est à faire, tout est à mettre en place. Les éleveurs sauront se reconvertir très facilement. D'autant que l'État prendra en charge les conditions de cette mutation. Il y a un siècle et demi, la France a su indemniser fortement les esclavagistes lorsque leur main-d'œuvre gratuite leur a été retirée au moment de l'abolition. Un programme ambitieux de réforme de l'agriculture serait évidemment soutenu par les autorités, ce qui implique le paiement de formations et de compensations aux éleveurs, ainsi que toutes les aides nécessaires pour financer les nouvelles installations.

Le monde va avoir besoin d'agriculteurs dans les prochaines années pour subvenir aux besoins d'une population qui ne cesse de s'accroître. En suivant le modèle actuel, la FAO a prévu un doublement de la consommation mondiale de viande d'ici à 2050. Ce qui signifie que la population bovine, pour ne parler que d'elle, devrait passer de 1,5 milliard de bêtes à 2,6 milliards. Une perspective alarmante puisque l'on connaît parfaitement l'impact de l'élevage sur l'environnement. Les filières de production animales sont responsables d'une importante partie des émissions de gaz à effet de serre : 14,5 %

de toutes les émissions d'origine anthropique, selon les derniers chiffres de la FAO, soit plus que toutes les émissions de la France et des États-Unis réunis. Cela inclut la production et la transformation du fourrage (45 % du total de ces émissions), la digestion des bovins (39 %), la décomposition du fumier, la transformation et le transport des produits. L'élevage est aussi à l'origine d'une déforestation aux conséquences dramatiques (80 % de la déforestation en Amazonie). Il faut encore souligner la pollution des eaux liée aux déjections des animaux ou aux engrais et pesticides destinés à les nourrir (la fameuse pollution aux nitrates par exemple), la responsabilité dans les pluies acides, la dégradation de la fertilité des sols, la disparition d'espèces végétales et animales. Selon la FAO, « le secteur de l'élevage compte parmi les secteurs les plus nuisibles pour les ressources en eau, déjà appauvries, contribuant, entre autres, à la pollution de l'eau, à l'eutrophisation et à la dégénération des récifs coralliens. Les principaux agents polluants sont les déchets animaux, les antibiotiques et les hormones, les produits chimiques des tanneries, les engrais et les pesticides pulvérisés sur les cultures fourragères. Le surpâturage diffus perturbe le cycle de l'eau, réduisant la reconstitution des eaux souterraines et superficielles. La production de fourrage nécessite le prélèvement de grands volumes d'eau. » Il faut plus de 15 000 litres d'eau pour produire un kilo de bœuf – un bovin peut boire jusqu'à 100 litres d'eau par jour, 5 000 litres pour 1 kilo de porc, 4 000 litres pour 1 kilo de poulet contre 3 000 litres pour 1 kilo de riz. Au-delà des phénomènes de pollution, il convient également de rappeler qu'il faut entre 3 et 11 calories végétales pour produire une calorie animale (le poulet demande moins de nourriture que le porc qui lui-même demande moins que le bœuf). Or, les trois quarts des terres agricoles dans le monde sont consacrés à la production de viande, que ce soit pour faire pousser la nourriture des animaux ou pour les faire paître. Sachant que la population mondiale aura augmenté de 2 milliards de personnes en 2050, le simple bon sens réclame d'abandonner l'alimentation carnée pour une alimentation végétale, beaucoup plus adaptée à notre nombre.

Tous les arguments environnementaux, sanitaires et moraux devraient suffire à signer la fin de l'exploitation animale. Mais, comme pour l'esclavage, la raison seule risque de ne pas être suffisante pour entraîner rapidement une réaction du pouvoir politique. Alors soulevons la question de la pertinence économique de l'élevage. Et la première chose qui saute aux yeux est que cette activité n'est en réalité pas rentable : la survie des éleveurs ne repose que sur des subventions très importantes – plus de 10 milliards d'euros par an d'aides européennes pour les agriculteurs français, auxquelles s'ajoutent des aides nationales, des exonérations et déductions fiscales. Comme le soulignent les économistes Jean-Christophe Bureau, Lionel Fontagné et Sébastien Jean dans une note du Conseil d'analyse économique (CAE), les agriculteurs sont également soutenus par une mesure moins visible, à savoir la protection douanière à l'égard des importations agricoles. Les auteurs de la note au CAE relèvent qu'en 2013 les aides représentaient pour une exploitation moyenne 84 % du revenu agricole. Et, parmi les agriculteurs, ce sont précisément les éleveurs qui s'appuient le plus sur ces aides, qui représentent 89 % du revenu dans le lait, et 169 % dans le secteur bovins-viandes ! L'étude cite alors le cas d'un élevage bovin des Alpes qui reçoit « 59 000 euros de transferts publics pour dégager un revenu net de moins de 19 000 euros ». En clair, l'agriculture est sous perfusion et, bien qu'elle appartienne au secteur privé, elle ne survit que par l'intervention publique. Cet argent versé par l'État et l'Europe, c'est celui de nos impôts, ce qui signifie que nous soutenons tous l'industrie de la viande, que nous le souhaitions ou non. Nous payons tous pour que soient fabriqués des animaux qui vont ensuite être tués pour enrichir des industriels et leurs actionnaires.

En soi, le fait que l'argent public finance l'agriculture n'est pas gênant, au contraire. Ce qui est scandaleux, en revanche, c'est, d'une part, que cela ne soit pas plus assumé et, d'autre part, que les gouvernements successifs n'en tirent pas les conséquences en faisant de l'agriculture un vrai sujet de débat national. Pourquoi nos représentants ne choisiraient-ils pas d'investir notre argent dans des filières de production différentes ? Pourquoi s'évertuent-ils à défendre un secteur – celui de la viande – qui met à genoux les paysans et les salariés du secteur ? Pourquoi la politique de la PAC n'est-elle jamais évoquée pendant les campagnes électorales alors que ses conséquences sont majeures sur notre quotidien ? Au lieu de nous intoxiquer avec des sujets inintéressants et stériles comme l'identité nationale ou la déchéance de nationalité, le devoir des politiques devrait être de nous informer et de nous consulter sur cette question cruciale. D'autant que ce système d'aides aux agriculteurs se révèle une catastrophe, parce que particulièrement inégalitaire, compliqué et opaque. La liste des bénéficiaires des aides de la PAC a d'ailleurs longtemps été tenue secrète. Quelle ne fut pas la surprise de découvrir un jour que des dizaines de millions d'euros ont été attribuées pendant des années à Doux, premier exportateur européen de volailles industrielles, et à son concurrent Tilly-Sabco. Résultat : des patrons qui s'enrichissent, des salariés exploités et des animaux maltraités. Quand l'argent public récompense le modèle agro-industriel...

Puisque c'est l'argent qui décide de tout, à un moment où la réduction de la dette publique est affichée par beaucoup comme la priorité absolue, exigeons que soient pris en compte les coûts réels de la viande pour la collectivité. Les pollutions évoquées dans les pages précédentes ont évidemment un impact financier dont le coût n'est pas assumé par les producteurs ou les industriels, mais par les citoyens. L'ensemble de la filière viande, ainsi que les pouvoirs publics, doivent nous rendre des comptes à ce sujet. Le rapport du Conseil d'analyse économique explique par exemple que « les coûts des pollutions azotées [liées à l'agriculture] seraient d'un ordre de grandeur qui devient comparable à la valeur économique du supplément de production agricole permis par les engrais azotés ». Concrètement, ce que nous coûte la pollution liée à l'azote est équivalent à ce qu'elle permet aux producteurs de gagner. Aberration totale. Nous, contribuables, payons deux fois pour quelque chose que nous n'avons pas choisi : nous payons d'abord pour subventionner des pratiques agricoles que nous ne cautionnons pas, puis pour réparer les conséquences de ces pratiques ! Ainsi, la diminution de la population des insectes pollinisateurs et celle des espèces qui régulent les ravageurs « représentent des coûts potentiels pour la société correspondant à plusieurs milliards d'euros ».

La perte de la biodiversité engendre une catastrophe économique dont personne ne parle. Il faut bien comprendre qu'un écosystème est un ensemble complexe qui comprend des plantes, des animaux, des micro-organismes (la biocénose) et le milieu dans lequel ils évoluent (le biotope). Une prairie, par exemple, est un écosystème dans lequel insectes, fleurs, herbe, bétail et sol créent un cycle où chaque élément a besoin des autres pour sa survie. Ces écosystèmes fournissent aux humains des biens et des services. Parmi les biens, on compte les matières comme le bois, les combustibles, les fibres, la nourriture ou encore les végétaux qui procurent les substances nécessaires à l'élaboration de la moitié de nos médicaments. En ce qui concerne les services, il y a la purification de l'air (la photosynthèse par les plantes qui capturent le carbone), l'atténuation des changements climatiques, la pollinisation des cultures[1], la régulation des espèces, le recyclage naturel des déchets, la formation des sols, mais aussi des services culturels et spirituels. La nature nous apaise, elle est source d'inspiration pour

---

1. Un tiers des aliments que nous consommons dépendent de pollinisateurs comme les abeilles, les chauves-souris et les oiseaux.

les artistes ou les ingénieurs, elle est un espace de bien-être : autant de cadeaux dont nous jouissons.

Tous ces services rendus ont une valeur inestimable. Mais, comme les économistes ont besoin de tout chiffrer en fonction d'un coût et d'un bénéfice, l'apport des écosystèmes sur le PIB a également été évalué. Au niveau mondial, la valeur annuelle des services écosystémiques mondiaux est estimée à 125 000 milliards de dollars. La pollinisation due aux insectes « vaudrait » à elle seule plus de 150 milliards annuels. Or les pesticides, la déforestation, la surpêche, les pollutions maritimes, nuisent aux services écosystémiques.

Prenons l'exemple de l'étalement urbain de la ville de Montréal. Pour que de nouvelles infrastructures puissent être contruites depuis soixante ans, les terres agricoles ont été rabottées de 20 % et les forêts de 28 %. La perte des services rendus par la nature a été évaluée à 12 milliards de dollars.

Au niveau mondial, la perte des services écosystémiques est estimée à 50 milliards d'euros par an. La seule dégradation de la biodiversité terrestre pourrait coûter 7 % du PIB en 2050 (si l'on tient compte de la biodiversité marine, ce chiffre augmente).

Les crises sanitaires à répétition, comme celle de la grippe aviaire, ont également de lourdes répercussions financières. 300 millions d'euros de pertes estimées pour la filière foie gras au début de l'année 2016 à la suite d'un tel épisode. Or, qui compense ? L'État, c'est-à-dire, une fois encore, vous et moi. Et si l'on parlait aussi de la pandémie de grippe A (H1N1) en 2009, qui a touché une vingtaine de pays ? Son origine se trouve vraisemblablement dans un élevage industriel de porcs. Un endroit a été identifié au Mexique, puis les autorités américaines ont annoncé que l'élevage incriminé devait plus vraisemblablement se trouver en Asie. Ce qui est sûr, c'est que les élevages de porcs ont joué un rôle déterminant dans la propagation de ce virus. Or, rien qu'en France, le coût de cette crise sanitaire s'élève au minimum à 660 millions d'euros – la faute à une ruineuse campagne de vaccinations.

Combien de coûts liés à l'élevage n'ont par ailleurs pas encore été quantifiés ? Les maladies chroniques, par exemple, explosent depuis des années. Or, notre alimentation est en partie responsable, et notamment notre consommation de viande et de produits laitiers. En France, les cancers ainsi que les maladies et risques cardio-vasculaires coûtent 45 milliards par an à la Sécu. Un chiffre qui va exploser dans les années qui viennent en raison du vieillissement de la population. L'anti-biorésistance, c'est-à-dire le fait que nos médicaments ont du mal à agir sur des bactéries qui nous agressent, se développe par ailleurs à toute allure : 27 000 morts en Europe et 700 000 morts dans le monde en 2015. En cause notamment, les filières de production animale qui bourrent les animaux d'antibiotiques.

Au passage, pour dépasser un instant la seule question de l'exploitation animale, il est bon de rappeler que, selon l'OMS, la pollution atmosphérique a causé la mort prématurée de 7 millions de personnes dans le monde en 2012. L'OCDE estime en outre que le coût de la pollution atmosphérique urbaine s'élève à 1 700 milliards de dollars par an pour ses pays membres, c'est-à-dire 4 % de leur PIB, 1 400 milliards pour la Chine (16 % de son PIB) et 500 milliards pour l'Inde (14 % de son PIB). Autre dossier qui fait réfléchir sur les conséquences financières de nos choix irresponsables : la catastrophe de Fukushima en mars 2011. Cinq ans plus tard, son coût est estimé à 87 milliards d'euros minimum, soit 2,3 % du PIB du Japon (charges de démantèlement, de décontamination, indemnisations). Mais revenons à la viande.

Combien la collectivité économiserait-elle si personne ne mangeait plus de produits animaux ? Et pourquoi est-ce une fois de plus au contribuable de payer les dégâts d'une mauvaise politique sanitaire ? Plutôt que d'encourager la consommation de viande en subventionnant des publicités et en interdisant les alternatives végétariennes dans les cantines, les gouvernements s'honoreraient à mener une politique responsable qui respecte la santé et les convictions des citoyens. Mais en ont-ils seulement envie ? Non, pour une simple raison : ceux qui se succèdent au pouvoir ne cherchent pas à inventer le monde de demain mais se contentent de gérer leur propre succès. Plutôt que d'initier des métamorphoses courageuses mais polémiques, ils tentent de limiter la colère des uns et des autres, en privilégiant la satisfaction des plus puissants, c'est-à-dire les patrons, les industriels et leurs amis. Il ne faut donc surtout pas courroucer tous ceux qui s'engraissent en engraissant des animaux. Par ailleurs, dans un système politique qui ne réfléchit qu'en termes d'emplois et de croissance, il convient de noter que la pollution et la maladie favorisent, justement, cette croissance. Si vous avez une fuite d'eau, c'est très embêtant, mais cela va faire vivre un plombier. Si vous vous cassez une dent, vous faites vivre un dentiste. Si vous cassez le talon de votre chaussure, vous faites vivre un cordonnier. Si vous tachez votre robe, vous faites vivre un teinturier. Si vous êtes malade, vous faites vivre un médecin. De la même manière, les solutions qu'il faut inventer pour éradiquer les effets de la pollution créent de l'activité. La pollution est en elle-même un marché porteur, qui génère aujourd'hui une économie créatrice d'emplois. Alors, surtout, vite, dépêchons-nous de ne rien bouger ! Mais est-ce ce que veulent les gens ?

Le système actuel a ôté tout pouvoir à l'électeur. Dans une société dirigée par les grands patrons et la finance, le citoyen n'a plus de poids. Le consommateur a pris sa place. Prenons-en acte. Puisque les parts de marché remplacent les arguments, et en attendant qu'une révolution idéologique fasse enfin vaciller cette *néomonarchie* infatuée qui nous mène à la catastrophe, positionnons-nous en consommateurs critiques. Pour favoriser la libération animale, multiplions les boycotts de produits, les campagnes d'information sur les coulisses de l'exploitation animale et montrons qu'un marché considérable existe pour des produits végétariens et vegans. Écrivons le scénario d'une économie qui repense complètement la place de l'animal. Combien d'emplois transformés ? Combien de nouveaux métiers créés ? Quelle peut être la puissance économique d'une alimentation nouvelle qui redonne toute leur place aux végétaux ? Combien de bénéfices réalisés à ne plus compenser les coûts dissimulés de l'élevage ? Lorsque les industriels réaliseront l'opportunité financière qui leur tend les bras, alors ils participeront forcément eux aussi à la libération animale.

Compte tenu de l'importance du sujet, un grand débat public s'avère aujourd'hui indispensable. Nous devons tous avoir le droit d'exprimer la façon dont nous souhaitons nous nourrir. Acceptons-nous de promouvoir une agriculture qui prospère grâce aux pesticides, aux antibiotiques, aux farines animales, aux hormones, aux OGM, à la souffrance d'êtres sensibles ? Acceptons-nous que nos agriculteurs soient transformés en laquais d'une industrie sans âme qui enrichit des types encravatés sans aucune autre ambition que le bénéfice ?

La nourriture est l'indispensable carburant de la vie. Elle n'est originellement ni un luxe ni une fantaisie. On choisit de s'acheter une grosse voiture, ou pas. On choisit de jouer au tennis, de porter un costume, de partir en vacances, de fumer, de boire de l'alcool... Mais personne ne choisit de s'alimenter. Manger est le besoin vital par excellence. Nous pouvons survivre sans abri, nous pouvons survivre sans vêtements, mais nous ne pouvons survivre sans nourriture. Comment se fait-il que cette nécessité première, qui occupait nos ancêtres à plein temps, soit aujourd'hui considérée avec autant de légèreté ? Manger nous maintient en bonne santé, mais peut aussi nous rendre malade, voire nous tuer. Le sujet est beaucoup trop grave pour qu'il soit laissé à des acteurs privés, avides de bénéfices, qui méprisent le bien commun.

Antispéciste comme Superman

Le consentement à l'inégalité

Tout être humain, pour survivre, doit pouvoir satisfaire trois besoins matériels essentiels : se nourrir, se vêtir et se loger. Il y eut un temps, lointain, où chacune de nos journées était consacrée à la réalisation de ces besoins. Aujourd'hui, notre maîtrise avancée de l'agriculture, de l'industrie et de l'architecture nous permet de faire face à ces impératifs avec une facilité déconcertante. Comment expliquer dès lors qu'il y a encore sur Terre des gens qui n'ont pas à manger, qui dorment dans la rue, ou qui vivent dans le dénuement le plus total ? Si l'on excepte le cas particulier des catastrophes naturelles qui créent ici ou là des contextes de pauvreté ponctuelle, c'est bien notre organisation, consciente et choisie, qui est en cause. 5 millions d'enfants meurent de faim chaque année dans le monde. 900 millions de personnes souffrent de malnutrition. En raison du changement climatique, ce chiffre pourrait augmenter de 600 millions d'ici 2080. Pourquoi ? Est-ce parce que nous ne parvenons pas à produire suffisamment pour nourrir tout le monde sur la planète ? Non. Chaque seconde, plus de 40 tonnes de nourriture sont jetées à la poubelle sur cette planète. En tout, chaque année, un tiers des aliments produits sont gaspillés. Le souci n'est donc pas la *fabrication* des richesses, mais bien la *répartition* de ces richesses, qui elle-même découle de choix politiques.

La pauvreté et les inégalités existent parce que nous le voulons bien, parce que nous refusons de partager, parce que nous choisissons d'exploiter les plus faibles, parce que chacun vise son propre confort sans se soucier du prix qu'il fait payer à des humains qui habitent à l'autre bout de la planète. Le train de vie des Occidentaux repose en partie sur une forme moderne d'esclavage : à quelques milliers de kilomètres de chez nous, des ouvriers vivant dans des conditions indignes et sans la moindre perspective de jours meilleurs, parfois des enfants, sont payés une misère pour fabriquer les objets de notre quotidien confortable.

Un signal semble néanmoins appeler à l'optimisme : la pauvreté recule dans le monde. Selon les données de la Banque mondiale publiées en 2015, 702 millions de personnes vivent actuellement sous le seuil de pauvreté (évalué aujourd'hui à 1,90 dollar par jour), soit 9,6 % de la population mondiale. C'est moins qu'en 2012 (13 %), et beaucoup moins qu'en 1999 (29 %). Seule ombre au tableau : l'Afrique subsaharienne, où l'extrême pauvreté touche encore 35,2 % de la population.

Pour les partisans du libéralisme économique, cette tendance globale à la baisse de la pauvreté dans le monde atteste que le marché sans entraves est le meilleur instrument de bonheur collectif, bien plus efficace que l'interventionnisme d'État prôné par le socialisme. Ils relèvent que la croissance économique est très rapide dans les pays en développement. La Chine, l'Inde et les pays africains sont cités en exemple. Ce qui est sûr, c'est que depuis le début des années quatre-vingt le développement de l'économie de marché a permis, dans des pays latino-américains et asiatiques, l'émergence d'une classe moyenne dont le niveau de vie est équivalent à celui des Occidentaux. Mais cette bonne nouvelle est à mettre en regard d'une autre tendance consubstantielle au libéralisme économique : il y a de plus en plus d'ultra-riches sur terre, et les inégalités se creusent à nouveau depuis le début du siècle. L'économiste Thomas Piketty ou l'historien Pierre Rosanvallon, pour ne citer qu'eux, ont écrit des pages importantes sur la question. Thomas Piketty explique ainsi que depuis trente ans la logique d'accumulation et de concentration du capital par une minorité est repartie de plus belle, après une période d'accalmie après la Seconde Guerre mondiale. Quelques chiffres permettent de le constater :

– 62 personnes dans le monde possédaient en 2015 autant que les 3,5 milliards les plus pauvres, contre 388 personnes en 2010.

– La richesse de ces 62 personnes a augmenté de plus de 40 % depuis 2010, tandis que celle des 3,5 milliards des plus pauvres a baissé en proportion identique.

– La moitié la plus pauvre de la Terre détient désormais moins de 1 % de la richesse mondiale.

– La moitié des richesses mondiales est aux mains du 1 % des plus riches, tandis que les 99 % restants de la population mondiale se partagent l'autre moitié.

– Les 10 % les plus riches de la planète possédaient, en 2013, 86 % des richesses mondiales.

– Entre 1988 et 2011, 46 % de la croissance totale sont revenus aux 10 % les plus riches.

– En Chine, au Portugal ou aux États-Unis, le 1 % des plus riches a doublé ses revenus entre 1980 et 2012.

– Le patrimoine privé des Européens n'avait jamais été aussi élevé, à plus de 56 000 milliards d'euros. Il est même prévu qu'il atteigne 80 000 milliards d'euros en 2019, soit une hausse de 40 %. Sauf que 10 % des ménages européens détiennent à eux seuls plus de la moitié de ce patrimoine.

– En France, le 0,01 % des foyers les plus riches a vu son revenu réel augmenter de 42,6 % entre 1998 et 2005, contre 4,6 % pour les 90 % des foyers les moins riches.

– Le nombre de millionnaires en France devrait augmenter de 70 % d'ici à 2019, comparé à 2014.

– Aux États-Unis, les 10 % des revenus les plus élevés captaient 50 % des revenus globaux en 2010, alors que ce pourcentage n'était « que » de 35 % en 1982.

– En trente ans, les salaires de 90 % des Américains n'ont augmenté que de 15 %, tandis que les salaires du 1 % supérieur ont bondi de 150 % et ceux du 0,1 %

supérieur de plus de 300 %. Explication : d'une part, ces riches sont moins imposés que leurs concitoyens moins nantis, et d'autre part ils ont une telle influence politique qu'elle leur permet de faire tourner à leur avantage les règles économiques. La moitié des élus du Congrès américain sont en outre millionnaires.

– En 2015, le magazine *Forbes* recensait 1 826 milliardaires dans le monde, un record depuis trente ans. Leur fortune globale avait augmenté de 10 % par rapport à l'année précédente. Les milliardaires n'ont donc jamais été aussi riches et aussi nombreux.

– En 2013, une étude du groupe financier Crédit suisse recensait 35 millions de millionnaires en dollars dans le monde et prévoyait 18 millions de millionnaires supplémentaires d'ici à 2019. D'autres études, comme le rapport du Boston Consulting Group, un cabinet de conseil en stratégie, publié en juin 2013, enregistrent moins de millionnaires au total mais confirment la tendance : leur nombre est en train d'exploser.

Pierre Rosanvallon observe dans *La Société des égaux* ce qu'il appelle un « consentement à l'inégalité » qui relève d'une crise « morale ou anthropologique » : en dehors de quelques cas extrêmes trop flagrants, comme les bonus faramineux de certains patrons ou les salaires à plusieurs millions d'euros, les inégalités de richesses ne suscitent plus aucune réaction d'ampleur, et ce, alors même qu'une écrasante majorité pose la réduction de ces inégalités comme une priorité. Rosanvallon cite des sondages contradictoires : 90 % des Français affirment nécessaire de réduire l'écart des revenus, mais en même temps 57 % d'entre eux considèrent que les inégalités de revenus sont indispensables à une économie dynamique et 85 % que les différences de revenus sont « acceptables lorsqu'elles rémunèrent des mérites individuels différents ». Explication : la nature des inégalités a évolué, d'où la tendance générale à mieux les accepter. Patrick Savidan, professeur de philosophie politique et président de l'Observatoire des inégalités, complète l'explication : « Lorsque les frontières sociales hermétiques de l'Ancien Régime sont tombées, les comparaisons interpersonnelles sont devenues possibles à grande échelle. Autrefois, on ne se comparait qu'entre pairs, le paysan se mesurait au paysan. Désormais, chacun peut se mesurer à tout autre. En droit, vous pouvez vous considérer comme l'égal de François Hollande ou de Bernard Arnault. » Pour reprendre l'analyse de Tocqueville, l'envie est donc un sentiment exacerbé par les institutions démocratiques qui rendent en théorie possible la progression sociale de chacun. Dès lors, tout individu tend à se comparer aux autres et à estimer qu'il n'est pas reconnu à sa juste valeur : on regrette le manque de considération d'un supérieur, un salaire trop faible, une fonction qui nous est refusée... Chacun considère généralement qu'il mérite mieux et aspire à avoir davantage que son voisin. Il ne veut donc pas être son égal. Nous sommes par ailleurs tous incités par la philosophie consumériste à nous distinguer de la masse par la possession de biens matériels qui nous identifient à une élite. Nous approuvons tous plus ou moins tacitement le système inégalitaire car nous espérons pouvoir en bénéficier à notre avantage. L'une des illustrations les plus criantes concerne le système scolaire : certains parmi ceux qui réclament le cadre le plus égalitaire possible ne vont pas hésiter à contourner la carte scolaire s'ils le peuvent, afin de faire profiter leur enfant du meilleur établissement possible. Nombreux sont ceux qui approuvent dans le discours la mixité sociale mais qui refusent de l'assumer dans les faits. Par ailleurs, une forme de suspicion entoure généralement ceux qui sont touchés par le chômage ou qui occupent les positions sociales inférieures : ont-ils réellement fourni les mêmes efforts que les autres ? Ne sont-ils pas en partie responsables de leur situation ?

Notre monde est fou car il a permis le règne des salauds. Non pas le salaud sartrien, mais un salaud tel qu'aurait pu l'entendre Kant, à savoir un homme mauvais ou médiocre qui fait passer son intérêt personnel avant la loi morale. Les brigands ont pris le pouvoir.

Depuis les années quatre-vingt, l'idéologie néolibérale est parvenue à imposer ce modèle d'un égoïsme décomplexé comme règle de normalité. J'y vois pour ma part le signal de la décadence morale qui abîme notre génération et qui porte en elle les germes du chaos. Le Forum économique mondial (WEF) mettait en garde en 2014 : « Le fossé persistant entre les revenus des citoyens les plus riches et ceux des plus pauvres est considéré comme le risque susceptible de provoquer les dégâts les plus graves dans le monde au cours de la prochaine décennie. » Outre les drames qu'elle prépare, la dialectique du « moi, je » et du « toujours plus » est irrémédiablement vouée à l'échec. Elle se fracasse tôt ou tard sur les conditions du contrat social, qui posent des limites à notre individualisme égoïste : on ne peut pas faire tout ce qui nous arrange, simplement parce que l'on en a envie ou parce que l'on en tirerait un bénéfice immédiat. Ainsi, si je croise dans la rue quelqu'un avec un téléphone portable dernier cri qui me plaît, je ne suis pas autorisé à le lui prendre. C'est contraire au droit de la propriété privée. Nos envies sont heureusement limitées par un cadre juridique et moral, pour le bien commun. Telle est d'ailleurs l'extraordinaire contradiction des ultralibéraux qui rêvent d'une compétition sans entraves et qui vénèrent dans le même temps une société de l'ordre, pourtant incompatible avec la première revendication. Il faut en effet choisir : soit la compétition à tous crins, sans règle, et le chacun pour soi où tous les coups sont admis, soit une société maintenue dans le cadre d'une autorité qui définit des limites permettant à chacun de bénéficier de droits essentiels. Aujourd'hui, les patrons œuvrent pour casser tous les mécanismes de protection péniblement acquis par les salariés au XXᵉ siècle, afin de transformer à nouveau les employés et ouvriers en simples variables d'ajustement, licenciables d'un claquement de doigts, comme au xixe siècle. Les représentants des plus riches patrons sont largement aidés par une classe politique majoritairement dévouée à leur cause – que ses représentants soient de droite ou de gauche. Comment comprendre qu'un ministre de l'Économie d'un gouvernement officiellement socialiste puisse affirmer sans sourciller que la réduction du temps de travail est une « fausse idée », qu'il convient de « majorer beaucoup moins, voire pas du tout, les heures supplémentaires », qu'« il faut des jeunes Français qui aient envie de devenir milliardaires », ou encore que « la vie d'un entrepreneur est bien souvent plus dure que celle d'un salarié : il peut tout perdre, lui, et il a moins de garanties » ? Cette dernière déclaration laisse particulièrement songeur. Je me demande ce qu'en a pensé cette caissière de Carrefour Market licenciée en janvier 2016 pour avoir oublié de scanner un pack de bières et deux sacs en plastique, pour une valeur de 5,32 euros[1]. Pour info, le PDG de Carrefour, Georges Plassat, a touché 3,7 millions d'euros en 2014 et il devrait partir avec une retraite chapeau de plusieurs centaines de milliers d'euros par an. Violence suprême que celle qui touche l'homme ou la femme dont la sueur a rempli la piscine d'actionnaires millionnaires, et que l'on jette au rebut sans état d'âme. Violence d'être déclaré inutile, inintéressant, gênant. Violence de ne plus être personne, puisque ce monde définit l'individu par le travail qu'il occupe. Violence de ne plus être celui ou celle qui nourrit sa famille. Telle est la réalité du libéralisme, qui n'est qu'une ode à la liberté de quelques-uns contre celle de tous les autres. L'autorité que réclament les ultralibéraux a pour seul but de protéger les intérêts de l'oligarchie. Pour eux, la police, l'armée et les lois répressives ne doivent exister que pour éviter toute tentation de rébellion des dominés – cette rébellion qui, précisément, fait de nous des individus.

1. Face au tollé déclenché par l'affaire, la direction a ensuite proposé de la réintégrer.

Une question m'interpelle : pourquoi tant de suicides chez les salariés[1], mais aucune vague de suicides chez les grands patrons ? N'y a-t-il pas une contradiction ? En effet, les PDG sont grassement rémunérés en raison des responsabilités qu'ils sont censés assumer et de la gravité prétendue de leur poste. Mais si aucun grand patron ne se suicide jamais, contrairement à certains salariés au bas de l'échelle, cela signifie que la position de dirigeant d'une grosse boîte est moins stressante que celle d'un petit employé sur lequel la hiérarchie exerce de lourdes pressions et qui peut se retrouver placardisé ou licencié du jour au lendemain. Un salarié qui perd son emploi ne sait pas ce qu'il va devenir, alors que le grand patron, même s'il échoue et que son groupe perd de l'argent par sa faute, sera recasé à un autre poste hautement rémunérateur grâce à son réseau.

Tel est le paradoxe qui résume l'impasse où croupit notre civilisation : d'un côté, nous nous enorgueillissons des conquêtes morales arrachées au cours de notre histoire, et d'un autre côté nous érigeons la violence sociale en norme acceptable. Ce « nous », ce sont les patrons, évidemment, les politiques, mais aussi les citoyens qui ne manifestent pas leur désaccord, pour les raisons précédemment expliquées.

La lutte contre les inégalités sociales n'est donc plus aujourd'hui qu'un slogan électoral sans incarnation concrète. Ici réside l'un des renoncements les plus patents de la gauche française qui se contente désormais d'essayer de corriger les conséquences les plus flagrantes de la pauvreté. En réalité, nous avons basculé dans une ère idéologique qui a rompu avec l'idéal des Lumières. Ce n'est pas la première fois que cela arrive. Pierre Rosanvallon cite une « première crise de l'égalité » due aux effets du capitalisme et de la première mondialisation, à la fin du XIXe siècle. Conséquences à l'époque :

---

1. On peut penser aux 35 suicides à France Télécoms en 2008 et 2009 – qualifiés de « mode » par le PDG de l'époque, Didier Lombard.

nationalisme, protectionnisme, xénophobie. On sait ce que ce cocktail a engendré. Or nous revivons aujourd'hui une séquence similaire, comme l'atteste la progression de l'idéologie d'extrême droite sous des formes plus ou moins ripolinées. La justice sociale, la solidarité et le principe de redistribution sont à nouveau attaqués et présentés comme les ingrédients de la crise, alors qu'ils en sont le remède.

La revendication d'égalité a été l'un des piliers de la Révolution française. Liberté et égalité n'étaient pas opposées comme aujourd'hui. C'était l'une *et* l'autre, et non pas l'une *ou* l'autre. Les choses ont bien changé puisque désormais la recherche d'égalité est souvent présentée de manière insidieuse comme une entrave à la liberté. La logique des patrons et des financiers, qui prône la compétition libérée de tout carcan, s'est récemment imposée comme la nouvelle théologie.

Et ce n'est pas une bonne nouvelle pour le combat en faveur des animaux non humains. En effet, nous l'avons vu, la lutte pour les droits des animaux s'inscrit dans le cadre d'une dénonciation générale de l'injustice, et particulièrement l'injustice à l'encontre des plus faibles. En ce sens, *l'antispécisme est un combat social*, car on entend par social « ce qui est relatif aux rapports entre les individus d'une société ». Or les animaux sont des individus et ils partagent notre société. L'antispécisme est un combat pour l'égalité, comme la lutte pour l'abolition de l'esclavage, pour les droits des femmes et des homosexuels. Et même si notre époque permet encore des avancées pour des catégories d'hommes et de femmes discriminées, l'acceptation générale de l'iniquité comme une composante normale, voire essentielle, de notre mode de vie ne plaide pas en faveur des animaux non humains. Certains peuvent avoir tendance, en effet, à considérer que les injustices dont sont victimes ces animaux sont à mettre sur le compte d'une injustice inhérente à toute société, et donc acceptable.

plus efficace de prendre l'avantage : le dopage permet de gagner le tour de France ou un cent mètres, les montages fiscaux complexes de ne pas payer d'impôts, les mauvais décomptes des bulletins de vote de se faire élire président d'un parti.

Les empires économiques et les carrières politiques reposent ainsi souvent sur une moralité défaillante voire inexistante. « Sans foi ni loi » : telle est la règle qui prévaut finalement dans tous les milieux où la concurrence s'exerce. Ce n'est pas un hasard si le capitalisme a accouché du libéralisme effréné, c'est-à-dire un marché qui tente de s'affranchir du moindre contrôle. La morale et la recherche du profit sont difficilement compatibles. Exemple : d'après l'ONG Oxfam, 188 des 201 premières entreprises mondiales sont présentes dans les paradis fiscaux. Comment cette triche a-t-elle pu se généraliser tranquillement et avec l'assentiment des dirigeants ? Tout simplement parce que depuis une trentaine d'années, le lobby néolibéral a réussi à imposer l'idée auprès des « puissants » (que cela arrange souvent) qu'une faible fiscalité pour les grosses entreprises et les plus riches est indispensable à la croissance. Il y a donc des gens (banques, cabinets comptables...) dont le boulot consiste à trouver les solutions pour permettre à ces plus riches, professionnels ou particuliers, de payer le moins d'impôts possible grâce à des montages internationaux souvent complexes. En réponse, les États allègent leur fiscalité sur ces plus riches, ce qui a pour conséquence de diminuer les recettes du pays. Moins de recettes = moins d'investissements dans les services publics et la politique de solidarité. Pour compenser les pertes de recettes, l'État augmente les impôts directs comme la TVA, ce qui touche les plus modestes et appauvrit la population la moins aisée. Oxfam cite l'exemple de l'Afrique : près d'un tiers de la fortune des plus riches Africains (500 milliards de dollars) est placé sur des comptes offshore. Cela engendre une perte de revenus fiscaux de 14 milliards de dollars par an, une somme qui permettrait de scolariser tous les enfants du continent et de sauver la vie, grâce à des soins médicaux, de 4 millions d'entre eux. Dans son rapport intitulé « Une économie au service des 1 % », Oxfam explique : « Il n'est pas toujours nécessaire de procéder à de lourds investissements en matière de travail, d'efforts et de créativité pour obtenir des retours lucratifs et se hisser à une position de puissance et d'avantage économique. En fait, il arrive que la création de revenus et de richesses soit presque intégralement déconnectée de toute productivité ou valeur ajoutée. [...] Les situations de monopole ou de forte participation de l'État, notamment par l'octroi de permis d'exploitation de la part des autorités gouvernementales, sont un terrain facile pour les pratiques dites de copinage. L'augmentation des richesses des milliardaires issus de ces secteurs de connivence suggère également que l'accumulation de richesses et de revenus se fait aux dépens de tout apport d'avantages ou de valeur ajoutée réelle pour le reste de la société. »

Le groupe de pression Tax Justice Network a estimé en 2012 que 21 000 à 32 000 milliards de dollars sont dissimulés dans les paradis fiscaux, soit l'équivalent des PIB cumulés des États-Unis et du Japon. Sur cette base, le manque à gagner pour les États s'élèverait à 280 milliards de dollars. Comment, dès lors, peut-on encore mener des discussions sérieuses sur la pertinence d'une augmentation du Smic de quelques euros ou exiger de nouveaux sacrifices aux salariés au nom du « réalisme économique » ? Tout cela est tranquillement organisé par des gens bien propres sur eux que la justice dérange trop peu souvent. Arrêtons-nous un instant sur ces banques qui composent la plus grande ramification de crime organisé au monde, avec l'assentiment d'une majorité de gouvernants. Observez combien de fois elles ont été condamnées pour tricherie ces dernières années. Aux États-Unis, on ne compte plus le nombre de banques poursuivies pour différentes malversations : pratiques abusives dans l'immobilier (subprimes, saisies immobilières), manipulations de taux bancaires, violations d'embargos ou blanchiment d'argent. Quelques exemples.

En février 2012, Wells Fargo, JPMorgan Chase, Citigroup, Bank of America et Ally Financial acceptent de payer ensemble 25 milliards de dollars pour éviter des poursuites à la suite de saisies immobilières abusives. En novembre 2013, JPMorgan Chase doit verser 4 milliards de dollars pour indemniser des particuliers floués à cause de prêts hypothécaires à risque. Dans l'accord, la banque admet qu'elle a « régulièrement donné une fausse image aux investisseurs » de ces prêts très dangereux. En janvier 2014, JPMorgan Chase (encore !) s'acquitte d'une amende de 1,7 milliard de dollars pour avoir fermé les yeux sur l'escroquerie pyramidale de Bernard Madoff, condamné en 2009 à cent cinquante ans de prison. On peut continuer ainsi la liste. En janvier 2013, Bank of America doit verser 11,6 milliards de dollars, puis début 2014 à nouveau 9,5 milliards de dollars. En juin 2014, BNP Paribas récolte une amende de 8,9 milliards de dollars pour avoir illégalement facilité des transactions financières avec le Soudan, l'Iran et Cuba. Le ministre de la Justice américain, Eric Holder, commente ainsi les faits : « BNP Paribas a déployé d'énormes efforts pour dissimuler des transactions interdites, brouiller les pistes et tromper les autorités américaines. » En mai 2014, le Crédit suisse est condamné à verser 2,6 milliards de dollars pour avoir aidé de riches Américains à cacher leur argent au fisc grâce à des « déclarations fiscales tronquées ». Le 20 septembre 2010, l'Autorité de la concurrence a sanctionné 11 grandes banques françaises d'une amende de 384,9 millions d'euros pour avoir mis en place des commissions interbancaires non justifiées sur le traitement des chèques entre 2002 et 2007. Mais l'affaire récente la plus emblématique concerne HSBC. La première banque britannique a blanchi l'argent sale des cartels mexicain et colombien ainsi que celui d'organisations en lien avec le terrorisme. Pourtant, elle n'a écopé que d'une petite amende de 1,92 milliard de dollars. Réaction de la sénatrice démocrate Elisabeth Warren : « Combien de milliards de dollars faut-il blanchir, combien d'embargos faut-il violer pour qu'on envisage enfin de fermer une banque comme celle-ci ? » Mais, avec les 270 000 salariés que compte la banque dans plus de 80 pays, personne n'osera prendre un tel risque, même si HSBC a trempé dans les pires scandales, comme la manipulation des taux qui servent de référence aux activités financières, la vente de produits toxiques et la dissimulation de 180 milliards de dollars de contribuables dans des paradis fiscaux (affaire Swissleaks). Dans un article du journal *Le Monde*, l'économiste Gabriel Zucman, qui enseigne à la London School of Economics, raconte qu'il existe une règle tacite selon laquelle toute banque *too big to fail* (trop grande pour faire faillite) se sait intouchable par l'État au point de se sentir *too big to jail* (trop grande pour être condamnée). En un mot : invulnérable. Comme l'explique la journaliste Anne Michel, depuis ses origines HSBC est liée à des activités douteuses : la banque a été créée à Hongkong au milieu du xixe siècle pour financer le trafic d'opium de l'Empire britannique. Comment faire croire aux citoyens qu'ils évoluent dans une société juste ? Comment expliquer que des types en costard-cravate, qui s'empiffrent de dividendes et de rémunérations exorbitantes, complices des marchands de drogues et des trafiquants en tout genre, agissent impunément, alors qu'en France un petit vendeur de cannabis est envoyé en prison ?

La triche, le mensonge, l'arnaque : ce n'est pas du populisme que d'affirmer que le capitalisme en général, et le néolibéralisme en particulier, prospèrent grâce à ces méthodes. Derniers cas récents dans l'actualité : la triche de Volkswagen et Audi qui ont installé sur leurs véhicules diesel des dispositifs destinés à dissimuler leurs émissions réelles de polluants. Mais on pourrait évoquer aussi, en 2013, l'affaire des lasagnes au faux bœuf et au vrai cheval, qui a révélé l'existence d'une fraude à grande échelle qui consistait à remplacer la viande de bœuf par de la viande de cheval, moins chère, récupérée dans des conditions illégales. Là encore, les fautifs sont des industriels véreux cherchant par tous les moyens à contourner les règles afin de s'en mettre plein les poches. L'industrie agroalimentaire fournit d'innombrables d'exemples d'immoralité et de tromperies.

Mais nul besoin de s'étendre ici davantage. L'histoire et l'actualité ne cessent de prouver que, contrairement à l'idée béatement véhiculée, le capitalisme ne récompense que marginalement les plus méritants, les plus travailleurs et les plus intelligents. Il promeut essentiellement les plus roublards, les plus cyniques, les plus égoïstes, en tout cas certainement pas les humanistes. Ainsi, l'économiste Jean-Marie Harribey affirme que « l'histoire du capitalisme est une longue suite de scandales, qui sont moins des "tricheries" que des révélations de l'ADN de ce système. Le capitalisme, c'est le travail des enfants dans les mines au XIXe siècle et dans les ateliers de la sueur au XXe et au XXIe. C'est le colonialisme et le rapt des ressources. C'est deux guerres mondiales et beaucoup de guerres contre les mouvements de libération nationale. C'est les crises récurrentes. C'est le chômage et les inégalités. C'est la fin des paysans et le début d'une alimentation de merde. C'est la faim dans le monde. C'est la spéculation permanente. C'est les banques et les multinationales dans les paradis fiscaux. C'est la fraude et l'évasion fiscales. C'est la prime aux fraudeurs. C'est le productivisme et l'épuisement de la planète. C'est la pollution généralisée. C'est la lente agonie de la démocratie. »

On pourrait écrire une encyclopédie sur l'ensemble des crimes et truanderies sur lesquels les fortunes se sont bâties, à commencer bien évidemment par le pillage de pays colonisés. Combien de peuples décimés ou asservis pour enrichir les compagnies occidentales ? Combien de forêts détruites et de terres volées pour asseoir l'empire de quelques-uns, tranquillement protégés par la politique prédatrice de leur gouvernement et le logo de leur entreprise à la vitrine impeccable ? Quel serait aujourd'hui le niveau de vie des Européens sans le pillage de l'Afrique ? Depuis des siècles nous avons organisé ce hold-up sans être dénoncés pour ce que nous sommes : des voleurs ayant favorisé les pires dictatures, tout en donnant des leçons de « droits de l'homme ». Quel habile tour de force. Et à chaque fois les victimes sont les plus faibles, ce sont ceux qui n'ont pas les moyens de se défendre contre les escadrons de l'avidité.

L'argent est une belle arnaque

J'aime cette formule du naturaliste John Muir, disparu il y a un siècle : « La vie est trop courte pour consacrer beaucoup de temps à gagner de l'argent. » Surtout que, en tant qu'allié et vecteur du libéralisme économique, l'argent est l'une des plus belles entourloupes de notre société. Tout passe par lui. Il est le but, le référent, le juge, le guide, le maître. Il distribue les titres de noblesse. Il est le maître des élégances. Il est le diable à qui on vend son âme, il est le client pour lequel on se prostitue. Alors qu'il n'est qu'une illusion. Rien de ce qu'il raconte n'est vrai. Ses avis n'ont aucune logique. Il consacre des rois de pacotille et méprise les âmes nobles. Je lis ce jour que Zlatan Ibrahimovic devient le joueur de football le mieux payé de France : 1,5 million d'euros par mois, contre 800 000 jusqu'à présent. Le type tape dans un ballon, et on le paye plus de 1 000 fois le Smic. Dans notre échelle des valeurs où l'argent règne en maître, Zlatan vaut donc 1 000 ouvriers. Les joueurs de football sont des cibles peut-être trop évidentes, et ils sont eux-mêmes soumis à un marché qui en fait des objets (on « achète » un joueur, quelle drôle d'idée), mais comment ignorer que leur statut emblématique interroge nos règles économiques ?

À ce propos me vient cette seconde interrogation. Le football est un jeu. Beaucoup de jeunes et moins jeunes se détendent en *jouant* au foot. Même si le haut niveau requiert un entraînement contraignant, les footballeurs sont donc payés pour s'amuser, et ils prennent beaucoup de plaisir dans leur métier. Il suffit de les voir exulter lorsqu'ils marquent un but. Or on a rarement vu un ouvrier sur une chaîne de montage serrer les poings vers le ciel puis sauter dans les bras de ses collègues en hurlant juste après avoir réussi à assembler une porte avec dextérité[1]. Ouvrier en usine est en effet un métier moins plaisant que celui de footballeur. Il faut aussi considérer que le footeux est populaire, il bénéficie d'une notoriété qui flatte l'ego, alors que l'ouvrier est un homme ou une femme anonyme dont le sort n'intéresse pas grand monde. Comment se fait-il, dès lors, que le footballeur soit payé une fortune alors qu'il a déjà la chance extraordinaire d'exercer un métier somme toute épanouissant qui lui assure une forte reconnaissance sociale ? La justice voudrait que l'on équilibre les bonheurs en encourageant et en dédommageant celui qui subit un emploi inintéressant et non valorisant : le salaire devrait être, en quelque sorte, pondéré par un *coefficient de plaisir*.

Mais c'est surtout un autre critère qui devrait déterminer la variabilité des rémunérations : *le degré de bénéfice pour la collectivité*. Si un inventeur imagine un objet ou une machine qui profite réellement à l'humanité, il est logique qu'il en soit remercié. Il en va de même pour les métiers du cinéma ou de la musique, puisque les films et les chansons accompagnent positivement nos vies. Grâce à leur large mode de diffusion, ils embellissent l'existence et nourrissent l'esprit d'un très grand nombre de personnes. Certains rétorqueront que le football divertit également un public très large et qu'il justifie ainsi des salaires exorbitants, comme celui de Zlatan. Mais il y a une différence de taille : le football est un jeu, il n'est pas un art. Il ne vise pas l'esprit, et donc la grandeur de l'humanité, mais le défoulement

1. Je me suis d'ailleurs toujours demandé qui avait inventé ce rituel propre au buteur : la course folle vers on ne sait trop quoi, les copains qui vous courent après et vous grimpent dessus pour former un petit mont humain... Je laisse à un ethnologue le soin d'expliquer le sens de cette déconcertante cérémonie.

des instincts les moins intéressants chez nous. L'art au contraire amène à la contemplation désintéressée.

Schopenhauer le pessimiste trouvait ainsi dans la musique l'un des rares motifs de consolation au désespoir du monde. Et comme Nietzsche, je considère même que « sans la musique, la vie serait une erreur ». La musique est à mon sens la plus belle révélation faite à l'homme. Rien ne s'adresse à moi plus puissamment que la *Toccata et fugue en ré mineur* de Bach, les guitares de Don Felder et Joe Walsh sur les deux dernières minutes d'*Hotel California*, ou l'harmonica de Bruce Springsteen sur *La Rivière*. Aucune parole ne me sera plus réconfortante qu'un rythme d'Antônio Carlos Jobim, plus revigorante qu'un solo d'Eddie Van Halen, plus enragée qu'un cri de Janis Joplin, plus réjouissante qu'un vieux rythme de Giorgio Moroder, plus bouleversante que n'importe quel adagio pour cordes. Les notes sont des voix qui nous plaignent, nous consolent ou nous galvanisent. Comment ne pas être reconnaissant envers ceux qui nous bercent, nous remuent ou nous consolent ? Les chansons agissent comme une thérapie, une catharsis, un médicament de l'âme – Xanax ou Guronsan, elles sont un espoir ou une amitié. Alors, quand Alanis Morissette vend 30 millions de son décapant *Jagged Little Pill*, il est normal qu'elle s'enrichisse un minimum. C'est mérité. De la même manière, quand le groupe Dire Straits invente un bijou comme *Brothers in Arms*, dont la chanson-titre est l'une des dix plus belles jamais composées, qui lui contesterait sa fortune ? Mark Knopfler : son picking génial, sa façon de caresser sa Stratocaster pour qu'elle électrise nos tripes... qui lui reprocherait d'être récompensé pour son talent unique ? Un artiste doit être payé pour son travail, et très bien payé si ce travail apporte du bonheur au plus grand nombre.

Mais, de manière générale, l'échelle des rémunérations n'a aucun lien avec l'utilité sociale de l'activité ni avec les qualités personnelles ou l'abnégation des bénéficiaires, dans notre société où un trader est 100 fois mieux payé qu'une infirmière, un instituteur ou un pompier. En Inde, selon Oxfam, le patron d'une grosse entreprise de cigarettes touche 439 fois le salaire médian des employés de son entreprise : travaille-t-il réellement 439 fois mieux ou plus ? Est-il 439 fois plus doué ? Et qu'en est-il de ces 68 milliardaires qui détiennent à eux seuls autant de richesses que la moitié la plus pauvre de l'humanité ? La contribution de ces 68 ultra-riches à la société est-elle réellement aussi importante que celle de 3,7 milliards de personnes ? En réalité, la plupart des riches ne méritent pas leur fortune. Et pendant ce temps, des millions d'hommes et de femmes dédient leur vie aux autres pour des salaires dérisoires : des personnels médicaux, des enseignants, des chercheurs, des humanitaires, des militants d'association, bref toute personne qui choisit de se mettre au service de la collectivité par conviction. Mais ceux-là, dans notre système, ne sont pas récompensés.

Alors que je l'interrogeais en février 2015 sur les conséquents bénéfices engrangés grâce au succès mondial de son *Capital du xxf* siècle, Thomas Piketty m'avait répondu qu'il était prêt à donner 90 % de ses revenus d'édition aux impôts. Il précisait que son salaire d'universitaire lui rapportait suffisamment pour se loger et pour emmener ses enfants en vacances et que, par conséquent, il estimait ne pas avoir besoin de davantage d'argent. Si seulement ce point de vue pouvait être partagé par le plus grand nombre...

Il est indécent et injuste que certaines personnes accumulent les richesses tandis que d'autres peinent à boucler leurs fins de mois. Une mesure de bon sens consisterait à imposer une rémunération mensuelle maximale pour tous les Français (évidemment, le but serait de généraliser la pratique à l'ensemble de la planète). Au-delà d'un certain montant, le revenu serait taxé à 100 %. À quoi cela sert-il de gagner plus de 10 000 ou 15 000 euros par mois, ce qui est déjà une très belle somme ? En attendant, on pourrait établir un taux marginal de 90 % comme l'avait fait Roosevelt en 1941. Ce taux (de 91 % exactement) a été maintenu jusqu'en 1964 et ne concernait que les très fortunés puisqu'il s'appliquait à partir de 200 000 dollars de l'époque, soit 1 million de dollars d'aujourd'hui.

L'argent coupe des réalités et fait oublier le sens du partage. Il n'est alors pas étonnant que tout un camp politique s'ingénie à mettre à mal les mécanismes de solidarité nationale. Ce sont les mêmes qui dénoncent l'accueil de réfugiés politiques venus de pays en guerre – dont nous sommes par ailleurs responsables. Ces zélés néo-défenseurs de la patrie qui nous rappellent les racines chrétiennes de la France à tout bout de champ estiment qu'il faut renvoyer chez eux ces hommes, ces femmes et ces enfants qui ont tout perdu car, comprenons-le, « la France n'a pas les moyens d'accueillir tous ceux qui ont des problèmes » (surtout s'ils sont musulmans). En réalité, ceux qui professent ces discours renvoient à un christianisme vieux d'un millénaire, un christianisme de croisade, obscur et violent. Mais le *vrai* christianisme, je veux le croire, est celui de saint Martin de Tours qui, un soir d'hiver à Amiens, déchire son manteau en deux pour le partager avec un mendiant transi de froid. Le *vrai* christianisme est celui de saint François d'Assise qui choisit de se délester de toute richesse pour vivre au contact des plus démunis, dans le respect total de toute forme de vie, humaine et animale. Le *vrai* christianisme est celui du végétarien protestant Théodore Monod. Il est celui de Martin Luther King. Toutes les religions en appellent, à un endroit ou à un autre, à la générosité, à la tolérance et au partage (même si on trouve par ailleurs dans plusieurs d'entre elles des messages de violence). Ceux qui refusent de partager leurs richesses (*Pourquoi je redonnerais ce que j'ai, je l'ai mérité !*), ceux qui refusent d'accueillir un homme démuni, sont des mécréants. Parmi eux, pourtant, beaucoup se disent croyants. Je serais curieux de savoir comment, concrètement, ils appliquent leur foi dans leur quotidien. Moi qui suis athée et ne revendique aucune idole, je défends une idée simple : celle du partage comme une obligation morale indépassable. Je n'ai pourtant rien d'un saint et mon sens du sacrifice a ses limites. Je suis comme tout le monde, attaché à une certaine tranquillité et à un confort minimal. Mais nul besoin de luxe et de superflu. Aussi la question que l'on doit se poser, chaque fois qu'une occasion de partager nous est donnée, est la suivante : de quoi mon geste va-t-il réellement me priver ?

Prenons un exemple. Vous gagnez 3 000 euros mensuels. Une association vous propose de donner 50 euros par mois pour aider à vacciner des enfants ou à sauver des animaux en péril. Vos 50 euros peuvent éviter la souffrance ou la mort de plusieurs individus (humains ou non humains). Mais le fait de disposer de 50 euros en moins dans votre budget vous lèse-t-il vraiment ? Tout dépend de votre situation personnelle, évidemment. Mais je crois que dans la majorité des cas, 50 euros en moins sur un revenu de 3 000 euros ne changent rien. Parfois, il s'agit de faire un choix, et ce choix n'est pas anodin. Vous achetez trois chemises pour un budget total de 150 euros. Aviez-vous besoin de ces trois chemises ? Deux n'auraient-elles pas suffi ? Et dans ce cas, les 50 euros restants auraient pu être utilisés pour une action généreuse. Lorsque l'occasion de faire un « bon geste » se présente, on se demande souvent : « Pourquoi le ferais-je ? » La bonne question à se poser est selon moi plutôt celle-ci : « Pourquoi ne le ferais-je pas ? »

L'entraide,
plus bénéfique que la compétition

« *Pourtant, c'est bien cela, la loi de la nature : la compétition des plus forts contre les plus faibles ! Darwin a
expliqué la sélection de la loi naturelle et de la lutte pour la
vie. Si tu respectes la nature, alors tu respectes le fait que
chez les humains, seuls les plus aptes doivent survivre.
Aider les plus faibles, c'est aller à l'encontre de la nature,
et de l'intérêt du progrès de l'espèce humaine, qui a besoin
d'éliminer les plus frêles et les plus chétifs !* »

L'argument, usé jusqu'à la corde, a été régulièrement
brandi depuis la publication de *De l'origine des espèces*,
en 1859, pour justifier une politique économique libérale
qui se désintéresse du sort des plus défavorisés et qui
mine les systèmes de solidarité. Herbert Spencer
(1820-1903) a ainsi inventé le « darwinisme social »,
qui a tenté de légitimer l'exploitation des ouvriers de
l'industrie. Mais on perçoit tout de suite les tenants et
les aboutissants peu reluisants de cette théorie. Certains
ont poussé la logique jusqu'au bout afin de justifier
l'eugénisme, le nazisme, ou la colonisation, avec toujours
cette même idée : essayer de convaincre qu'il est normal
d'exploiter ou d'éliminer une catégorie d'humains jugés
« inférieurs ».

Patrick Tort, fondateur de l'institut Charles Darwin
International, s'insurge contre ces détournements de la
pensée de Darwin. Il explique que le principe de sélection
naturelle ne s'arrête pas à la dimension biologique
des organismes, mais qu'il concerne également leurs
comportements et donc leurs instincts, qui ont été

déterminants dans l'histoire de l'évolution de l'homme. Or ces instincts « impliquent des comportements anti-sélectifs et le sentiment de "sympathie" qui doit croître jusqu'à s'étendre à l'espèce entière ». Dans *L'Effet Darwin*, Patrick Tort remet les pendules à l'heure en résumant ainsi la pensée du naturaliste anglais : « [...] L'avantage sélectif qui a décidé en dernier ressort de la suprématie de l'espèce humaine réside dans le mode de vie *communautaire*, dans l'intelligence qui le permet et qu'il favorise en retour, et dans les conduites et les sentiments (aide mutuelle, sympathie) avec lesquels il se construit. »

Antiraciste, opposé à l'esclavage, Darwin insiste sur l'impérieuse nécessité des valeurs morales dans le développement de l'espèce humaine. L'avancée de notre civilisation dépend selon lui de notre capacité à la sympathie envers l'autre, et cet autre ne doit pas s'arrêter à notre espèce : « La sympathie portée au-delà de la sphère de l'homme, c'est-à-dire l'humanité envers les animaux inférieurs, semble être l'une des acquisitions morales les plus récentes », écrit Darwin. Donc déjà se dessine l'idée que l'humanité se réalise en étendant progressivement sa sphère de considération, et que celle-ci ne peut s'arrêter aux seuls humains.

La nécessité de l'entraide entre les êtres, en lieu et place de la compétition, est l'idée-force de l'anarchiste Pierre Kropotkine, qui s'opposait aux tenants du darwinisme social. Ce révolutionnaire, adversaire de Lénine, est né à Moscou en 1842, au sein d'une riche famille aristocrate. Son père était général et héros de guerre. Il fut lui-même militaire avant de démissionner de l'armée. Il est alors devenu un découvreur du monde : explorateur, géographe, zoologiste et anthropologue. Ses activités politiques lui ont valu la prison, aussi bien en Russie qu'en France, où il recevra le soutien de Victor Hugo. D'abord partisan de l'action violente (« la propagande par le fait »), il évoluera vers la fin de sa vie en faveur du syndicalisme. Son souhait était la suppression de toute institution gouvernementale et l'instauration d'une société régie par l'entraide et la coopération volontaire dans des communes autosuffisantes. Il publie en 1902 *L'Entraide, un facteur de l'évolution*, qui est une réponse directe à la manipulation des travaux de Darwin. « L'entraide est le véritable fondement de nos convictions éthiques », écrit-il. Selon lui, le principe d'entraide, même s'il a été régulièrement combattu par des forces contraires à travers chaque étape de l'évolution humaine, revient toujours, en se perfectionnant chaque fois. L'histoire montre que ce principe s'étend : il a d'abord concerné le clan, puis la tribu, puis les tribus entre elles, puis la nation, et il vise désormais à toucher l'humanité tout entière. Kropotkine nous invite à regarder le bouddhisme primitif, les premiers chrétiens, la Réforme, les philosophes du XVIIIᵉ siècle : chacun de ces mouvements porte en lui la conscience que chaque humain ne doit faire qu'un avec tous les autres. « En toute société animale, écrit-il dans *La Morale anarchiste*, la solidarité est une loi (un fait général) de la nature, infiniment plus importante que cette lutte pour l'existence dont les bourgeois nous chantent la vertu sur tous les refrains, afin de nous abrutir. Quand nous étudions le monde animal et que nous cherchons à rendre compte de la lutte pour l'existence soutenue par chaque être vivant contre les circonstances adverses et contre ses ennemis, nous constatons que plus le principe de solidarité égalitaire est développé dans une société animale et passé à l'état d'habitude – plus il a de chances de survivre et de sortir triomphant de la lutte contre les intempéries et contre ses ennemis. Mieux chaque membre de la société sent sa solidarité avec chaque autre membre de la société – mieux se développent, entre eux tous, ces deux qualités qui sont les facteurs principaux de la victoire et de tout progrès – le courage d'une part, et d'autre part la libre initiative de l'individu. » Pierre Kropotkine en arrive à la conclusion que la grandeur de l'humain se mesurera à sa capacité d'étendre sa sphère de considération morale : « De nos jours encore, c'est dans une plus large extension de l'entraide que nous voyons la meilleure garantie d'une plus haute évolution de notre espèce. »

Kropoktine, qui avait étudié de près les mécanismes de la nature, avait parfaitement observé que, malgré la compétition et la violence à l'œuvre, la solidarité entre les êtres est un principe de vie et d'évolution indispensable. Les exemples de collaboration sont en effet multiples dans le monde animal, végétal, ou entre les deux. L'*acacia cornigera* est un arbre que l'on rencontre en zone tropicale et subtropicale. À la base de chaque feuille se trouvent deux grosses épines creuses, qui sont habitées par des fourmis. La nourriture des insectes est fournie par l'acacia via des glandes qui semblent n'exister que pour l'usage de ces fourmis. En échange, les hôtes protègent l'arbre de toute agression d'insecte et de plante. Elles empêchent notamment la prolifération des lianes qui risqueraient d'envahir l'acacia. Autre cas de figure de coopération, connu de tous : les papillons et les abeilles qui transportent le pollen des fleurs en échange du nectar.

Les espèces collaborent entre elles lorsqu'elles y trouvent un intérêt réciproque. Le cas des couples nettoyeur-nettoyé le démontre parfaitement. Les mers abritent des dizaines de poissons nettoyeurs, qui éliminent les parasites ou les peaux mortes sur des espèces différentes, comme le poisson-papillon avec le requin-marteau ou le poisson-ange avec la raie manta. Le crocodile du Nil se laisse approcher et papouiller par le pluvian d'Égypte qui se voit octroyer un accès privilégié à l'intérieur de ses mâchoires, sans se faire croquer pour autant. L'oiseau débarrasse le crocodile des sangsues, des parasites et des bouts de repas coincés entre les dents. Et il se nourrit en même temps. Le bernard-l'ermite passe pour sa part un contrat avec l'anémone de mer en la fixant sur la coquille qu'il squatte : l'anémone (elles peuvent être plusieurs) lui offre une protection contre les prédateurs, et lui, en retour, assure les déplacements du groupe vers les zones où il y a de la nourriture. Lorsque le bernard-l'ermite change de coquille pour une plus grande, il déménage les anémones en les accrochant sur le nouveau logement.

Les fourmis, les termites, et même les araignées pour certains groupes, sont des insectes à l'instinct social développé. Le cas de l'abeille est particulièrement instructif. Une ruche est composée d'une reine et de dizaines de milliers d'ouvrières. La reine pond jusqu'à 2 000 œufs par jour qui sont déposés dans des alvéoles fabriquées par les ouvrières. Les abeilles communiquent entre elles au moyen de danses et de sons, pour indiquer de nouvelles sources de pollen. Et si la ruche devient trop bondée, la reine la quitte pour aller créer une autre colonie, tandis qu'une nouvelle reine prend sa place.

Selon l'éthologue Frans de Waal, l'humain n'est pas davantage conçu pour la compétition que les autres animaux : « Beaucoup de conservateurs, surtout aux États-Unis, justifient une société extrêmement compétitive en disant que la nature est compétitive et qu'il est bon de vivre dans une société qui imite la nature. C'est une interprétation abusive : oui, la compétition est importante dans la nature mais [...] il n'y a pas que ça. [...] Adam Smith a écrit deux livres. *La Richesse des nations*, que tous les économistes connaissent. Et *Théorie des sentiments moraux*, que tous les philosophes connaissent, et où il parle de "sympathie". Il affirmait qu'on ne peut bâtir une société uniquement sur l'activité économique et qu'il faut prendre en compte ce que sont les hommes. C'est lui qui a écrit : il y a dans la nature de l'homme des principes "qui le conduisent à s'intéresser à la fortune des autres et qui lui rendent nécessaire leur bonheur, quoi qu'il n'en tire rien d'autre que le plaisir de les voir heureux". »

Montaigne relativisait grandement la gloire qui n'a aucune valeur : « J'ai vu le hasard fort souvent marcher avant le mérite : et souvent outrepasser le mérite d'une longue mesure. » Nous l'avons évoqué il y a quelques chapitres : le hasard a décidé de notre présence au monde puis il nous a fait naître humains plutôt qu'insectes ou animaux de ferme. Il a ensuite choisi de nous larguer dans un certain pays et dans un certain contexte social. Mais le hasard ne s'en tient pas là. Il continue à nous accompagner à chaque moment de notre vie et détermine ce que nous devenons. Certains résumeront cela par « être au bon endroit au bon moment », et préciseront que l'on peut « forcer sa chance ». Sans doute. Il n'en reste pas moins vrai que de nombreuses histoires de succès sont ponctuées d'au moins un gros coup de bol. Le cocktail de la réussite pourrait sans doute être décrit dans ces proportions : entre 1 % et 15 % de talent, entre 1 % et 15 % de travail, et le reste qui se répartit entre l'entregent et la chance.

Il existe donc deux causes principales aux inégalités entre les individus : la triche, que l'on a appelée la *prime aux brigands*, et le hasard. Il ne s'agit pas de nier le rôle de l'effort et du talent dans une réussite personnelle, mais simplement de noter que dans le système tel que nous l'avons organisé, ces deux derniers facteurs ne sont pas déterminants.

On connaît déjà les moyens de combattre la triche, la malhonnêteté et la violence à l'égard des humains. Des lois existent. Il convient de veiller à leur application et à leur amélioration. Pour contrebalancer la puissance du hasard sur nos destinées, les choses sont en revanche beaucoup plus compliquées. Mais tel était bien l'enjeu révolutionnaire contenu dans l'*Égalité* accompagnant la *Liberté* et la *Fraternité*. Notez d'ailleurs la dimension morale qui accompagne ce triptyque républicain. Car autant la liberté et l'égalité sont des *droits*, autant la fraternité est un mot d'ordre qui décrit un *devoir* fait à chacun : nous avons obligation à aider notre prochain, à être solidaire avec lui. Et c'est justement cette attitude de fraternité et d'entraide qui peut aider à rétablir l'égalité que la naissance et les aléas de la vie contredisent. L'idéal républicain est une injonction à l'empathie, qui est cette faculté à s'identifier à quelqu'un et à ressentir ce qu'il ressent.

L'entraide qui découle de l'empathie n'est donc pas un acte de générosité. C'est un acte de justice, destiné à compenser les méfaits de la contingence. La philosophie du partage consiste simplement à redonner à l'autre une partie de la chance dont la vie l'a privé. Par conséquent, elle n'est pas une option, mais une nécessité.

Le passage du rire et de l'oubli

David Bowie est mort hier. Il était jeune, soixante-neuf ans seulement. Le cancer. Les chansons de l'artiste tournent en boucle à la radio depuis ce matin : *Heroes, Space Oddity Ashes to Ashes, Let's Dance...* « Légende du rock », « génie créateur », « icône », « artiste caméléon » : les journalistes se creusent la tête pour savoir comment rendre hommage le mieux possible au chanteur. Je comprends leur embarras. Comment résumer en quelques phrases la vie d'un homme, en particulier celle d'un musicien qui a publié vingt-cinq albums, tous différents ? Comment définir l'émotion qu'il a suscitée chez les milliards de personnes qui ont entendu l'une de ses chansons un jour ? Comment savoir de quelle manière il a réellement influencé les artistes des générations suivantes ? Surtout, comment raconter le destin d'un être hors norme le jour même où celui-ci redevient le plus banal des hommes ?

La tristesse qui s'exprime sur les réseaux sociaux est empreinte de nostalgie : « La jeunesse qui pouvait me rester est définitivement morte ce matin », « Il y a des artistes qui représentent toute une génération. Il y a eu les Beatles pour les soixante-huitards. Il y avait Bowie pour les ados des seventies. Même les dieux ne sont pas immortels. J'ai mal à ma jeunesse », « R.I.P. David Bowie ! Encore un beau chanteur qui s'en va... notre jeunesse... », « Toute ma jeunesse et ma jeune vie d'adulte (à présent sénior) qui s'envolent ».

La disparition d'une célébrité dont l'œuvre a marqué un moment de notre enfance ou de notre adolescence nous touche tout particulièrement car elle évoque notre propre fin. En même temps que Bowie disparaît un peu plus le gamin de douze ans qui bougeait maladroitement sur la batterie de *China Girl* lors des boums. Ce gosse, il n'en restait déjà plus grand-chose après la mort de Freddy Mercury, puis celle de Michael Jackson et de Whitney Houston. La musique a ce pouvoir magique : elle accompagne nos vibrations émotionnelles, particulièrement exacerbées à l'âge où les sentiments nous surprennent. Le temps aidant, tout cela se calme. Nos plus fortes émotions, celles qui vont résonner toute notre vie, sont celles qui touchent nos jeunes années, celles de la maladresse et de l'insécurité.

Ses chansons sont immortelles, a-t-on coutume de dire lorsqu'un chanteur décède – ça marche aussi avec : *ses romans sont immortels, ses films sont immortels*, etc. Rien n'est moins sûr. Les archives sont remplies d'artistes parfaitement oubliés après quelques années. Que dire alors des anonymes qui n'ont rien produit de notoire ? D'une vie, il ne reste presque plus rien une fois qu'elle s'est éteinte. À peine quelques miettes en partage aux survivants, que le temps se chargera bien vite de souffler. Peu nombreux sont les humains qui laissent leur empreinte : quelques scientifiques dont les découvertes transforment le monde, quelques philosophes, quelques hommes ou femmes de combat dont l'engagement visionnaire guide l'humanité. Mais à part eux ? La plupart de ceux qui monopolisent l'actualité et les couvertures de magazines aujourd'hui seront remplacés demain et définitivement effacés des mémoires après-demain.

De ce fait, malgré des milliers d'années de réflexion sur le sujet, le but de l'existence nous échappe toujours complètement. N'est-il pas désespérant, en tant qu'humain invité pour soixante, soixante-dix ou quatre-vingts ans, d'enrichir chaque jour son esprit pour finalement devoir éteindre la lumière et laisser derrière soi une pièce vide ?

Tant de livres lus, de leçons retenues, de chagrins digérés et de gloires arrachées qui seront forcément réduits au néant en un instant. Je suis là, et soudain je ne suis plus. En un claquement de doigts, des millions d'informations accumulées sont effacées de notre disque dur. Mais alors, quel est l'intérêt ?

Cette absurdité inhérente à notre vie est amplifiée par certaines de nos habitudes qui pourraient déconcerter des extraterrestres qui débarqueraient sur notre planète. Comprendraient-ils pourquoi, dans notre hiérarchie, nous plaçons au sommet certains congénères dont le mérite consiste à jouer la comédie, à pousser la chansonnette ou à taper dans une balle ? Ne vous méprenez pas sur mon propos : comme je l'ai exprimé à plusieurs reprises dans ce livre, j'admire profondément les artistes. Ils sont indispensables à notre intelligence et à notre santé. Je considère par ailleurs qu'une démocratie se mesure notamment à la liberté de son art. Mais pourquoi avoir décidé qu'un humain dont le talent est de savoir pleurer ou faire rire sur commande, ou de chanter juste, doit bénéficier d'un statut privilégié ? Le principe, en lui-même, est bizarre.

Tout comme l'art, le sport occupe une place de choix dans mon quotidien. Loin de moi l'idée de dénigrer cette indispensable occupation du corps et de l'espace. Je m'interroge simplement sur certaines de nos disciplines sportives et sur le culte qu'elles engendrent. Je ne parle pas de l'athlétisme qui est à mes yeux le sport le plus sain car le plus philosophique qui soit : depuis le cent mètres jusqu'au marathon, en passant par le saut en longueur, la plupart des épreuves d'athlé interrogent l'homme sur ses limites naturelles et sur sa capacité à les dépasser. La natation répond également à cette philosophie tout comme, dans une moindre mesure, des sports de force et d'endurance tels que le cyclisme ou l'aviron. Et hormis le cas marginal de quelques Usain Bolt, ces sports ne font pas de leurs champions des millionnaires.

En revanche, l'engouement planétaire autour du football, du tennis, du rugby, ou, dans un autre genre, de la course automobile, est un amusant mystère. J'ai pourtant pratiqué ou suivi tous ces sports, comme chacun, avec une passion particulière pour Roland Garros et Wimbledon. Mais quand on y réfléchit deux secondes : à quoi rime le spectacle de deux types (ou deux nanas) (ou quatre types) (ou quatre nanas) (ou deux types et deux nanas) qui se renvoient une petite balle au-dessus d'un filet, dans un rectangle aux dimensions complètement arbitraires, sorties de l'imagination d'on ne sait qui, avec chacun dans les mains un objet bizarre qui n'existe nulle part dans la nature ? Pourquoi des millions de spectateurs frémissent-ils, suent-ils, s'excitent-ils, enragent-ils, pleurent-ils en suivant frénétiquement cette petite balle des yeux ? Pourquoi des gens en short gagnent-ils des fortunes pour se livrer à cette activité à la finalité absurde ? Ils passent vingt ans de leur existence sur quelques mètres carrés de quick, de gazon, de terre battue, à renvoyer la petite balle en caoutchouc de l'autre côté du filet. Ils semblent jouer leur vie sur certains points. Service. Service-volée. Fond de court. Passing. Lob. On lifte, on coupe, on amortit. Joli mouvement des épaules. Le corps bien parallèle au filet. En soi, c'est un peu risible, non ?

Le foot, bien sûr, gagne le pompon en termes de non-sens, avec ces vingt-deux personnes (pas vingt, ni vingt-quatre) qui courent après une baballe et concentrent toute leur énergie à la faire passer entre deux poteaux séparés de 7,32 mètres. Pourquoi 32 ? L'hystérie qui entoure ce sport me laisse, je dois l'avouer, perplexe. Le plaisir que le football procure à ceux qui le pratiquent ou le regardent ne me choque évidemment pas. J'adore moi-même le spectacle d'un bon match et je me suis aussi souvent amusé à taper dans un ballon malgré mon manque de talent évident pour le dribble. De manière générale, j'adore le jeu. J'apprécie beaucoup moins l'enjeu. Une fois de plus, c'est le manque de mesure qui pose question : voilà bien longtemps que le football n'est plus un simple divertissement. Il est une religion, un pays, un univers, une raison de vivre. Il occupe les grands titres de la presse et nombre de conversations. L'une des expressions les plus poussées du désespoir schopenhauerien s'incarne selon moi dans ces débats qui mettent en scène des éditorialistes dissertant avec passion, pendant des plombes, de tactique, de forme et de la psychologie des joueurs, de recrutement, de l'état de la pelouse, de la couleur du maillot et de tout ce qui leur passe par la tête. Combien d'heures consacrées chaque semaine à la radio et à la télé à ces surprenantes palabres ? Nous nous intéressons davantage au nom de l'entraîneur du Real de Madrid qu'à la guerre en Centrafrique. Pourquoi ? Sans doute parce que nous préférons le confort de l'insouciance. Mais sans doute aussi parce que nous éprouvons le besoin, plus que tout, de nous détourner de la gravité de notre sort. Et notamment de la fin qui n'est pas très gaie. La preuve, Bowie est mort.

Phil et Sly, la tristesse du succès

Le vent bouscule sa robe légère et ses cheveux courts. Les notes de piano lui caressent le visage. Rachel Ward, plan serré, dévore du regard un Jeff Bridges hors champ. La caméra immobile capte chaque battement de cils, chaque soupir, chaque larme qui roule sur ses joues. La voix de Phil Collins déchire l'écran tandis que se déchire le cœur de Rachel : *How can I just let you walk away, just let you leave without a trace...* Les secondes s'étirent comme ce chagrin qui se donne en plan fixe à nos yeux de midinette. La séquence dure une minute et six secondes avant que l'image se fige et laisse le reste des crédits défiler. Le générique de fin du film *Against All Odds* de Taylor Hackford est l'un des meilleurs de l'histoire du cinéma, et il relève à lui seul le niveau de cette bluette sortie en 1984 et qui semble bien fade aujourd'hui, même si sa trame – le bonheur impossible entre deux êtres qui s'aiment d'un fol amour – est une déclinaison du plus classique des thèmes de tragédie chers à l'humanité. Rachel Ward n'a jamais été aussi belle que sur ce plan de fin, et Phil Collins a composé l'une de ses plus jolies mélodies pour l'occasion.

Dans les années quatre-vingt et quatre-vingt-dix, ce musicien anglais a été l'un des artistes les plus adulés de la planète. Il a enchaîné les tubes, en solo ou avec son groupe Genesis. Il a rempli les stades et vendu des dizaines de millions de disques. À l'inverse des rebelles aux mœurs destructrices, Phil Collins a toujours incarné une pop festive à souhait, entre ballades sucrées et bombes dansantes. Musicien reconnu, chanteur adulé, riche, célèbre... il fait partie de ceux que l'on considère comme des privilégiés de la vie, ceux qui peuvent réaliser tous leurs rêves, ceux qui ont su exploiter au mieux leurs possibilités d'humain sur terre, ceux qui sont donc, forcément, heureux. Et pourtant, en 2011, à soixante ans, il apparaît déprimé en interview. Il explique vouloir prendre définitivement ses distances avec le show-business et, surtout, il dit regretter son statut de vedette internationale : « Je suis désolé d'avoir eu autant de succès. Honnêtement, je ne voulais pas que cela arrive comme cela. Il n'est pas vraiment surprenant que des gens aient fini par me détester. » Pire, il explique au magazine *Rolling Stone* qu'il a déjà songé au suicide : « Un humoriste qui s'est suicidé dans les années soixante a laissé une note disant : "Trop de choses ont mal été trop souvent." Je pense souvent à ce truc. » Le chanteur britannique semble détester ce que sa notoriété lui a volé : « Je pense parfois que je vais enlever ce personnage Phil Collins du scénario, s'agace-t-il. Phil Collins va tout simplement disparaître ou être assassiné dans une quelconque chambre d'hôtel. Les gens se demanderont ce qui est arrivé à Phil. On leur répondra qu'il a été assassiné mais bon, ils iront de l'avant. »

Une autre mégastar des années quatre-vingt s'est récemment livrée à un aveu du même ordre. Sylvester Stallone a écrit, interprété et réalisé des films dont certains sont loin d'être mauvais. Docteur Rocky et Mister Rambo ont été au sommet de la gloire pendant une dizaine d'années grâce à des sagas testostéronées et patriotiques. Des millions d'adolescents ont affiché le poster de l'acteur dans leur chambre et ses biceps ont boosté les abonnements des salles de muscu. La carrière de Sly a certes connu des hauts et des bas, et il a dû affronter des épreuves personnelles parmi lesquelles la mort de son fils en 2012. Néanmoins, il est logique d'imaginer que l'acteur de soixante-dix ans (eh oui, il est né en 1946, l'air de rien...) peut se satisfaire de son parcours, lui l'enfant pauvre, dyslexique, devenu à force de volonté l'icône d'une Amérique en mal de héros. Il n'en est rien : « Malgré tous mes succès, je considère que 96 % de ma vie sont un échec », explique-t-il en 2015. « Si je pouvais réécrire mon histoire, cela prendrait énormément de temps. Je pense que j'aurais géré ma vie privée différemment. Parfois, vous vous mariez et vous avez l'impression de vous retrouver dans une relation excitante et stimulante mais vous vous rendez compte ensuite que c'est une véritable guerre ! Côté professionnel, je regrette de ne pas avoir fait des choix plus diversifiés. J'aurais voulu montrer davantage ce dont je suis capable. »

Ni le succès, ni l'argent, ni la célébrité ne vaccinent de la mélancolie de vivre. Au contraire, ces cadeaux peuvent contribuer au mal-être. Combien de stars suicidées, de nababs dépressifs, d'actionnaires sous Tranxène, de traders sous coke ? Il peut paraître maladroit de comparer le destin d'artistes, victimes tout autant de leur ego que de leur sensibilité hors norme, à celui de financiers attirés essentiellement par l'appât du fric comme révélateur de puissance. Mais demeure une certitude : l'un des crimes de notre civilisation est d'avoir falsifié l'idée de bonheur.

Le bonheur est une chose
qui ne s'achète pas

Le bonheur est sans doute la chose la moins répandue sur Terre. Les existences sont lourdes, les pas se traînent, les cerveaux s'épuisent. Il faut lutter pour apprendre, pour travailler, pour aimer, et parfois pour mourir. Écoutez la complainte autour de vous, la litanie des maux dans les journaux et les textos. Les conversations sont remplies d'insatisfactions, d'agacements et de petites guerres. Les chansons et les films ne racontent presque que cela. On ne construit pas son bonheur, on déconstruit son malheur. On essaye en tout cas. Les cabinets de psys sont remplis et on bouffe des médocs au petit déjeuner et au coucher. « Tout va bien, sauf que tout va mal », chantait Daran il y a quelques années.

« Le sage poursuit l'absence de douleur et non le plaisir », écrit Aristote sur lequel s'appuie Schopenhauer pour affirmer que le bonheur se caractérise d'abord par l'éloignement du malheur. Le philosophe allemand considérait que la vie oscille de la souffrance à l'ennui : « En effet, extérieurement, le besoin et la privation engendrent la douleur ; en revanche, la sécurité et la surabondance font naître l'ennui. C'est pourquoi nous voyons la classe inférieure du peuple luttant incessamment contre le besoin, donc contre la douleur, et par contre la classe riche et élevée dans une lutte permanente, souvent désespérée, contre l'ennui. » Schopenhauer distinguait la « nature négative » du bonheur et la « nature positive » du malheur. En effet, lorsque nous sommes malheureux ou que nous souffrons d'une blessure physique, notre corps perçoit immédiatement l'effet de cet état. Une douleur, un inconfort ou un mal-être apparaissent, et ces symptômes durent tant que le mal n'est pas résorbé. En revanche, le bonheur ne se manifeste par aucun signal qui nous alerte et qui dure. Il nous procure certes des joies intenses, mais fugaces. Les moments où l'on se dit « je suis bien » ou « je suis heureux » ne durent que quelques secondes, quelques minutes, voire quelques heures. Le bonheur passe donc souvent inaperçu et l'on découvre qu'on le côtoyait une fois qu'il a disparu. On était heureux, et on ne l'a pas remarqué. Combien de fois regarde-t-on en arrière, en considérant avec nostalgie des moments jugés pourtant imparfaits à l'époque ? « Je suis dévoré de nostalgie et de regret en me souvenant de scènes de ma vie auxquelles je n'ai pas accordé l'attention qu'elles méritaient », regrettait par exemple l'écrivain Michel Tournier vers la fin de sa vie.

Le bonheur est par ailleurs une notion extrêmement subjective puisque son appréciation est soumise à la sensibilité de celui qui l'éprouve. Dans les mêmes circonstances et face aux mêmes conditions matérielles et psychologiques, deux personnes ne réagiront pas de la même manière. Certains aiment vivre à la campagne, d'autres en ville ; certains éprouvent une joie intense à faire du sport, d'autres ne l'envisagent que comme une punition ; certains sont ravis de travailler dans la finance et d'être grassement payés pour cela, d'autres qui ne supporteraient pas cette vie s'épanouissent au service de malades dans un hôpital pour un salaire dérisoire ; certains aiment la solitude, d'autres la redoutent ; certains n'imaginent pas leur vie sans enfants, d'autres ne veulent surtout pas devenir parents ou sont indifférents à la question. Schopenhauer l'exprime ainsi : « Aussi les mêmes circonstances, les mêmes événements affectent-ils chaque individu tout différemment, et, quoique placé dans le même milieu, chacun vit dans un monde différent. Car il n'a affaire immédiatement qu'à ses propres perceptions, à ses propres sensations et aux mouvements de sa propre volonté : les choses extérieures n'ont d'influence sur lui qu'en tant qu'elles déterminent ces phénomènes intérieurs. Le monde dans lequel chacun vit dépend de la façon de le concevoir, laquelle diffère pour chaque tête ; selon la nature des intelligences, il paraîtra pauvre, insipide et plat ou riche, intéressant et important. »

Il arrive également que nous changions d'avis : on était heureux en ville avant, mais aujourd'hui on se sent chez soi à la campagne. Ou le contraire. On aimait un travail, puis il nous lasse et nous éprouvons le besoin d'en changer. On aimait une femme, puis l'amour s'est usé. On peut d'ailleurs a priori se réjouir de cette diversité des appétits, car si nous désirions tous à l'identique au même moment, la cohabitation n'en serait que plus compliquée encore, et la compétition plus féroce.

Si le bonheur est absence de souffrance, il en découle que l'on est heureux en comblant nos manques, puisque ce sont eux qui nous font souffrir. La faim est un manque de nourriture, la soif un manque d'eau, le sentiment de solitude un manque d'amour ou d'amitié, la honte un manque de confiance, l'ennui un manque d'intérêt, etc. Être heureux consiste donc à satisfaire des besoins ou des désirs. Mais comme l'affirme Schopenhauer, l'état de bonheur est éphémère car tout désir, une fois comblé, laisse la place à un nouveau. On ne doit donc pas être loin de la vérité si l'on considère que la sagesse encourage à limiter autant que possible l'apparition de ces désirs qui nous mettent en état de frustration. Il ne s'agit pas de plaider en faveur d'une ascèse totale, mais bien plutôt d'interroger chacune de nos envies afin d'estimer si elles témoignent d'une aspiration digne ou non. Désirer un poste de directeur, une plage de sable fin pour les vacances, une grosse voiture, un écran géant dans son salon ou souhaiter faire un enfant répondent à des motivations différentes qui ne se valent pas toutes. Le capitalisme prospère sur notre tendance naturelle à la cupidité et à la jouissance. À côté des besoins vitaux propres à tout être humain, le capitalisme crée grâce à la publicité des besoins artificiels qui alimentent la consommation : il faut susciter l'envie du smartphone dernier cri, de l'écran encore plus plat, de la voiture plus performante, du parfum aux fragrances nouvelles... Ce sont ces besoins-là qui demandent toute notre vigilance.

Il y a pourtant bien, indiscutablement, des contextes plus favorables que d'autres au bonheur : un bon salaire plutôt que le Smic ou les minima sociaux, un(e) conjoint(e) charmant(e) et honnête plutôt qu'un(e) alcoolique moche et mythomane, un emploi valorisant et épanouissant plutôt qu'un job humiliant et déprimant, une maison spacieuse dans un quartier tranquille plutôt qu'un appartement minuscule au dix-septième étage d'une tour qui surplombe le périph', un jardin rempli d'arbres fruitiers et de rosiers plutôt qu'un balcon miniature orné d'une plante desséchée dans son pot, et ainsi de suite... Mais pour être heureux, point trop n'en faut : différentes études ont montré qu'au-delà d'un certain niveau de revenus, le bonheur individuel n'augmente plus. Si vous n'avez pas mangé depuis longtemps, le moindre repas vous semblera un délice. En revanche, prenez un aliment que vous aimez particulièrement et bourrez-vous avec : c'est l'indigestion assurée. Gandhi l'exprime ainsi : « La civilisation, au vrai sens du terme, ne consiste pas à multiplier les besoins, mais à les limiter volontairement. C'est le seul moyen pour connaître le vrai bonheur et nous rendre plus disponible aux autres. [...] Il faut un minimum de bien-être et de confort ; mais passé cette limite, ce qui devait nous aider devient source de gêne. »

Au-delà des besoins vitaux, les possessions ne rendent pas heureux. Offrez une BMW i8, une PS4, un écran incurvé de 197 centimètres en 3D Active ou un iPhone 6S à quelqu'un qui vient de se faire larguer par l'amour de sa vie : cela ne devrait pas le consoler beaucoup, à moins qu'il soit sacrément tordu.

Quel plaisir prenons-nous, dès lors, à accumuler de l'argent et à l'investir en acquisitions diverses ? Plusieurs explications s'imposent. Il y a évidemment l'envie de se mettre à l'abri : celui qui possède son logement a moins de chances de se retrouver à la rue que celui qui est en location. Il y a également le plaisir esthétique des choses. Le beau, qui est une quête naturelle des sens humains, trouve une expression dans certains objets qui caressent l'esprit. Il n'en reste pas moins vrai que les biens que l'on achète, dès lors qu'ils ne répondent pas à des besoins essentiels, ont surtout deux fonctions : nous faire exister socialement, et nous consoler du vide de notre quotidien. Le rôle symbolique des biens matériels est ainsi résumé par l'économiste britannique Tim Jackson : « Le langage des biens permet aux êtres humains de communiquer entre eux – de la façon la plus évidente à propos du statut social, et aussi de l'identité, de l'affiliation sociale – et même – au travers de l'échange de cadeaux – d'exprimer des sentiments. » Et dans ce cadre, la nouveauté joue un rôle majeur. « Le désir sans répit du consommateur est le complément parfait de l'innovation sans répit de l'entrepreneur. Ensemble, ces deux mécanismes, qui se renforcent l'un l'autre, sont exactement ce qui est nécessaire pour pousser la croissance en avant. » Problème : cette recherche perpétuelle de nouveauté est également, selon Jackson, une source d'angoisse pour tous. Car les entreprises « doivent innover ou mourir » et les individus « sont à la merci de la comparaison sociale ». L'économie elle-même est dans un état de fébrilité permanente, puisque pour ne pas s'effondrer elle doit se nourrir de cette fameuse croissance qu'elle cherche à fabriquer à tout prix.

Le nom d'Arthur Schopenhauer revient à plusieurs reprises dans ce chapitre et ailleurs dans ce livre. La raison en est simple : l'intelligence et la sagesse de ce philosophe sont éminemment actuelles. Non seulement avait-il compris la complexité du vivant avant beaucoup d'autres, s'imposant comme l'un des précurseurs de l'antispécisme, mais en plus il portait sur la société des hommes un regard d'une profondeur admirable. Humaniste grincheux mais authentique, défenseur insatiable des animaux et des opprimés, il a écrit des pages que l'on doit relire avant de se coucher pour s'alléger le cœur et l'esprit. Sur le bonheur et la richesse, tout est résumé dans un chapitre admirable, « Division fondamentale », où il note la différence entre ce qu'on *est*, ce qu'on *a*, et ce qu'on *représente*. Extraits :

> *[...] Ce qui différencie le sort des mortels peut être ramené à trois conditions fondamentales. Ce sont :*
>
> *1° Ce qu'on* est *: donc la personnalité, dans son sens le plus étendu. Par conséquent, on comprend ici la santé, la force, la beauté, le tempérament, le caractère moral, l'intelligence et son développement.*
>
> *2° Ce qu'on* a *: donc propriété et avoir de toute nature*
>
> *3° Ce qu'on* représente *: on sait que par cette expression l'on entend la manière dont les autres se représentent un individu, par conséquent ce qu'il est dans leur représentation. Cela consiste donc dans leur opinion à son sujet et se divise en honneur, rang et gloire.*
>
> *[...] Les vrais avantages personnels, tels qu'un grand esprit ou un grand cœur, sont par rapport à tous les avantages du rang, de la naissance, même royale, de la richesse et autres, ce que les rois véritables sont aux rois de théâtre. [...] Notre bonheur dépend de ce que nous sommes, de notre individualité, tandis qu'on ne tient compte le plus souvent que de ce que nous* avons *ou de ce que nous* représentons. *[...] La santé par-dessus tout l'emporte tellement sur les biens extérieurs qu'en vérité un mendiant bien portant est plus heureux qu'un roi malade. [...] Ce qu'un homme*

est en soi-même, ce qui l'accompagne dans la solitude et ce que nul ne saurait lui donner ni lui prendre, est évidemment plus essentiel pour lui que tout ce qu'il peut posséder ou ce qu'il peut être aux yeux d'autrui. Un homme d'esprit, dans la solitude la plus absolue, trouve dans ses propres pensées et dans sa propre fantaisie de quoi se divertir agréablement, tandis que l'être borné aura beau varier sans cesse les fêtes, les spectacles, les promenades et les amusements, il ne parviendra pas à écarter l'ennui qui le torture. [...] Ainsi la condition première et la plus essentielle pour le bonheur de la vie, c'est ce que nous sommes, c'est notre personnalité [...] elle n'est pas soumise à la chance comme les biens des deux autres catégories, et ne peut pas nous être ravie. En ce sens, sa valeur peut passer pour absolue, par opposition à la valeur seulement relative des deux autres.

Arthur Schopenhauer, *Aphorismes sur la sagesse dans la vie* (1851)

Les choses font de nous des esclaves. L'onéreux appartement que l'on rembourse tous les mois et qui semble notre cocon est en réalité notre prison : les fers à nos pieds sont les traites que nous sommes obligés de rembourser pour y vivre. Les biens non essentiels nous condamnent aux concessions et aux soumissions : pour maintenir un train de vie ou honorer un statut social, on accepte de prostituer ses idéaux. Aussi, avant de s'endetter, ou avant de se créer des obligations financières, il convient toujours de se demander : est-ce vraiment nécessaire ?

Résister

Les leçons de philosophie les plus importantes se résument parfois en quelques mots portés par une chanson. J'ai depuis longtemps ceux de Michel Berger, si simples mais si justes, qui chantent dans ma tête leur refrain entêtant : « Résiste, prouve que tu existes. » Résister, pour donner un sens à sa vie. Le sens de la vie, « la plus pressante des questions » selon Camus, qui explique dans *Le Mythe de Sisyphe* le piège infernal qui nous emprisonne : le réveil, tous les matins, pour le même métro, le même bureau, la même usine, les mêmes tâches, la même pause déjeuner, le même métro à nouveau, le même dîner. Et cela cinq jours par semaine, pendant trente-cinq ou quarante ans. « Un jour seulement, écrit Camus, le *pourquoi* s'élève et tout commence dans cette lassitude teintée d'étonnement. » Camus parle ici de ce sentiment que beaucoup ont connu un jour : ce blocage soudain qui nous fait remettre en question ce que nous avons accepté si longtemps, parfois même en y trouvant du plaisir. Ce qui semblait couler de source devient pénible. Bref, y en a marre. Mais cette lassitude soudaine n'est pas désespérante, elle est au contraire salvatrice car elle est un « mouvement de la conscience » qui initie le changement. Or, écrit si justement Camus : « Tout commence par la conscience et rien ne vaut que par elle. »

Dès lors, deux choix s'offrent à nous : le retour dans la vie mécanique ou l'éveil définitif. Ce dernier passe par la révolte, qui nous sort de notre solitude (et donc de notre égoïsme) pour nous faire entrer de plain-pied dans l'aventure collective : « Je me révolte donc nous sommes. »

La révolte est la prise de conscience de sa liberté. Non pas la révolte désordonnée et sans but. Ni la révolte de pacotille qui ne dérange personne. Mais une révolte intransigeante, dirigée contre toute forme d'oppression et de violence. Le combat peut se livrer à deux niveaux qui me semblent complémentaires : il est d'abord personnel (chacun doit gagner sa propre liberté), mais il doit également être consacré à autrui (il s'agit alors de s'engager dans des luttes qui dépassent notre unique destin). Pour vivre il convient d'avoir le cerveau à l'air libre afin de respirer le monde et ses *peaux d'échappement*, ces peaux que l'on revêt pour s'extirper d'un soi banal et d'un monde médiocre afin de mieux se réaliser. L'humanité ne s'est embellie qu'au rythme des révoltés. Rousseau, Hugo, Louise Michel, Schœlcher, Gandhi, Martin Luther King, l'abbé Pierre, Mandela, mais aussi à leur manière Reiser, Renaud ou David Bowie.

Malgré le poids écrasant de contraintes qui nous dépassent, chacun d'entre nous porte une part de responsabilité dans l'état du monde. Chaque citoyen détient en effet une parcelle de pouvoir qui dépasse largement celui du bulletin de vote. Ce pouvoir, c'est notre capacité de refuser. Refuser les compromissions, refuser de trahir un idéal ou simplement une promesse, refuser d'agir contre ses convictions. Dire non. Dire merde. Résister. Et affirmer ainsi une liberté de conscience et d'action qui peut se transformer en arme redoutable si elle est partagée par le plus grand nombre. Évidemment, l'indocilité n'est pas une stratégie socialement payante. Il y a toujours de bonnes raisons pour s'en détourner : gagner plus d'argent, obtenir une promotion, devenir populaire, bénéficier d'avantages matériels divers qui facilitent l'existence, ou simplement s'éviter des ennuis...

Nous sommes tous quotidiennement confrontés à des situations qui interrogent notre honnêteté, notre courage, notre générosité, notre probité. On ne nous demande pas forcément d'accepter une mallette de billets pour favoriser une entreprise dans l'obtention d'un marché public. Nos cas de conscience sont plus banals mais pas moins essentiels : si vous êtes sur le parking d'un supermarché et que vous abîmez une voiture en stationnement avec un caddie, que faites-vous ? Laissez-vous un mot avec votre numéro de téléphone ou filez-vous en quatrième vitesse avant d'être repéré ? En vingt ans de vie parisienne, ma voiture a dû être cabossée une quinzaine de fois : je n'ai jamais trouvé le moindre mot sur le pare-brise. Autres exemples : si vous êtes en concurrence avec un ami pour un poste, seriez-vous prêt à le trahir pour l'obtenir ? Ou bien : consentez-vous à travailler pour une entreprise dont vous ne partagez pas les valeurs ?

Il est évidemment de nombreux cas de figure où il nous semble « ne pas avoir le choix ». Il faut accepter tel travail ou se taire face à telle injustice, car nous devons bien manger. Il y a une famille à faire vivre, les traites d'un appartement à rembourser, les études d'un enfant à payer, des pensions alimentaires à verser, un train de vie à maintenir. L'argument s'entend parfaitement. Il est néanmoins discutable. L'objection consiste à remarquer que notre liberté est d'autant plus grande que nos besoins matériels sont petits. Celui qui mène sa vie en limitant sa dépendance financière se rend un grand service. Il évite de se mettre sur le dos des crédits qui emprisonnent. Celui qui n'a rien est le plus libre des hommes. Il faut tout craindre de lui.

Ma conviction profonde est que si chacun agissait en fonction d'un intérêt qui lui est supérieur, et non dans l'espoir d'un bénéfice personnel immédiat, le monde tournerait un peu mieux, car il ne serait pas vicié par ce mal destructeur : l'opportunisme prédateur. À cause de lui nous sommes prêts à tout, ou presque, pour écraser nos congénères et prendre la meilleure place au soleil.

Friedrich Hegel explique que la relation entre deux êtres qui se rencontrent se termine par la domination de l'un des deux par l'autre. Il s'établit un couple maître-esclave. Le maître a besoin du consentement de l'esclave, résigné, pour être reconnu comme tel. Selon Hegel, l'esclave est celui qui a peur de mourir et qui choisit la vie plutôt que la liberté. Je ne vais pas détailler ici la suite et les conséquences de cette théorie qui ne doit pas être prise au premier degré et qui a inspiré moult commentaires et explications. Il nous faudrait des dizaines de pages et nous n'aurions toujours rien réglé, car personne n'est d'accord sur les conclusions à tirer de la complexe philosophie hégélienne. En revanche il est juste de souligner que toute forme de soumission à une autorité injuste exprime un renoncement, et que ce renoncement repose sur la peur. Celui qui supporte sa position d'esclave sans se rebeller estime qu'il a quelque chose à perdre qui lui importe plus que la liberté : la vie parfois, mais aussi le plus souvent un confort ou une position sociale. Dans son *Discours de la servitude volontaire*, au XVIe siècle, Étienne de la Boétie s'interrogeait déjà sur les raisons pour lesquelles un peuple accepte de se soumettre au tyran, et il pointait la responsabilité des uns et des autres dans la renonciation à leur liberté. Il expliquait déjà que le pouvoir d'un État, quel qu'il soit, repose sur la coopération du peuple. Si celui-ci refuse d'obéir, le pouvoir s'effondre.

L'anarchiste russe Pierre Kropotkine est un penseur dont les écrits méritent d'être redécouverts. *La Morale anarchiste*, par exemple, rédigé en 1889, est un bijou dont chaque page peut être méditée. Je ne résiste pas au plaisir de livrer ces quelques lignes à votre réflexion, tant elles sonnent juste à mon oreille : « Une fois que tu auras vu une iniquité et que tu l'auras comprise – une iniquité dans la vie, un mensonge dans la science, ou une souffrance imposée par un autre – révolte-toi contre l'iniquité, le mensonge et l'injustice. Lutte ! La lutte, c'est la vie, d'autant plus intense que la lutte

ANTISPÉCISTE COMME SUPERMAN

sera plus vive. Et alors tu auras vécu, et pour quelques heures de cette vie tu ne donneras pas des années de végétation dans la pourriture du marais. Lutte pour permettre à tous de vivre de cette vie riche et débordante, et sois sûr que tu trouveras dans cette lutte des joies si grandes que tu n'en trouverais pas de pareilles dans aucune autre activité. C'est tout ce que peut te dire la science de la morale. À toi de choisir. » Dans ses écrits, Kropotkine rend hommage à tous ces « héroïques », ces « audacieux », ces « hommes du peuple », ces « précurseurs de révolutions », « tout de dévouement et d'abnégations sublimes ». Kropotkine les appelle encore les « sentinelles perdues [...] dont l'histoire ne nous a même pas conservé les noms ». Ils sont les vrais révolutionnaires, ceux qui ont amorcé les mouvements en prenant tous les risques. Car le simple fait de participer à une révolution ne vous transforme pas en révolutionnaire. Celui qui participe à une révolution lorsque celle-ci a déjà largement entamé son mouvement n'est finalement qu'un suiveur qui a choisi son camp, soit par conviction retardée, soit par opportunisme. Il n'y a d'ailleurs rien de condamnable à cela. C'est même dans la logique des choses. Mais le véritable révolutionnaire est celui qui, seul contre tous les autres, prend d'assaut une estrade pour défendre une idée qui lui semble plus importante que la préservation de son confort. Ce sont le plus souvent des anonymes qui ne cherchent ni la notoriété ni un mandat électif. Parmi eux figurent ceux que l'on appelle aujourd'hui les lanceurs d'alerte, tels Irène Frachon ou Edward Snowden... Mais ce sont aussi les courageux militants d'associations qui sacrifient leur temps libre ou leur carrière. Brigitte Gothière et Sébastien Arsac étaient tous les deux professeurs (des écoles pour Seb, et de physique appliquée pour Brigitte) avant qu'ils ne décident d'abandonner leurs postes et de se consacrer à la défense de leurs conceptions pacifistes, humanistes et animalistes, ce qui débouchera rapidement sur la création de L 214. Cette association de défense des droits des animaux, citée à plusieurs reprises dans cet ouvrage, a fait parler d'elle grâce à des enquêtes fouillées sur les élevages de poules en batterie, la fabrication du foie gras ou la réalité des abattoirs. Brigitte et Sébastien avaient pourtant une famille à nourrir – ils sont parents de deux enfants. Pendant des années ils ont vécu avec assez peu, parfois hébergés gratuitement ici ou là... Ils l'ont accepté parce qu'ils ont compris que leur vie ne pouvait avoir de sens que s'ils mettaient leurs actes en accord avec leurs convictions, et qu'on ne fait pas avancer les choses sans prendre un minimum de risques. Leur vie entière est dédiée au bien-être collectif, au mépris des ambitions sociales et de l'accumulation d'un capital. Pour cela, ils méritent le plus grand respect, comme tant d'inconnus qui forment les modestes bataillons battant le pavé plusieurs fois par an en France pour exiger la fermeture des abattoirs ou la fin du commerce de la fourrure. Ou ceux qui descendent dans les arènes pour empêcher la tenue de corridas, et qui se font tabasser par des aficionados décérébrés dans l'indifférence de la police et des médias. Les conséquences d'un engagement pour les opprimés ou les plus faibles, quels qu'ils soient, sont le plus souvent désagréables, voire dramatiques. Vingt-sept années de prison pour Mandela, six pour Gandhi qui sera assassiné, tout comme Martin Luther King, tout comme Diane Fossey qui avait dédié sa vie à la défense des gorilles.

Il y a plus d'un siècle, Kropotkine décrivait dans *L'Entraide, un facteur de l'évolution* la force sacrificielle de ces ouvriers militants, dans une époque, le XIXᵉ siècle, qui interdisait les unions de travailleurs, les réunions et les grèves. Les ouvriers étaient punis, licenciés, violentés, afin d'intimider les plus dociles. La loi Waldeck Rousseau relative à la création des syndicats et aux groupements professionnels n'a été votée qu'en 1884. On a tendance à oublier de nos jours combien d'hommes et de femmes ont été martyrisés, écrasés, humiliés, affamés, jetés à la rue, pour avoir osé réclamer l'élargissement de leurs droits. Au silence qui leur assurait une paye, même modeste, ils ont préféré le bruit de la révolte et beaucoup en ont payé le prix fort. « On doit se rappeler, écrit Kropotkine, qu'outre les persécutions, le simple fait d'appartenir à une union ouvrière entraîne des sacrifices considérables d'argent, de travail non payé, et implique continuellement le risque de perdre son emploi. [...] Aujourd'hui encore, les grèves se terminent souvent par la ruine totale et l'émigration forcée de populations entières ; et quant à la fusillade des grévistes pour la plus légère provocation, ou même sans provocation aucune, c'est encore tout à fait habituel en Europe. [...] Tout journal socialiste – et il y en a des centaines en Europe seulement – a la même histoire de sacrifices, sans aucun espoir de gain, et le plus souvent même sans aucune ambition personnelle. J'ai vu des familles vivant sans savoir ce que serait leur nourriture du lendemain – le mari "boycotté" de toutes parts dans sa petite ville, parce qu'il travaillait au journal, et la femme soutenant toute sa famille par du travail de couture. Une telle situation durait des années, jusqu'à ce que la famille se retirât enfin, sans un mot de reproche, disant simplement : "Continuez, nous n'en pouvons plus !" »

Il existe encore aujourd'hui des syndicalistes qui prennent des risques, par exemple sur certains sites industriels touchés par des licenciements massifs. Certains même se retrouvent, chose difficilement compréhensible, condamnés pour leurs actions à de la prison ferme. Mais, dans de nombreuses entreprises, les porte-parole des syndicats ont depuis longtemps oublié le sens de leur fonction et la nécessité de l'incorruptibilité. Le compromis est nécessaire en tant qu'espace de réconciliation entre deux points de vue initialement opposés. Mais le compromis n'est pas la compromission : si la partie réclamante trahit sa cause pour des petits arrangements qui avantagent les positions de quelques-uns, le jeu est biaisé. Il serait intéressant par exemple de se pencher davantage sur les nominations au sein du Conseil économique, social et environnemental. Mais de nombreuses enquêtes existent qui s'étendent sur l'opacité actuelle des syndicats, je ne vais pas m'attarder sur la question ici. La problématique de la fidélité à ses idées ne concerne de toute façon évidemment pas que les syndicats, comme nous l'avons vu dans les pages précédentes.

L'Américain Henry David Thoreau a été un rebelle, qui a défié les institutions et la bienséance, au mépris de sa réussite professionnelle. Il est né en 1817 à Concord dans le Massachusetts. Militant anti-esclavagiste, il peut être considéré comme l'un des premiers écologistes de l'ère moderne. Son mérite particulier est d'avoir su chercher à mettre ses actes en conformité avec ses convictions. Contrairement aux philosophes de salon (aujourd'hui nous dirions les philosophes de plateau), il a appliqué à lui-même ce qu'il professait, sans toutefois s'ériger en exemple. Il a expliqué son point de vue, c'est tout. La désobéissance civile, la sobriété, le respect de la nature, la révolution intérieure, la solitude salutaire mais pas sauvage… Thoreau a notamment mis en pratique son idéal en s'installant dans une cabane qu'il avait construite lui-même, à côté de l'étang de Walden à Concord. Deux ans et deux mois d'immersion dans la nature qu'il raconte avec beaucoup de charme dans *Walden ou la Vie dans les bois* (1854) :

> *Je gagnais les bois parce que je voulais vivre suivant mûre réflexion, n'affronter que les actes essentiels de la vie, et voir si je ne pourrais apprendre ce qu'elle avait à enseigner, non pas quand je viendrais à mourir, découvrir que je n'avais pas vécu. Je ne voulais pas vivre ce qui n'était pas la vie, la vie est si chère ; plus que je ne voulais pratiquer la résignation, s'il n'était tout à fait nécessaire. Ce qu'il me fallait, c'était vivre abondamment, sucer toute la moelle de la vie. […] L'innocence et la générosité indescriptibles*

de la Nature – du soleil et du vent et de la pluie, de l'été et de l'hiver – quelle santé, quelle allégresse, elles nous apportent à jamais ! [...] Ne suis-je moi-même en partie feuilles et terre végétale ?

Thoreau n'était pas qu'un amoureux des arbres, des ruisseaux et de la marche à pied. Il était avant tout un révolté qui appelait à la résistance individuelle face aux gouvernements qui mènent des politiques ineptes. À l'âge de vingt ans, il est nommé maître d'école, mais il démissionne au bout de quelques mois pour protester contre les châtiments corporels. Il ne retrouvera pas de travail pendant longtemps. Quelques années plus tard, il refuse de payer son impôt à un État qui finance la guerre au Mexique et accepte l'esclavage. Son essai *La Désobéissance civile* sera une inspiration pour Léon Tolstoï, Gandhi et Martin Luther King dans leur conception de résistance non violente.

Pour Thoreau, la vraie démocratie est celle de la justice et de la vérité, deux notions qu'un gouvernement élu par le plus grand nombre ne garantit pas. Car on peut avoir raison seul contre la multitude. Les révolutions, pour Thoreau, ne sont pas l'œuvre de majorités généralement frileuses et peureuses, mais d'individus prêts au sacrifice au nom d'une conscience qu'ils ne doivent jamais abandonner au législateur. Thoreau en appelle donc à la réforme intérieure, qui seule peut engendrer la réforme collective. « Je pense que nous devons d'abord être des hommes, des sujets ensuite, écrit-il. Le respect de la loi vient après celui du droit. La seule obligation que j'aie le droit d'adopter, c'est agir selon ce qui me paraît juste. » Gandhi traduit exactement cette pensée en changeant simplement quelques mots : « J'ai acquis la ferme conviction que l'éthique est la base de tout et qu'elle a pour substance la vérité. J'ai d'ailleurs fait de la vérité mon seul objectif. »

Henry David Thoreau considère que se plier sans rechigner à la loi est le meilleur moyen de perpétrer l'injustice.

La loi peut pousser des hommes naturellement bien disposés à se livrer au pire. Il prend en exemple les bataillons de soldats qui partent à la guerre contre leur volonté et même contre leur raison, en sachant qu'ils participent à une horreur. La plupart des hommes, explique Thoreau, sont des pantins sans âme qui servent l'État comme des machines, sans exercice du sens moral ou du jugement. « Ils se mettent au niveau du bois, de la terre et des pierres », dénonce-il, et il poursuit : « L'homme sage n'est utile qu'en tant qu'il reste un homme et refusera d'être de la "glaise" ou de "jouer les bouche-trous", et laissera cette mission à sa poussière. » Notre responsabilité consiste donc à nous révolter, à refuser de suivre les ordres sans morale, et surtout à mettre nos actes en accord avec nos paroles, car le héros « doit faire justice quoi qu'il en coûte ».

On retrouve exactement le même appel à la désobéissance civile chez cet auteur indispensable qu'est Tolstoï. L'écrivain a lu, apprécié et fait traduire en russe Thoreau. Partisan lui aussi de la révolution non violente, méfiant à l'égard des mouvements de masse, il préconisait l'insoumission comme arme première de résistance. « Ni la révolte ni le changement de gouvernement ou de régime ne sont des moyens qui peuvent donner la liberté et vaincre la violence, écrit-il. En s'abstenant de collaborer avec les institutions de violence au pouvoir, l'homme libre sape les fondements du pouvoir. »

tous en nous des révoltes qui ne demandent qu'à prendre forme et nous disposons de moyens pour cela. La consommation est le plus évident d'entre eux. Le boycott est une arme démocratique redoutable.

L'idée n'est pas nouvelle : en 1791, le mouvement anti-esclavagiste anglais avait lancé une vaste opération de boycott du sucre de canne récolté par les esclaves aux Antilles. Plus près de nous, souvenez-vous du boycott de Shell organisé par Greenpeace en 1995. À l'origine de cette opération, la volonté de Shell de couler une plate-forme pétrolière située en mer du Nord, la Brent Star, au lieu de la démanteler à terre, ce qui est plus coûteux. L'organisation de défense de l'environnement dénonce immédiatement le risque d'une pollution intolérable, en évoquant la présence de 5 000 tonnes de pétrole dans la plate-forme, ce que dément la compagnie pétrolière. La campagne négative organisée en Europe par Greenpeace UK porte rapidement ses fruits, particulièrement en Allemagne où en quelques jours les stations-service perdent entre 20 % et 50 % de leur clientèle. Shell cède et renonce à couler sa plateforme. Certes, l'audit réalisé une fois la plate-forme ramenée à terre montre que Shell disait vrai, que Greenpeace se trompait, et qu'elle avait bien été vidée de son contenu afin que son immersion soit effectuée. Mais Greenpeace était parvenu à faire fléchir une compagnie pétrolière toute puissante et généralement peu regardante sur les conséquences environnementales de ses pratiques. Aujourd'hui le sabordage des plates-formes pétrolières est interdit.

Puisque notre société privilégie le statut de consommateur à celui de citoyen, il nous appartient de transformer chacun de nos actes d'achat en bulletin de vote. On peut étendre la logique à beaucoup de choses : refuser de partir en vacances dans un endroit où la population locale est exploitée au profit des touristes, refuser de conduire une voiture qui pollue, refuser de gaspiller, refuser de changer de téléviseur pour un modèle simplement plus performant, etc. De la même manière, lorsque je refuse d'acheter un produit dont la fabrication a engendré de la souffrance animale, je suis un militant. Le végétarisme et le végétalisme sont des actes éminemment politiques et révolutionnaires, qui permettent à ceux qui s'en revendiquent d'éprouver leur pouvoir d'êtres humains responsables.

L'antispécisme s'impose, en Occident au moins, comme la seule désobéissance d'envergure, la seule résistance pacifique immédiatement réalisable qui puisse faire vaciller le système. Les autorités délivrent l'injonction suivante : *Mangez des animaux, abusez-les, exploitez-les, vous n'avez pas le choix, c'est comme ça et pas autrement.* La viande et les produits animaux nous sont imposés dans notre existence dès la naissance. Les publicités nous les vantent en permanence, et l'on ne cesse de nous bassiner avec le repas « traditionnel » français qui doit forcément contenir son morceau de barbaque. Pensez donc que la viande est désormais instrumentalisée comme un marqueur de laïcité ! Le bon Français, c'est celui qui mange son steak et sa tranche de jambon ! En mars 2015, à Chalon-sur-Saône, le maire UMP Gilles Platret a décidé de mettre fin au repas de substitution dans les cantines scolaires, alors que depuis trente ans la ville proposait une solution de remplacement lorsque du porc était servi. « Si vous voulez que vos enfants aient des habitudes alimentaires confessionnelles, vous allez dans l'enseignement privé confessionnel », a aussitôt commenté Nicolas Sarkozy. Prenons un minimum de recul et laissons de côté la dimension religieuse qui explique le refus de manger du cochon. Végétariens et végétaliens ne sont motivés par aucune espèce de superstition. Ils font un choix éthique ou sanitaire. La liberté de ne manger ni viande ni produits laitiers apparaît comme une liberté démocratique élémentaire. Imposer les protéines animales dans les cantines qui relèvent de l'État s'apparente de nos jours à une pratique dictatoriale. D'autant que le gouvernement fait tout pour nous forcer à avaler cette viande dont de plus en plus disent ne pas vouloir. Le décret et l'arrêté du 30 septembre 2011 relatifs à la « qualité nutritionnelle » des repas servis dans le cadre de la restauration scolaire imposent la présence de protéines animales (viande, poisson, fromage, œufs) dans le plat principal et la présence d'un produit laitier en complément. Aucune alternative végétarienne ou végétalienne n'est suggérée. Heureusement, certains maires prennent l'initiative de la mettre en place. Mais comment comprendre qu'elle ne soit pas obligatoire ? De la même manière, les restaurants français sont encore très peu nombreux à proposer spontanément des repas sans viande.

Résistez ! Ne cédez jamais ! Exigez, partout où vous payez votre repas, que l'on vous serve un plat équilibré sans protéines animales. Demandez au chef qu'il trouve une solution, rédigez des pétitions, mais élevez-vous contre la mort imposée dans les assiettes. Même si vous êtes invité chez des amis, prévenez-les de votre régime, afin de ne pas les mettre mal à l'aise au moment de passer à table. Mais ne vous forcez jamais à manger de la viande « par politesse ».

Boycotter la viande, les produits laitiers, mais aussi toutes les activités qui génèrent de la mort et de la souffrance animale – les zoos, les parcs aquatiques, les corridas, ainsi que tous les vêtements qui contiennent du cuir : tels sont les actes de désobéissance civile, pacifique, qui participent à la révolution morale et sociale de l'humanité.

Les défenseurs des animaux non humains, dès lors qu'ils sortent du cadre strict des associations de chiens et chats abandonnés, sont considérés comme des ennemis du système car ils en remettent en cause toute la logique. L'exploitation animale est l'un des piliers sur lesquels s'est construit le monde dans lequel on évolue. Faire cesser cette tyrannie implique de modifier nombre de pratiques industrielles et d'abandonner tous les emplois qui créent de la mort animale. Peut-on imaginer idée plus audacieuse ? L'oligarchie fait corps pour empêcher cette éventualité qui menacerait sa domination, puisque les intérêts des uns sont liés à ceux des autres qui, à un moment ou à un autre, soutiennent activement l'exploitation animale. L'antispéciste a choisi la révolte contre la pensée ultra-dominante. Il n'existe pas aujourd'hui de cause plus révolutionnaire que celle de l'antispécisme.

L'impératif Superman

« C'est un oiseau ? C'est un avion ? Non, c'est Superman ! »
Superman est plus qu'un héros, il est *le* héros parmi
les héros. S'il ne devait y en avoir qu'un, ce serait lui.
C'est le boss. Le plus célèbre et le plus admiré de tous.
Ce que personne n'a remarqué, c'est qu'il est aussi le
premier superhéros antispéciste. Et qu'il montre la voie
à l'humanité.

Imaginé par ses créateurs en 1933, Superman voit
réellement le jour en 1938 et son personnage évolue
pendant plusieurs années avant de devenir, après 1945,
celui que nous connaissons aujourd'hui. Superman est
né sur la planète Krypton, sur le point d'être anéantie.
Juste avant que celle-ci ne disparaisse, alors qu'il n'est
encore qu'un bébé nommé Kal-El, ses parents l'envoient
sur Terre à bord d'un berceau spatial. Il est retrouvé
et adopté par un couple de charmants agriculteurs
américains à Smallville dans le Kansas (pourquoi son
berceau n'est-il pas tombé aux alentours de Moscou ou
au Soudan ? Heureux hasard du scénario). Désormais
nommé Clark Kent, il découvre peu à peu ses supers
pouvoirs. Intellectuellement et physiquement, il est
1 000 fois supérieur à n'importe quel humain, mais il
décide de ne pas tirer profit de ses incommensurables
avantages. Il choisit de se faire embaucher comme
journaliste, et joue dans la vie quotidienne au type banal,
effacé, amoureux transi de sa collègue Loïs Lane. Mais
dès que le monde est en danger, hop, costume moulant et
cape au vent, il devient l'invincible Superman. Sa force

extraordinaire lui permet de détourner un train ou une météorite ; sa vision le rend capable de voir extrêmement loin et, surtout, à travers les murs et les corps ; son ouïe est surdéveloppée ; ses yeux projettent des rayons capables de transpercer le métal ; et bien sûr, il vole. Superman se lance inlassablement au secours de toute personne menacée par un danger. Loïs Lane est raide de lui. Superman est souvent envisagé comme un héros de propagande américaine, qui vanterait les mérites des États-Unis, du libéralisme et de la démocratie occidentale. Cela a sans doute été vrai parfois, notamment pendant la Seconde Guerre mondiale. Mais ce n'est que l'interprétation facile et au premier degré du mythe de Superman. Une lecture plus fine révèle la vraie nature du héros volant.

Superman n'est pas un humain. Il est un Kryptonien. Il est donc d'une autre espèce. Pourtant il éprouve une compassion infinie et désintéressée pour l'humanité, une espèce largement inférieure à la sienne, moins forte et moins intelligente. Du point de vue des simples capacités comparées, nous ne valons pas plus pour un Kryptonien qu'une souris pour les humains. En agissant ainsi, Superman, le plus populaire des héros du monde entier, se révèle antispéciste. Alors qu'il pourrait utiliser sa supériorité physique et intellectuelle pour asservir, dominer, exploiter et tuer chacun des habitants de cette planète, il opte pour l'attitude inverse. Il sauve ces êtres qui lui semblent si faibles. Il leur évite les souffrances et la mort parce qu'il considère que chaque représentant de l'espèce humaine a une valeur intrinsèque, un intérêt à vivre, qu'il est le « sujet d'une vie », pour reprendre l'expression du philosophe Tom Regan. Contrairement à l'idée généralement répandue, les aventures de Superman ne sont pas le récit d'une virilité exacerbée dont les muscles gonflés doivent être source d'inspiration pour chacun d'entre nous. Superman est un héros éthique, qui nous enseigne l'empathie et le besoin de se soucier de l'autre. Son extra-vision, qui lui permet de voir à travers les personnes, est bien entendu une métaphore : pour respecter l'autre, je dois d'abord vouloir lire en lui. Que dire de ses autres super-pouvoirs ? Sa capacité de survoler la planète est une invitation à la réflexion systémique : la Terre est conçue comme un ensemble qui se nourrit d'interactions complexes, et pour la protéger il faut avant tout la considérer comme telle. Nous sommes conviés à prendre de la hauteur pour l'observer de loin et comprendre les équilibres qui la maintiennent en santé : chaque point du globe est relié à un autre. Superman porte un regard holiste sur notre monde.

Il est, en fait, un héros écologiste. Savez-vous d'où il tire ses super-pouvoirs ? De l'énergie solaire, que sa constitution kryptonienne absorbe et restitue sous forme de force surhumaine et d'invulnérabilité. Oui, le soleil alimente Superman ! Ce superhéros fonctionne à l'énergie renouvelable. Là non plus, le détail n'est pas anodin. On est loin du mythe de Superman en propagandiste capitaliste. D'ailleurs, ne serait-il pas exactement l'inverse ?

Superman nous protège des *brigands*, ceux que la BD appelle les *méchants*. Ceux-là même qui ont pris le pouvoir dans la société capitaliste, comme nous l'avons vu précédemment. Car les méchants auxquels se frotte Superman sont précisément l'incarnation de la dimension luciférienne de la technique et de l'argent. Son pire ennemi, Lex Luthor, est un savant fou et un riche businessman en costume-cravate, qui dirige la société LexCorp et règne en maître sur la ville de Metropolis. Il n'est doté d'aucun pouvoir particulier, en tant que faible humain, aussi a-t-il recours à la technologie pour perpétrer son entreprise maléfique. Il est prêt à détruire la Terre pour asseoir sa soif de pouvoir. Luthor est la métaphore du capitalisme sauvage prédateur et du mondialisme néolibéral. Le fait que Clark Kent ait été élevé à la campagne, dans une ferme du Kansas, n'est pas un hasard. Superman incarne l'opposition de la nature apaisante face à l'urbanité déshumanisante.

Jonathan et Martha Kent, qui symbolisent la moralité menacée par le monde moderne, ont inculqué à l'enfant venu de Krypton l'amour du vivant qui s'incarne dans les êtres et dans chaque parcelle de cette Terre. « Tu dois utiliser ta force pour aider et inspirer les gens », explique Jonathan Kent à son fils adoptif, avant d'ajouter : « Ce S peut peut-être nous rappeler ce qu'on a de meilleur. » Autre point essentiel chez Superman : révéler ce qu'il y a de meilleur en nous, et donc lutter contre l'encrassement moral qui menace l'humanité. Ce devoir moral qui pousse à l'amélioration de l'homme par une discipline personnelle, puis à l'empathie envers tout être faible, je l'appelle l'*impératif Superman*.

Pourquoi avons-nous fait de Superman notre héros favori ? Pourquoi sommes-nous admiratifs de cet être venu d'ailleurs qui accepte d'avoir de la compassion pour les faibles humains que nous sommes ? Parce que nous avons l'intuition qu'il incarne la moralité ultime, celle qui devrait tous nous guider. Celle de la compassion pour les plus vulnérables (« Je suis là pour défendre ceux qui ne peuvent pas le faire seuls », proclame-t-il dans un des épisodes). C'est la preuve que nous savons, au fond de nous, que l'*antispécisme supermanien* est la règle morale juste.

Mais le message ne s'arrête pas là. Superman veille sur son prochain et sur notre planète comme chacun devrait le faire. Il nous enseigne que nous avons tous le devoir de nous mettre au service d'une cause plus grande que nous-mêmes, et que cette cause est la communauté de tous les êtres sensibles. Telle est même la seule possibilité de contrecarrer le nihilisme, c'est-à-dire l'absence de but, de valeurs et de sens de la vie. Le sens que nous pouvons essayer de donner à notre existence ne peut absolument pas émaner d'une réussite matérielle personnelle, aussi éphémère que vaine. En revanche, contribuer au progrès moral de l'humanité, même modestement, est le moyen de justifier notre bref passage sur la planète.

Car nous sommes tous des Superman en puissance, c'est-à-dire que chaque humain a la possibilité de s'extirper de sa condition initiale pour devenir un héros. Tel est clairement le message porté par Jerry Siegel et Joe Shuster, les créateurs de l'homme à la cape rouge. Observez la manière dont ils ont mis en scène la métaphore : Clark Kent, citoyen lambda, porte en permanence sous son costume-cravate (le déguisement de l'humain moderne) sa combinaison bleue de superhéros. Dès que les circonstances l'exigent, il file dans une cabine téléphonique, se débarrasse de sa peau d'humain banal pour endosser celle du *Surhumain*, du *Superman*, de l'*Übermensch* [1]. Voici Nietzsche qui pointe le bout de son nez pour nous murmurer qu'un héros se cache en chacun d'entre nous et que le sens de la vie est de le faire apparaître. Et Zarathoustra dit : « *Je vous enseigne le Surhumain*. L'homme n'existe que pour être dépassé. Qu'avez-vous fait pour le dépasser ? » Pour Nietzsche, la mort est une vie immobile qui se contenterait de ce qu'elle a, sans objectif supérieur. Seule la nécessité de se surmonter, permanente, peut créer le mouvement inhérent à la vie.

Le 7 août 1974, le Français Philippe Petit a tendu un câble entre les deux tours du World Trade Center à New York. Pendant quarante-cinq minutes, il a nargué le vide en déambulant sur le maigre filin tendu à 400 mètres du sol, sans harnais de sécurité. Il a dansé, il a salué, il s'est allongé, a traversé et retraversé. Il a nargué la gravité, la raison, le ciel, le vide, l'humanité. N'importe qui d'autre aurait chuté. Mais Philippe Petit n'est pas tombé. Sa performance est la métaphore ultime, indépassable, d'une vie humaine réussie. En marchant sur le ciel, il est devenu Superman, Surhumain, Übermensch. Se rendait-il compte, tandis qu'il observait les mortels depuis son trône de nuages, qu'il était en train de rendre le plus grand des hommages à Nietzsche ?

---

1. Ce que j'appelle dans un paragraphe précédent la « peau d'échappement ».

Lorsque Zarathoustra, descendu de sa montagne, arrive dans la ville, la foule est rassemblée autour d'un saltimbanque qui s'apprête à marcher sur une corde suspendue. Zarathoustra déclare alors aux badauds : « L'homme est une corde tendue entre la bête et le Surhumain – une corde au-dessus d'un abîme. Danger de franchir l'abîme – danger de suivre cette route – danger de regarder en arrière – danger d'être saisi d'effroi et de s'arrêter court ! La grandeur de l'homme, c'est un pont et non un terme ; ce qu'on peut aimer chez l'homme, c'est qu'il est *transition* et *perdition*. [...] J'aime ceux qui n'ont pas besoin de chercher par-delà les étoiles une raison de périr et de se sacrifier ; mais qui s'immolent à la Terre, afin que la Terre soit un jour l'empire du Surhumain. J'aime celui qui ne vit que pour savoir, et qui veut savoir afin de permettre un jour que le Surhumain vive. »

Tant de choses essentielles exprimées en quelques mots. D'abord, l'affirmation de notre animalité profonde, confirmée en un autre endroit par ces mots : « Vous avez fait le chemin qui va du ver à l'homme, et vous avez encore beaucoup du ver en vous. Jadis vous avez été singes, et même à présent l'homme est plus singe qu'aucun singe. Même le plus sage d'entre vous n'est encore qu'un être hybride et disparate, mi-plante, mi-fantôme. Vous ai-je dit de devenir fantômes ou plantes ? »

Ensuite, Nietzsche affirme l'idée darwinienne d'un humain en perpétuelle évolution, qui se libère de l'ancien pour créer de la nouveauté. Pour cela, nous devons prendre des risques. C'est justement parce que l'existence est courte et fragile qu'elle nous impose de nous mettre en danger. Si nous avions tout notre temps, nous pourrions nous laisser porter par les événements et attendre de voir ce qu'ils nous réservent. Au lieu de cela, la vie passe en un éclair. Par conséquent, nous n'avons pas le temps de le perdre. Une vie réussie se doit d'être l'affirmation permanente d'un idéal, libérée des contraintes de l'opinion et du confort. Cela implique de ne pas faire taire ses passions et d'explorer de nouveaux horizons.

Nietzsche explique dans sa parabole des trois métamorphoses de l'esprit comment ce dernier permet de créer des idées nouvelles. L'esprit se change successivement en chameau, puis en lion, et enfin en enfant. Pour faire court, on pourrait résumer les choses ainsi : le chameau apprend, endure, porte le fardeau de l'existence ; alors il se transforme en lion qui se bat pour s'imposer et quitter le troupeau ; enfin l'esprit retrouve l'innocence et la liberté de l'enfant débarrassé des préjugés et des contraintes sociales. Cela se vérifie tous les jours : les rebelles, les créateurs, les artistes, les novateurs, ont tous un côté enfantin, une part de gaminerie qui n'a pas voulu partir ou qui est revenue avec le temps. Notre monde crève d'un sérieux d'autant plus pathétique qu'il fait semblant de croire à la solennité qu'il s'est inventée. Nos institutions et nos règles sociales sont sclérosées par le manque de spontanéité et d'inventivité. Ce n'est pas un hasard si les politiques portent tous le même costume et disent tous la même chose, à quelques virgules près.

L'importance de l'enfance en nous est soulignée par un philosophe qui a bouleversé Nietzsche, Ralph Waldo Emerson, le mentor de Henry David Thoreau. Emerson, le chef du mouvement transcendantaliste américain, est un fils de pasteur élevé dans le respect des valeurs morales. Il a lui-même été marqué par les *Essais* de Montaigne – tout se tient. Emerson explique qu'il faut regarder la nature avec une âme d'enfant pour l'apprécier vraiment : « Celui qui aime la nature est celui dont les sensations, intérieures et extérieures, sont encore ajustées exactement les unes aux autres ; celui qui à l'heure de la maturité a gardé son âme d'enfant. » Puis, il dit en quoi nous devons nous inspirer de l'enfant qui émet des jugements sincères car il « ne s'encombre jamais des intérêts et des conséquences », tandis que l'adulte est « enfermé en prison par sa conscience ». En clair, l'adulte est mû par des contraintes sociales, la peur de déplaire, des calculs de carrière, etc. Emerson appelle donc au rejet de tout conformisme. Il faut oser aller contre la pensée dominante et affirmer ses propres convictions, celles que l'on craint de revendiquer par peur d'être moqué ou rejeté. Tout végétarien, végétalien ou défenseur des animaux qui lit ces lignes comprendra exactement ce qu'enseigne Emerson. *La Confiance en soi* est un texte splendide, idéal pour les jours de doute. Il nous invite à tirer le meilleur de nous-même en refusant l'influence de la collectivité, forcément castratrice. « Mettez l'accent sur ce que vous êtes ; n'imitez jamais ! [...] Où est celui qui aurait pu être le maître de Shakespeare ? Où est celui qui aurait pu former Franklin, ou Washington, ou Bacon, ou Newton ? Tout grand homme est unique. » La création de la nouveauté au mépris de la tradition révèle alors la part de divin que chaque humain possède en lui. Car si nous sommes capables d'inventer l'humanité, alors nous sommes Dieu.

Nietzsche ne dit pas autre chose quand il lance l'injonction à « l'immolation à la terre », pour y faire pousser le Surhumain. Il faut vivre du plus fort que l'on peut, ici même, sans se réfugier derrière l'espoir d'un monde transcendant. Zarathoustra est un messie qui n'annonce pas le salut dans l'au-delà, mais demande à chacun de se sauver lui-même, ici et maintenant. Lorsque le philosophe allemand écrit que Dieu est mort, il entend notamment par là dénoncer la représentation erronée d'un monde terrestre qui ne serait que la fenêtre vers un monde meilleur ou idéal. Pour Platon, le monde que nous percevons n'est qu'apparent, car nous sommes trompés par nos sens. En gros, chaque chose que l'on perçoit, mais aussi chaque sentiment, n'est que la représentation imparfaite de la chose réelle qui existe dans un autre monde, celui des Idées. Pour les catholiques et d'autres religions, autre version : la vraie vie commence au Paradis, et notre passage sur Terre ne sert qu'à y gagner notre place. Ces différentes conceptions dualistes présentent un défaut majeur : elles dénigrent le monde quotidien, celui auquel nous participons, qui ne serait qu'un monde préparatoire avant de passer aux choses sérieuses. Cela nous empêche de vivre pleinement. En réalité il n'y a qu'un monde, dont la vérité est insaisissable, et c'est le nôtre. La seule éternité est celle de notre vie. Dieu est mort, et nous prenons sa place. Individuellement mais aussi collectivement. C'est cela aussi, l'impératif Superman.

Superman vient du ciel, tel le Dieu omniscient et omnipotent. Or, comme nous l'avons vu, une fois sur Terre, il s'incarne dans la peau d'un banal humain. Puis, lorsque les circonstances l'exigent, il se révèle en se surpassant. Superman est donc chacun d'entre nous rendu conscient de ses responsabilités à améliorer l'humanité en allant au-delà de lui-même. Ce qui signifie que nous hébergeons tous en nous une possibilité de Dieu. Cette vision est d'autant plus pertinente aujourd'hui que nous parvenons à un moment de notre histoire où, pour la première fois, notre collectivité a acquis le pouvoir des dieux de la littérature : nous avons en effet maintenant le droit de vie et de mort sur la Terre et sur toutes les espèces qui l'habitent. Nous commençons également à avoir les moyens de contredire les injonctions de la nature en prolongeant la vie grâce à la fabrication d'organes de remplacement ou en faisant naître des enfants dans des circonstances non naturelles. Nous créons des intelligences artificielles de plus en plus perfectionnées qui deviendront sans doute bientôt les égales de l'homme, la conscience en moins. Nous sommes donc désormais des marionnettistes semblables aux entités divines de l'Antiquité.

L'exigence d'une élévation personnelle est également un élément clef de la pensée de Tolstoï. Le perfectionnement moral est l'exigence supérieure car « l'homme ne peut améliorer qu'une seule chose qui est en son pouvoir : lui-même ».

Nous devons donc nous élever nous-même et, comme le soutient Nietzsche, vivre de telle sorte qu'au moment de mourir nous serions prêts à revivre toute notre vie à l'identique. C'est la célèbre théorie de l'Éternel retour. « L'homme qui a su accomplir son destin meurt en vainqueur », écrit-il.

Le vrai drame de l'existence serait de la quitter sans avoir été capable d'y naître vraiment. Car la vie telle qu'elle nous est donnée le jour du premier cri n'est pas la vie. Il s'agit simplement d'une opportunité qui autorise la possibilité de vivre. L'enjeu consiste alors, pendant les décennies qui suivent, à justifier le bien-fondé du hasard qui a choisi de faire de nous l'un des témoins conscients de l'univers. Seul cet effort peut nous extirper de notre condition initiale, quasi minérale. L'impératif Superman, c'est cette nécessité de donner un sens à notre existence en éveillant le héros qui sommeille en chacun de nous. Ce héros, c'est celui qui va chercher à se surpasser, à être un humain meilleur, et ainsi inventer l'humanité de demain. C'est un héros qui se met en danger car il a compris qu'on perd sa vie à ne pas la risquer.

Pour une écologie essentielle

Pourquoi le vrai but de l'écologie est de sortir l'homme de la nature

Contrairement à l'idée généralement répandue, les progrès techniques ne nous « civilisent » pas et la révolution industrielle ne nous a pas sortis de la nature. En effet, la technique est une maîtrise des lois naturelles qu'elle reproduit en leur assignant une finalité à notre avantage. Une avancée technique n'est qu'une expression dirigée des règles qui régissent la matière : chaque invention est la mise en pratique des lois de la gravité, de l'électromagnétique, de la chimie, ou encore de la physique quantique, qui sont des lois que nous n'avons pas décidées et que nous ne pouvons contrarier. L'or a certaines propriétés, tout comme l'eau ou le plomb, et les électrons réagissent d'une certaine manière. On ne peut transformer le sable en or, ni enflammer l'eau, ni demander aux électrons de faire ce que leurs propriétés leur interdisent. Il faut imaginer les choses ainsi : nous avons initialement été largués dans un grand jeu dont nous ne connaissions pas les règles. La technique n'est que la découverte et l'application des règles cachées de ce jeu auquel nous participons. Le verre ou le ciment ? La mise en pratique des propriétés du dioxyde de silicium du sable. Le papier ? La mise en pratique des propriétés de la cellulose des fibres du bois. L'acier ? La mise en pratique de propriétés du minerai de fer. Une fusée, une centrale nucléaire, un avion, ou un immeuble, ne sont que des réalisations « naturelles » puisqu'elles mettent en pratique les lois de la physique et de la chimie qui sont les lois de la nature. Ce sont ces lois qui dirigent l'univers. Chaque invention n'est que l'expression en acte d'une chose qui existait en puissance dans la nature. Le feu était caché dans les silex, il fallait juste savoir comment l'en faire sortir.

Notre intérêt réside dans l'observation minutieuse des phénomènes naturels et dans la compréhension des mécanismes de survie mis en place par les différentes formes de vie. La pénicilline est une molécule fabriquée par des champignons en réponse aux attaques des bactéries. Nous n'avons donc pas « inventé » la pénicilline à la manière d'un démiurge, nous avons seulement pris le temps de fouiller, d'observer puis de reproduire. L'histoire de la « découverte » de la pénicilline par Alexander Fleming est d'ailleurs émaillée de coups du hasard et l'on peut considérer que la nature nous a spontanément mis sur la voie de l'un de ses secrets. En apprenant l'existence et le fonctionnement des antibiotiques, c'est-à-dire ces substances produites par des micro-organismes pour contrer d'autres micro-organismes, nous avons réussi à prolonger la durée moyenne de la vie humaine d'une dizaine d'années. Nous avons simplement réussi à comprendre l'une des règles du jeu. Autre cas de figure, la pervenche de Madagascar est une plante dont on tire la vincristine, une substance utilisée pour combattre la leucémie, ainsi que la vinblastine, employée contre la maladie de Hodgkin. Les végétaux ont beaucoup à nous apprendre car, en plusieurs millions d'années d'évolution, ils ont développé de nombreuses solutions chimiques pour lutter contre les microbes tels que les bactéries et les champignons mais aussi pour se protéger des insectes et des herbivores.

La technique, au sens étendu du terme, ne nous sort donc pas de la nature, mais nous plonge au contraire en son sein puisqu'elle nous oblige à en découvrir tous les mystères et toutes les lois, afin de les détourner à notre bénéfice. Comme une chasse au trésor à laquelle nous serions conviés, la nature a caché en elle une infinité de possibilités que nous avons à peine commencé à comprendre. Mais c'est elle qui fixe les règles. Le changement climatique ou les catastrophes nucléaires nous rappellent d'ailleurs qu'à la fin, c'est toujours la nature qui l'emporte car ce sont ses lois immuables qui prennent le dessus et que si nous tentons de les outrepasser, on perd. L'expérience est remplie de suspense car nous ignorons jusqu'où nous pouvons aller. Quelles potentialités recèlent les éléments chimiques à notre disposition et les lois qui commandent leurs relations ? Nous permettront-ils un jour de nous installer sur une autre planète ? De vivre cinq cents ans ? De voyager dans le temps ? De nous télétransporter ? De transposer un esprit dans un autre corps ou sur un circuit informatique ? Malgré leur dimension extraordinaire, aucune de ces possibilités ne contribue à nous extirper de notre état de sauvagerie et d'incivilisation. Car la bombe atomique n'est jamais que la version améliorée de la lance du sauvage qui vit au milieu de la brousse. Le civilisé n'est pas celui qui sort de cette brousse, mais celui qui décide de ne pas utiliser la lance.

Cette vision peut surprendre, tant il est répété que nous nous sommes affranchis de la nature depuis la révolution industrielle. En réalité, il s'agit là d'une illusion narcissique. Nous martyrisons la nature depuis des siècles, nous ne l'avons pas pour autant quittée.

La nature n'est pas un cadre parfait qui serait intrinsèquement bon, magnanime et généreux. Sa réalité est souvent cruelle. Pour preuve, la quasi-totalité des espèces qui sont un jour apparues sur Terre ont disparu. La planète a déjà connu cinq extinctions de masse. Mais la nature révèle surtout sa cruauté au quotidien, dans l'araignée qui piège le moucheron, le lion qui égorge la gazelle, ou l'orque qui s'acharne sur le phoque. Comme l'explique Albert Schweitzer, « la nature ne connaît aucun respect pour la vie. Elle engendre de la vie par milliers sur le mode le plus sensé, et la détruit sur le mode le plus insensé. [...] La grande volonté de vivre qui conserve la nature se trouve en énigmatique dissociation avec elle-même. Les êtres vivent au détriment de la vie d'autres êtres. La nature les laisse perpétrer les pires horreurs. »

Même si la nature nous fournit nos moyens de subsistance, nous luttons souvent *contre* elle pour survivre. Elle nous oblige à combattre la faim, le froid, la maladie ou les prédateurs. Elle nous agresse autant, sinon plus, qu'elle nous berce. Lorsque la peste noire tue près de la moitié de la population européenne au XIVᵉ siècle, soit 25 millions de personnes, elle est bien une expression de la nature. Les virus (rougeole, grippe, varicelle, sida...) ou certaines bactéries sont aussi des ennemis contre lesquels nous devons nous défendre.

Il est donc injuste de reprocher à l'humain de se servir de la nature à son bénéfice et de lutter contre sa logique de mort. Toutes les espèces le font. Lorsqu'un castor construit un barrage, il agit sur la nature comme nous pouvons le faire avec nos constructions (sauf, évidemment, que les barrages des castors enrichissent l'écosystème, contrairement à la plupart de nos réalisations). Lorsqu'un ours polaire se nourrit de phoques, il se sert bien lui aussi de la nature. Et ce n'est ni bien ni mal. C'est comme ça, c'est tout. L'ours n'a aucune intention particulière de protéger son environnement, il n'y pense même pas, il ne se demande pas si le phoque est une espèce menacée. Et il n'y a aucune raison de lui en vouloir, puisqu'il agit lui-même selon les principes de la nature qui lui ordonne de se nourrir de cette manière. Le fait que l'homme se serve de la nature à son bénéfice ne peut donc pas lui être reproché en soi, puisque c'est le principe même de la vie, qui se nourrit de la vie. Notre particularité réside dans nos capacités cognitives qui nous permettent de pousser le processus d'utilisation de la nature à un niveau tel qu'il engendre des destructions extrêmes. L'utilisation devient de l'exploitation. En tout cas, pour toutes ces raisons, les technologies ne nous affranchissent pas de la nature mais nous maintiennent sous son joug.

Que possédons-nous, en revanche, qui ne se rencontre pas dans cette nature dévoreuse de vie ? La morale.

Car la nature est cruelle mais elle n'est ni bonne ni mauvaise, ni gentille ni méchante, elle ne connaît ni le bien ni le mal. Elle n'accomplit aucun dessein moral. Elle est, tout simplement. C'est pourquoi seule l'éthique, qui est une création récente de la conscience, nous distingue de la nature. Le géographe anarchiste Élisée Reclus ne disait pas autre chose lorsqu'il affirmait il y a plus d'un siècle : « L'homme est la nature prenant conscience d'elle-même. » Nous incarnons donc cette conscience absente de la nature, la moralité qui extirpe de la sauvagerie.

Tant que nous restons dans la notion de combat *contre* les éléments de notre environnement, nous ne dépassons pas le stade d'entités vivantes primaires, insouciantes de la douleur qu'elles engendrent lorsqu'elles cherchent simplement à maintenir et à développer leur existence. L'industrialisation et la technique, tout comme la médecine, ne font que prolonger la lutte basique de nos ancêtres australopithèques pour la survie. En revanche, dès lors que nous commençons à avoir des interrogations métaphysiques à propos du vivant, dès que nous nous questionnons sur les conséquences de nos actes, alors seulement nous nous extirpons de l'état de nature, puisque nous expérimentons ce que les principes naturels sont incapables de produire par eux-mêmes : la pitié, la compassion, le sens de la justice. L'homme civilisé n'est pas celui qui a inventé la machine à vapeur, il est celui qui a élaboré les Droits de l'homme. « En tant qu'animal l'homme est violent, mais en tant qu'Esprit, il est non violent, écrit Gandhi. Dès qu'il s'éveille aux exigences de l'Esprit qui demeure en lui, il lui est impossible de rester violent : ou bien il évolue dans le sens de l'*ahimsa*, ou bien il court à sa perte. »

Telles sont les deux forces, apparemment contradictoires mais en réalité complémentaires, qui portent l'antispécisme et l'*écologie essentielle* [1] :

---

1. Nous verrons un peu plus loin ce que désignent exactement ces mots.

– Dans un premier mouvement, l'être humain réintègre la nature en assumant sa parenté avec toutes les autres espèces animales et végétales. Il en déduit une nouvelle approche qui repose sur le respect de la vie.

– Dans un second mouvement, l'être humain sort de l'état sauvage en s'affranchissant des possibilités les plus cruelles que lui offre la nature. Et alors seulement il parvient à infléchir les règles de la nature en proposant sa propre contribution : une nature influencée par les possibilités morales de l'esprit, et non plus régentée par de simples règles organiques et des instincts prédateurs.

On pourrait donc parler de *paradoxe salutaire de l'écologie essentielle* :

L'éthique nous sort de la nature.
Or l'écologie essentielle est une éthique.
Donc l'écologie essentielle nous sort de la nature.

Mais si nous sortons de la nature, c'est pour mieux en prendre soin, comme un adulte quitte l'enfance pour s'occuper de ses propres enfants. Le philosophe allemand Peter Sloterdijk confirme cette vision lorsqu'il nous invite à une relation réinventée, plus mature, avec la nature et les animaux : « Les hommes deviennent adultes lorsque, dans la relation avec leurs semblables, ils cessent de prendre constamment la position de l'exploiteur et du mineur. S'ils veulent devenir adultes, il faut qu'ils assument le rôle de tuteurs, à l'égard des enfants et des faibles dans le groupe humain. Aujourd'hui, nous savons mieux que l'utopie de l'homme adulte regroupe aussi la relation avec les animaux qui, en tant que produit d'approvisionnement de la culture humaine, dépend d'une cohabitation avec nous. [...] Ce qui est en jeu aujourd'hui, dans le processus de la civilisation homme-animal, c'est la passion du devenir-adulte et l'aventure de la tutelle sur la vie dépendante.

Être adulte, cela signifie vouloir devenir dépendant de ce qui dépend de nous. » Pour résumer en une formule simple, on peut affirmer que *l'humanité mature est une humanité de la nature.*

Tous écolos

L'une des réussites de l'écologie politique est d'être parvenue en quarante ans à s'imposer comme une préoccupation légitime aux yeux de tous. Aucun responsable politique, quelle que soit sa formation, n'oserait plus dire publiquement que l'écologie est une ineptie et qu'il se moque comme de sa première chaussette de l'environnement. C'est même tout à fait le contraire : officiellement, tous les politiciens sont écolos. Ils trient leurs déchets, ils adorent le vélo, ils aiment les arbres et les animaux, et ils veulent tous lutter contre la pollution. Il n'est pas rare toutefois que le vernis craque. L'environnement, « ça commence à bien faire », avait ainsi lancé Nicolas Sarkozy au Salon de l'agriculture en 2010, après s'être pourtant présenté au début de son quinquennat comme le nouveau grand défenseur de la nature, exhortant au « New Deal écologique ». Mais, si l'on fait fi de ce genre d'excès de sincérité plutôt maladroit, il faut reconnaître que désormais tout responsable politique se doit d'afficher une préoccupation pour les enjeux écologiques. Cela pose donc un problème immédiatement identifiable : si tous les partis politiques affirment être écolos, cela signifie-t-il que l'écologie est apolitique ? C'est en tout cas ce que beaucoup aimeraient laisser croire. *L'écologie ne doit pas appartenir à un parti, elle est l'affaire de tous !* entend-on régulièrement. Ou, plus souvent encore : *L'écologie n'est ni de droite, ni de gauche.* Nicolas Hulot, le plus populaire des écologistes actuels, qui fut pendant trois ans envoyé spécial du président Hollande pour la protection de la planète, entretient d'ailleurs cette idée d'une écologie « neutre » qui n'appartiendrait à aucun camp. Un positionnement bien singulier qu'il peine à justifier : « Mes idées appartiennent historiquement à la gauche, c'est vrai. Mais il est absolument impératif de les sortir d'une idéologie, parce qu'il n'y a plus besoin d'être de gauche pour les porter aujourd'hui. Je veux que chacun comprenne que nous sommes condamnés à évoluer. Ceci n'est pas "de gauche", c'est du simple bon sens. Et ce bon sens, ce serait faire injure aux familles de droite que de penser qu'ils sont incapables de le partager. »

Ces propos expriment une erreur d'analyse ou, du moins, un positionnement beaucoup plus stratégique qu'il n'y paraît. En refusant d'être identifié à une famille politique, Nicolas Hulot adopte la posture enviée du sage qui domine l'assemblée. En laissant théoriquement ouverte la possibilité d'un rassemblement national autour d'un combat pouvant être partagé par toutes les bonnes volontés, d'où qu'elles viennent et d'où qu'elles votent, Hulot suscite l'enthousiasme général, même et surtout de la part de ceux qui n'ont pas l'intention de bouger le petit doigt. Hors de question de mettre en cause la sincérité de Nicolas Hulot : il pense que cette stratégie est la meilleure pour favoriser la progression des idées qu'il défend. Malheureusement, en adoptant ce positionnement, Nicolas Hulot prive l'écologie de son identité véritable et de sa force révolutionnaire. Sans qu'il s'en rende compte, et malgré les efforts indiscutables qu'il déploie, Nicolas Hulot entérine le modèle d'une *écologie molle* dont les résultats ne pourront jamais demeurer qu'anecdotiques. En suggérant que toutes les idéologies politiques sont compatibles avec les impératifs de l'écologie, il se pose en accompagnateur d'un modèle libéral dominant (qu'il a par ailleurs la lucidité de dénoncer) qui acceptera des adaptations marginales dont il se servira comme autant d'écrans de fumée et gages de bonne conduite. Nicolas Hulot s'enferme même dans l'aveuglement lorsqu'il explique : « L'enjeu que je porte, et que nous sommes nombreux à porter, est suprapolitique [sic]. Et pour moi, il n'y a pas un protocole de gauche ou un protocole de droite. Et je pense que nous avons besoin de nous rassembler au-delà des clivages. » « Suprapolitique ? » Littéralement, donc, « au-dessus de la politique ». Hulot voudrait donc faire de la politique sans en faire, en représentant une écologie qui ne veut froisser personne. Bref, il marche sur la pointe des pieds quand il faudrait taper du poing sur la table.

Les représentants de l'écologie politique française se déchirent pour leur part depuis longtemps sur le positionnement à adopter. À gauche ? À gauche toute ? Au centre ? La tendance majoritaire est celle d'une écologie d'accompagnement du système capitaliste le plus dur. De rupture il n'est pas question. À tel point que les écolos français ont accepté en 2012 d'entrer dans un gouvernement pro-nucléaire, qui construit des aéroports inutiles ou qui vire une ministre opposée aux forages pétroliers dans une zone où la biodiversité est menacée[1]. Pourtant la secrétaire nationale d'Europe Écologie-Les Verts avait martelé l'année précédente qu'elle ne pourrait parvenir à un accord avec François Hollande si celui-ci ne s'engageait pas sur la sortie du nucléaire et sur l'arrêt de la construction de l'EPR de Flamanville. Hollande a dit non à ces deux demandes. Mais, quelques mois plus tard, Cécile Duflot s'est jetée sur le poste de ministre qu'on lui proposait. Début 2016, rebelote, trois « écolos » entrent au gouvernement. Parmi eux... la nouvelle secrétaire nationale d'Europe Écologie-Les Verts, Emmanuelle Cosse, qui avait fustigé, au cours des mois passés, la politique du gouvernement

1. En juin 2012, Nicole Bricq avait été évincée de son poste de ministre de l'Écologie, punie pour avoir suspendu les forages exploratoires d'hydrocarbures prévus par Shell au large de la Guyane, afin de protéger la faune marine

sur à peu près tous les plans (écologie, immigration, économie...). A-t-elle négocié une mise en œuvre de certaines revendications écologistes avant de rejoindre François Hollande et Manuel Valls ? Que nenni. Pour tenter de justifier son sublime retournement de veste, rien de tel qu'une formule creuse : elle s'affirme en faveur de l'« écologie en action » qui selon elle implique donc d'aller ne rien actionner dans un ministère. Il eût été plus honnête de sa part de revendiquer « l'écologie de la nomination. » Parmi ces mêmes écolos français, certains n'hésitent pas à dire tout le bien qu'ils pensent de la corrida ou du foie gras. À de trop rares exceptions, jamais on ne les entend remettre en cause l'industrie de la viande ou évoquer la question des droits des animaux. Dans un autre genre, une autre défenseuse revendiquée de l'environnement, Maud Fontenoy, milite au nom du parti Les Républicains pour le nucléaire, les gaz de schiste et les OGM. Pourquoi ne pas être favorable aux marées noires, pendant qu'on y est ?

Il est d'autant plus facile de croire à la neutralité politique de l'écologie que, selon le prisme appliqué, et avec une bonne dose de mauvaise foi, il est possible de faire pencher l'écologie de l'extrême gauche à l'extrême droite. Cela s'explique en partie par la diversité des contributions liées à la nature depuis un siècle. Chacune d'entre elles ne peut se comprendre que dans son contexte historique particulier. Et toutes n'évoquent pas forcément l'écologie. Dire « j'aime la nature » ne fait pas de vous un écologiste, comme dire « j'aime les animaux » ne fait pas de vous un antispéciste.

Ce magma en fusion a néanmoins débouché sur l'élaboration d'un matériau cohérent qui permet de comprendre ce qu'est une écologie du XXIᵉ siècle, moderne et néanmoins héritière des fondamentaux qui lui ont permis de voir le jour. Quiconque analyse avec sérieux les racines de l'écologie est obligé de reconnaître que cette discipline, qui est aujourd'hui une idéologie, n'est pas compatible avec tous les programmes politiques. Loin de là.

L'écologie est-elle une nostalgie ?

L'écologie ne peut pas être réactionnaire

En raison de sa méfiance à l'égard d'une expression prédatrice du progrès, en raison également de son souhait de préserver la nature, l'écologie est parfois présentée comme une pensée conservatrice. La faute, sans doute aussi, à une confusion sémantique. « Préserver l'environnement » devient « conservation de l'environnement », qui devient « conservatisme ». « Nature » devient « naturel », qui devient « ordre naturel », qui devient « ordre », qui devient « immobilisme ». Il est vrai également que les premières associations qui se sont souciées d'environnement, il y a un siècle, se préoccupaient uniquement de la préservation des paysages et du patrimoine. Leur écologisme peut être qualifié de réactionnaire, puisqu'il visait à sauvegarder une nature envisagée comme un cadre porteur de l'histoire de l'homme, et à la figer dans un immobilisme rassurant.

Mais l'écologie n'est ni une nostalgie, ni une ode à la tradition, ni un appel au surplace. Elle est au contraire un grand mouvement de réflexion qui interroge nos certitudes, nos habitudes, nos a priori, et qui ne peut aboutir à un retour en arrière. L'écologie ne dénonce ni la compréhension ni la maîtrise de la nature, mais simplement l'utilisation de la technologie et de l'industrie lorsque ces dernières sont au service exclusif d'une espèce humaine spoliatrice et vorace, indifférente aux maux qu'elle occasionne. Les capacités de maîtriser l'énergie, de faire voler des fusées, de créer des ordinateurs ou de procéder à des modifications génétiques sont des avancées techniques qui n'engendrent pas nécessairement, sur le long terme, un progrès pour l'humanité. La communauté humaine ne progresse que lorsque les normes morales qui la régissent s'élèvent. L'un des tout premiers écologistes, le géographe anarchiste Élisée Reclus, a théorisé au XIXᵉ siècle l'opposition entre *progrès* et *régrès*. Il proposait cette définition que je partage : « [...] Prendre définitivement conscience de notre humanité solidaire, faisant corps avec la planète elle-même, embrasser du regard nos origines, notre présent, notre but rapproché, notre idéal lointain, c'est en cela que consiste le progrès. »

Pour être appelée *progrès*, une avancée technique doit répondre à plusieurs critères : rendre meilleur le quotidien de tous, avoir un impact négatif limité sur l'environnement, n'engendrer aucune souffrance (le moins possible en tout cas) et enfin, donc, favoriser l'élévation morale de l'humanité ou au moins ne pas lui nuire. L'écologie exige que les avancées techniques ne remplacent pas la servitude à l'égard de la nature par une nouvelle servitude engendrée par nos modes de production et de consommation. Elle prône une technologie qui libère l'individu, et non pas qui l'asservisse.

Internet fournit l'exemple d'une invention bénéfique pour l'homme et la nature : non seulement il offre à chacun la possibilité d'une connaissance infinie, mais surtout il relie tous les êtres humains entre eux et permet à l'humanité de retrouver son unité. Internet est le médicament technique d'un chagrin qui a égaré notre espèce : celui de séparations multiples provoquées par la faim, le froid, les montagnes, les fleuves, les mers. Tous les enfants de la famille étaient partis en voyage d'affaires il y a plusieurs dizaines de milliers d'années. Ils se retrouvent enfin. Élisée Reclus avait prédit en son temps cette unité recouvrée. C'est pourquoi il ne rejetait pas la technique qui y contribue, dès lors qu'elle est employée avec moralité : « Certainement il faut que l'homme s'empare de la surface de la Terre et sache en utiliser les forces ; cependant on ne peut s'empêcher de regretter la brutalité avec laquelle s'accomplit cette prise de possession. »

De la même manière, sur le plan sociétal, l'écologie ne peut être qu'un progressisme, puisqu'elle revendique l'épanouissement personnel et la réalisation de soi. C'est la raison pour laquelle elle est du côté des discriminés afin que leurs droits soient pleinement reconnus : les femmes, les homosexuels, les immigrés... Une société écologique est une société multiple qui permet à tous de se développer dans le respect des différences, à condition évidemment que chaque membre de la communauté respecte les règles de vie indispensables à la cohabitation.

Quel contresens que d'imaginer que le respect de la nature saurait justifier une revendication au conservatisme. C'est tout le contraire ! Car la nature nous enseigne que la vie n'est que mouvement. L'univers s'étire en permanence, les planètes bougent, tout comme les mers, les vents, et même les électrons... Et surtout, les espèces végétales et animales sont en constante mutation. L'humain que nous sommes aujourd'hui n'est pas le modèle figé de l'humain arrivé au sommet de son évolution, après les étapes que furent les *Homo habilis, ergaster, erectus* ou Néandertal. Nous ne sommes qu'une étape supplémentaire : il y aura quelque chose après le *sapiens sapiens*. Les lois biologiques sont des lois du mouvement et de l'évolution. Ce qui est immobile, dans la nature, est décédé ou n'a jamais vécu (sauf à considérer qu'une pierre est en vie, mais c'est une discussion que je n'entamerai pas ici). L'écologie ne peut donc en aucun cas, contrairement aux forces réactionnaires et conservatrices, se réfugier dans un passé arbitrairement arrêté à une heure donnée qui incarnerait le référent du « c'était mieux avant ». En dénonçant la faillite de nos systèmes économique, éducatif, culturel et moral, l'écologie ne milite pas pour un retour vers hier. Bien au contraire, elle veut briser les modèles dépassés pour en inventer de nouveaux, comme le proposait déjà il y a près de deux siècles Ralph Waldo Emerson : « Notre époque est tournée vers le passé », écrit-il pour ouvrir son essai *Nature*. Et il poursuit : « Elle construit les tombeaux de nos ancêtres. Elle écrit des biographies, des critiques, et l'histoire du passé. [...] Pourquoi n'aurions-nous pas une poésie et une philosophie fondées sur l'intuition et non sur la tradition [...] ? »

Darwin ne prédit-il d'ailleurs pas la mort des conservateurs et des réacs lorsqu'il affirme : « Les espèces qui survivent ne sont pas les espèces les plus fortes ni les plus intelligentes, mais celles qui s'adaptent le mieux aux changements » ? ☺

Blague à part, il est certain que les actuels idéologues du renfermement égoïste sur hier (*ma* tradition, *mes* frontières, *ma* culture, *ma* religion comme référents ultimes) seront laminés demain. Ils gagneront des victoires électorales dans les années qui viennent. Mais ils seront balayés un peu plus tard, dans quelques décennies ou même avant. Le mouvement qu'ils tentent de freiner repartira de plus belle. L'humanité continuera à s'inventer pour accoucher d'un nouvel *Homo*. Les conservateurs et réactionnaires d'aujourd'hui seront vaincus par le mouvement naturel de l'évolution. Leurs noms et leurs idées seront bientôt oubliés. Dans quelques siècles, des chercheurs se pencheront sur des passages du *Suicide français* avec le même effarement que celui que nous pouvons éprouver aujourd'hui devant les récits de procès faits par des tribunaux civils ou ecclésiastiques au Moyen Âge à des chenilles, mulots ou autres cochons.

Les notions de « retour à la terre » ou de sacralisation de la « Mère nature » sous-tendent des discours qui vantent le paysan d'autrefois, présenté comme un sage qui détenait les clefs de relations équilibrées avec les animaux, les arbres et les plantes. Cette vision présente deux défauts majeurs. Elle néglige le fait que l'agriculteur d'hier considérait lui aussi la nature comme une matière à exploiter le plus efficacement possible. Bien sûr, je préfère mille fois cet artisan de la nature, qui se passait d'intrants chimiques et d'antibiotiques, aux exploitations industrielles qui dominent désormais l'organisation de la vie agricole. Mais n'oublions pas que même le petit éleveur d'après-guerre, dans sa ferme familiale, considérait comme absolument légitime le fait de tirer le plus de profit possible de la terre et d'élever des animaux pour les égorger. D'ailleurs, dès le xixᵉ siècle, bien avant le développement de l'industrie agroalimentaire, Élisée Reclus avait battu en brèche l'idéalisation de l'agriculteur forcément protecteur de la nature : « [...] Il arrive souvent que l'agriculteur, pauvre en science comme en amour de la nature, se trompe dans ses calculs et cause sa propre ruine par les modifications qu'il introduit sans le savoir dans les climats. »

En outre, la référence à la terre dévie facilement vers une pensée qui mêle sol, territoire, frontières, identité, et finalement immigration. L'extrême droite aime cette terre-là, vue comme le symbole d'un territoire clos où la culture ensemencée est une culture nationale qui ne tolère aucune intrusion extérieure. Cela n'a rien à voir avec la terre que protège l'écologie qui est une terre ouverte, partagée, défendue de toute tentative d'appropriation – la terre comme bien commun, collectif, universel. Il ne suffit pas de vanter les circuits courts et les petites exploitations pour se revendiquer de l'écologie. La droite réactionnaire se nourrit des différences et des divisions entre les hommes en créant des hiérarchies en fonction des origines géographiques et des cultures ; la pensée écologique fait exactement le contraire en insistant sur tout ce qui crée l'unité de l'espèce humaine.

Respecter le vivant, jusqu'où ?

Ne nous méprenons pas non plus sur l'appel au respect du vivant. Il n'a bien sûr aucun rapport avec les mouvements traditionalistes sectaires opposés à la contraception et à l'avortement. Sous prétexte qu'il faudrait laisser faire « l'ordre naturel des choses », on s'interdirait d'intervenir dans tout processus qui régit la vie ? Non, évidemment, cela n'a aucun sens et ne correspond en rien à l'écologie. Il existe, je le concède, une zone floue qui peut prêter à confusion, et qui amène José Bové à expliquer qu'il est opposé à toute forme de procréation médicalement assistée (PMA), que ce soit pour les hétérosexuels ou les homosexuels, en justifiant ainsi sa position : « *Tout ce qui fait aujourd'hui qu'on va fabriquer le vivant, plutôt que le laisser se développer, ça pose énormément de problèmes et de contraintes humaines et éthiques. Je crois que tout ce qui est manipulation sur le vivant, qu'il soit végétal, animal et encore plus humain, doit être combattu.* » Cette vision des choses me semble problématique. Si toute manipulation du vivant est néfaste, alors il faut renoncer à la fécondation in vitro et à l'insémination artificielle.

Le « droit à l'enfant » est certes une question philosophique passionnante qui contient en elle-même sa propre contradiction. En effet, l'opinion générale considère comme normal que la science aide un couple hétérosexuel à avoir un enfant si la nature le lui refuse. Sauf que cette même opinion générale est également choquée si une femme ménopausée, d'une soixantaine d'années, a recours à une FIV et à un don d'ovocytes pour tomber enceinte : la mère, jugée trop vieille, est accusée d'avoir voulu assouvir un désir *contre-nature* dans la mesure où la ménopause est passée par là. La réaction différenciée à l'égard de ces deux cas prouve qu'il y aurait donc une loi de la nature que l'on doit combattre (la nature a décidé que tel jeune couple ne pourrait pas procréer ensemble), et une autre que l'on devrait respecter (la nature a décidé qu'à partir d'un certain âge, une femme ne peut plus avoir d'enfants). Cela est pour le moins troublant. L'explication tient au fait que dans le premier cas (celui du jeune couple stérile), le processus naturel prévoit qu'un homme et une femme en pleine force de l'âge peuvent théoriquement procréer s'ils s'accouplent. L'infertilité est perçue comme une anomalie et donc, justement, un manquement à la loi naturelle. L'assistance médicale servirait en ce sens à corriger une erreur, une sorte de bug, dans les mécanismes innés de la vie. L'intervention humaine n'aurait pour but que de perfectionner la nature en suivant ses règles fondamentales. Pourquoi pas ? Mais on peut également considérer les choses autrement et estimer que les ratés sont une part intrinsèque des lois de la nature, et qu'en conséquence le vrai respect de l'ordre des choses implique de ne pas favoriser des grossesses que la nature refuse. C'est exactement le réflexe qui touche la majorité des gens qui s'offusquent de voir une femme de soixante-cinq ans tomber enceinte grâce à un don d'ovocytes.

Je tiens sur ce point à être clair : je suis personnellement favorable à l'insémination artificielle, à la fécondation in vitro et même aux mères porteuses (dans un cadre strict toutefois). Je me contente de poser ici les bases d'une réflexion qui me semble essentielle, tant la problématique du droit à l'enfant soulève de questions. Est-il plus logique d'« accorder » un enfant à un jeune couple hétérosexuel qu'à une femme seule, un couple homosexuel ou une femme ménopausée ? Tout le monde a-t-il le droit de réclamer son « propre » enfant alors que la nature s'y oppose ? Au nom de quoi ? Et, dans ce cas, jusqu'où doit-on aller pour faire respecter ce droit ? Ces interrogations nécessaires permettent de comprendre la complexité indéniable du sujet.

Les craintes liées aux biotechnologies sont on ne peut plus légitimes. Dans le même temps, s'opposer au principe même d'une manipulation sur le vivant mène à l'impasse : cela revient à s'attaquer à l'idée même de la médecine, et de la médecine génétique notamment, dont l'objet est de contrecarrer l'expression hostile de la nature qui inflige maladies et infirmités. Combattre des cellules cancéreuses, c'est manipuler du vivant. Une simple bouture, en agriculture, est une manipulation du vivant. Ce n'est pas la manipulation en elle-même qui pose problème, mais bien plutôt les objectifs et le cadre de cette manipulation, et toutes les dérives imaginables. Les OGM en sont une parfaite illustration. Ils sont problématiques car on ignore pour l'instant leurs conséquences précises sur la santé. Aux États-Unis, où leur production est autorisée, les OGM concernent aujourd'hui 90 % des surfaces de production de maïs et de soja. Mais aussi bien la luzerne, le colza, la betterave à sucre, les pommes de terre ou les courgettes peuvent être génétiquement modifiés.

L'Organisation mondiale de la santé rappelle que les OGM ne peuvent pas être évalués dans leur ensemble mais au cas par cas, et se veut rassurante en précisant que les organismes génétiquement modifiés « qui sont actuellement sur les marchés internationaux ont passé avec succès des évaluations du risque, et il est improbable qu'ils présentent un quelconque risque pour la santé humaine. De plus, on n'a jamais pu montrer que leur consommation par le grand public dans les pays où ils ont été homologués ait eu un quelconque effet sur la santé humaine. » Mais, en janvier 2016, une étude du Criigen (Centre de recherche et d'information indépendantes sur le génie génétique) a démontré la nocivité du maïs modifié Bt176 sur le bétail. Celui-ci contenait un insecticide et un gène de résistance à un antibiotique. En 2012, une autre étude du Criigen menée sur des rats par l'équipe du professeur Gilles-Éric Séralini a alerté l'opinion. Elle révèle le développement de tumeurs grosses comme des balles de ping-pong et la mort prématurée des animaux suite à la consommation d'un maïs modifié produit par Monsanto, le NK 603, à l'aide de l'herbicide Roundup. Un résultat particulièrement inquiétant quand on songe au soja transgénique cultivé en Amérique du Nord et du Sud, à destination de la

Chine et de l'Europe, où il sert à nourrir le bétail dans l'élevage intensif. Le moins que l'on puisse dire, c'est que le glyphosate, l'herbicide le plus vendu au monde, utilisé avec les OGM, sème le trouble. Le glyphosate est très employé dans l'agriculture en Europe. On en trouve des traces un peu partout dans l'environnement, même dans le corps humain. Or le Centre international de recherche sur le cancer (CIRC), qui dépend de l'Organisation mondiale de la santé (OMS) l'a carrément classé comme cancérogène « probable pour l'homme » et a estimé qu'il peut endommager l'ADN. Mais une instance européenne, l'Autorité européenne de sécurité des aliments (EFSA), a jugé en novembre 2015 « improbable » ce risque cancérogène, conclusion contestée par de nombreux scientifiques. En tout cas, dans les pays où les cultures OGM sont traitées au glyphosate, les experts relèvent des taux de cancers, de malformations ou d'avortements spontanés anormalement élevés près des zones cultivées. En Colombie, par exemple, où ce produit a longtemps été utilisé pour détruire les cultures de coca, les experts affirment avoir constaté une augmentation des maladies et des avortements dans les zones visées par les fumigations. Par ailleurs des agriculteurs ont fait le lien entre ce produit et des crises de diarrhées chez les animaux qui l'ingèrent.

Il semble insensé de recourir à la modification génétique des aliments pour qu'ils développent leur propre insecticide. Quelle hérésie. Mais s'il est démontré de manière certaine qu'il existe certains types d'OGM qui n'entraînent aucun effet indésirable sur l'organisme humain, voire qui peuvent bénéficier à la santé, faut-il les repousser par principe ? Aux États-Unis, le groupe J.R. Simplot a fabriqué une pomme de terre appelée Innate dont l'une des vertus serait d'éliminer l'acrylamide, une substance prétendument cancérogène lorsque la pomme de terre est cuite à très haute température. Simple stratégie de com' ou réel progrès ? Les agriculteurs, même les plus conservateurs, savent bien qu'ils sont les premiers à manipuler le vivant : les races d'animaux utilisées dans l'agriculture sont des races artificielles créées par le biais de sélections génétiques.

Que penser par ailleurs des manipulations génétiques de l'embryon, dans le but d'éradiquer une maladie dont sera à coup sûr atteint l'enfant ? Aujourd'hui on dénombre des millers de maladies génétiques. Faut-il par principe se passer de toute expérimentation sur le génome ? L'embryon est un individu qui n'existe pas encore en acte, qui n'a pas de conscience. Le débat n'est pas très éloigné de celui sur l'avortement. Il me semble que la réponse est simplement celle d'une recherche extrêmement encadrée, qui réfléchisse aux conséquences de chacune de ses décisions et qui évite toute systématisation qui confinerait à l'eugénisme.

Au Brésil, un moustique transgénique a été fabriqué afin de lutter contre la dengue qui touche des centaines de millions de personnes. Cela peut a priori sembler intéressant, même s'il convient de s'interroger en premier lieu sur tous les autres moyens « naturels » qui permettraient de combattre l'épidémie, et sur les conséquences à long terme de la propagation de ces insectes modifiés. En revanche, il est des manipulations génétiques intrinsèquement inacceptables comme celles qui aboutissent à la création d'animaux transgéniques ou génétiquement modifiés dans le seul but de créer des races plus rentables : des volailles qui produiraient plus de viande et d'œufs, des porcs qui grossiraient plus vite, ou du bétail sans corne. Il existe aujourd'hui un saumon transgénique qui est un mélange de saumon royal et d'anguille. L'espèce ainsi créée a une croissance hors normes. Mais que se passera-t-il si ces saumons modifiés s'échappent dans la nature (ce qui finira par arriver) ? En Chine ou en Argentine, les chercheurs ont mis au point des vaches avec des gènes humains afin de changer la teneur du lait pour qu'il se rapproche du lait maternel humain... On entre ici dans l'inacceptable puisque, d'une part, on ignore les conséquences de ces modifications génétiques et que, par ailleurs, l'animal est réduit une fois de plus au rang de simple objet utilitaire. En réalité toute manipulation génétique sur un animal non humain devrait être interdite dans la mesure où nous n'avons aucun droit moral à jouer avec des individus sensibles et conscients qui n'ont aucun moyen d'approuver ce que nous leur faisons subir et qui, s'ils pouvaient s'exprimer, s'y opposeraient forcément, à moins que quelqu'un parvienne à démontrer qu'une vache peut vraiment avoir l'envie de produire un lait qui convient plus aux humains qu'aux bovins. De la même manière, plusieurs pays, comme les États-Unis, le Brésil ou l'Argentine, autorisent déjà le clonage des animaux d'élevage. Certains pensent que cette technique va se généraliser dans des décennies qui viennent. L'Europe résiste encore timidement, mais plus forcément pour très longtemps, d'autant qu'elle n'interdit pas l'importation de semences d'animaux clonés. Cette technique pose de nombreux soucis. Non seulement on ne connaît rien des éventuels dangers sanitaires pour le consommateur (malgré les déclarations rassurantes de l'Autorité européenne de sécurité des aliments), mais on est certain que cela engendre de la souffrance animale : fausses couches, animaux mal formés qui meurent au bout de quelques jours, problèmes immunitaires...

L'écologie ne doit pas être un refus des avancées scientifiques. Elle revendique simplement un usage éclairé de la connaissance. Elle dénonce la possibilité que la génétique soit utilisée pour enrichir des compagnies. En ce sens, et c'est là que réside le principal scandale, aucune manipulation du vivant ne devrait être soumise à des intérêts commerciaux privés. De manière plus large, il est absolument incohérent et injuste que le vivant puisse *appartenir* à certains, qu'il s'agisse d'un animal ou d'un végétal. En France, les trois quarts de la forêt appartiennent à 3,5 millions de propriétaires privés. Il y a énormément de petits propriétaires, principalement des héritiers, mais il existe aussi de très gros sylviculteurs : en

2008, un article du *Figaro* citait le groupe Louis Dreyfus, la famille d'Orléans, les Dassault, Groupama ou Axa. La forêt est devenue un investissement, un placement financier, et le prix moyen des forêts a largement augmenté depuis quinze ans, en relation avec le marché immobilier. « Une forêt doit rapporter de l'argent », dit un propriétaire sur le Portail des Forestier privés. Cette notion de rendement est incompatible avec une vision écologique. Surtout lorsqu'elle touche les forêts, dont l'appropriation privée historique est particulièrement choquante. Comment les humains en sont-ils venus un jour à se répartir des kilomètres carrés d'arbres entre eux, sinon par des rapports de violence ? À part le droit du plus fort, je ne vois pas ce qui a pu autoriser des types à décréter que tel périmètre de chênes ou de sapins était à eux. Les actuels propriétaires privés de forêts, aussi sympathiques soient-ils, sont donc, qu'ils le veuillent ou non, des receleurs. Compte tenu de la valeur intrinsèque de ces espaces naturels et des services écosystémiques qu'ils fournissent à la communauté, il est illogique qu'ils puissent être privatisés. Les forêts n'appartiennent à personne, elles sont un bien commun.

Le pillage historique des forêts et des minerais en Afrique par des sociétés occidentales, ou l'accaparement actuel des terres de pays en mal de revenus par des compagnies privées, sont des scandales qu'aucune société écologique ne saurait accepter.

Moins produire, moins se reproduire, mieux se conduire

La droite et la gauche

La dichotomie droite-gauche est à première vue illisible de nos jours : le libéralisme économique est accepté aussi bien par la droite que par une grande partie de la gauche, l'Europe des traités est rejetée par certains à droite comme à gauche, et en même temps encouragée par la majorité des deux camps. Par ailleurs, on trouve à droite et à gauche des voix pour prôner la méfiance la plus stricte face à l'immigration. En apparence, il n'y a plus guère que les questions sociétales qui tracent une ligne de démarcation entre les deux camps, et encore... On peut logiquement se demander si la droite et la gauche existent toujours en tant que telles.

Si l'on se situe d'un point de vue historique, il faut se rappeler que l'attribution des substantifs « gauche » et « droite » à deux camps distincts de la représentation politique française remonte à la Révolution, et plus précisément au vote du veto royal en septembre 1789. Les députés étaient alors réunis en Assemblée constituante à Versailles dans la salle des Menus-Plaisirs. Au cours des débats, ils avaient pris l'habitude de se regrouper en fonction de leurs affinités. Lors du vote sur le veto royal étaient installés à gauche ceux qui s'opposaient à la possibilité pour le roi de mettre son veto à une loi votée par les députés, et de l'autre côté, à droite donc, étaient assis ceux qui au contraire étaient favorables au maintien de l'influence du roi dans le nouveau régime

383

constitutionnel et donc à sa possibilité de veto. La gauche et la droite étaient nées, mais aussi le centre (appelé également *marais* ou *ventre*), puisque certains députés se sont opposés à cette bipartition de la vie politique. À l'époque, comme l'explique l'historien Michel Winock, la gauche incarne la revendication de la démocratie, la suprématie du législatif (les élus) sur l'exécutif (le roi) et la proclamation des Droits de l'homme et du citoyen. Winock identifie deux droites différentes qui se dressent contre les exigences de la gauche : d'une part une droite contre-révolutionnaire, qui refuse la Révolution et souhaite revenir à l'Ancien Régime, et d'autre part une droite libérale qui a favorisé la Révolution et milite pour des réformes.

En retraçant leurs origines et leur histoire, on remarque que la droite et la gauche se définissent par quelques valeurs fortes. Ce sont ces valeurs, plus que le positionnement actuel sur des dossiers techniques tels que le fonctionnement de l'Europe, qui marquent des différences pertinentes. Historiquement, la droite apparaît plus sensible à l'ordre et à la tradition. Elle est une résistance face au changement. Elle revendique la liberté sur le plan économique, mais est attachée à un pouvoir venu d'en haut, une incarnation forte à la hauteur de la figure du roi. Et elle reste, de manière générale, méfiante à l'égard de l'Autre. La gauche s'inscrit davantage dans une logique de mouvement. Elle prône la liberté de l'individu, son pouvoir démocratique et son développement personnel. Elle souhaite la réduction des inégalités et promeut la solidarité. Le philosophe antispéciste Peter Singer se revendique de gauche et le justifie ainsi : « Hausser les épaules devant la souffrance évitable des faibles et des pauvres, de ceux qui sont exploités et dévalisés, ou qui n'ont simplement pas assez pour vivre décemment, c'est ne pas être de gauche. Prétendre que le monde est comme il est et que l'on n'y peut rien, c'est ne pas faire partie de la gauche. Être de gauche, c'est vouloir agir pour changer cet état des choses. » Quant à Edgar Morin, penseur essentiel de l'écologie, il avoue se sentir de gauche pour « le souci de l'humanité et la foi en la fraternité ».

L'illusion de l'écologie neutre

Jusqu'où peut-on faire remonter l'histoire de l'écologie ? Certains n'hésitent pas à citer la naturaliste Linée, aux xviiie siècle, ou carrément Aristote, comme étant les premiers écologistes. C'est évidemment exagéré. Mais au vie siècle avant J.-C., Aristote a été l'auteur d'une impressionnante *Histoire des animaux*. Le philosophe grec plaçait certes les humains au-dessus des autres créations, mais il avait établi qu'il n'existe entre les hommes et les autres animaux qu'une différence de degré et non de nature. En revanche, il est sensé de considérer que Montaigne, au xvie siècle, porte un regard sur la nature qui lui donne aujourd'hui le statut de précurseur de l'écologie. Dans son *Apologie de Raimond Sebond*, il souligne l'intelligence et l'habileté des animaux, et remet en cause la supposée supériorité de l'homme raisonnable et parlant. Une vision inspirée de Plutarque, résolument détonante dans le contexte de la Renaissance, dont la justesse a été validée récemment par les découvertes de la biologie et l'éthologie. Pourtant, les intuitions si justes de Montaigne sur l'animal, essentielles à la compréhension de son humanisme, sont rarement mises en avant, car en France la pensée a toujours délibérément ignoré la question animale. Montaigne n'en est que plus remarquable, surtout lorsqu'il écrit des lignes qui font de lui l'un des premiers militants de l'antispécisme, des droits des animaux et de l'écologie essentielle : « Il y a un certain respect qui nous attache et un certain devoir d'humanité, non aux bêtes seulement qui ont vie et sentiment, mais aux arbres mêmes et aux plantes. Nous devons la justice aux hommes et la grâce et la bénignité aux autres créatures qui en peuvent être capables ; il y a quelque commerce entre elles et nous et quelque obligation mutuelle. »

Avant Montaigne, François d'Assise fut au xiie siècle un autre militant des droits des animaux puisqu'il en avait fait les frères des hommes, à qui il exprimait amour et compassion. Le jour de sa fête, le 4 octobre, a d'ailleurs été instauré comme Journée mondiale des animaux. Et le Pape Jean-Paul II a consacré saint François d'Assise comme patron des écologistes.

Malgré ces diverses prémices, on peut considérer que l'écologie n'a qu'un passé récent. Le mot lui-même, *oekologie*, n'a été inventé qu'en 1866 par l'Allemand Ernst Haeckel : « Par oekologie nous entendons la totalité de la science des relations de l'organisme avec son environnement, comprenant au sens large toutes les conditions d'existence. » L'écologie est donc à l'origine une science qui a pour but de comprendre la nature. Elle n'est pas une revendication politique. Au même moment émerge l'idée qu'il faut songer à protéger des bouts de nature. En 1853, des réserves sont créées dans la forêt de Fontainebleau. Mais les parcs naturels ont vu le jour aux États-Unis, sous l'impulsion du président Abraham Lincoln. En 1864, il passe une loi qui protège la vallée de Yosemite, dans la Sierra Nevada, et sa forêt de séquoias géants, vieux de plusieurs milliers d'années – il faut avoir eu la chance de caresser ces impressionnants ancêtres pour comprendre l'envie qu'ont certains de parler aux arbres. Le Yosemite Grant est né. Il s'agit alors d'une démarche révolutionnaire, à une époque d'exploitation débridée de la nature, où il apparaît normal d'abattre les forêts sans retenue. Yosemite inspirera l'un des fondateurs de l'écologie, l'environnementaliste américain John Muir. Ce voyageur féru de biologie et de géologie tombe amoureux de la vallée. Il devient un spécialiste de sa faune et de sa flore. Sous son impulsion, Yosemite obtient le statut de parc national en 1890, tout comme Yellowstone en 1872, premier du genre au monde. John Muir a créé une organisation de protection de l'environnement, le Sierra

Club, encore active aujourd'hui. Muir, en s'opposant à la commercialisation de la nature, et en soulignant sa valeur intrinsèque, a été l'un de ceux qui ont éveillé les consciences.

Le concept d'« écosystème » est introduit en 1935 par le Britannique Arthur George Tansley. Deux ans plus tard, la première réflexion sur l'écologie en France est publiée par un jeune professeur de lycée d'histoire-géo, Bernard Charbonneau : *Le Sentiment de la nature, force révolutionnaire*. Le nom de Charbonneau est associé à celui de son complice Jacques Ellul, rencontré sur les bancs de l'école. Ils vont se suivre toute leur vie. Ensemble ils dénoncent la puissance destructrice de la technique aux mains de l'État, car ils ont compris avant bien d'autres que la technique est in fine privative de liberté. Ils mettent déjà en garde contre le gaspillage des ressources, la destruction des écosystèmes mais aussi contre l'aliénation de l'individu. Ces signaux d'alerte ne trouvent alors aucun écho, car ils sont rendus inaudibles par la guerre et l'engouement pour un marxisme productiviste.

L'écologie ne devient un sujet de débat en France qu'au début des années soixante-dix, avec l'apparition des associations de protection de la nature : le WWF, Les Amis de la Terre, Greenpeace... L'écologie politique est d'abord un cri d'alarme face au pillage des ressources et aux destructions engendrées par l'action de l'homme sur l'environnement. Le *Rapport Meadows*, publié en 1972 par le Club de Rome, a le premier alerté clairement sur la nécessité de limiter l'exploitation des ressources naturelles, la démographie, et donc la croissance. Le rapport pointait les limites physiques de notre système économique et les risques d'effondrement de société qui y sont liés.

Faut-il le rappeler ? Nous étions seulement 1 milliard d'habitants sur Terre en 1800, soit à l'orée de la révolution industrielle. Puis tout s'est accéléré, en même temps que les progrès techniques : 2 milliards en 1930,

3 milliards en 1960, 4 milliards en 1975, 5 milliards en 1987, 6 milliards en 1999, 7 milliards en 2012. Et nous savons déjà que nous serons 9 milliards en 2050 et de 10 à 11 milliards en 2100. La planète, pendant ce temps-là, n'a pas grossi. L'impact de nos comportements sur les ressources n'a cessé de croître. L'ONG Global Footprint Network parle du « jour du dépassement » pour évoquer le moment dans l'année où nous avons consommé toutes les ressources que la planète produit et renouvelle naturellement en un an. En 2015, la date a été fixée au 13 août. En 2005, c'était le 3 septembre, en 1995 le 10 octobre et, en 1985, le 6 novembre. Le jour du dépassement survient toujours plus tôt. Nous utilisons actuellement les ressources renouvelables d'une planète et demie. Et si l'on ne change rien, en 2030 on en sera à deux planètes. Ces chiffres sont maintenant bien connus et régulièrement répétés. À quoi les devons-nous, sinon à la promotion d'une philosophie de la surconsommation appliquée à une population de citoyens acheteurs toujours plus nombreux ?

Comment prétendre préserver les écosystèmes et les paysages, améliorer la qualité de l'air et de l'eau, garantir le bien-être animal, sans s'attaquer à ce qui les met en péril ? Or le principal coupable se pavane devant nos yeux chaque jour, sans même prendre la peine de se travestir : il s'agit de la recherche effrénée du profit inhérente au capitalisme moderne. Toutes les souffrances infligées à la nature et à ceux qui l'habitent sont liées à la logique du moindre coût et du bénéfice maximal, à la concurrence sans règles, et au mythe de la consommation à outrance.

René Dumont refusait toute ambiguïté politique de l'écologie, comme il le rappelait vingt ans après avoir été le premier à porter ses valeurs lors d'une présidentielle : « J'avais défendu les thèses écologiques à l'élection présidentielle de 1974. Parmi les différentes thèses qui se dégagèrent ensuite, l'une d'elle me paraît dangereuse, celle qui aboutit au "ni droite ni gauche". Les menaces écologiques et le double souci du tiers-monde et des générations futures me paraissaient, me paraissent encore, exiger une réforme non violente mais totale de notre organisation économique. Chose que la droite n'acceptera jamais – tandis que la gauche oui, si on ne cesse de la pousser. »

René Dumont militait pour une « écologie socialiste » à laquelle il attribuait plusieurs priorités :

– freiner l'explosion démographique ;
– réduire le gaspillage des ressources rares non renouvelables ;
– mettre en place un gouvernement mondial (« un organisme supranational ») afin de répartir les ressources de la planète : eau, énergie, métaux, air pur... ;
– réduire les inégalités sociales ;
– réduire le gaspillage et encourager le recyclage ;
– freiner l'exode rural en luttant contre les trop grosses concentrations urbaines déshumanisantes ;
– mettre fin à la suprématie des États-nations, capitalistes ou socialistes, et instaurer des « microsociétés de base se gouvernant elles-mêmes, associées entre elles », par exemple des régions qui composeraient l'Europe sur un nouveau mode de fonctionnement.

« L'écologie socialiste va donc beaucoup plus loin que tous les programmes communs de la droite et même de la gauche, écrit René Dumont. Elle se situe bien loin à la gauche de la gauche, dans une optique toute nouvelle. Elle n'est donc pas apolitique, puisqu'elle est d'abord anticapitaliste. » René Dumont devrait aujourd'hui être relu par ceux qui portent les idées écologistes devant les électeurs. Cet agronome tiers-mondiste particulièrement lucide et visionnaire avait prévu la récupération de l'écologie comme élément marketing (le fameux *green washing*) aussi bien par les marques que par les partis politiques qui défendent des thèses en contradiction avec la défense de l'environnement. Comment ne pas saluer l'aspect prémonitoire de cet avertissement délivré en 1977 par Dumont alors qu'il justifiait l'irruption de

l'écologie dans des élections : « Il me semble normal
[...] d'intervenir dans les processus électoraux ; le
problème le plus délicat étant, lorsque nous aurons à
jouer le rôle d'arbitre par la force des choses, de ne pas
nous compromettre, tout en reconnaissant que notre
sensibilité est plus proche de la gauche. » Des lignes qui
semblent avoir été écrites pour les dirigeants successifs
à venir d'Europe Écologie-Les Verts.

Le philosophe et journaliste André Gorz est l'une
des autres figures importantes de la pensée écologique
française. Issu du marxisme et de la lutte contre le
capitalisme, il positionne lui aussi très clairement
son courant de pensée : « En partant de la critique
du capitalisme, on arrive [...] immanquablement à
l'écologie politique qui, avec son indispensable théorie
critique des besoins, conduit en retour à approfondir
et à radicaliser encore la critique du capitalisme. Je
ne dirais donc pas qu'il y a une morale de l'écologie,
mais plutôt que l'exigence éthique d'émancipation
du sujet implique la critique théorique et pratique du
capitalisme, de laquelle l'écologie politique est une
dimension essentielle. » André Gorz avait compris dès
les années cinquante que les fléaux du capitalisme sont
la publicité, qui pousse à la consommation inutile, et
l'obsolescence programmée qui limite la durée de vie
des appareils. On peut y ajouter le crédit, qui permet
d'acheter sans cesse. Les services collectifs, comme les
transports, sont remplacés par des services individuels
qui sont pris en charge par des entreprises privées dont
les bénéfices enrichissent des actionnaires, car c'est
ainsi : les intérêts du capital appellent la consommation
individuelle. Pour Gorz, l'écologie politique ne peut
donc être qu'une critique d'un système capitaliste arrivé
à bout de souffle, car « incapable de se reproduire ». Il
s'agit là d'une réalité indiscutable : le capitalisme est en
train de se suicider sans s'en rendre compte. En muant en
libéralisme débridé, il a trop enrichi les actionnaires et
trop appauvri les salariés qui se trouvent être également

les consommateurs. Donc ces consommateurs privés de pouvoir d'achat sont incapables d'acheter les choses produites par les entreprises, ce qui génère du chômage, ce qui nourrit la pauvreté, qui elle-même nourrit l'incapacité de consommer. Un cercle vicieux. Les entreprises cherchent alors d'autres débouchés à leurs productions en se tournant vers d'autres populations, comme celles des pays émergents dont une partie a désormais de l'argent à dépenser. Mais l'apport de ces consommateurs nouveaux, dont le niveau de vie s'est récemment amélioré par l'effet de la globalisation de l'économie, ne va entraîner qu'une embellie de courte durée. Dans quelques années, ils seront touchés eux aussi par la stagnation de leurs revenus et par l'incapacité de consommer plus.

La financiarisation, la spéculation, les bulles, l'opacité, ne sont que des preuves du stade terminal du mal qui ronge l'idéologie capitaliste. Gorz affirmait clairement qu'il faut donc tout changer, de fond en comble : « Il est impossible d'éviter une catastrophe climatique sans rompre radicalement avec les méthodes et la logique économique qui y mènent depuis cent cinquante ans. »

S'il est indiscutable que les impératifs de l'écologie sont incompatibles avec le néolibéralisme – un capitalisme financiarisé et dérégulé – qui revendique l'absence de freins à la production et à la consommation, ne peut-on néanmoins envisager une écologie qui s'inscrive dans une forme « douce » de capitalisme ? Après tout, le capitalisme actuel n'a plus rien à voir avec le capitalisme mis en place par les pays de tradition protestante qui se voulait, selon l'analyse du sociologue allemand Max Weber, un capitalisme de sobriété reposant sur la frugalité et le refus du consumérisme. Le travail et l'effort en étaient les ressorts, et le luxe n'était pas autorisé : les bénéfices étaient réinvestis dans l'entreprise. Les entrepreneurs protestants se voyaient comme des élus de Dieu se devant d'être à la hauteur de leur statut particulier : ils percevaient leur activité comme un bien collectif bénéficiant à tous. Une « éthique », pour reprendre le mot de Weber, complètement dévoyée depuis.

Si l'on résume simplement ce qu'est le capitalisme, on peut dire qu'il s'agit d'un système qui organise la propriété privée des moyens de production, avec des entreprises qui se font concurrence, et des patrons qui achètent la force de travail des salariés. En des termes plus orientés, on parlera d'appropriation privée des moyens de production et d'exploitation d'une classe ouvrière (« le prolétariat », majoritaire) par un patronat (« la bourgeoisie », minoritaire). Mais la définition qu'en donnent l'économiste Gaël Giraud et Cécile Renouard, professeure de philosophie sociale et politique, dans le *Dictionnaire de la pensée écologique*, est plus fine : « Le capitalisme se définit comme une pratique – l'exploitation indéfinie des ressources naturelles, notamment des énergies fossiles – articulée à une rhétorique (relayée par beaucoup d'économistes) qui consiste à attribuer à l'accumulation du capital le rôle de moteur de la croissance, partant, de la prospérité économique. Cette pratique est insoutenable et cette rhétorique, erronée. » Il faut distinguer le capitalisme libéral du capitalisme d'État (en Chine par exemple) ou d'une économie libérale qui repose sur des échanges de biens marchands mais qui peut s'incarner dans un système de coopératives. Giraud et Renouard expliquent que l'un des soucis du capitalisme est qu'il encourage tous les types d'activités économiques, du moment qu'elles génèrent du capital, ce qui amène ensuite à considérer la santé d'un État suivant son seul PIB et celle d'une entreprise selon son retour sur investissement. La question de la pollution engendrée par l'activité en question, et de son impact sur l'environnement, n'est jamais prise en compte.

Le capitalisme nouveau, tel qu'il s'incarne à travers le néolibéralisme, est le pire de tous, car en plus de l'exploitation sans limites des ressources naturelles, il organise l'absence de tout contrôle vertical par l'État, accusé d'être un frein à l'activité, donc au profit. La mondialisation a accéléré la perte de pouvoir des États-nations au profit de multinationales qui imposent leurs règles (ou plutôt leur absence de règles). Or l'écologie nécessite qu'il y ait des règles, des normes, des limitations, des empêchements. Elle revendique aussi des objectifs renouvelés : la recherche du profit, et encore plus du profit maximal, ne saurait être un but satisfaisant car cet impératif économique est contradictoire avec le bien-être individuel du plus grand nombre. Dans le cadre d'une relation économique, le profit n'est à mon sens moralement acceptable que s'il permet de rémunérer de manière *juste* un travail, c'est-à-dire s'il établit la *valeur juste* d'un bien. Pour prendre l'exemple le plus simple qui soit : je me procure quelques planches de bois, je les taille, les polis, les assemble, et grâce à mon savoir-faire et à plusieurs heures de travail, je fabrique une table que je donne à un individu qui n'a ni le temps, ni le matériel, ni les connaissances techniques pour réaliser le même ouvrage. Comme j'ai dû acheter du bois, celui à qui je fournis la table me rembourse le prix de cette matière première. Comme j'ai utilisé des outils, il me paye également la location du matériel. Puis il rémunère mon savoir-faire et mes heures passées à réaliser l'objet. Tout cela est simple et raisonnable. Les problèmes commencent si je fabrique la table en tant qu'ouvrier pour un patron qui veut son propre bénéfice pour le récompenser d'avoir fourni le local, les outils, et de s'être chargé de la vente. Une fois soustraits les coûts de production, il y a donc une marge que doivent se partager l'ouvrier et le patron. Comme l'expliquait déjà Marx, la volonté de maximaliser le profit pousse le patron à limiter les salaires et à rechercher une rentabilité qui enferme le travailleur dans des conditions de travail dégradantes. On ajouterait aujourd'hui que cette recherche du profit maximal le pousse également à produire en négligeant complètement l'impact de son activité sur un environnement qu'il détruit sans état d'âme. C'est la raison pour laquelle l'exploitation animale ne saurait s'exercer dans de « bonnes » conditions dans un système capitaliste. À partir du moment où l'animal est une

Le rejet de la souffrance animale n'a pas d'étiquette politique

Les images volées de l'abattoir du Vigan révélées en février 2016, ont suscité une indignation générale. Le spectacle de ces animaux battus, violentés avant l'exécution ou égorgés encore conscients, a suscité un dégoût unanime. La réprobation à ces maltraitances animales n'a pas de couleur politique. J'ai entendu des gens de tous bords, même les plus éloignés de ma pensée politique, affirmer combien ces scènes de cruauté sont insoutenables et exiger que des mesures soient prises pour qu'elles cessent au plus vite. Je crois en la sincérité de ces témoignages de protestation. La souffrance animale sensibilise des personnes de toute obédience politique, de l'extrême droite à l'extrême gauche. Et cela me donne espoir. Car je me dis qu'un homme ou une femme qui se révolte contre l'injustice faite aux animaux d'élevage ne peut sincèrement, si on le raisonne, continuer à soutenir des discours de haine et de rejet à l'égard des humains. La compassion pour les animaux non humains réunit une communauté morale extrêmement disparate. Si l'on rassemblait dans une même pièce l'ensemble des gens heurtés par les violences et les tortures faites aux animaux, on obtiendrait la plus belle des mixités politiques qui soient, et sans doute le premier vrai sujet de consensus supra-idéologique.

Telle est donc la double erreur d'analyse de Nicolas Hulot. Non seulement il se trompe en imaginant une écologie qui s'affranchirait de tout positionnement politique clair, mais en plus il n'intègre pas dans sa vision le seul sujet qui peut, au sein de l'écologie, être la base d'une réflexion réconciliatrice dépassant les positionnements classiques : les droits des animaux. On peut être de droite, du centre, de gauche, et éprouver une empathie identique à l'égard de nos cousins animaux qui pousse à militer pour la prise en compte de leurs intérêts.

Dès lors, la condition animale peut être le début d'une réconciliation nationale. Je n'affirme pas que tout citoyen se sent obligatoirement concerné par la question animale (nombreux sont ceux qui considèrent encore qu'il s'agit d'un sujet anecdotique) ; je constate simplement que l'émotion suscitée par cette préoccupation est transversale et qu'elle est donc capable d'initier le début d'une réflexion commune sur une nouvelle humanité.

Bien vite toutefois, il apparaîtra aux yeux de tous que l'une des causes essentielles de la maltraitance animale se trouve dans le principe d'exploitation inhérent au capitalisme et au libéralisme. Cette prise de conscience peut engendrer deux conséquences pour le militant animaliste qui croit en l'économie libérale : soit elle l'éloigne de son combat pour les animaux, soit elle l'amène au contraire à questionner les croyances politiques qui sont les siennes.

L'antispécisme est la révolution idéologique du XXIe siècle

La proposition politique contemporaine, telle qu'elle s'incarne dans les programmes des différents partis politiques de droite et de gauche, tourne à vide. Depuis une trentaine d'années, les mêmes partis s'échangent les postes avec pour seul questionnement la meilleure stratégie de conquête ou de conservation du pouvoir. Nos représentants politiques sont pour la plupart de modestes gestionnaires qui ont choisi d'accompagner sans rechigner les orientations imposées par les maîtres de l'industrie et de la finance. Les partis socialistes européens ont oublié les fondamentaux sur lesquels ils s'étaient bâtis : désormais ils acceptent et accompagnent le libéralisme, ils n'exigent plus la nationalisation partielle des moyens de production, et ils ont renoncé à mettre en place les conditions d'une réelle justice sociale. Cette gauche-là n'a plus rien de la gauche, car elle est en réalité tombée d'accord avec la droite sur l'essentiel. Est-elle compatible avec l'écologie ? J'en doute. Comment promouvoir une société du partage et de la consommation modérée, si les mots « profit », « bénéfice », « marge », et « croissance » composent l'essentiel du projet politique ? Il faudrait leur substituer des critères radicalement nouveaux tels que « bonheur », « bien-être », « respect », « équilibre ». Ces mots ne sont pour l'instant que des éléments de langage utilisés dans les pubs pour yaourt et méthodes de fitness. Ce ne sont que des arguments commerciaux hérités du New Age, et instrumentalisés, une fois encore, pour faire du fric.

Le cynisme est complet . le néolibéralisme crée des troupeaux de névrosés flippés de perdre leur emploi, des bataillons de chômeurs, de laissés-pour-compte, d'insatisfaits, de frustrés, de jaloux, puis il transforme l'*aller-mieux* en produit de consommation. Vite, des salles de sport pour se vider la tête, des psys pour assumer, des films pour penser à autre chose, de la bouffe pour compenser, des fringues, des voitures, des téléphones, des ordinateurs, des choses, des tas de choses, pour se consoler et se remplir la panse.

Les partis contestataires quant à eux trouvent leur inspiration dans un passé qui date de plus d'un siècle. L'extrême droite recycle des arguments de repli identitaire et de rejet de l'Autre complètement dépassés, qui prouvent l'inculture et la pauvreté intellectuelle de ses représentants. La gauche antilibérale, pour sa part, reste coincée dans une interprétation marxiste de la société qui peine à intégrer la dimension environnementale, à l'exception de l'un de ses courants que nous allons évoquer dans quelques instants. Mais généralement l'emploi, le statut du travailleur et la répartition des revenus entre patronat et salariés passent avant les autres préoccupations exprimées publiquement par le Parti communiste, Lutte ouvrière, et même par le Nouveau Parti anticapitaliste ou le Parti de gauche, bien que les choses bougent dans ces deux dernières formations.

Cette offre politique n'est plus adaptée à la réalité actuelle, car elle repose sur les piliers d'une démocratie inventée aux prémices de la révolution industrielle, dans un monde qui n'était pas encore le nôtre. Elle s'appuie sur l'idée d'un progrès infini et sur des marqueurs qui sont la croissance et le PIB. En se développant à partir du XVIIe siècle, les sciences modernes ont engendré une rupture avec toute vision animiste du monde, à savoir celle d'une nature mue par une force interne. Une vision mécaniste s'est alors imposée : la nature dans son ensemble serait sans âme et sans vie propre ; elle ne serait que matière qui répond à des phénomènes mécaniques modélisables. La théorie cartésienne de l'animal-machine qui ne ressent rien en est l'une des dramatiques conséquences. La philosophie des Lumières va promouvoir l'idée de la nécessaire domination de la nature au service de l'homme. Le modèle anthropocentriste s'impose : l'humain comme seul référent et comme seule fin. Les sciences nouvelles se développent indépendamment les unes des autres : le monde n'est plus perçu comme un tout où chaque partie interagit avec une autre en vue d'un équilibre. L'industrie et la production sont vantées pour leur force émancipatrice, puisqu'elles permettent de libérer l'individu. C'était en tout cas la certitude de l'époque. L'histoire a démontré qu'en réalité la domination de la nature et celle de l'être humain vont de pair.

C'est ce qu'avait parfaitement identifié l'anarchiste américain Murray Bookchin, théoricien de l'écologie sociale. Celui-ci soutient que la société s'est complexifiée au cours de son histoire, ce qui a engendré les hiérarchies à l'origine des règles d'asservissement, la première domination ayant été exercée par les mâles et les anciens. Puis on serait passé de l'humain à l'environnement. « La notion de la domination de la nature par l'homme découle de la domination très réelle de l'homme par l'homme », affirme Bookchin. On peut également, comme certains, prendre les choses dans l'autre sens, et considérer que c'est la domination sociale qui découle de notre attitude à l'égard de la nature. Mais là n'est pas l'essentiel. Ce qui compte, c'est de comprendre qu'une seule et même logique est à la manœuvre.

L'écologie sociale se rapproche de l'écosocialisme, un mouvement néomarxiste qui émerge en ce début de XXIe siècle en Europe, et qui est représenté en France par des porte-parole tels que Michael Löwy. Le Parti de gauche de Jean-Luc Mélenchon se réclame de ce courant, tout comme le NPA. Dans ses principes fondateurs, le Nouveau Parti anticapitaliste réclame la sortie du nucléaire, s'oppose aux OGM, rejette le productivisme, affirme que « l'eau, la terre et le vivant sont des biens communs non privatisables » et met en avant l'urgence écologique.

L'écosocialisme reproche à l'écologie politique dominante en Europe sa conception environnementaliste, c'est-à-dire la croyance en un « capitalisme vert ». Et il demande aux marxistes traditionnels de ne plus s'appuyer sur des « forces productives » prédatrices. L'écosocialisme se propose donc d'être une synthèse de deux courants imparfaits qui pourrait s'exprimer ainsi : dénonciation du capitalisme et du productivisme ; préservation des écosystèmes ; appropriation des moyens de production ; développement de l'économie solidaire et des coopératives ; prédominance de la valeur d'usage (l'utilité sociale) sur la valeur d'échange (le prix, soumis au marché)...

Relire Marx. Sa pensée serait-elle écologique et anti-productiviste ? L'assertion peut surprendre. Le moins que l'on puisse dire est que cette lecture n'a pas été celle du soviétisme, du communisme chinois, ni celle du Parti communiste français. Michael Löwy défend pourtant l'interprétation d'un Marx « refusant le productivisme » et insistant « sur la priorité à donner à l'être des individus ». Mais il reconnaît également que l'économiste allemand n'a pas suffisamment pris en compte la nécessité de sauvegarder l'environnement. Pas suffisamment, mais un peu quand même. Pierre Charbonnier, chargé de recherches au CNRS, note que le matérialisme historique de Marx repose, dans ses interrogations sur le travail et la production, sur une interprétation des rapports de l'homme avec la nature. Charbonnier relève que l'une des toutes premières interventions publiques du jeune Marx concerne une loi sur la privatisation du bois mort. Jusqu'alors, les paysans pouvaient le ramasser à leur guise dans les forêts. Puis la diète rhénane fait voter des lois sur le « vol du bois » afin de satisfaire les propriétaires qui vont trouver de nouveaux débouchés pour cette matière première. Au nom du profit donc, la nature est privatisée par la classe dominante, et les pauvres sont criminalisés. Ce cas préfigure une réflexion globale chez Marx autour de la terre et des paysans, et de la question de l'appropriation par des propriétaires capitalistes en quête de profit. Karl Marx s'interroge aussi sur le processus de séparation de l'homme et de la nature qui accompagne l'industrialisation : l'homme coupe le lien d'un rapport équilibré ayant pour but la subsistance afin d'instaurer l'incorporation de la terre au capital. « La production capitaliste, écrit Marx dans *Le Capital* [...], détruit non seulement la santé physique des ouvriers urbains et la vie spirituelle des travailleurs ruraux, mais trouble encore la circulation matérielle entre l'homme et la terre, et la condition naturelle éternelle de la fertilité durable du sol, en rendant de plus en plus difficile la restitution au sol des ingrédients qui lui sont enlevés et usés sous forme d'aliments, de vêtements, etc. [...] La production capitaliste ne développe donc la technique et la combinaison du procès de production sociale qu'en sapant en même temps les deux sources d'où jaillit toute richesse : la terre et le travailleur. » Comme d'autres, Marx associe donc directement l'exploitation du travailleur et celle de la nature, pressentant qu'elles participent bien de la même logique. Il oppose déjà le temps court du capitalisme, avec sa logique de rendement rapide, et le temps long nécessaire à l'agriculture pour laisser la nature faire son œuvre. Il faut noter, affirme encore Charbonnier, une proximité entre la réflexion marxiste autour de la formation d'un capitalisme agraire dans l'Europe du XVIIIe siècle et les développements actuels de la chimie agricole dont le but est une exploitation maximale des sols. Marx a donc anticipé la question des limites naturelles de la planète, sans toutefois imaginer une société sans croissance.

L'écosocialisme est une piste intéressante, mais présente trois défauts majeurs.

D'une part, il n'est pas parvenu à résoudre sa contradiction majeure : comment être un courant antiproductiviste et écologiste quand on entend représenter la classe ouvrière ? Les écolos se sont d'ailleurs souvent heurtés aux syndicats et aux mouvements ouvriers. La préservation de la planète et la préservation des emplois ouvriers classiques ne sont pas toujours compatibles. Comment expliquer à ceux que l'on est censé défendre qu'il n'est pas dans l'intérêt du bien commun que leur activité soit sécurisée et renforcée (les travailleurs du nucléaire ou de l'automobile par exemple) ?

D'autre part l'écosocialisme souffre d'une énorme lacune : il n'a rien compris au mouvement de libération animale. Il promeut une vision de l'humanisme qui date des Lumières, donc de trois siècles, et qui place encore l'homme au centre de tout. Sa défense de la nature n'a de sens que parce qu'elle doit profiter in fine à l'humain. Dans ses textes, l'écosocialisme maintient un point de vue anthropocentriste en ne défendant que « l'intérêt général humain », ce qui est un contresens de l'écologie essentielle, dont nous allons voir les fondements un peu plus loin. De fait, l'écosocialisme est un mouvement profondément spéciste. Il est vrai que l'Internationale « sera le genre humain » et que, d'après elle, « la terre n'appartient qu'aux hommes ». Non, la terre n'appartient pas qu'aux hommes, ni même d'ailleurs à tous les êtres vivants qui la peuplent. Elle n'appartient qu'à elle-même. Elle est la Mère, et toutes les espèces lui appartiennent.

L'écosocialisme réclame toujours, à juste titre d'ailleurs, la fin de « l'exploitation de l'homme par l'homme ». Mais cette formulation du XIXe siècle est dépassée car insuffisante. Le combat à mener aujourd'hui est celui « contre l'exploitation de tout animal sensible par l'homme ». Car c'est exactement la même logique d'oppression des plus faibles qui est à l'œuvre. La comparaison entre l'esclavage et l'élevage, évoquée un peu plus tôt, le confirme. L'historienne Danielle Elisseeff, spécialiste de la Chine, explique d'ailleurs comment le confucianisme gomme toute différence « entre l'homme ordinaire et l'animal » qui sont tous les deux frères puisqu'enfants de la Nature. Puis elle relève que, d'après le confucianisme, la manière dont une société traite ses animaux révèle celle dont elle va traiter les hommes. Or ce n'est sans doute pas un hasard, suggère-t-elle, si ni le communisme, qui a régné pendant plusieurs décennies, ni le socialisme de marché ne se sont intéressés à la cause animale : « La situation, morale ou matérielle, faite au monde animal constitue donc plus que jamais un excellent témoignage de la position qu'un peuple peut choisir face à la nature comme à sa propre identité. [...] Dans les faits, la position confucéenne encourage l'établissement d'une sorte de correspondance entre la manière dont une civilisation considère les animaux, et celle dont ses élites traitent les hommes réputés ordinaires, ceux qui n'ont ni la primauté du savoir, ni la primauté du pouvoir. C'est pourquoi, et quoi qu'en disent certains observateurs de la société chinoise qui tendent à considérer les rapports homme-animal en ce pays comme un "non-sujet", rien n'est, en fait, plus révélateur de ce qui peut arriver à l'homme simple dont l'État aura besoin demain, comme un prince en appétit réclame un ragoût. Si l'animal en Chine est un "non-sujet", c'est peut-être que le même danger menace le citoyen ordinaire. »

« Le socialisme implique la fin de toutes les oppressions, de tout racisme et de toute discrimination », peut-on lire dans les principes fondateurs du NPA. Or le spécisme est un racisme qui engendre des discriminations, et l'exploitation animale est une oppression.

L'actualisation de la pensée marxiste ne peut être pertinente que si elle inclut la violence faite à tous les animaux sensibles au nom du productivisme et du profit. Comme nous l'avons vu plus tôt, dans la partie « L'antispécisme est un humanisme », les luttes pour le bien des humains et des animaux non humains sont obligatoirement liées. L'une ne peut aller sans l'autre, et pour une raison simple (au-delà des considérations morales largement développées dans ce livre) : l'exploitation animale autorisée par le spécisme repose sur l'injustice et l'irrationalité. Si ces dernières sont tolérées pour les animaux non humains, pourquoi faudrait-il les combattre pour les humains ? La réponse spéciste consistera à affirmer que ce qui est intolérable pour un humain ne l'est pas forcément pour un non-humain. La souffrance des animaux serait insignifiante, en comparaison de celle des hommes. Mais, de la même manière, les grands groupes qui licencient pour satisfaire les actionnaires considèrent que la souffrance des ouvriers ou des employés est insignifiante en comparaison des bénéfices que ces sacrifices vont permettre d'engranger. Le combat contre l'iniquité et la violence est une lutte générale, laquelle refuse que des victimes comptent pour rien. Car cette attitude serait elle-même une iniquité et une violence. Gandhi l'écrit ainsi : « Adopter le principe de non-violence oblige à se détourner de toute forme d'exploitation. » C'est la raison pour laquelle il paraît pertinent de constater que *l'antispécisme est le marxisme du xxie siècle*.

Cela ne signifie pas que les antispécistes sont forcément marxistes. Mais l'antispécisme et le marxisme partagent une direction de pensée. Ils ont en commun la dénonciation de toute forme d'exploitation des individus. La modernité consiste simplement à étendre la notion d'« individu » à tout animal sensible (qui est, comme nous l'avons largement vu, une personne). L'antispécisme et le marxisme constatent par ailleurs tous les deux que le capitalisme est en grande partie responsable des injustices et des souffrances infligées aux individus. C'est pourquoi il ne serait pas fou d'imaginer la formation dans le futur d'un autre NPA, un *Nouveau Parti antispéciste*. Cette proposition peut sans doute faire sourire à l'heure où j'écris ces lignes. Un jour pourtant un parti équivalent existera (comme un parti écologiste a vu le jour en 1984), et les idées antispécistes se diffuseront peu à peu au sein de la société jusqu'à devenir une préoccupation indispensable pour tous les mouvements politiques.

POUR UNE ÉCOLOGIE ESSENTIELLE

Parmi les penseurs injustement oubliés par les « intellectuels » actuels, il en est un qui occupe une place particulière dans mon esprit, tant ses propos sont empreints de sagesse et d'intelligence du cœur. Je l'ai cité à plusieurs reprises dans cet ouvrage, mais je souhaite lui rendre ici un hommage plus appuyé, qui permet de mieux comprendre en quoi l'écosocialisme fait fausse route à propos de l'antispécisme. Élisée Reclus est né dans la première moitié du xixᵉ siècle. Engagé politiquement, il a adhéré à l'Association internationale des travailleurs (la Iʳᵉ Internationale), a rencontré Bakounine et dès lors est devenu un membre actif du mouvement anarchiste. Il sera d'ailleurs condamné pour son rôle dans la Commune de Paris en 1871, pour laquelle il risqua sa vie. Reclus était un rebelle à l'autorité. Il fut donc un socialiste libertaire puis un anarcho-communiste, et non pas un marxiste. Il était de tous les combats contre les inégalités sociales. Ami de Nadar et de Kropotkine, Élisée Reclus est de ces âmes en avance sur leur temps. Scientifique, naturaliste, géographe social et géopolitique, écrivain et poète, il avait pour projet de rendre la connaissance accessible à tous. De tous les combats sociaux (contre la colonisation, pour les droits des femmes, pour la libéralisation des mœurs...), il était également antispéciste, à une époque où le terme n'avait même pas été inventé. Il a décrit avec une clairvoyance fascinante la manière dont notre rapport à la nature influence l'évolution des sociétés. Reclus avait tout compris du continuum qui unit chaque forme de vivant. Il rappelle dans ses écrits combien les comportements humains sont calqués sur ceux des animaux non humains et comment nous agissons nous aussi très souvent par imitation. Il avait tout compris également des violences inutiles et dévastatrices que nous faisons subir à la nature et en particulier aux animaux. Il était lui-même végétarien (« légumiste », pouvait-on dire à l'époque !). Fils de pasteur, il s'ajoute à la famille des penseurs protestants qui ont nourri la pensée écologique, humaniste et animaliste. Élisée *le cadavre d'un bœuf et celui d'un homme ? Les membres coupés, les entrailles entremêlées de l'un et de l'autre se ressemblent fort : l'abattage du premier facilite le meurtre du second, surtout quand retentit l'ordre du chef et que l'on entend de loin les paroles du maître couronné : « Soyez impitoyables. »*

Élisée Reclus, *À propos du végétarisme*
(1901)

S'il ne fallait retenir qu'un passage pour comprendre la continuité entre le combat socialiste et le combat pour les droits des animaux chez Reclus, c'est sans doute celui-ci :

Si nous devions réaliser le bonheur de tous ceux qui portent figure humaine et destiner à la mort tous nos semblables qui portent museau et qui ne diffèrent de nous que par un angle facial moins ouvert, nous n'aurions certainement pas réalisé notre idéal. Pour ma part, j'embrasse aussi les animaux dans mon affection de solidarité socialiste.

Élisée Reclus, *Lettre à Richard Heath* (1884)

Pour terminer la critique de l'écosocialisme, soulignons sa troisième erreur : soutenir l'idée qu'il faut revaloriser la valeur d'usage par rapport à la valeur marchande. Mais la « valeur intrinsèque » de la nature, c'est-à-dire sa valeur à exister pour elle-même, indépendamment de son utilité pour l'homme, ne semble guère préoccuper les écosocialistes. Or en écologie moderne, la nature vaut pour elle-même : c'est l'*écocentrisme* ou le *biocentrisme*.

Écologie profonde
et écologie essentielle

Le second mari de Diana Ross s'appelait Arne Næss. Il était un riche homme d'affaires norvégien mais également un féru d'alpinisme. En 1985, il a escaladé l'Everest en menant une expédition particulièrement réussie, avec dix-sept personnes parvenues au sommet. Arne Næss est mort en 2004 dans un accident d'escalade en Afrique du Sud, à soixante-six ans. En soi, me direz-vous, cette information n'a qu'une importance relative. C'est exact. Car ce n'est pas cet Arne Næss là qui nous intéresse, mais son oncle, Arne Næss, philosophe norvégien, mort en 2009 à l'âge de quatre-vingt-seize ans, passionné lui aussi d'alpinisme. « La montagne possédait tous les attributs dont j'étais moi-même dépourvu, expliquait-il à la fin de sa vie. La constance, la fermeté de caractère. La montagne exprimait tout ça, sans forfaiture ni arrogance. » Il voyait la montagne comme un refuge, un endroit où échapper aux gens : « Un endroit rude où il n'y a pas de conflit – des dangers, sans doute, mais pas de disputes, alors que dans la compagnie des autres êtres humains il y a toujours de la discordance. » Résistant anti-nazi, pacifiste, pianiste à ses heures (la musique, encore, comme chez Schopenhauer, Nietzsche ou Schweitzer), spécialiste de Spinoza et de Gandhi qui l'ont fortement influencé, Arne Næss a vécu au plus près de la nature toute sa vie. C'est pour cela sans doute qu'il a dédié ses dernières années à l'environnement en développant ce qu'il appelait son « écosophie », c'est-à-dire « l'écologie mélangée à la philosophie, la sagesse en lien avec l'action concernant les personnes sur Terre ». La sagesse à laquelle appelle Næss, c'est précisément l'étude des conséquences dans la prise de décision politique, et non plus uniquement le recours à une science qui ne sait réfléchir à ses implications : « L'ignorance progressera si nous méconnaissons les conséquences de nos usages de la science. » Arne Næss ne cachait pas l'influence qu'avait eue sur lui la lecture de Rachel Carson. En 1962, cette biologiste américaine a publié un texte qui reste une référence absolue pour tous les environnementalistes américains, *Printemps silencieux*. Rachel Carson y dénonce pour la première fois l'impact des pesticides sur l'environnement et la santé. Son enquête aboutira à l'interdiction du DDT aux États-Unis quelques années plus tard. « Depuis vingt-cinq ans, écrivait-elle [...] l'intervention humaine a pris une ampleur inquiétante, et s'est orientée dans une direction qui l'est plus encore. L'homme, en effet, est en train de contaminer l'atmosphère, le sol, les rivières et la mer, en y répandant des substances dangereuses, voire mortelles. Cette pollution est en grande partie sans remède, car elle enclenche un enchaînement fatal de dommages dans les domaines où se nourrit la vie, et au sein même des tissus vivants. » Rachel Carson analysait avec lucidité la dérive de nos comportements : « Notre époque est celle de spécialistes, dont chacun considère son propre problème tout en faisant preuve d'inconscience ou d'intolérance pour le contexte plus large dans lequel celui-ci s'inscrit. Cette époque est aussi dominée par l'industrie, pour laquelle le droit de gagner un dollar à tout prix est rarement contesté. »

Arne Næss a marqué l'histoire de la pensée écologique en théorisant au début des années soixante-dix le principe d'une *écologie profonde* (*deep ecology*) qui s'opposerait à une *écologie superficielle*. Næss a été fortement inspiré par la non-violence de Gandhi et le panthéisme de Spinoza – Dieu est partout, en chaque parcelle de la nature, et donc chaque parcelle de la nature est Dieu, ce qui signifie que toutes les parties du vivant sont liées les unes aux autres afin de constituer un ensemble vital supérieur. Pour être exact, Arne Næss préfère dire que « Spinoza est un panenthéiste – le Dieu unique est contenu en toute chose, et il contient toute chose ». Mais là, nous entrons dans des débats que je préfère laisser ici de côté. On peut par ailleurs considérer, sans trop s'avancer, que son style de vie et son idéologie font d'Arne Næss un héritier de Henry David Thoreau.

L'écologie superficielle – que d'autres appellent *écologie environnementaliste* – s'intéresse uniquement à la pollution et à l'épuisement des ressources. Les écologistes superficiels alertent ainsi les dirigeants du réchauffement climatique et les somment de limiter les dégâts que leurs décisions occasionnent sur l'environnement. En revanche, le système qui engendre ces maux n'est pas remis en cause. Il est simplement prié de se modérer et de trouver en son sein les moyens d'atténuer ses effets néfastes. Un peu comme si vous allez consulter un médecin pour une douleur persistante à la tête et qu'il se contente de vous donner de l'aspirine, sans s'attaquer au mal profond qui provoque le symptôme. Le souci de cette écologie réside dans le fait qu'elle est doublement superficielle : dans ses ambitions et dans sa réflexion. Contrairement à ce qu'elle prétend, elle ne peut donc présenter aucune alternative crédible à la politique en cours, puisqu'elle en reprend tous les fondamentaux. Il y a pourtant chez les Verts (devenus *Europe Écologie-Les Verts*) de nombreux militants engagés en faveur d'une rénovation complète du modèle de société. Le programme officiel de cette formation politique est même plutôt ambitieux, malgré un évident retard sur la question animale. Malgré cela, l'écologie défendue publiquement par ses porte-parole depuis trente ans est celle du renoncement. À croire que ceux qui sont chargés de porter les idées vertes craignent de ne jamais pouvoir être élus aux postes qu'ils visent s'ils apparaissent trop radicaux. Avez-vous déjà entendu les principales figures de l'écologie politique en France évoquer dans un débat les droits des animaux et de la nature, le végétarisme ou le végétalisme, la limitation des naissances, le refus clair et net du libéralisme, la société du temps libre (ou *libéré*) ou le partage du temps de travail ?

Par ailleurs, et ce point n'est pas anodin, l'écologie superficielle (que j'appelle pour ma part *écologie molle*) a toujours l'être humain pour principal repère : il s'agit de préserver la planète afin de sauver l'espèce humaine qui l'habite. L'écologie molle s'inscrit donc dans la tradition anthropocentriste. Souvenez-vous de l'argument principal de Nicolas Hulot au moment de la COP21 : « C'est maintenant que se joue l'avenir de l'humanité. » « Avenir de *l'humanité.* » Et non « avenir de la communauté du *vivant* ». Ce n'est pas un hasard si l'écologiste le plus populaire de France ne parle jamais lui non plus du statut des animaux et défend l'élevage.

Ce qui est mis en avant par l'écologie superficielle-molle est la préservation d'un jardin dans lequel l'humain peut tranquillement bronzer, et donc la sauvegarde des écosystèmes, surtout s'ils nous sont utiles. Mais la vie des *individus* non humains qui habitent ce jardin n'a, en tant que telle, aucune importance. Il faut préserver une *population* de baleines ou d'ours, mais pas *telle* baleine ou *tel* ours en particulier. C'est un peu comme si on disait que lorsque 1 000 humains décèdent dans une catastrophe quelque part, ce n'est pas très grave tant que l'on repeuple l'endroit avec 1 000 autres humains. Il s'agit d'une écologie de comptables, puisque tout ne se rapporte qu'à des chiffres : combien de CO_2 émis ? Combien de représentants de telle espèce animale ou végétale pour maintenir la santé de l'écosystème ? Cette écologie mérite également d'être qualifiée de *technique*, dans la mesure où elle considère que les problèmes environnementaux peuvent être résolus par des solutions techniques. L'écologie molle dit : « Trouvons les moyens de moins polluer et de moins consommer. » Cette écologie n'accorde aux espèces qu'une *valeur instrumentale*, dans la mesure où le vivant est toujours qualifié de *ressource*, et qu'il faut le préserver uniquement en fonction de ce qu'il est susceptible d'apporter à l'humanité. Pourquoi faut-il lutter contre le réchauffement climatique ? Parce qu'il menace l'homme.

L'écologie profonde, quant à elle, propose de changer de paradigme. La logique anthropocentriste est abandonnée. L'homme n'est plus le centre de tout, il devient le maillon d'un ensemble beaucoup plus large où chaque élément est lié à l'autre. Et surtout, la nature a une *valeur intrinsèque*, c'est-à-dire qu'elle mérite d'être respectée pour elle-même, et non en fonction du bénéfice que nous pouvons en tirer, car toute forme de vie a le droit de vivre. Pour Næss, « les espèces dites simples, inférieures ou primitives de plantes ou d'animaux contribuent de manière essentielle à la richesse et à la diversité de la vie. Elles ont une valeur en soi et ne sont pas que des échelons vers des formes de vie prétendument supérieures ou rationnelles. »

L'*anthropocentrisme* est donc remplacé par le *biocentrisme*, qui accorde une valeur morale à tous les êtres vivants, même les plus primitifs. La nature n'est plus simplement de la matière à exploiter, elle est un ensemble complexe d'entités interconnectées qui possèdent toutes une valeur pour ce qu'elles sont en elles-mêmes. Cette écologie n'est plus une *écologie de comptables*, mais une *écologie métaphysique*.

Arne Næss est un penseur essentiel en Scandinavie. La France, en revanche, est restée hermétique à ses écrits. L'écologie profonde y est même présentée comme un objet suspect. Luc Ferry a sans doute contribué à cette mise au ban en dressant un tableau angoissant de l'écologie profonde dans son *Nouvel Ordre écologique* paru il y a plus de vingt ans. Mais faut-il s'en étonner ? L'écologie profonde tranche avec tous les systèmes de pensée qui ont porté jusqu'ici les projets philosophique et politique en Occident : un tel bouleversement de nos réflexes moraux ne peut que susciter une suspicion protectionniste.

L'écologie profonde n'est pourtant pas un corpus idéologique fermé et sectaire, comme certains voudraient le faire croire. Elle ne cherche pas à recruter des adeptes, mais bien plutôt à proposer un chemin de réflexion. Pour cela, elle repose sur des principes généraux qui sont au nombre de huit et que Naess a actualisés régulièrement jusqu'à sa mort. En voici la dernière version, livrée par David Rothenberg à l'occasion d'un livre d'entretiens avec Næss :

1. Le bien-être et l'épanouissement des formes de vie humaines et non humaines de la Terre ont une valeur en eux-mêmes (synonymes : valeur intrinsèque, valeur inhérente). Ces valeurs sont indépendantes de l'utilité du monde non humain pour les besoins humains.

2. La richesse et la diversité des formes de vie contribuent à l'accomplissement de ces valeurs et sont également des valeurs en elles-mêmes.

3. L'homme n'a aucun droit de réduire cette richesse et cette diversité, sauf pour satisfaire des besoins vitaux.

4. L'épanouissement de la vie et des cultures humaines est compatible avec une décroissance substantielle de la population humaine. Le développement des formes de vie non humaines requiert une telle décroissance.

5. L'interférence humaine actuelle avec le monde non humain est excessive, et la situation s'aggrave rapidement.

6. Les politiques publiques doivent donc être changées. Ces changements affecteront les structures économiques, technologiques et idéologiques fondamentales. Il en résultera une organisation politique profondément différente de l'organisation politique actuelle.

7. Sur le plan idéologique, le changement tiendra essentiellement dans la capacité d'apprécier la

qualité de la vie (qui réside dans les situations ayant une valeur en elles-mêmes), plutôt que dans l'adhésion à des niveaux de vie toujours plus élevés. Chacun aura alors profondément conscience de la différence entre quantité et qualité.

8. Ceux qui souscrivent aux points précédents s'engagent à tenter de mettre en œuvre, directement ou indirectement, les changements nécessaires.

Les principes édictés par Næss, auxquels j'adhère pleinement, présentent l'avantage de définir des lignes directrices autour desquelles de nombreuses réponses individuelles peuvent être apportées. Ainsi, même si l'écologie profonde est une philosophie de la liberté et de la nature sauvage, elle ne demande pas à tous les humains d'abandonner leur logement en ville pour se construire une cabane en pleine forêt. Certes, Arne Næss a aimé la solitude de son chalet en haute montagne à Tvergastein. Mais il ne souhaitait pas imposer son mode de vie aux autres. Si la poursuite d'une existence exonérée du luxe inutile semble un objectif nécessaire, afin d'atteindre une « durabilité écologique » dont l'essence reste à définir, il existe différentes façons d'y parvenir, affirme Næss.

Arne Næss est parfois caricaturé comme un anti-humaniste dangereux qui mépriserait les intérêts des hommes et des femmes, notamment parce qu'il appelle à une restriction démographique. Cette présentation est bien évidemment erronée. La vision du vivant d'Arne Næss est celle de Gandhi ou de Schweitzer, ni plus ni moins : « Nous ne disons pas que tout être vivant a la même valeur que l'humain, mais qu'il possède une valeur intrinsèque qui n'est pas quantifiable. Il n'est pas égal ou inégal. Il a un droit à vivre et à s'épanouir. Je peux tuer un moustique s'il est sur le visage de mon bébé, mais je ne dirai pas que j'ai un droit à la vie supérieur à celui d'un moustique. » Preuve qu'il est loin d'être excessif, Næss explique clairement la priorité qu'il donne à l'humain sur les autres espèces : « Je pense que l'on est tous d'accord pour dire qu'un père qui n'a pas d'autre choix que de tuer le dernier animal de telle ou telle espèce, de détruire le dernier carré de forêt tropicale pour nourrir un bébé qui autrement serait lui-même détruit par la faim, doit tuer ou brûler. Cela ne fait aucun doute. »

L'écologie profonde est encore parfois présentée comme une négation de l'individu, puisque chacun est prié d'abandonner ses prérogatives égoïstes afin de communier avec le monde vivant dont il est amené à lire les subtilités. Là encore, il s'agit d'un contresens. Arne Næss, au contraire, appelle à la *réalisation de Soi*, qui n'est possible qu'en se désaliénant des diktats sociaux qui nous séparent de nous-mêmes. Cette réalisation de Soi, explique Næss, est la voie qui passe par l'altruisme et l'empathie avec le monde. En affirmant la nécessaire reconnaissance du lien qui unit les espèces animales entre elles, et les espèces animales aux arbres, aux ruisseaux et aux montagnes, Arne Næss impose une redéfinition de notre identité qui ringardise tous ceux qui militent pour des visions hiérarchiques et géographiques complètement dépassées. Notre identité repose sur notre naturalité, et non sur notre nationalité.

Autre contrevérité : voir en l'écologie profonde un refus du progrès. Dans la lignée d'Élisée Reclus, Næss affirme au contraire que « la technologie est essentielle. On ne peut pas s'y opposer. »

La notion de « valeur intrinsèque » est héritée de Kant. Selon lui, tout ce qui a une fin en soi (l'humanité en l'occurrence, disait-il) a une valeur intrinsèque, une « dignité », et le reste peut être considéré comme un moyen auquel on attribue une valeur instrumentale. L'éthique environnementale dénonce cette position anthropocentriste et attribue une valeur intrinsèque à l'ensemble des éléments qui composent le vivant. Elle s'appuie sur le constat que tous les organismes vivants cherchent à conserver leur existence et à se développer, et puisent pour cela dans des ressources qui sont les moyens à leur service. Cela signifie que tous ces organismes sont eux-mêmes des fins, qu'ils soient animaux ou végétaux, et donc des valeurs intrinsèques.

L'écologie profonde peut également être raillée par des esprits peureux qui voudraient la faire passer pour une idéologie d'illuminés. Il est habituel de traiter de fou celui qui énonce une vérité perturbante. Dans le cas présent, accuser l'écologie profonde de manquer de rationalité est particulièrement malhonnête. Car les écologistes profonds demandent justement la reconnaissance des réalités organiques, chimiques, biologiques du monde où nous évoluons. Ils s'opposent en cela aux superstitions et aux attachements irrationnels qui régissent nos codes sociaux : culte de l'argent et du pouvoir social, croyance en une extériorité de l'homme à la nature, négation de la mort, vénération de dieux imaginaires tels qu'ils apparaissent dans des textes sacrés ou sur des terrains de football. Le seul Dieu revendiqué est la nature et il est immanent. Chacun est capable d'y mettre la part de religiosité qui lui convient. Pour les plus athées auxquels j'appartiens, ce que l'on peut appeler Dieu se résume à la force de la vie qui cherche à être et à se développer. Son père était pasteur, mais Élisée Reclus a personnellement choisi de rejeter le « sacré institutionnalisé » au profit d'une autre forme de foi qui réunit les hommes bien plus qu'elle ne les divise : « Les hommes que n'égarent plus leurs croyances vers les mystères de l'au-delà n'auront plus qu'à reporter leurs énergies vers la Terre pour aimer avec joie les choses de la vie dont la science nous démontre, enfin, la "présence réelle" [...], le bonheur de tous les hommes, nos frères, deviendra naturellement l'objet spécial de notre existence renouvelée. »

Il y a aujourd'hui chez l'humain une dimension divine supérieure à celle des autres espèces, liée à notre capacité unique à construire et à détruire la planète. Cette part de divin supplémentaire ne doit pas être accueillie comme une affirmation de notre supériorité sur nos cousins non humains et une autorisation à les dominer, comme le Dieu de la Bible domine sur ses créatures. C'est tout le contraire. D'abord, nous n'avons pas créé les autres espèces. Elles sont notre famille, je le rappelle, et elles portent toutes une part de divinité comme nous. Ensuite, le pouvoir supplémentaire dont nous disposons nous oblige à une responsabilité accrue à l'égard des non-humains. Puisque nous avons conscience de notre pouvoir hégémonique, la morale nous ordonne de prendre soin de ceux qui sont à notre merci. Il est facile pour nous aujourd'hui de tuer n'importe quel être vivant sur cette planète. Nous ne nous en privons pas. C'est en faisant le choix conscient d'épargner et de protéger la vie que nous devenons des dieux qui méritent d'être salués. Sinon, nous ne sommes rien d'autres que des voyous. L'écologie profonde est totalement ignorée par ceux qui prétendent représenter l'écologie dans l'espace politique, alors qu'elle devrait être le fondement de leur réflexion.

Toutefois, on peut adresser un reproche à l'écosophie d'Arne Næss : elle manque de précision, au point qu'elle pourrait parfois sonner comme un *écocentrisme*, à savoir une vision de l'éthique environnementale qui se concentre sur la valeur intrinsèque de la « communauté biotique », et non sur celle de chaque forme de vivant en elle-même[1]. Arne Næss parle bien pour sa part de la valeur de chaque individu mais, tout en souhaitant l'extension de nos obligations morales aux animaux, aux plantes et aux écosystèmes, il ne s'intéresse pas de près à la transposition juridique de cette considération aux animaux non humains. Le penseur norvégien perçoit avant tout l'écologie profonde comme une *ontologie*, un

---

1. L'écocentrisme repense lui aussi la place de l'homme dans la nature, en le considérant comme une espèce parmi les autres, mais ce qui compte cette fois ce sont les groupes d'espèces et les écosystèmes ; les membres individuels n'ont pas de valeur en eux-mêmes, puisque cette valeur dépend de leur place dans l'ensemble auquel ils sont associés.

rapport personnel au monde, une spiritualité. L'éthique est secondaire. Næss l'explique très clairement : « L'éthique ou la morale ne m'intéresse pas. Ce qui m'intéresse, c'est la manière dont nous faisons l'expérience du monde [...]. Si l'écologie peut être dite profonde, c'est parce qu'elle repose sur nos croyances fondamentales, et pas seulement parce qu'elle est liée à nos convictions éthiques. L'éthique est une conséquence de la manière dont nous faisons l'expérience du monde. Si vous mettez des mots sur cette expérience, alors elle devient une philosophie ou une religion. » L'écologie profonde d'Arne Næss se présente donc essentiellement comme une spiritualité et évite de pousser la réflexion sur les conséquences concrètes qu'implique, dans l'organisation d'une société, le respect de toute forme de vivant. Dans la même logique, le philosophe norvégien considère que les questions de paix et de justice sociale ne doivent pas être traitées par l'écologie profonde, afin d'éviter toute dispersion. Ce dont je conclus que les intuitions d'Arne Næss et les mouvements qu'elles suggèrent sont une inspiration qui demande à être aujourd'hui complétée.

La pensée écologique doit s'actualiser grâce à la rencontre et à la synthèse de l'éthique environnementale, de l'éthique animale, et de la lutte pour l'égalité sociale, qui est une éthique de l'humanité. Cette *écologie essentielle* appelle à une révolution politique et démocratique.

Pour une biodémocratie

Imaginer la République du Vivant

Longtemps, les défenseurs des droits des animaux ont été présentés comme des sentimentalistes déconnectés des problématiques de société. Peut-être l'ont-ils d'ailleurs parfois été. Cette ère est révolue. L'antispécisme, on l'a vu, est un combat pour rendre l'humanité meilleure et pour vaincre les mêmes logiques d'injustice qui détruisent socialement les hommes et physiquement les animaux non humains. À ce titre, l'antispécisme doit s'inscrire dans une réflexion qui ne s'arrête pas au monde animal. L'antispécisme est l'un des champs d'application de l'écologie essentielle, laquelle vise à repenser complètement la communauté qui compose la société. Elle entend également mettre en place les leviers qui permettraient l'expression de tous les membres de cette société élargie, dans une temporalité qui prend en compte le futur.

L'écologie essentielle souhaite l'établissement d'une *biodémocratie*, c'est-à-dire une démocratie étendue à l'ensemble du peuple du vivant, auquel sont conférés de réels moyens d'*expression*. Le terme « expression » doit être ici entendu dans une acception large :

1. La possibilité pour chaque humain d'*exprimer son opinion* et de peser sur les décisions politiques. Il s'agit de *redonner le pouvoir à l'individu*.
2. La possibilité pour chaque humain d'*exprimer au mieux son être* en s'épanouissant

dans la réalisation de lui-même. Il s'agit de l'*autoréalisation*.

3. La possibilité pour chaque entité du vivant d'*exprimer son « vouloir-vivre »* : chaque espèce a le droit à l'existence dans les conditions optimales qui lui sont propres, et dans les limites des possibilités de l'équilibre écologique. Il s'agit du *droit de chaque individu à l'existence*, qu'il soit humain ou non.

La mise en place d'une *biodémocratie* passe par une assemblée constituante qui fonde une nouvelle République. La VIe ? Soyons honnêtes : cette révolution idéologique est d'une telle ampleur qu'elle ne verra vraisemblablement pas le jour avant que notre Constitution poussiéreuse n'ait déjà été remplacée une fois ou deux. Parions donc plutôt sur une VIIe ou une VIIIe République. Mais au lieu de le soumettre à la logique des chiffres qui font passer nos Constitutions pour des épisodes de *Star Wars*, appelons ainsi le projet biodémocratique : la *République du Vivant*. Et celle-ci doit d'appuyer sur deux fondamentaux :

– la mise en place d'une assemblée parlementaire qui prendra en compte les intérêts du vivant et qui se prononcera sur les conséquences à long terme des lois et décisions du gouvernement ;

– la désignation au sein de cette assemblée de représentants des animaux non humains sensibles, chargés d'exprimer les intérêts de ces derniers.

Instaurer enfin la démocratie réelle

La France est-elle une démocratie ? En apparence seulement. L'affirmation peut choquer, surtout si l'on compare les libertés dont disposent les Français à celles des Nord-Coréens, des Biélorusses, des Saoudiens ou de milliards d'habitants de la planète. Mais, lorsque l'on est malade, il est vain de se comparer à un patient en phase terminale pour se convaincre que l'on est en bonne santé.

Bien sûr, nous votons. Et l'élection des représentants fait partie d'un processus démocratique. Mais ce mécanisme, s'il est indispensable, ne garantit pas à lui seul la dimension démocratique d'une société. Il est des pays où l'on vote régulièrement et qui sont pourtant des dictatures. Une vraie démocratie s'incarne dans un premier temps par l'existence de contre-pouvoirs libres et indépendants tels que la presse, les syndicats et les associations. Elle nécessite également que l'avis de chacun des citoyens soit écouté et pris en compte. Or ce n'est évidemment pas le cas aujourd'hui en France. Plusieurs situations récentes l'attestent. L'exemple le plus évident est celui du Traité constitutionnel européen (TCE), rejeté en 2005 par 55 % des Français consultés par référendum, et pourtant adopté deux ans plus tard par le Congrès sous une forme légèrement différente, le traité de Lisbonne. Le peuple a été interrogé, il a mal voté, donc on ne l'a pas écouté. Drôle de démocratie également, qui refuse que les membres de l'Assemblée nationale soient élus à la proportionnelle. De ce fait, en

2012, elle n'a accordé que deux députés à un parti qui venait pourtant de réaliser 18 % des voix à l'élection présidentielle, tandis qu'un autre ayant à peine dépassé les 2 % lors de la même élection avait réussi par le seul jeu des alliances électorales à obtenir 18 sièges. Je cite cet exemple avec d'autant plus d'aisance que je combats le parti lésé, le Font national, tandis que mon cœur bat pour des préoccupations proches de celles que défend (extrêmement mal) le parti honteusement avantagé, à savoir Europe Écologie-Les Verts.

Il n'est par ailleurs pas rare qu'un politique qui n'a pas apporté satisfaction dans ses fonctions soit réélu, soit par défaut, soit parce qu'il est soutenu par une formation politique à laquelle l'électeur apporte son soutien par simple habitude ou atavisme. On vote alors pour quelqu'un en se disant : *Il est nul, mais l'autre sera encore pire*, ce qui n'est en rien le symptôme d'une démocratie satisfaisante. Dans une démocratie réinventée, ce cas de figure ne doit pas être possible.

Que penser également du profil des députés, sénateurs, et ministres ? Où sont les ouvriers et les chômeurs à l'Assemblée nationale ? Pourtant, ils constituent une part non négligeable de la population. Ils ne sont pas représentés, car notre système actuel ne leur en offre pas la possibilité.

Non seulement la Ve République a échoué à être réellement représentative du peuple, mais en plus elle a privilégié le carriérisme et enfanté des générations de politicards inintéressants, incapables de porter les intérêts de ceux qu'ils sont censés représenter. La majorité des élus et des ministres de tous les gouvernements successifs depuis des années, qu'ils soient de droite ou de gauche, ont conservé les réflexes de l'Ancien Régime. Complètement déconnectés de la modestie et des obligations que leur fonction leur confère, ils se comportent en mini-despotes autoritaires toisant les journalistes et les électeurs. Ils sont choqués lorsque, sur un plateau de télévision, une question relative à leur bilan les bouscule. Il existe néanmoins, à droite comme à gauche, des personnalités travailleuses, sincèrement mues par l'intérêt collectif et conscientes de leurs responsabilités. Mais le « système » joue contre elles et les oblige à un moment ou à un autre à la compromission et au renoncement. Il faut donc mettre en place des règles qui permettent que l'ambiguïté soit définitivement levée : les élus sont nos obligés. Ils sont les employés du peuple qui leur délègue le pouvoir. Personne n'a forcé un élu ou un ministre à être où il est. Ils se sont portés volontaires pour la tâche et ils devraient remercier les citoyens ou le destin qui ont accompli leur souhait. Le malheur de notre pseudo-démocratie est qu'elle a engendré des hordes de carriéristes avides de pouvoir et d'argent. Un type se dit à vingt ans : « J'aimerais bien être président un jour. » Et il le devient vingt ou trente ans plus tard. Comment ne pas en conclure que notre démocratie est malade ? Il est temps d'en finir avec les professionnels de la politique. Il faut créer les conditions pour empêcher que des postes de ministre soient offerts à des personnes qui ne représentent qu'elles-mêmes. Il faut empêcher les marchandages, les copinages, les re-casages, les incompétentages. Le caractère monarchique de notre système constitutionnel est amplifié par l'élection au suffrage universel direct d'un président désigné comme un homme providentiel. Notre Constitution a été écrite il y a plus d'un demi-siècle pour un homme, Charles de Gaulle. Le contexte a changé, l'histoire a renouvelé les acteurs et les enjeux, et la toute-puissance accordée au plus haut personnage de l'État apparaît aujourd'hui anachronique.

La correction des divers dysfonctionnements qui empêchent l'exercice démocratique semble un préalable à l'instauration d'une biodémocratie. Plusieurs pistes s'imposent spontanément pour penser l'indispensable rénovation de la démocratie en France :

– *Supprimer le poste de président de la République.* Il est absolument inconscient que le pouvoir décisionnaire de tout un peuple puisse être détenu par un seul individu, qui fait à peu près ce qui lui chante en pouvant royalement mépriser, s'il le souhaite, les idées sur lesquelles 50,01 % des citoyens ont pu l'embaucher.

– *Instaurer la possibilité de révocation des élus.* Les libéraux, néolibéraux, sociaux-libéraux, sociaux-démocrates et, pourquoi pas tant qu'on y est, je ne sais quels autres « libéraux-démocrates » ou « néo-sociaux » (avouez qu'on s'y perd entre tous ces mouvements qui finalement prônent quasiment la même chose), bref, ils militent tous pour que les CDI disparaissent peu à peu et que les licenciements soient facilités. Leur rêve est que les employeurs aient le droit de virer leurs employés comme bon leur semble. Pourquoi un président n'est pas, lui, licenciable ? Si l'État était géré comme le modèle d'entreprise que tous ces mouvements politiques promeuvent, le président, les parlementaires et les élus locaux devraient pouvoir être révoqués dès que le peuple l'entend, sans attendre la fin des mandats.

– *Mettre en place des instances de contrôle du travail des élus.* La Constitution doit permettre la convocation de commissions de citoyens chargées d'évaluer l'adéquation entre les promesses et les actions de l'élu.

– *Imposer le non-cumul des mandats* de manière beaucoup plus limitative : un seul mandat, quel qu'il soit, par personne.

– *Imposer le mandat unique non renouvelable.* Un seul mandat de député, un seul mandat de conseiller régional, un seul mandat de maire de grande ville, et puis on passe son tour. Cela empêcherait la professionnalisation de la vie politique, l'effet d'usure qui s'installe au bout de quelques années dans une fonction éreintante, et surtout le manque de courage politique dû au souci de la réélection.

– *Déprofessionnaliser la politique* : pour être élu, il faudrait d'abord avoir un métier. Celui qui serait élu quitterait provisoirement son travail, mais le retrouverait une fois son mandat effectué.

– *Casser la prédominance d'une élite formatée sur tous les postes de pouvoir* et favoriser l'émergence d'une incarnation politique qui reflète la réalité sociale et culturelle du peuple dans toutes ses nuances : les parlementaires et les ministres ne doivent plus être « formatés » par des écoles à la pensée unique. Il y a dans la politique trop d'avocats, trop de hauts fonctionnaires, et pas assez de professeurs, d'infirmières, d'ouvriers, de chercheurs ou d'assistants sociaux.

– *Créer les conditions d'une nouvelle éthique en politique* : tolérance zéro pour toute transgression par un élu de la République des règles morales inhérentes à une démocratie juste. Toute forme de favoritisme, de corruption ou de fraude doit être sanctionnée lourdement.

– *Donner un pouvoir performatif au vote blanc* : si 50 % des électeurs votent blanc à une élection, celle-ci est annulée et aucun des candidats n'est élu.

– *Promouvoir une démocratie de l'information et du savoir partagé*. Chaque citoyen doit avoir la possibilité d'un accès gratuit à l'information, que ce soit sur les sujets d'actualité ou sur n'importe quel savoir.

– *Associer réellement les experts aux décisions politiques*. Il faut donner toute leur place aux scientifiques, aux universitaires, aux sociologues, aux philosophes et aux différents experts pour que leur conseil valide toute décision politique.

– *Redéfinir les conditions du débat politique en France*. Il faut favoriser la démocratie directe en multipliant les espaces de consultation des citoyens en dehors des élections : le fonctionnement des commissions d'enquête doit être repensé, pour les rendre influentes. Des commissions ou des référendums pourraient permettre à tous d'influer sur des projets concrets, comme la construction d'un aéroport, d'un barrage, mais aussi sur des sujets éminemment politiques comme le droit de vote des étrangers ou l'obligation de repas de substitution végétariens dans les cantines des établissements publics.

– *Redéfinir la nature du débat politique*. Et là je vais développer un peu.

La crise économique qui sévit depuis quarante ans a favorisé une forme d'intimidation : les salariés, par crainte de ne pas retrouver de travail s'ils perdent le leur, ont progressivement accepté le silence plutôt que la protestation. Pour ne rien arranger, les syndicats, victimes de leurs propres travers, ont perdu toute capacité de défendre sérieusement les employés et les ouvriers. Et puis l'heure n'est plus à l'héroïsme : l'idéal n'est plus un guide. Chacun s'arrange, bidouille, et essaye de se sauver avant de penser au combat collectif. Certes la liberté d'expression que certains nous envient est toujours affichée comme une fierté nationale. Mais si l'on devait dresser le bilan de santé de cette autorisation à l'ouvrir, qu'en dirait-on ? On reconnaîtrait qu'en France on peut certes râler, vitupérer, protester, juger, critiquer sans risquer la prison. Encore heureux. On serait cependant aussi obligé d'admettre que les espaces d'expression autorisée ne proposent aucune originalité de pensée. Certes, des lignes de fracture politiques existent et s'expriment, mais elles sont en réalité assez techniques et engendrent des débats abstraits auquel chacun répond en fonction de ses a priori ou de ses intérêts, bien plus qu'en fonction de ses compétences. Exemples : la sortie éventuelle de l'euro, le niveau des aides accordées aux entreprises, l'augmentation de l'âge de départ à la retraite de quelques mois pour tenir compte de l'allongement de l'espérance de vie, les moyens de créer de la croissance, etc. En soi, ces thématiques ne disent pas grand-chose du monde que l'on est en train de construire. Ce ne sont que des détails de gestion qui devraient être laissés à des techniciens. Tous les sujets réellement importants, ceux qui engagent notre humanité, sont soigneusement évités : quel modèle nouveau pour permettre à la planète de supporter notre démographie qui explose ? Quel modèle nouveau pour anticiper la disparition programmée d'un pourcentage important d'emplois en raison de la robotisation et de l'informatique ? Pour réduire la consommation de viande ? Pour envisager sereinement une société du temps libre ? Pour remplacer le Graal de la croissance ? Comment se fait-il que les débats qui opposent les porte-parole des partis ne portent le plus souvent que sur des points de détail, et rarement sur la confrontation de modèles philosophiques sur lesquels bâtir la suite de l'humanité ? L'explication est le pouvoir de l'oligarchie. Puisqu'une minorité de privilégiés tient les rênes du pays et qu'elle s'active pour conserver le pouvoir, elle manœuvre de manière plus ou moins consciente pour ne pas laisser émerger de parole dissidente qui remettrait en cause son hégémonie.

Combien de fois entend-on ce genre de phrase : *Ce que je fais me plaît pas vraiment, mais faut bien vivre !* Là encore, l'insatisfaction professionnelle éprouvée par une majorité de personnes pose un vrai problème de démocratie. Il est faux de rétorquer que la société fonctionne ainsi, et qu'il est impossible de contenter tout le monde. Ceux qui l'affirment sont justement les oligarques qui sont parfaitement heureux dans leur statut, qu'ils ont choisi et qui les comble. Souvent, ils prospèrent eux-mêmes sur le malheur des autres, puisque notre société a actuellement décidé de ne pas partager le bonheur.

Repenser le temps politique

Le 20 janvier 2014, les techniciens du centre des opérations de l'ESA à Darmstadt, en Allemagne, respirent : à plusieurs centaines de millions de kilomètres de là, en plein milieu de l'espace, la sonde Rosetta leur envoie un signal indiquant qu'elle sort de l'hibernation où elle avait été plongée pendant deux ans et demi afin d'économiser ses réserves d'énergie. Lancée en 2004, Rosetta a parcouru 7 milliards de kilomètres en dix ans pour se poser sur un petit caillou de 4 kilomètres de diamètre environ. Que faut-il en conclure ? La chose suivante : quand on veut prendre le temps de calculer, de réfléchir au long terme, on arrive à des résultats étonnants. Si l'on est capable d'envoyer un petit robot se poser sur un caillou à des centaines de millions de kilomètres de chez nous, après un voyage de dix ans, nous devrions savoir prévenir en partie les conséquences néfastes pour les siècles à venir de nos choix de société actuels. Encore faut-il le vouloir, et accepter aussi la responsabilité liée à l'imprévisibilité, c'est-à-dire le fait que nous sommes incapables d'imaginer avec certitude certains effets de ce que nous entreprenons (les OGM par exemple). Cela implique de repenser le temps de l'action politique.

S'investir pour atténuer ou prévenir les effets négatifs de nos actions sur le long terme n'est un réflexe spontané ni pour les gouvernements ni pour les citoyens. Cela s'explique principalement pour deux raisons. La pollution est un phénomène sournois, souvent invisible, qui agit lentement et en silence. Celui qui la subit ne s'en rend pas compte la plupart du temps. Lorsque quelqu'un descend dans la rue le matin, en France en tout cas, il n'est pas directement perturbé par le réchauffement climatique, la perte de biodiversité ou une pollution atmosphérique perceptible. Chacun entend parler de glaciers qui fondent, d'océans qui montent, de désertification, voire de réfugiés climatiques, mais en quoi cela le gêne-t-il personnellement, s'il ne fait pas partie des victimes directes ? De plus, les pollutions à l'œuvre aujourd'hui produiront leurs effets les plus néfastes demain, lorsque nous serons tous morts et remplacés par d'autres. Le réflexe inconscient peut donc être celui de se dire : *Qu'ils se débrouillent, chacun ses problèmes. Nous avons les nôtres aujourd'hui, ils gèreront les leurs demain.* C'est un fait : la plupart des individus ne s'intéressent qu'au présent (un réflexe logique) et à leurs intérêts individuels.

Difficile dans ce contexte d'attendre beaucoup des représentants politiques qui, en plus de manquer de vision, sont guidés dans leurs décisions par deux impératifs étroitement liés l'un à l'autre :

1) Obtenir des résultats immédiats et visibles dans des domaines qui concernent le quotidien tangible des citoyens (chômage, retraites, transports, etc.)

2) Se faire réélire.

Et pour réussir 2), il faut réussir 1).

Généralement, 1) est plus ou moins un échec, et il y a alternance politique. Précisons encore que l'« alternance » désigne en réalité simplement le changement de formation politique au pouvoir, mais non la politique mise en place, qui pour sa part ne varie plus guère.

Les deux priorités affichées, 1) et 2), sont mauvaises conseillères. Il est certes légitime, et même indispensable, qu'un élu puisse améliorer le plus rapidement possible la vie de ceux qui l'ont désigné. Un chômeur attend à juste titre d'un gouvernement qu'il mette en place les solutions qui vont l'aider à retrouver un travail au plus vite. L'habitant d'un village enclavé souhaite que des transports en commun et des routes en bon état sortent le lieu de son isolement. Un élu a pour mission de favoriser la satisfaction des besoins immédiats essentiels tels que le travail, le logement, l'habillement, la nourriture, les transports ou l'accès aux loisirs. Et l'augmentation du pouvoir d'achat est un impératif dans une société qui repose sur la consommation. Mais à trop vouloir obtenir du visible et du quantifiable tout de suite, les gouvernements successifs bricolent en espérant que les béquilles qu'ils posent ici ou là leur permettront de se vanter d'un succès, fût-il minime et éphémère. On crée des emplois aidés, on change les procédures administratives à Pôle emploi, on donne de l'argent aux entreprises, on soutient une filière susceptible de favoriser les embauches, même si celle-ci est nocive pour l'environnement. Et peu importe si les solutions provisoires mises en place à la va-vite ne dessinent en rien les contours d'une société meilleure. La catastrophe de Fukushima, au Japon, en mars 2011, est en cela très révélatrice. Après Three Mile Island et Tchernobyl quelques années auparavant, l'événement aurait dû provoquer une prise de conscience internationale qui aurait abouti à une remise en cause sérieuse de l'énergie nucléaire. De fait, les esprits ont bien été secoués. Le Japon, sans abandonner les centrales nucléaires, a néanmoins annoncé un changement de politique énergétique et s'oriente vers d'autres choix pour ses futurs développements. L'Allemagne a pour sa part décidé de se priver de centrales nucléaires (elle n'en avait pas beaucoup). Mais la Chine inaugurera 110 nouvelles centrales nucléaires d'ici à 2030. La France, fleuron du secteur, continue à faire comme si rien ne s'était passé. Elle ne diminue pas son parc nucléaire (elle envisage de fermer la plus vieille des centrales, mais en construit une autre flambant neuve à Flamanville, pour un coût qui explose toutes les prévisions), et s'enorgueillit en octobre 2015 d'avoir vendu deux réacteurs EPR à la Grande-Bretagne, pour un montant de plus de

20 milliards d'euros. Un contrat, de l'argent... Voilà ce qui importe dans l'urgence. Quid des risques liés à cette technologie mal maîtrisée ? Chaque nouvelle centrale est une catastrophe en puissance. Cela n'émeut guère nos dirigeants successifs. Ni même les représentants politiques de l'écologie en France, qui ont choisi de s'associer à un gouvernement aussi pro-nucléaire que tous ceux qui se succèdent depuis des décennies.

Il ne s'agit pas là d'une attitude responsable. Les représentants du peuple doivent voir loin, en ayant le courage de mettre en œuvre des réformes d'envergure, même si elles ne produisent leurs effets que dans plusieurs années et si elles engendrent des périodes de transition mouvementées. Un gouvernement a également pour devoir de mesurer les impacts sur le temps long des mesures qu'il engage. Or pour l'instant, tout n'est décidé qu'à l'aune de l'urgence et de l'immédiatement constatable.

Le long terme est encore quasiment absent du débat politique. L'échec des sommets successifs consacrés au dérèglement climatique en est l'une des plus indiscutables illustrations. Depuis que les négociations sur le climat ont commencé, il y a plus de vingt ans, aucune remise en cause fondamentale de nos modes de production n'a eu lieu. Et même si la question du changement climatique est hautement médiatisée, elle est l'arbre qui cache la forêt de nos indifférences. La qualité de l'air et de l'eau ou la biodiversité sont des enjeux cruciaux complètement passés sous silence. Pourtant, le Sommet de la Terre de Rio, en 1992, avait accouché de trois conventions cadres : une sur les changements climatiques, une deuxième sur la biodiversité, et une troisième sur la lutte contre la désertification (qui incluait la dégradation des sols, l'érosion...). Ces trois sujets étaient alors mis sur un pied d'égalité. Mais les deux derniers ont depuis été relégués au second plan. Guillaume Sainteny, spécialiste du développement durable qui a occupé plusieurs postes au ministère de l'Écologie, l'affirme : la « priorité accordée à la politique climatique s'est révélée défavorable à l'environnement à bien des égards, à tel point qu'elle a accru certains problèmes écologiques, au lieu d'aider à les résoudre ».

Selon Guillaume Sainteny, si la France se veut à la pointe en ce qui concerne le dérèglement climatique, c'est justement parce qu'elle n'a pas d'énormes efforts à fournir en la matière, étant donné qu'elle est la bonne élève du dossier, avec de faibles émissions de gaz à effet de serre. En revanche, sur la qualité de l'air, de l'eau et la préservation de la biodiversité, on ne peut pas en dire autant, à tel point qu'elle ne respecte pas les conventions internationales et les directives européennes. Et sur ces sujets, on ne l'entend pas. La destruction des écosystèmes, la surpêche, la menace qui pèse sur des espèces en voie d'extinction, la surpopulation, la surexploitation des ressources, la pollution de l'eau ou de l'air : sur tous ces dossiers aussi importants que le réchauffement climatique, pas un mot ou presque. Et pour cause : ceux-là remettent directement en cause le système économique tel qu'il est organisé aujourd'hui, contrairement à la problématique du réchauffement climatique à laquelle on peut répondre grâce à de tranquilles mécanismes d'adaptation, et en générant de nouveaux débouchés pour notre système productiviste et libéral. En outre, pour affronter les défis de l'environnement, il faut accepter de se projeter dans l'avenir. Ce dont sont incapables les politiques actuels. L'historien Michel Winock résume très bien les choses : « Ce ne sont plus les hommes politiques qui sont à même de nous éclairer ; embourbés dans la gestion quotidienne du possible, ils ont la vision basse. »

massif n'ayant jamais connu l'humain – qu'il s'agisse de l'Australie, de l'Amérique du Nord, de l'Amérique du Sud, de Madagascar, des îles de Méditerranée, ou de Hawaï et de la Nouvelle-Zélande, ou encore de dizaines d'autres îles du Pacifique – a toujours été suivie d'une vague d'extinctions des grands animaux qui n'avaient pas développé la peur de l'humain et qu'il était facile de tuer, ou qui n'ont pas survécu à des modifications dans l'habitat, à l'introduction d'espèces nuisibles et aux maladies liées à l'arrivée de l'homme. » Diamond détaille l'histoire de plusieurs civilisations qui ont disparu en raison de désastres écologiques. Parmi celles-ci, il cite celle de l'île de Pâques, victime de surchasse, de surpêche et de déforestation exagérée : sans forêt, plus de matières premières, et un phénomène d'érosion des sols préjudiciable aux cultures ; sans animaux, plus de nourriture. S'ensuivit une famine qui mena au cannibalisme et aux guerres civiles. Le déclin était enclenché. Diamond évoque également l'effondrement de la civilisation des Mayas auquel il prête plusieurs causes. La déforestation et l'érosion des collines jouent un rôle, ainsi qu'une croissance démographique trop importante par rapport aux ressources, la baisse de ces ressources ayant elle-même entraîné des guerres de plus en plus nombreuses. Ajoutez à cela le changement climatique et un cinquième facteur que nous avons justement évoqué quelques pages plus tôt : la cupidité des dirigeants et leur incapacité d'anticiper. Le fameux temps court. « Quant au cinquième échec, écrit Diamond, il conduit à se demander pourquoi les rois et les nobles ne sont pas parvenus à identifier et à résoudre ces problèmes apparemment évidents qui ruinaient leur société. Leur attention était à l'évidence focalisée sur leur intérêt à court terme : s'enrichir, mener des guerres, ériger des monuments, rivaliser les uns avec les autres et tirer assez de nourriture des paysans pour soutenir ces activités. Comme la plupart des dirigeants au cours de l'histoire humaine, les rois et les nobles mayas n'ont pas pris garde aux problèmes à long terme, à supposer qu'ils les aient entrevus. » Ces mots semblent désigner notre société actuelle. Mais ils évoquent une société disparue il y a environ un millénaire. Jared Diamond nous demande d'en tirer toutes les leçons : « Les parallèles que l'on peut établir entre Pâques et l'ensemble du monde moderne sont d'une dramatique évidence. En raison de la mondialisation, du commerce international, des vols internationaux et d'Internet, tous les pays du monde partagent aujourd'hui des ressources et interagissent, tout comme le faisait la douzaine de clans de l'île de Pâques. L'île polynésienne était tout aussi isolée dans l'océan Pacifique que la Terre l'est aujourd'hui dans l'espace. [...] Voilà pourquoi l'effondrement de la société de l'île de Pâques est comme une métaphore, un scénario du pire, une vision de ce qui nous guette peut-être. »

Dans l'histoire récente de la civilisation occidentale, l'utilisation du charbon en Angleterre dès le début du XVIIe siècle a engendré des pollutions atmosphériques qui ont eu des conséquences sur la santé humaine, comme le développement du rachitisme dû à la déficience en rayons ultraviolets, explique l'historien des sciences Jean-Paul Deléage. La pollution au dioxyde de soufre apparaît elle aussi très tôt, se cantonnant toutefois à l'environnement immédiat des usines. Mais à l'époque, nos actions sur la nature avaient encore des effets limités et réversibles. Nous ne maîtrisons que depuis peu les technologies qui nous rendent capables de détruire la planète en quelques heures ou, de manière plus insidieuse, en quelques millénaires. Avant le XXe siècle, nous ne manipulions pas l'atome, nous n'avions pas inventé l'industrie et le commerce de masse, nous n'avions pas créé de robots capables de faire la guerre à la place des humains, bref, nous étions encore dans la phase artisanale de l'humanité.

Tout n'était pas rose, loin de là, et je le répète : je me désolidarise complètement de la horde de nostalgiques qui ne jure que par le « c'était mieux avant ». J'aime le progrès, je le chéris, je le revendique. Non, c'était pas mieux avant. C'était pas mieux quand on mourait à trente ans d'une maladie qu'on peut soigner facilement aujourd'hui, c'était pas mieux quand les ouvriers devaient travailler quatre-vingts heures par semaine, et que les enfants eux-mêmes descendaient dans les mines plutôt que d'aller à l'école. C'était pas mieux quand l'eau courante et les toilettes étaient absentes des logements. C'était pas mieux quand il fallait des jours de voyage pour se rendre à quelques milliers de kilomètres de la France. C'était pas mieux quand l'esclavage était une normalité. C'était pas mieux quand les femmes n'avaient pas le droit de voter. C'était pas mieux quand les élèves étaient punis en se faisant taper sur les doigts avec une règle.

La violence ? Certes, des estimations portent à 230 millions le nombre de morts causés par les guerres et les conflits au XXᵉ siècle, ce qui équivaut à éradiquer plus de trois fois l'actuelle population de la France. Ce chiffre semble insensé. Malgré cela, Jared Diamond rappelle dans *Le Troisième Chimpanzé* que même en prenant en compte les deux guerres mondiales, « le nombre de morts en notre siècle demeure, dans les pays industrialisés, proportionnellement inférieur à celui des victimes dans les sociétés tribales de l'âge de pierre ». L'historien israélien Yuval Noah Harari relève dans son best-seller *Sapiens, une brève histoire de l'humanité*, que la violence internationale est tombée depuis 1945 au niveau le plus bas qu'ait connu l'humanité. Il note à juste titre que le temps des conquêtes territoriales, où un État en envahissait un autre pour « le conquérir et l'engloutir », est derrière nous, même s'il reste évidemment des exceptions. Selon Harari, s'il y a moins de guerres entre États, c'est d'abord pour des raisons économiques : la guerre coûte aujourd'hui bien plus cher et, surtout, elle n'a plus suffisamment d'attrait économique, dans la mesure où la richesse repose désormais essentiellement sur le commerce extérieur et les investissements.

L'économie mondialisée préviendrait donc les conflits en veillant à ce que les marchés ne soient pas déstabilisés ! De fait, les États essayent aujourd'hui d'obtenir ce qu'ils veulent grâce au commerce, et non plus en ayant recours à la guerre. Mais Harari affirme également que « pour la première fois de l'histoire, notre monde est dominé par une élite éprise de paix ». La guerre est perçue comme un mal, ce qui n'a pas toujours été le cas.

C'est donc globalement mieux aujourd'hui qu'avant, mais pour combien de temps encore ? Compte tenu des inégalités qui augmentent, du travail qui disparaît, des destructions du vivant qui explosent, est-ce que ce sera mieux dans un siècle ? Non, ce sera pire.

Il est devenu suicidaire de continuer à agir en fonction de l'urgence et d'un quotidien qui n'intègre que les humains dans ses préoccupations. Les données du contrat social que nous avons signé il y a plus de deux siècles sont dépassées, car notre rapport au monde a changé. Michel Serres l'a fait remarquer il y a bientôt trente ans en publiant *Le Contrat naturel*, dans lequel il demandait qu'un *nouveau pacte prenne en compte la nature*. Il préconisait avec sagesse que nous abandonnions notre statut de *parasite* (celui « qui prend tout et ne donne rien ») pour établir un rapport de *réciprocité* avec la nature, et donc de *symbiose* : « Retour donc à la nature ! Cela signifie : au contrat exclusivement social ajouter la passation d'un contrat naturel de symbiose et de réciprocité où notre rapport aux choses laisserait maîtrise et possession pour l'écoute admirative, la réciprocité, la contemplation et le respect, où la connaissance ne supposerait plus la propriété, ni l'action la maîtrise, ni celles-ci leurs résultats ou conditions stercoraires ». « Stercoraires » ? Je vous sens dubitatif. Je l'ai été. N'allez pas chercher votre dico, j'ouvre le *Robert* pour vous : « Stercoraire : relatif aux excréments ». Voilà à l'œuvre le talent d'un grand philosophe lettré pour nous dire que si l'on ne change rien, on est dans la merde.

Passer du parasite au symbiote, faire de la nature un sujet de droit, l'intuition de Michel Serres au début des années quatre-vingt-dix était on ne peut plus juste. Tout comme sa dénonciation du court terme dans la réflexion politique et l'expression médiatique. Il expliquait déjà que le politique est incapable de porter des projets qui dépassent le cadre des élections prochaines, et que les médias privilégient le traitement des catastrophes, qui n'expriment que l'instant qui passe. D'où son souhait : « [...] Donnons donc la parole à des hommes de long terme. »

La *biodémocratie* peut s'appuyer sur plusieurs propositions qui ont émergé ces dernières années afin d'imaginer la création de nouvelles instances à même d'exprimer une vision du long terme et de tenir compte des intérêts du vivant : le « Parlement des choses » de Bruno Latour (un parlement qui représenterait les non-humains), l'« Académie du Futur » de Pierre Rosanvallon, l'« Assemblée du Long Terme » de Dominique Bourg, ou l'« Assemblée de la nature et des vivants » de Corine Pelluchon.

La démocratie moderne, explique le philosophe Dominique Bourg, s'est constituée autour d'une seule valeur : le commerce. Jusqu'à aujourd'hui, poursuit-il, la société tend vers un unique but : développer au maximum les activités économiques. Dans ce contexte, le contrat auquel se soumettent les hommes a pour but de répondre aux objectifs suivants : le maintien de l'ordre public, la défense nationale, l'équilibre de tous les intérêts individuels ou encore la distribution des richesses. Dominique Bourg, se référant à l'analyse de Benjamin Constant, souligne que le citoyen a sacrifié dans la version moderne de la démocratie une grande partie de son pouvoir de décision en échange d'une liberté dans le « plaisir privé », c'est-à-dire la consommation et la production. Le citoyen peut s'exprimer librement, choisir son métier, et acheter ce qu'il désire. En échange, les représentants qu'il élit décident pour lui.

On est donc bien loin de la démocratie directe antique. « La représentation moderne est intrinsèquement conditionnée par cette conception de la liberté : la production et la consommation, virtuellement illimitées, sont considérées comme les principaux instruments du bonheur individuel. » Mais désormais cette forme de démocratie est obsolète car des problématiques nouvelles sont apparues, telles que la disparition accélérée des espèces, le changement climatique, la démographie et l'industrie qui mettent en péril les écosystèmes. Par ailleurs, les problèmes ne se règlent plus à l'échelle des États car les pollutions se déplacent et ne connaissent pas les frontières. L'organisation mondialisée de la production et de la consommation a pour conséquence d'internationaliser chacun des problèmes qui y sont liés. La protection de la biosphère implique forcément de nos jours une coopération entre nations. Comment impliquer davantage les citoyens dans les prises de décision ? Dominique Bourg suggère de multiplier par exemple les « conférences de consensus » élaborées par les Danois dans les années quatre-vingt. Qui composerait ces assemblées chargées de se prononcer sur les OGM ou le nucléaire ? Des citoyens ordinaires, sélectionnés sur le principe d'un jury populaire, avec tirage au sort. Pour que les débats aient une pertinence, les citoyens sélectionnés recevraient auparavant une formation sur la question évoquée. Les organisateurs aideraient le jury à choisir les experts auditionnés. Puis le débat contradictoire aurait lieu, éventuellement retransmis dans les médias. Les participants établiraient enfin un rapport avec une position et des propositions. Dominique Bourg suggère également de renforcer le pouvoir des ONGE (organisations non gouvernementales environnementales) qui pourraient être amenées à siéger dans les institutions publiques et gouvernementales qui traitent des dossiers liés à l'environnement (agriculture, logement, transports, énergie, etc.).

Mais la proposition la plus novatrice qui émerge de la réflexion collective est celle d'une nouvelle chambre au Parlement. Selon les versions, elle représenterait les enjeux environnementaux étendus ou non aux intérêts des animaux non humains. Cette chambre pourrait compter sur les avis d'une nouvelle institution qui occuperait une place centrale dans la vie politique : un Collège de sages et d'experts, constitué de scientifiques, de philosophes et d'intellectuels.

L'idée de ce Collège chargé d'éclairer les décisions politiques et d'informer les citoyens doit être défendue et affinée. Je choisirais de l'appeler *Comité du Vivant*. Quant au Parlement, il est en effet temps qu'il soit rénové et qu'il intègre les intérêts du vivant, et notamment ceux du vivant sensible. J'opterais pour la suppression de l'actuel Sénat, dont l'utilité est proche de zéro. Énormément d'argent jeté par les fenêtres pour des élus qui ne servent strictement à rien. Reste donc l'Assemblée nationale, dont il faudra complètement redéfinir le fonctionnement, à commencer par le mode d'élection des députés. Ces derniers ne pourront plus se contenter du simple rôle de représentants de partis, mais ils devront retrouver leur fonction de voix autonomes qui expriment la volonté du peuple. De quel peuple parlons-nous ? Le peuple des antispécistes intègre les animaux non humains sensibles. Même si je ne considère pas, comme certains penseurs, que les animaux doivent obtenir le statut de citoyens, il convient néanmoins qu'en tant qu'individus leur voix soit relayée. Comment ? Tout simplement par le biais d'humains qui auront pour tâche de représenter les intérêts de ces animaux non humains.

Les associations de défense de la nature ou des animaux ont déjà aujourd'hui la possibilité de porter devant la justice les intérêts d'un littoral souillé ou d'un cheval battu. Le *préjudice écologique* est même aujourd'hui un principe juridique reconnu, qui amène à indemniser la nature abîmée. Imaginons que l'on ne laisse plus aux seules associations le poids de la représentation des intérêts du vivant mais que cette tâche devienne un devoir de l'État. Le but est que ces intérêts non humains ne soient plus seulement défendus devant les tribunaux lorsqu'ils sont bafoués, mais qu'ils puissent également s'exprimer dans le cadre de toute prise de décision politique.

À côté de l'Assemblée nationale existerait donc une deuxième chambre, l'Assemblée naturelle (qui remplacerait l'actuel Sénat). Les membres de cette deuxième chambre ne seraient pas élus. Une partie du collège (un tiers par exemple) serait constituée de hauts fonctionnaires formés dans une école que l'espièglerie me donne envie de nommer « nouvelle ENA » (École de la nature et des animaux), où ils recevraient une formation en écologie, biologie, éthologie et philosophie. Afin qu'il n'y ait pas confusion sur les noms, l'ENA actuelle serait débaptisée dans le cadre d'une réforme destinée à la moderniser pour lui ôter son caractère élitiste et carriériste.

L'autre partie du collège de l'Assemblée naturelle serait composée d'experts et de représentants d'ONG qui défendent la nature et les animaux. Les experts et ONG en question seraient choisis par le *Comité du Vivant*, et la liste serait régulièrement réévaluée. Les hauts fonctionnaires seraient eux aussi amenés à céder leur place régulièrement. L'Assemblée naturelle, contrairement à l'Assemblée nationale, ne voterait pas les lois, mais elle pourrait en initier certaines et, surtout, elle aurait un pouvoir de veto sur une loi votée par l'Assemblée nationale, si cette loi contrevient aux intérêts du vivant. Et, comme précédemment expliqué, l'Assemblée naturelle s'appuierait dans ses décisions sur le travail du *Comité du Vivant*.

Enfin, autre aspect de la *biodémocratie* : elle ne peut être réduite à un cadre strictement national. Les problématiques environnementales n'ont pas de frontières. Non seulement une pollution n'attend pas d'avoir un visa pour pénétrer dans un pays, mais en plus toute politique industrielle et commerciale d'un pays provoque désormais des répercussions à l'autre bout de la planète. C'est la raison pour laquelle il faut songer dès aujourd'hui à la mise en place d'un gouvernement mondial qui prenne en charge toutes les questions liées au vivant. Gouvernement mondial ? Au moment où nombreux sont ceux qui cherchent à fuir le cadre administratif européen pour se replier dans les limites de leur localité nationale, l'idée d'une gouvernance globale va en faire s'étrangler plus d'un. C'est pourtant le sens inéluctable de notre histoire, et il faut être aveugle pour ne pas le voir. Dans quelques centaines de millions d'années les continents se réuniront à nouveau, et les humains que les événements avaient peu à peu séparés se retrouveront. Que fera-t-on alors ? Des barbelés partout, pour s'isoler avec sa famille proche ? Impossible, dans un monde qui a décidé lui-même de sa réunification.

Il y a vingt ans, lorsque j'habitais Shanghai pour un court épisode de ma vie, j'ai rencontré une jeune étudiante chinoise qui s'appelait LeAnne. La vie nous a séparés, à une époque où les téléphones portables n'étaient pas répandus et où Internet balbutiait. Un jour, alors que j'étais attablé dans un café de Montréal, j'ai reçu un message sur Facebook d'une femme qui me demandait si je me souvenais d'elle. Je l'avais parfaitement en mémoire. LeAnne m'écrivait de New York où elle s'était installée il y a plusieurs années. Nous nous sommes revus plusieurs fois depuis et nous sommes devenus des amis liés par une douce complicité. Tandis que nous marchions ensemble sur la Ve Avenue à l'occasion de l'un de nos trop rares moments de retrouvailles, nous nous étonnions de notre incroyable proximité. Nous sommes nés et avons toujours vécu à des milliers de kilomètres l'un de l'autre, sur des continents différents. Elle est asiatique, je suis européen. Nous ne nous sommes pas vus pendant dix-sept ans. Et pourtant, dès que nous nous sommes retrouvés, c'était comme si nous avions toujours été connectés. Nous rions aux mêmes blagues, nous

manions la même ironie, nous aimons la même liberté...
Un Français né dans le Pas-de-Calais, une Chinoise née à
Shanghai... Et l'évidence qui nous caresse, lorsque nous
dînons ensemble dans un restaurant aux États-Unis.
La dernière fois, son petit ami nous accompagnait :
un Australien hyper sympa. Qui voudrait encore me
faire croire que nous ne sommes pas tous frères, d'un
bout à l'autre de la Terre ? Dans une vie précédente,
remplie de reportages et de voyages, j'ai eu la chance de
parcourir tous les continents. Sur chacun d'entre eux,
j'ai rencontré des humains qui me ressemblaient plus que
beaucoup de Français que je côtoie au quotidien. Pourtant
ils n'avaient ni ma nationalité, ni ma religion, ni ma
culture et parfois pas la même couleur de peau. Mais ils
étaient moi et j'étais eux. Pendant ma vie de reporter, j'ai
été séduit par des femmes de toutes religions et si, le sort
s'en était mêlé autrement, j'aurais pu m'installer dans
cinq ou six pays différents, par romantisme. Mes plus
grands bonheurs, je les ai connus loin de la France, en
découvrant d'autres que moi prêts à me faire grandir et
curieux de cet étranger qu'ils avaient choisi de prendre
pour ami. Il est évident que l'humanité n'a pas à être
artificiellement séparée et qu'elle se portera mieux le jour
des grandes retrouvailles. Oui, un jour le destin commun
à tous les humains terriens trouvera son expression
dans une forme d'organisation politique supranationale.
Et nous parlerons tous le même langage. Ceux qui s'en
effraient m'étonnent, d'autant qu'on les trouve une fois
de plus parmi les plus conservateurs, ceux-là même qui
brandissent nos racines chrétiennes. Mais à l'origine,
dans la Bible, n'est-il pas raconté que tous les hommes
parlaient la même langue, avant l'épisode de la tour
de Babel ? L'unité originelle de toute la communauté
humaine n'est-elle pas une conception extrêmement
chrétienne ? Bien sûr, il convient de s'interroger sur la
forme que prendra cette gestion politique mondialisée.
La crainte d'une dictature liée à une structure impériale
est souvent avancée par ceux qui préfèrent le repli sur

eux-mêmes. Le modèle qu'il convient de promouvoir est celui d'une démocratie fédéraliste.

La mondialisation incarne un modèle économique libéral néfaste. En revanche, comme le fait remarquer à juste titre Corine Pelluchon dans son essai *Les Nourritures*, le cosmopolitisme est un tout autre concept, qui n'appelle en rien à l'uniformisation. Il n'est pas un *ordre mondial* mais doit au contraire le respect des individus : « Le contresens, quand on parle de cosmopolitisme, consiste à imaginer un ensemble de valeurs globales que l'on chercherait à imposer partout dans le monde ou à rêver d'une identité mondiale dont on prétendrait être le porte-parole. Une telle fiction est non seulement dangereuse, mais, de plus, elle est contraire à la signification du cosmopolitisme, qui est inséparable de la reconnaissance de la valeur de la pluralité du monde et de la diversité des valeurs et cultures. » Il faut donc rêver d'un espace qui nous permette de nous coordonner sur tous les dossiers qui impliquent l'ensemble de l'humanité, en édictant quelques règles de vivre-ensemble à grande échelle. En revanche, la liberté et l'épanouissement de tout individu doivent être encouragés.

Face aux défis qui nous attendent, nous allons devoir coordonner à grande échelle nos politiques, celles qui ont des répercussions sur tous les humains de cette planète, qu'ils habitent Johannesburg, Canberra, San Francisco ou Marrakech. Cela ne se fera pas en dix ans, plutôt en quelques siècles. Mais c'est comme ça. Un jour, nous y viendrons. Tel serait l'objectif de ce gouvernement mondial : mettre en place une politique de préservation de la planète, des écosystèmes et des espèces à l'échelle internationale. Cela implique que soient représentées dans ce gouvernement toutes les fonctions liées à l'environnement et au respect du vivant : il y aurait des ministres de l'Économie, des Transports, de l'Énergie, de l'Agriculture, du Logement ou encore de l'Industrie. Ceux-ci n'imposeraient pas à chaque État une politique particulière, mais définiraient plutôt un « cadre de sécurité » dans lequel doivent s'inscrire les politiques nationales, afin qu'aucun État ni aucun écosystème ne soient lésés par les décisions égoïstes d'un seul. Plutôt qu'un gouvernement, d'autres préfèrent envisager la création d'une « ONU de l'environnement », qui apparaîtrait moins politique et donc moins contraignante. Si la forme gouvernementale me semble préférable à celle d'une organisation comme les Nations unies, c'est parce que je crois que cette ONU dédiée au vivant échouerait à éviter les catastrophes environnementales et à en punir les responsables, tout comme l'ONU échoue régulièrement à éviter les catastrophes géopolitiques et humanitaires et à en punir les coupables. Une telle assemblée se contenterait d'émettre des avis qui seraient plus ou moins suivis, en fonction de la force des États concernés. L'histoire récente a montré qu'un gouvernement surpuissant outrepasse allègrement le droit international quand il en a envie. Je crois qu'un homme assagi saura, dans quelques siècles ou millénaires, comprendre la nécessité et le bénéfice d'une coordination mondiale des politiques qui touchent au vivant.

– cela a déjà largement commencé. Et les emplois perdus ne pourront être tous compensés par les nouveaux métiers, dans la mesure où ces nouvelles technologies allègent considérablement les besoins en main-d'œuvre. Par ailleurs, la politique de la consommation à tout prix n'est plus compatible avec les exigences environnementales : il faut produire *mieux*, certes, mais également *moins* pour être en cohérence avec notre promesse affichée de respect de l'écosystème. Conséquence : moins de biens produits, c'est moins d'emplois. Et tout cela dans un contexte d'explosion démographique ! Il est temps que les différents programmes politiques intègrent cette réalité afin de mettre en place dès aujourd'hui les solutions de demain, au lieu de continuer à faire vivre sous respirateur artificiel, à coups d'emplois aidés et de cadeaux fiscaux aux patrons, un système à l'agonie. Rifkin, justement, imagine que l'avenir est à l'économie de partage : partager la voiture, les lieux de vacances, la musique... La propriété deviendrait démodée. Rifkin parle d'un « coût marginal zéro » pour les choses, c'est-à-dire le coût supplémentaire pour la production d'une unité d'un bien ou d'un service. C'est ce qui est arrivé pour l'information : la musique, la vidéo, la presse, qui se partagent aujourd'hui gratuitement en un clic. D'autres domaines commencent à être impactés, comme l'énergie, puisqu'un panneau solaire ou une éolienne produisent autant d'énergie qu'on le désire pour un coût presque nul, et que le soleil et le vent sont gratuits. Lorsque chaque immeuble et chaque maison seront équipés des installations adéquates, plus aucun citoyen n'aura à payer pour la consommation de son énergie et il pourra la partager avec d'autres. Différents objets sont aujourd'hui déjà partagés grâce aux réseaux sociaux : des choses que l'on aurait jetées sont désormais offertes ou revendues facilement, retrouvant une deuxième ou une troisième vie. Par ailleurs, nombre d'objets vont bientôt pouvoir être fabriqués par des imprimantes 3D. Nous serons donc tous producteurs de certains de nos biens de consommation. Les voitures privées quant à elles seront à terme remplacées par des voitures partagées sans conducteur, installées sur des routes intelligentes. Tout cela implique que nous produirons moins, travaillerons moins et... tant mieux. Voilà une formidable occasion de remplacer la société névrotique de la consommation et du travail par la société du bien-être, destinée à promouvoir l'épanouissement personnel. L'espèce humaine a évolué grâce à son activité intellectuelle. Elle a inventé l'homme moderne car il a eu le temps de réfléchir à lui-même et d'explorer le monde dans ses plus infinis détails. Des activités qui, a priori, ne rapportent rien mais coûtent de l'argent. C'est pourtant ce monde-là qui vaut d'être traversé : celui du rêve et de la curiosité. Lisons, faisons de la musique, du sport, de la danse, intéressons-nous aux autres, à notre famille, à nos voisins, à ceux qui ont besoin d'aide, prenons le temps de regarder ce qu'il se passe autour de nous, prenons le temps de devenir nous-mêmes.

Il conviendra d'instaurer un revenu minimum universel qui couvre les besoins élémentaires de chacun : le logement, la nourriture, l'habillement. Dans un monde aussi riche que le nôtre, il n'est plus acceptable qu'un homme ou une femme n'ait pas d'endroit où dormir ou de nourriture pour se faire un repas. Nous produisons suffisamment dans le monde pour répondre aux besoins essentiels de tout un chacun. Qu'est-ce qui nous empêche de partager ? La problématique n'est pas de savoir qui peut avoir droit à une part de gâteau dans un contexte où ce gâteau serait trop petit pour tous les invités. En ce qui nous concerne, nous avons trop de gâteau et nous en jetons des morceaux entiers à la poubelle ! Certains s'en servent trois parts tandis que d'autres n'ont même pas le droit de goûter. L'argent coule à flots, il faut donc réorganiser sa distribution.

La *biodémocratie* telle que je l'imagine apparaîtra aux yeux de beaucoup comme une utopie. Elle l'est. Mais c'est une utopie nécessaire, car elle est enfin une promesse des animaux, les gens n'en ont toujours pas fait une règle ? Cette question sera posée par ceux qui ont pour habitude de se conformer à l'opinion publique plutôt qu'à la raison. La réponse est que le progrès moral de l'humanité – qui est fondement de toute autre forme de progrès – est toujours lent. Mais un vrai progrès se caractérise par sa continuité et son accélération. Le progrès du végétarisme est de ceux-là. »

L'antispécisme répond à un mal qui vient à peine d'être clairement identifié. Il va lui falloir du temps pour s'imposer dans les esprits. Mais il est évident qu'il y parviendra, car le moment est venu. En ce début de XXI⁰ siècle, nous n'avons plus aucune excuse rationnelle pour continuer à justifier l'exploitation et la mise à mort des animaux. La nourriture, l'habillement, le divertissement et l'expérimentation sont des prétextes caducs.

Si les humains sont devenus ce qu'ils sont, c'est uniquement parce qu'ils ont asservi tout ce qu'ils pouvaient asservir, y compris eux-mêmes. Les premières victimes de cette logique destructrice ont toujours été les animaux non humains. Nous sommes obligés de reconnaître que nous ne serions pas grand-chose sans le sacrifice non consenti de ces êtres que nous avons exploités sans vergogne depuis des millénaires pour nous développer à leurs dépens. Pour cette raison, nous devrions être extrêmement reconnaissants envers ces plus faibles que nous avons exterminés par milliers de milliards. Ils ont donné leur peau, leur chair, leur force, leur intelligence pour nous nourrir, nous vêtir, nous réchauffer, nous transporter, nous soigner, pour tracter ou porter à notre place de lourdes charges, ils ont été sacrifiés pendant les guerres pour permettre à quelques-uns de protéger leur territoire ou d'en conquérir de nouveaux. Sans compter tous ceux dont nous avons causé la perte par amusement ou par négligence. Il est temps, non pas de payer notre dette (elle est bien trop lourde), mais de cesser de l'amplifier. N'oublions pas que notre succès est fragile et qu'il peut vaciller en un jour. Ouvrons notre esprit au seul vrai progrès de l'humanité : celui de l'intelligence du cœur. Cette révolution intellectuelle nous oblige à ravaler notre morgue. Nous ne sommes qu'une espèce parmi des millions. Nous fonctionnons, à quelques différences près, comme des milliers d'autres animaux. Nous venons à peine d'apparaître sur Terre. De nombreuses espèces étaient présentes avant nous et lorsque nous disparaîtrons, d'autres espèces nous survivront. Et puis un jour notre planète disparaîtra et toute vie terrienne sera éradiquée. Alors les vestiges de ce que nous aurons créé, de ces existences qui auront défilé, de nos guerres et de nos querelles, de nos paroles d'amour et de nos cris de haine, la poussière de nos poussières, alors tout s'évaporera en une pluie d'atomes qui iront, peut-être, créer un jour d'autres existences ailleurs. D'ici là, vivons en laissant vivre la vie. Réconcilions l'homme, l'animal, la nature.

Remerciements

Merci à mes éditrices, Stéphanie Chevrier et Aurélie Michel, pour leur soutien. Merci à elles d'oser croire en la solidarité, en l'anumanisme, et de se battre pour un monde qui respire mieux. Merci aussi à Antoine Böhm pour son attention et sa disponibilité.

Merci à celles et ceux qui ont donné de leur temps pour me faire part de leur expertise : Corine Pelluchon, Valéry Giroux, Brigitte Gothière, Alain Cirou, Dominique Bourg, Sébastien Hoët, Frédéric Caron, Corinne Lepage, et tous les autres que la concision de ces remerciements m'empêche de citer.

Merci à mes parents pour le souffle.

Merci à Nina, les petits plats dans les grands.

Références et sources

Pour ne pas alourdir le texte de notes sont rassemblées ici les références bibliographiques pour les lecteurs qui voudraient prolonger ou approfondir.

Bibliographie

Afeissa (Hicham-Stéphane), *Éthique de l'environnement*, Vrin, 2007

Bekoff (Marc), *Les Émotions des animaux*, Payot, 2009

Bentham (Jeremy), *An Introduction to Principles of Morals and Legislation* (1789), Oxford, Clarendon Press, 1907

Bourg (Dominique) et Papaux (Alain) (dir.), *Dictionnaire de la pensée écologique*, collection « Quadrige dicos poche », PUF, 2015

Bourg (Dominique) et Whiteside (Kerry), *Vers une démocratie écologique*, Le Seuil, 2010

Bourg (Dominique), Fragnière (Augustin) (dir.), *La Pensée écologique, une anthologie*, PUF, 2014

Burgat (Florence), *Ahimsa, violence et non-violence envers les animaux en Inde*, Éditions de la Maison des sciences de l'homme, 2014

Camus (Albert), *L'Homme révolté*, Gallimard, collection « Folio essais », 1985

Camus (Albert), *Le Mythe de Sisyphe*, Gallimard, collection « Folio », 1985

Caron (Aymeric), *No Steak*, Fayard, 2013

Carson (Rachel), *Printemps silencieux*, Houghton Mifflin, 1962

Christen (Yves), *L'animal est-il une personne ?*, Flammarion, collection « Champs sciences »

Clottes (Jean), Coppens (Yves), Guilaine (Jean), Langaney (André), Reeves (Hubert), Rosnay (de, Joël), Simonet (Dominique), *La Plus Belle Histoire du monde*, Le Seuil, 1996

Collectif (textes réunis par H.-S. Afeissa et J.-B. Jeangène Vilmer), *Philosophie animale, différence, responsabilité et communauté*, Vrin, 2010

Collectif, Bismuth (Régis), Marchandier (Fabien) (dir.), *Sensibilité animale, perspectives juridiques*, CNRS éditions, 2015

Collectif, *Introduction à l'histoire environnementale*, La Découverte, 2014

Collectif, *Superman, l'encyclopédie*, Huginn & Muninn, 2013

Constant (Benjamin), Kant (Emmanuel), *Le Droit de mentir*, Mille et une nuits, 2003

Cyrulnik (Boris) (dir.), *Si les lions pouvaient parler*, Gallimard, 1998

Cyrulnik (Boris), Digard (Jean-Pierre), Matignon (Karine-lou), Picq (Pascal), *Les Origines de l'homme*, Le Seuil, collection « Points », 2014

Darwin (Charles), *L'expression des émotions chez l'homme et les animaux*, Rivages, collection « Petite Bibliothèque », 2001

Dawkins (Richard), *Il était une fois nos ancêtres*, Robert Laffont, 2007

Dawkins (Richard), *Le Gène égoïste*, Odile Jacob, 1996

Dawkins (Richard), *Le Plus Grand Spectacle du monde*, Pluriel, 2009

Dawkins (Richard), *Pour en finir avec Dieu* (2006), Perrin, 2008

Debourdeau (Ariane), *Les Grands Textes fondateurs de l'écologie*, Flammarion, collection « Champs classiques », 2013

Deléage (Jean-Paul), *Une histoire de l'écologie*, Le Seuil, collection « Points », 2000

Delort (Robert), *Les animaux ont une histoire*, Le Seuil, collection « Points », 1984

Diamond (Jared), *Effondrement* (2006), Gallimard, collection « Folio », 2009

Diamond (Jared), *Le Troisième Chimpanzé : essai sur l'évolution et l'avenir de l'animal humain*, Gallimard, collection « Folio essais », 2011

Dupras (Jérôme), *L'Évaluation économique des services écosystémiques dans la région de Montréal : analyse spatiale et préférences* exprimées, thèse de doctorat effectuée au département de géographie de l'université de Montréal, 2014

Dumont (René), *Comment je suis devenu écologiste*, Les Petits Matins, 2014

Emerson (Ralph Waldo), *La Confiance en soi*, Payot et Rivages, 2000

Ferry (Luc), *Le Nouvel Ordre écologique*, Le Livre de poche, 2012

Francione (Gary), *Introduction aux droits des animaux*, L'Âge d'Homme, 2015

Freud (Sigmund), *Une difficulté de la psychanalyse*, 1917, traduit de l'allemand par M. Bonaparte et E. Marty (1933)

Gandhi, « All Life is One », cité par Florence Burgat dans *Ahimsa, violence et non-violence envers les animaux en* Inde, Éditions de la Maison des sciences de l'homme, 2014

Gandhi, *Autobiographie ou mes expériences de vérité* (1950), PUF, 2010

Gandhi, *Tous les hommes sont frères*, Folio, 1990

Girardon (Jacques), Mazoyer (Marcel), Monod (Théodore), Pelt (Jean-Marie), *La Plus Belle Histoire des plantes*, Le Seuil, 1999

Gorz (André), *Ecologica*, Éditions Galilée, 2008

Harari (Yuval Noah), *Sapiens, une brève histoire de l'humanité*, Albin Michel, 2015

Hawking (Stephen), *Une belle histoire du temps*, Flammarion, 2005

Hawking (Stephen), *Y a-t-il un grand architecte dans l'univers ?*, Odile Jacob, 2011

Jeangène Vilmer (Jean-Baptiste), *Anthologie d'*éthique animale, PUF, 2011

Jeangène Vilmer (Jean-Baptiste), *Éthique animale*, PUF, 2008

Kant (Emmanuel), *Critique de la raison pratique*, PUF, 1993

Kropotkine (Pierre), *L'Entraide, un facteur de l'*évolution (1902), Éditions du Sextant, 2010

Kropotkine (Pierre), *L'Esprit de la révolte* (1902), Éditions Manucius, 2009

Kropotkine (Pierre), *La Morale anarchiste*, Mille et Une Nuits, 2004

La Boétie (de, Étienne), *Discours sur la servitude volontaire*, Mille et une nuits, 1995

La Solidarité, Le livre de poche, 2013

Landais (Camille), *Les Hauts Revenus en France (1998-2006) : une explosion des inégalités ?*, Paris School of Economics, 2007

Latouche (Serge), *Petit traité de la décroissance sereine*, Mille et une nuits, 2007

Latour (Bruno), *Politiques de la* nature, La Découverte, 2014

Llored (Patrick), *Jacques Derrida, politique et éthique de l'animalité*, Sils Maria éditions, 2012

Löwy (Michael), *Écosocialisme, l'alternative radicale à la catastrophe écologique capitaliste*, éditions Mille et Une Nuits, 2007

Luminet (Jean-Pierre), *100 Questions sur l'univers*, La Boétie, 2014

Mac Neil (John R.), *Du nouveau sous le soleil. Une histoire mondiale de l'environnement*, Le Seuil, collection « Points », 2010

Michel (Louise), *Mémoires de Louise Michel. Écrits par elle-même*, Paris, Maspero, 1976

Montaigne (Michel de), *Essais*, Gallimard, collection « Folio », 2009

Morin (Edgar), *Le Paradigme perdu : la nature humaine*, Le Seuil, collection « Points », 1973

Morin (Edgar), *Penser global*, Robert Laffont, 2015

Næss (Arne), avec Rothenberg (David), *Vers l'écologie profonde* (1992), Éditions Wildproject, 2009

Næss (Arne), *Écologie, communauté et style de vie*, Dehors, 2013

Nietzsche (Friedrich), *Ainsi parlait Zarathoustra*, Garnier Flammarion, 2006

Nietzsche (Friedrich), *Le Crépuscule des idoles*, Gallimard, collection « Folio », 2015

Nyström (Ingrid), Vendramin (Patricia), *Le Boycott*, Presses de la Fondation nationale des sciences politiques, 2015

Ogien (Ruwen), *L'Influence de l'odeur des croissants chauds sur la bonté humaine*, Grasset, 2011

Oudin-Bastide (Caroline) et Steiner (Philippe), *Calcul et Morale*, Albin Michel, 2015

Paccalet (Yves), *Éloge des mangeurs d'hommes et autres mal-aimés*, Arthaud, 2014

Pelluchon (Corine), *Éléments pour une éthique de la responsabilité*, Éditions du Cerf, 2011

Pelluchon (Corine), *Les Nourritures*, Le Seuil, 2015

Pelt (Jean-Marie), *La Solidarité*, Le livre de poche, 2013

Pelt (Jean-Marie), Rabhi (Pierre), *Le monde a-t-il un sens*, Fayard, 2014

Picq (Pascal), *La Plus Belle Histoire des animaux*, Le Seuil, collection « Points », 2000

Reclus (Élisée), *Histoire d'une montagne*, Actes Sud, collection « Babel », 1998

Reclus (Élisée), *L'Homme et la Terre* (1905-1908), cité par Jean-Didier Vincent dans sa préface à Élisée *Reclus, géographe, anarchiste, écologiste*, Flammarion, collection « Champs biographie », 2014

Reclus (Élisée), *Les Grands Textes*, Flammarion, collection « Champs classiques », 2014

Reeves (Hubert), *L'Univers expliqué à mes petits-enfants*, Le Seuil, 2011

Reeves (Hubert), *Poussières d'étoiles*, Le Seuil, 2008

Regan (Tom), *Defending Animal Rights*, University of Illinois Press, 2001

Rifkin (Jeremy), *La Fin du travail*, La Découverte, 2005

Rosanvallon (Pierre), *La Société des égaux*, Les Livres du nouveau monde (Le Seuil), 2011

Sagan (Carl), *A Pale Blue Dot*, New York, Random House, 1994

Sainteny (Guillaume), *Le Climat qui cache la forêt*, Rue de l'échiquier, 2015

Schopenhauer (Arthur), *Aphorismes sur la sagesse dans la vie*, PUF, 2012

Schopenhauer (Arthur), *Le Monde comme volonté et comme représentation*, PUF, collection « Quadrige », 2014

Schopenhauer (Arthur), *Sur la religion*, Flammarion, 2007

Schweitzer (Albert), *Ma Vie et ma pensée*, Albin Michel, 2013

Serres (Michel), *Le Contrat naturel*, éditions François Bourin, 1990

Shanor (Karen), Kanwal (Jagmeet), *Les souris gloussent, les chauves-souris chantent*, Éditions Corti, collection « Biophilia », 2015

Singer (Peter), *La Libération animale*, Payot, 2012

Singer (Peter), *Une gauche darwinienne. Évolution, coopération et politique*, Cassini, 2002

Stilglitz (Pierre E.), *Le Prix de l'inégalité*, Actes Sud, collection « Babel », 2012

Thoreau (Henry David), *Je suis simplement ce que je suis*, La Lettre et la Plume, 2014

Thoreau (Henry David), *La Désobéissance civile*, Mille et une nuits, 1996-2000

Thoreau (Henry David), *Résister*, Mille et une nuits, 2011

Thoreau (Henry David), *Walden ou la vie dans les bois*, Gallimard, collection « L'imaginaire », 2015

Tolstoï (Léon), *Le royaume des cieux est en vous* (1893), Le Passager clandestin, 2010

Tort (Patrick), *L'Effet Darwin*, Le Seuil, collection « Points », 2008

Van Frisch (Karl), *Vie et mœurs des abeilles* (1955), Albin Michel, 2011

Vincent (Jean-Didier), Élisée *Reclus, géographe, anarchiste, écologiste*, Flammarion, collection « Champs biographie », 2014

Waal (de, Frans), *l'Âge de l'empathie*, Actes Sud, collection « Babel », 2010

Winock (Michel), *La Droite hier et aujourd'hui*, Éditions Perrin, collection « Tempus », 2012

Études et rapports

Center for Responsive Politics, *Millionaires' Club : For First Time, Most Lawmakers are Worth $1 million-Plus*, OpenSecrets.org, 9 janvier 2014

CNRS éditions, *Sensibilités animales, perspectives juridiques*, 2015

Commission européenne, *Biens et services écosystémiques*, 2009

Commission européenne, rapport n° 7

Forum économique mondial, rapport sur les risques mondiaux, 2014

Oxfam, *Une économie au service des 1 %*, 2016

Médias

AFP, « Présidentielle : Hulot n'exclut pas d'être candidat, sans passer par une primaire », Lacroix.fr, 28 janvier 2016

Arnaud (Jean-François), « Les grands propriétaires privés sont rares et discrets », Lefigaro.fr, 15 mai 2008

Autran (Frédéric), « États-Unis : un lobby dans la cour d'école », Liberation.fr, 25 décembre 2015

Barroux (Rémi), « Malgré de nets progrès, 795 millions de personnes souffrent de la faim dans le monde », Lemonde.fr, 27 mai 2015

Bèle (Patrick), « 62 super-riches possèdent autant que la moitié de la planète », Lefigaro.fr, 18 janvier 2016

Benoît (Julien), Vrard (Sophie), « Le troisième œil de nos ancêtres », *Espèces*, décembre 2015-février 2016

Berkman (Michael B.), Plutzer (Eric), « Defeating Creationism in the Courtroom, But Not in the Classroom », Liberation.fr, 27 janvier 2011

Bisson (Julien), « Yves Copens : "Il n'existe pas de personnes blanches, seulement des décolorées !" », Lexpress.fr, 15 février 2016

Bolis (Angela), « Les animaux reconnus comme "êtres sensibles", un pas "totalement symbolique" », Lemonde.fr, 16 avril 2014

Chardenon (Aude), « Salaires du CAC 40 : Georges Plassat (Carrefour), mieux payé que Franck Riboud (Danone), mais moins que Jean-Paul Agon (L'Oréal) »,

Coates (Ta-Nehisi), « Violence du quartier, violence des policiers : chez les Noirs américains, la peur est omniprésente », Le Nouvel Observateur, 21 au 27 janvier 2016

Contenay (Anne-Julie), « Japon, un massacre de dauphins filmé à Taiji », Europe1.fr, 21 janvier 2014

Dagorn (Gary), « Avant d'être cancérigène, la viande est polluante pour la planète », Lemonde.fr, 29 octobre 2015

Dancoing (Lucie), « Phil Collins, la fin d'une carrière », Parismatch.fr, 7 mars 2011

Diop (Moussa), « Argentine : une vache clonée pour donner du lait maternel », Rfi.fr,

Dupuy (Jean-Pierre), « D'Ivan Illich aux nanotechnologies. Prévenir la catastrophe ? », *Esprit*, février 2007

Duret (Tony), « Le dealer de cannabis condamné à deux ans de prison dont un an ferme », Objectifgard.com, 23 août 2013

Dusseaulx (Anne-Charlotte), « Nucléaire : EELV n'en démord pas », Lejddd.fr, 12 novembre 2011

Fenster (Ariel), « Qui a découvert la pénicilline ? », Sciencepresse.qc.ca, 23 mars 2013

Ferard (Émeline), « Foie gras : la PETA dénonce des pratiques cruelles envers des oies en France », Maxisciences.com, 4 octobre 2012

Fertin (Nicolas), « Le nombre de millionnaires en France devrait augmenter de 70 % d'ici 2019 », LCI.fr, 15 octobre 2014

Gaubert (Émile), « Maud Fontenoy se lâche sur l'écologie », Ladepeche.fr, 19 octobre 2014

Giesbert (Franz-Olivier), « L'animal est une personne », France 3, 2015

Gittus (Sylvie), « Chaque année, 1,3 milliard de tonnes de nourriture gaspillée », Lemonde.fr, 16 octobre 2014

Gouëset (Catherine), « Noirs contre Blancs : les chiffres de la discrimination aux États-Unis », Lexpress.fr, 25 novembre 2014

Guichard (Guillaume), « Ces maladies qui coûtent le plus cher à la Sécu », Lefigaro.fr, 23 octobre 2013

Guigné (Anne de), « Les Européens n'ont jamais été aussi riches », Lefigaro.fr, 2 octobre 2014

Hanne (Isabelle), « Les bêtes sont encore vivantes au moment où on les tronçonne », Liberation.fr, 6 mars 2015

Harribey (Jean-Marie), « Le scandale, ce n'est pas das Auto, c'est das Kapital », *Alternatives économiques*, 25 septembre 2015

Herchkovitch (Jonathan), « La truffe du chien, sans égale pour dépister le cancer de la prostate », LeFigaro.fr, 21 mars 2014

Huet (Sylvestre), « Faire le point sur le continent Darwin », Liberation.fr, 30 janvier 1996

Hulot (Nicolas), « Demain, des millions de réfugiés climatiques », *Le Nouvel Observateur*, 12 au 18 novembre 2005

Kirby (David), « Near Death At SeaWorld : Worldwide Exclusive Video », Huffingtonpost.com, 24 juillet 2012

Kopicki (Allison), « Strong Support for Labeling Modified Foods », Nytimes.com, 27 juillet 2013

Lal (Neeta), « Touche pas à ma vache ! », *Le Courrier international*, 7 mars 2012

Larrère (Catherine), « Ce que sait la montagne », Laviedesidées.fr, 30 avril 2013,

Lauer (Stéphane), « Les partisans des OGM marquent des points aux États-Unis », Lemonde.fr, 10 novembre 2014

Lecointre (Guillaume), « Les embrouilles de l'évolution », *Espèces*, décembre 2015-février 2016

Legrand (Marine), « Lieusaint interdit les cirques avec des animaux sauvages », Leparisien.fr, 7 février 2016

Léveillé (Jean-Thomas), « L'industrie du cuir de chien dénoncée », Lapresse.ca, 24 décembre 2014

Levisalles (Natalie), « L'empathie caractérise tous les animaux », Next-Libération.fr, 11 mars 2010

Liégard (Guillaume), « Bové, la PMA et la bouture : une écologie réactionnaire ? », Regards.fr, 5 mai 2014

Linton (Marie), « La facture de Fukushima s'alourdit », *Alternatives économiques*, 26 mars 2016

Losson (Christian), « Ces 1 % de riches qui vont capter autant de richesses que les 99 % restant de la planète », Liberation.fr, 19 janvier 2015

Makdeche (Kocila), « Avez-vous des produits issus de l'esclavage dans votre placard ? », Francetvinfo.fr, 20 novembre 2014

Marissal (Pierric), « De plus en plus de millionnaires dans le monde », L'Humanité.fr, 14 octobre 2014

Mathieu-Nazaire (Dominique), « Nous sommes tous des poussières d'étoiles, et autres choses à savoir sur le cosmos », Telerama.fr, 8 août 2013

McNeil (Donald G.), « In New Theory, Swine Flu Started in Asia, Not Mexico », Nytimes.com, 23 juin 2009

Merlin (Olivier), « "Environ 120 chevaux boulonnais" abattus pour leur viande chaque année », Lavoixdunord.fr, 15 janvier 2013

Michel (Anne), « "SwissLeaks" : HSBC, la banque de tous les scandales », Lemonde.fr, 8 janvier 2015

Michel (Anne), « Évasion fiscale : 50 milliards d'euros de manque à gagner pour l'État », Lemonde.fr, 25 juillet 2012

Michel (Anne), « Onze banques condamnées pour entente illégale », Lemonde.fr, 20 septembre 2010

Michel (Emmanuelle), « Mieux nourrir le monde grâce aux légumes secs, chiche ? », Fr.news.yahoo.com, 6 février 2016

Morin (Edgar), « Immigration, intégration : faut-il désespérer de la gauche ? », *Le Nouvel Observateur*, 21 au 27 octobre 2015

Mulot (Rachel), « Les étudiants en biologie méconnaissent la théorie de l'évolution », Sciencesetavenir.fr, 3 juillet 2009

Nau (Jean-Yves), « Le séquençage du génome de la souris est achevé », Lemonde.fr, 5 décembre 2012

One Voice, *Noé*, février 2015

One Voice, *Noé*, novembre 2015

Pelluchon (Corine), « L'été meurtrier pour les animaux », *Libération*, 28 juillet 2015

Rainfroy (Claire), « Cornes de rhinocéros : un juteux trafic en nette progression », Jeuneafrique.com, 15 mai 2015

Raizon (Dominique), « La vache et l'homme : un ancêtre commun, il y a 95 millions d'années ! », Rfi.fr, 1er mai 2009

Reboul (Sylvain), « Interdire toute manipulation génétique, c'est s'interdire de lutter contre des souffrances. L'embryon malade de la loi », Liberation.fr, 26 février 2000

Rediker (Marcus), « Les mutinés de *L'Amistad* », *L'Histoire*, septembre 2015

Régibier (Jean-Jacques), « Un maïs OGM reconnu toxique pour l'alimentation animale », L'Humanité.fr, 27 janvier 2016

Reigné (Philippe), « Nous sommes tous des animaux sensibles », Liberation.fr, 12 mars 2015

Reiss (Claude), « Titre de l'article », *Le Nouvel Observateur*, 18 au 24 février 2016

Reus (Estiva), « Welfarisme. De l'expérience d'Henry Spira à la situation d'aujourd'hui », *Les Cahiers antispécistes*, 24 janvier 2005

Robequain (Lucie), « Les milliardaires n'ont jamais été aussi riches et nombreux », Lesechos.fr « Larves et insectes bientôt dans toutes nos assiettes ? », Lesoir.fr, 20 janvier 2011

Rosanvallon (Pierre), « Sortir de la myopie des démocraties », *Le Monde*, 17 décembre 2009

Savidan (Patrick), « Voulez-vous vraiment l'égalité ? », *Philosophie magazine*, n° 92, septembre 2015

Schaub (Coralie), « Loi biodiversité : le sort du vivant au Parlement », Liberation.fr, 18 janvier 2016

Schwarz (Walter), « Obituary, Arne Naess », *The Guardian*, 15 janvier 2009

Sèze (Cécile de), « Le classement des pays qui comptent le plus de millionnaires », Rtl.fr, 11 juin 2014

Shkolnik (Evgenya), « Arrêtons de nous demander si nous sommes seuls dans l'univers », Slate.fr, 18 février 2016

Smith (Caroline), Zielinsky (Sarah), « L'intelligence de la poule », Pourlascience.fr, août 2015

Tropéa (Hervé), « Sylvester Stallone : "96 % de ma vie est un échec" », Gala.fr, 12 janvier 2016

Van Eeckhout (Laetitia), « 5 questions sur le gaspillage alimentaire », Lemonde.fr, 10 décembre 2015

Vanlerberghe (Cyrille), « Les rats sont capables d'empathie », Lefigaro.fr, 8 décembre 2011

Vignaud (Marc), Tissot (Pauline), « Élevage porcin : "Si ça continue comme ça, je préfère arrêter" », Lepoint.fr, 31 août 2015

Villard (Nathalie), « Le marché en or des animaux de compagnie, Capital.fr », 8 février 2012

Vusler (Nicole), « La pollution, un marché porteur pour les cosmétiques », Lemonde.fr, 21 novembre 2015

Winock (Michel), « À quoi servent (encore) les intellectuels ? », *Le Débat*, n° 110, Gallimard, mars 2000
« 18 000 décès dus aux médicaments », Lefigaro.fr, 27 mai 2013
« Avec Hollande, les écolos maintiennent leur exigence de sortie du nucléaire », Leparisien.fr, 17 octobre 2011
« Deux études précisent notre part de Néandertal », Lemonde.fr, 30 janvier 2014
Benkimoun (Paul), « Grippe A : "Une stratégie vaccinale trop ambitieuse et non évolutive", selon la Cour des comptes », Lemonde.fr, 18 février 2011
« Ivoire : l'Afrique lutte mieux que l'Asie contre la contrebande », Sciencesetavenir.fr, 13 juin 2014
« JBS, leader mondial de la viande, se renforce en Europe », Lemonde.fr, 22 juin 2015
« L'agneau Label rouge », France Info, 2 mars 2013
« L'alcool responsable de 49 000 morts en France par an », Lemonde.fr, 4 mars 2013
« L'inquiétante dérive des intellectuels médiatiques », Lemonde.fr, 16 janvier 2016
« La situation des zoos en France dénoncée par des ONG », 20minutes.fr, 25 mai 2011
« Là-bas si j'y suis », émission « Bible ou Darwin », France Inter, 29 mai 2012
« Les 62 personnes les plus riches du monde possèdent autant que les 3,5 milliards les plus pauvres », Francetvinfo.fr, 18 janvier 2016
« Les États-Unis, spécialistes des amendes records pour les banques », Lemonde.fr, 14 juillet 2014
« Massacre de dauphins : une tradition aux îles Féroé », Leparisien.fr, 25 juillet 2015
« Près de 8,7 millions d'espèces vivantes peuplent la Terre », Lemonde.fr, 23 août 2011
« Une majorité d'Américains pas convaincue par le Big Bang », Lexpress.fr, 22 avril 2014
« Volkswagen et Audi ont triché sur les normes de pollution dès 2009 aux États-Unis », Lemonde.fr, 20 novembre 2015

Sites Internet

Abolitionistapproach.com
Afaas-schweitzer.org
Agencebio.org
Agreste.agriculture.gouv.fr
Agriculture.gouv.fr
Agrisalon.com
Amisdelaterre.org
Animalrights.about.com
Animaux.blog.lemonde.fr
Anpaa.asso.fr
Anticorrida.com
Antidote-europe.org
Blogs.harvard.edu
Cae-eco.fr
Cahiers-antispecistes.org
Cirques-de-france.fr
Ciwf.fr
Cnrs.fr
Credit-suisse.com
Crueltyfreeinternational.org
Dauphinlibre.be
Davidsuzuki.org
Developpement-durable.gouv.fr
Droit-medical.com
Ecologie.blog.lemonde.fr
Edition.cnn.com
Efsa.europa.eu
Eth.cern.ch
Facco.fr
Fao.org
Faunalytics.org
Fee.org
Fondationbrigittebardot.fr
Foretpriveefrancaise.com
Fourrure-torture.com

Franceagrimer.fr
Inra.fr
Insee.fr
Interbev.fr
Ipsos-na.com
Jbs.com.br
L214.com
Label-viande.com
Larousse.fr
La-viande.fr
Lepartidegauche.fr
Leporc.com
Monticello.org
Museedelhomme.fr
Nationalgeographic.com
Natura-sciences.com
Nature.com
Navs.org.uk
Notre-planete.info
Npa2009.org
Oncfs.gouv.fr
One-voice.fr
Oxfam.fr
Peta.com
Pierreoteiza.com
Planete.info
Pmaf.org
Pmaf.org
Produitslaitiersetviandebio.com
Prolea.com
Rpfrance.eu
Salairemaximum.net
Seashepherd.fr
Senat.fr
Service-public.fr
Social-sante.gouv.fr
Spinozaetnous.org
Tirage-euromillions.net

Un.org
Universalis.fr
Vegactu.com
Volaille-francaise.fr
Wwf.panda.org

Table des matières

Du même auteur

Incorrect : pire que la gauche bobo, la droite bobards,
   Fayard, 2014
Envoyé Spécial (2003), Hachette Pluriel, 2014 (2nde édition)
No Steak, Fayard, 2013